现代酒店营养配餐

主编 卢亚萍
副主编 王阳 孙孟建 汤黎黎
主审 郑昌江 孙淑芝

哈尔滨工业大学出版社
HARBIN INSTITUTE OF TECHNOLOGY PRESS

内容提要

本书共五章,其内容特点是:以营养理论、烹饪理论、中医理论、顾客心理学、食品安全等理论知识为基础,融合营养技能(营养菜点的设计、营养食谱的设计、营养菜点的制作与销售),开创性地将营养理论运用到工作实践中。

本书既适合高等学校尤其是职业院校酒店管理专业和烹饪专业学生阅读,也可以作为酒店在职厨师和服务员继续提高营养知识和技能的主要参考书,又可以作为公共营养师培训的辅助教材。另外,喜欢学习营养知识的非专业人士读后也将受益匪浅。

图书在版编目(CIP)数据

现代酒店营养配餐/卢亚萍主编. —哈尔滨:哈尔滨工业大学出版社,2009.8(2014.3 重印)

ISBN 978-7-5603-2935-2

Ⅰ.现… Ⅱ.卢… Ⅲ.膳食-营养学 Ⅳ.R151.3

中国版本图书馆 CIP 数据核字(2009)第 139619 号

责任编辑	杨 桦 范业婷
封面设计	卞秉利
出版发行	哈尔滨工业大学出版社
社 址	哈尔滨市南岗区复华四道街 10 号 邮编 150006
传 真	0451-86414749
网 址	http://hitpress.hit.edu.cn
印 刷	哈尔滨工业大学印刷厂
开 本	787×960 1/16 印张 19 插页 8 字数 349 千字
版 次	2009 年 8 月第 1 版 2014 年 3 月第 3 次印刷
书 号	ISBN 978-7-5603-2935-2
定 价	34.80 元

(如因印装质量问题影响阅读,我社负责调换)

卢亚萍

黑龙江旅游职业技术学院酒店烹饪系教授,教育硕士,高级营养保健师,高级公共营养师,高级中式烹调师。1989年毕业于四川烹饪高等专科学校烹饪工艺专业,一直从事烹饪工艺与营养方面的教学和研究工作,尤其擅长营养配餐员及公共营养师的培训工作。

2003年曾任哈工大学子配餐中心兼职营养师,负责营养餐的设计、营养素分析和营养食谱的制定工作;2005年在黑龙江食文化研究会首届会员大会上被聘为专家学者;2006年被聘为中国人才研究会人事人才专业委员会全国人事人才职业资格认证高级培训师;2008年被聘为黑龙江食文化研究会营养膳食专业委员会常务理事。

撰写《职业院校酒店专业开设〈营养配餐与设计〉课程可行性探究》、《如何评定职业院校烹饪专业教师的专业能力》等论文十余篇。

著有《中式烹饪工艺与实训》(主编,中国劳动社会保障出版社,2005年)、《中国东北菜全集》(副主编,黑龙江科学技术出版社,2007年)等著作。

编者联系方式:lyp682000@yahoo.com.cn

编者与人力资源和社会保障部侯玉瑞处长合影

2003年编者参加劳动保障部营养配餐员师资培训班时与营养专家于若木(二排左六)和李瑞芬(二排右四)老师等合影

凉菜

酥香海带

怡香双瓜

天鹅戏水

肉粒茄子

鸳鸯蹄板

热 菜

桂圆火龙果

鲶鱼炖茄子

芥末鸡汁拌海参

鲍鱼豆腐

古法焖驼鸟

热 菜

知了豆腐

大鹅炖土豆

跳水兔

清烹蟹味菇

金锅炖鹿肉

面点

果味米酒酥

摊黄瓜丝饼

鸳鸯盒子

玉米面糕

金银丝卷

序

在生活水平正逐渐步入小康水准的今天，人们的衣、食、住、行等方方面面都有了极大的改善，尤其是"食"的改善力度最大，也最明显。从某种角度讲，真是达到了"民以食为天，食以味为先"的我国传统饮食的最高境界了。然而，从现代合理营养与均衡膳食的角度去观察，我们发现吃出来的病、喝出来的病已经严重影响了国民的身体健康。如何来把住"病从口入"这一关，最关键的是要学会营养配餐，尤其是酒店更应该率先提倡营养配餐。

营养配餐是在掌握一定现代营养理论的前提下，针对不同人群的营养需要，按食物中各种营养素的含量进行合理食物搭配，并采用科学的烹调方法，达到合理营养与均衡膳食。具体要做到：食物多样，谷类为主，粗细搭配；多吃蔬菜、水果和薯类；每天喝奶，摄入大豆及其制品；常吃鱼、禽、蛋和瘦肉类食品；食不过量，天天运动，保持健康体重；三餐分配要合理，零食要适当；每天饮用足量的水，合理选择饮料；饮酒应限量；吃清洁卫生、新鲜的食物。

在温饱长期未解决的贫困年代里，国民对膳食的要求仅仅停留在果腹的层面上，逢年过节能改善一下就已经很满足了。而现在随着经济的发展和生活水平的提高，高蛋白、高脂肪、高热量的膳食结构中缺少的却是五谷杂粮和豆类。大口吃肉，大碗喝酒，吃肉不吃菜，喝酒不吃饭，作息时间不合理，这些不良的生活习惯使很多人的健康都出了问题。一些家庭不重视早餐，午餐对付，晚上饱餐一顿，这种用餐习惯导致的富裕病数不胜数，并且发病年龄呈提前趋势，中年人未老先衰，儿童过于肥胖。

酒店在这个问题上就更突出了，多数酒店缺少专业营养人员的指导，缺少懂营养的厨师和服务人员，高蛋白、高脂肪、高热量的膳食使应酬频繁的人群"身"受其害。可见，提倡营养配餐已经迫在眉睫，无论家庭还是酒店都应提倡营养配餐。本书的出版将对普及营养知识和应用营养技能起到积极的引导作用。

现代酒店营养配餐具体应做到：

1. 保证营养平衡

保证营养平衡有两个方面的含义：一是提供的膳食要与用餐对象的营养需求相一致；二是膳食提供的各种营养素及能量之间要保持相对的平衡。

比如高蛋白膳食中,提供蛋白质的原料种类不能过于单一,动物蛋白和植物蛋白要各占一定比例才能充分发挥蛋白质的互补作用,同时不至于导致高蛋白、高脂肪、高胆固醇的弊端。高维生素的食物主要是多种新鲜蔬菜和水果、菌藻类和一些五谷杂粮。日本提倡每人每天吃30种不同的食物,其中蔬菜要保证不同的颜色,其目的是为了保证营养素之间的平衡,防止因营养失衡导致的营养不良。

2. 针对性应明确

针对不同的用餐对象确定不同的营养配餐原则。应做到男女有别,老少不同,因人而异。用餐时间也可灵活掌握,满足不同人群的要求。

3. 关注食品卫生安全

酒店在进行营养配餐时要特别关注食品安全方面的问题。食品从生产、运输、储存到销售等环节中均可能受到生物性、化学性和物理性的污染。酒店要做到不买不新鲜的原料,不储存过多的原料,先购先用,保证原料新鲜;烹调过程中少用或不用对人体有害的添加剂。营养配餐须在卫生和安全得到保证的前提下进行,否则将会失去应有的意义。

4. 多青睐强化食品

所谓的强化食品是针对性十分明确的在某种食物或成品中加入一种或一种以上的该食物缺乏的某一种营养素,或某种食物原料可作为某种营养素的载体,这样的食品都被称为强化食品。如:强化维生素D的酱油、加碘盐、高钾低钠盐、强化钙或叶酸的面粉等。另外,还有一些调和油、橄榄油等对预防和治疗某些慢性疾病如高血压、高脂血症、糖尿病等也有好处。这些强化食品在营养配餐中发挥着很好的预防和保健作用,应得到广泛应用。

5. 烹调方法很关键

从营养配餐的角度讲,所选用的烹调方法应达到基本要求:

(1)尽量减少烹调方法对食物营养素的损失。

(2)烹调方法要尽可能地促进食物的消化和吸收。

(3)烹调过程中要防止因油温过高产生有害物质。

我们提倡通过营养美食吃出健康、吃出美丽、吃出文明,其实这也正是现代酒店实施营养配餐的最终目的。

原哈医大第一临床医学院临床营养科主任、营养师
孙淑芝教授
2009年6月

前　言

随着社会的进步和经济的发展，人们的生活水平日益提高，前来酒店就餐的人数逐年上升。吃得营养、吃得健康已越来越受到人们的关注，因此，现代酒店实施营养配餐变得尤为重要。

所谓现代酒店营养配餐是指将现代营养理论、烹饪基础理论及中医食疗理论与烹饪技术相结合，以顾客心理学为基础，考虑不同地区和人群的饮食习惯，利用现代科技手段和酒店现有的厨房设备，针对前来酒店就餐人群的特点，设计营养菜点和营养食谱、制作营养菜点以及销售营养菜点的过程。具体包括营养菜点的设计、营养食谱的设计、营养菜点的制作、销售和营养菜点的质量控制四个方面。

观念决定行为，行为产生结果。要想使人们更健康，从饮食的角度，强化营养理念很重要。人们往往有误区，认为在酒店用餐是想吃什么，就点什么，偶尔吃一顿，即使营养不合理也没关系。实际上人的身体健康状况与每一餐都有关，量的积累会产生质的变化。一些人觉得疾病与饮食关系不大，一旦有病去医院看一下就行了。实际上有些疾病属于食源性疾病，与饮食不合理有着密切关系，只注重治疗不注意调养，不但身体恢复的速度慢，长期的饮食不合理又会加快疾病发生、发展的速度。酒店工作人员更要改变观念，要认识到自身工作与人类健康之间的密切关系，明确自己的责任，在工作中将营养与烹饪紧密结合，使前来就餐的人们吃出健康、吃出美丽、吃出好心情，为创建和谐社会贡献一份力量。另外，酒店讲究饮食营养不仅可以带给人们健康的美食，还有助于帮助人们养成良好的饮食就餐习惯，建立正确的健康意识，在日常生活中自觉地注意合理营养，从长远讲意义重大。

"将营养与烹饪有机地结合在一起"不应只是一句空话，而应落到实处。酒店无论大小，讲究营养都很有必要。实实在在地在酒店开展膳食营养行动已刻不容缓，这便是编写本书的初衷。编者在总结了多年在职业院校教授《食品营养与卫生》、《营养配餐与设计》、《营养配餐与制作》等课程及承担营养师培训班课程教学经验的基础上，参阅了大量专业教材、文章和前沿的研究资料，编写成此书，以期达到改变人们的营养观念，树立科学的饮食观，为酒店培养懂营养会操作的技能型人才，增进人们健康和预防疾病的目的。

本书共包括五章，以营养理论、烹饪理论、中医理论、顾客心理学、食品安全等理论知识为基础，融合营养技能（营养菜点的设计、营养食谱的设计、营养菜点的制作与销售），开创性地将营养理论运用到实践工作中。本书既适合高等学校尤其是职业院校酒店管理专业和烹饪专业学生阅读，也可以作为酒店在职厨师和服务员继续提高营养知识和技能的主要参考书，又可以作为公共营养师培训的辅助教材。另外，喜欢学习营养知识的非专业人士也能读懂并受益。

本书的创新点：①提出酒店营养配餐定义；②首次提倡酒店应提供特需营养套餐；③运用营养配餐软件对营养菜点及特需套餐进行营养分析；④将营养理论、烹饪理论、中医理论、顾客心理学进行有机整合，形成知识体系；⑤将营养菜点的设计、制作和销售列为现代酒店餐饮工作的重点内容。

本书由黑龙江旅游职业技术学院酒店烹饪系营养学教师卢亚萍确立结构并负责统稿；昆山市第一人民医院国家注册主管营养师王阳编写第四章的第八节和第五节的第四个问题"特需膳食的制作"；黑龙江旅游职业技术学院副院长、教育心理学专家孙孟建编写第二章部分内容；哈尔滨商大酒店高级公共营养师汤黎黎编写了第三章部分内容；张小萌、王颖、朱福宾、成程等编写和整理了食物营养成分表；本书其他章节和营养分析部分均由卢亚萍完成。全书由哈尔滨商业大学旅游烹饪学院教授、哈尔滨商大酒店总经理郑昌江主审并提供营养菜点照片及相关支持，由原哈医大第一临床医学院临床营养科主任、营养师孙淑芝教授审阅部分书稿并作序；在本书编写的过程中还得到了艾伦及何英老师的相关支持和帮助，在此一并表示诚挚的谢意！

由于时间仓促，编者水平有限，加之有些理念还不一定成熟，诚请前辈、专家、同仁们和广大读者批评指正。在本书的编写过程中，引用了一些营养书籍中的部分原文，敬请原文编者谅解，在此向原文编者表示谢意。

卢亚萍
2009 年 6 月

目 录

第一章 基础理论
    第一节 营养基础理论 /1
    第二节 烹饪基础理论 /29
    第三节 中医基础理论 /78

第二章 餐旅顾客心理学基础
    第一节 餐旅顾客的消费需要、动机和行为 /104
    第二节 不同类型餐旅顾客的消费心理特点 /111

第三章 不同人群的营养与膳食
    第一节 特殊生理条件下人群的营养与膳食 /130
    第二节 特殊环境条件下人群的营养与膳食 /136
    第三节 特殊病理条件下人群的营养与膳食 /144

第四章 现代酒店营养配餐
    第一节 现代酒店营养配餐概述 /157
    第二节 热能与营养计算 /159
    第三节 膳食结构与中国居民膳食指南 /165
    第四节 营养食谱的设计 /171
    第五节 营养餐制作 /181
    第六节 菜肴销售过程中(点菜服务中)营养配餐的原则 /214
    第七节 点菜服务中营养配餐的方法 /215
    第八节 现代酒店营养配餐质量控制 /220

第五章　食品卫生与食品安全
　　第一节　食品污染及其预防　/225
　　第二节　食物中毒及其预防　/229
　　第三节　各类食品原料的食品卫生　/245
附录
　　附录1　中国居民膳食营养素参考摄入量表　/257
　　附录2　食物一般营养成分　/261
　　附录3　中华人民共和国食品安全法(草案)全文　/276
参考文献　/296

第一章 基础理论

学习内容与目标：
第一节 营养基础理论
第二节 烹饪基础理论
第三节 中医基础理论

第一节 营养基础理论

一、营养与营养素

(一)营养

营养是指人们摄取食物,进行消化、吸收和利用的整个过程。它能满足人体生命活动所需的能量,提供细胞组织生长发育与修复的材料并维持机体正常的生理功能。

(二)营养素

营养素是指食物中对机体有生理功效且为机体正常代谢所需的成分。人体所需的营养素目前已知道的有几十种,可分为蛋白质、脂类、碳水化合物、矿物质(无机盐)、维生素、膳食纤维和水七大类。通常称为七大营养素。各种营养素有各自独特的生理功能,但它们在体内代谢时有着密切的联系。

(三)营养素的生理功能

①为机体提供能量；
②构成机体的材料,提供身体生长、发育和修补组织所需要的原料；
③调节生理功能,对人体产生多种调节作用。

(四)常见营养素种类

1.蛋白质

(1)蛋白质的组成与生理功能

蛋白质的种类很多,结构复杂,但各种蛋白质的元素组成很接近,它们都含有碳、氢、氧、氮四种元素,有的蛋白质还含有硫、磷、铁、镁、碘等元素。

蛋白质是相对分子量很大的有机物质,由几千甚至几十万个原子组成,相对分子质量可达几万到几百万以上。但是各种蛋白质的基本结构单位都是氨基酸。

构成食物蛋白质的氨基酸主要有二十几种,人体内各种不同类别的蛋白质,均由这二十多种氨基酸组合而成。可见各种氨基酸对于人体都是不可缺少的。

蛋白质的生理功能有:

①构成和修补人体组织,为儿童、青少年的组织生长和更新提供原料。

②构成酶和激素。

③构成抗体。

④运输物质。

⑤提供能量,每 1 g 蛋白质在人体中被氧化后可以提供约 4 kcal(1 cal = 4.184 J)的能量。

(2)必需氨基酸

①必需氨基酸

必需氨基酸是指人体内不能自行合成,或者合成速度不能满足机体需要,必须由食物蛋白质供给的氨基酸。对于成人有 8 种必需氨基酸,即苯丙氨酸、蛋氨酸、赖氨酸、苏氨酸、色氨酸、亮氨酸、异亮氨酸、缬氨酸。对婴儿来说,组氨酸也是必需氨基酸。在人体内能够合成,或者可由其他氨基酸转变而成,可以不必由食物蛋白质供给的氨基酸称为非必需氨基酸。如甘氨酸、丙氨酸、谷氨酸、天门冬氨酸、胱氨酸等。另外,还有酪氨酸和半胱氨酸在人体内能由苯丙氨酸和蛋氨酸合成,若食物中这两种氨基酸含量丰富,则可以起到节省苯丙氨酸和蛋氨酸的作用。因此,酪氨酸和半胱氨酸被称为半必需氨基酸或条件必需氨基酸。

②必需氨基酸的需要量模式

人体对必需氨基酸不仅有数量上的需要,而且还有比例上的要求。为了保证人体合理营养的需要,一方面要充分满足人体对必需氨基酸所需要的数量,另一方面还必须注意各种必需氨基酸之间的比例。组成人体各种组织细胞蛋白质的氨基酸有一定的比例,每日膳食中蛋白质所提供的各种必需氨基酸比例也必须与此种比例一致,在体内才能被机体充分利用。各种必需氨基酸之间的相互比例可以称为氨基酸构成比例或相互比值,亦称为氨基酸需要量模式。

③限制性氨基酸

膳食中蛋白质的氨基酸构成比例与机体的需要不相符,一种氨基酸不足,则其他氨基酸也不能被充分利用。被吸收到人体内的必需氨基酸中,能够限制其他氨基酸利用程度的氨基酸,称为限制性氨基酸。一般谷类蛋白质的第一限制性氨基酸是赖氨酸,而蛋氨酸则是大豆、花生、牛奶和肉类蛋白质的第一限制性氨基酸。此外,小麦、大麦、燕麦和大米还缺乏苏氨酸,玉米缺乏色氨酸,苏氨酸和色氨酸分别是它们的第二限制性氨基酸。通过将不同种类的食物互相搭配,可以提高限制性氨基酸的比值,提高蛋白质的利用率。

(3)蛋白质的分类及缺乏病症

食物中蛋白质的种类很多,各类蛋白质的性质和组成也各不相同。在营养学上,根据蛋白质所含必需氨基酸的种类、数量和比例的不同,把蛋白质分成以下三类。

① 完全蛋白质

此类蛋白质是一种质量优良的蛋白质,含有人体必需的氨基酸,并且所含的必需氨基酸种类齐全,数量充足,相互间比例也适当,不但能维持人体的生命和健康,并能促进儿童的生长发育。动、植物食物中均含有此类蛋白质,如奶类、蛋类、肉类、鱼类的蛋白质以及大豆中的大豆蛋白质,小麦中的麦谷蛋白和玉米中的谷蛋白等,都是完全蛋白质。

② 半完全蛋白质

此类蛋白质中所含必需氨基酸的种类虽全,但由于含量多少不均匀,相互之间的比例不合适,如果在膳食中作为唯一的蛋白质来源时,只能短时期维持生命,不能促进生长发育,如小麦、大麦中的麦胶蛋白属此类蛋白质。

③ 不完全蛋白质

这类蛋白质中所含必需氨基酸种类不全,用作膳食蛋白质唯一来源时,既不能促进生长发育,也不能维持生命,如动物结缔组织和肉皮中的胶原蛋白、豌豆中的豆球蛋白等都属于不完全蛋白质。

蛋白质的缺乏往往与能量的缺乏共同存在,常见的有儿童生长发育迟缓、体重降低、感情淡漠、易激怒、贫血以及干瘦或水肿,并因为易感染而继发疾病。

(4)蛋白质的互补作用

自然界中,无论是动物还是植物蛋白质中,各种氨基酸之间的比例没有一种是完全符合人体需要的。因此,单独增加某一种蛋白质的含量,不可能提高蛋白质的生理价值,只有当几种食物混合食用时,其中各种蛋白质所含的氨基酸才能相互配合、取长补短,提高蛋白质的利用率或生理价值。这种相互补充的作用称为蛋白质的互补作用。

蛋白质的互补作用在饮食调配(烹饪原料的选择、配菜)和提高蛋白质的生理价值等方面有着重要的现实意义。

玉米所含的蛋白质其品质不良,色氨酸、赖氨酸含量均较低,蛋氨酸含量稍高。但大豆中的赖氨酸含量较高而蛋氨酸含量较低。两者混合食用,其中的氨基酸可以取长补短,提高其生理价值。为了充分发挥蛋白质的互补作用,食物种类应该多样化,避免偏食,在日常膳食中应提倡"菜豆混食,粮豆兼食,荤素搭配,粗粮细做"。

(5)蛋白质营养价值的评价

评定蛋白质的营养价值有多种方法,但总体讲是从"量"和"质"两方面来进行。"量"是指食物中蛋白质的含量多少,"质"是指必需氨基酸的含量及需要量模式。此外,还应考虑到机体对该食物蛋白质的消化、吸收和利用的程度。衡量食物蛋白质营养价值的高低,可以从蛋白质含量、必需氨基酸的含量和各种必需氨基酸的构成比例、消化率等方面加以评定。

①食物中蛋白质的含量

食物中蛋白质的含量是评定营养价值的基础,日常食物中豆类、果仁、蛋类、瘦肉、鱼类的蛋白质含量较丰富。

②食物蛋白质中必需氨基酸的含量

食物中蛋白质营养价值的高低,主要取决于其所含的必需氨基酸的种类、含量及其相互比例,如果其比例与人体内蛋白质中必需氨基酸的比例相近似,则其营养价值就高。一般来说,动物性蛋白质和大豆蛋白质所含的必需氨基酸从组成和比例方面都较合乎人体的需要,一般植物性蛋白质则差一些。因此,动物性蛋白质的营养价值比一般植物性蛋白质营养价值高。

③蛋白质的消化率

食物蛋白质的消化率可用蛋白质中被消化吸收的氮的数量与该种蛋白质的含氮总量的比值来表示,即

$$蛋白质消化率 = \frac{吸收的氮}{摄入的氮} \times 100\%$$

某种食物蛋白质消化率越高,则被机体吸收利用的可能性越大,其营养价值也越高。不同食物或者同一食物因加工、加热方法不同,其消化率也不同。

(6)蛋白质的需要量及食物来源

蛋白质的生理需要量和供给量:生理需要量是根据氮平衡测出的维持

生命和生长所需要的蛋白质数量,即最低生理需要量;供给量则是在生理需要量的基础上再加上 50%～200% 的安全系数而制定的量,一般高于生理需要量。中国营养学会 2000 年制定的《中国居民膳食营养素参考摄入量》中,将蛋白质参考摄入量定为:成年男、女轻体力活动分别为 75 g/d 和 60 g/d,中等体力活动分别为 80 g/d 和 70 g/d,重体力活动分别为 90 g/d 和 80 g/d。

动物性食物中含有丰富的蛋白质,肉类含 15%～20%,奶类含 1.5%～4%,蛋类含 12%～14%,干豆类含 20%～24%,谷类含 6%～10%。谷类中蛋白质含量虽然不高,但因每日摄入的谷类食物数量很大,由谷类供给蛋白质占我国居民膳食蛋白质的 60%～70%,所以,谷类也是蛋白质的重要来源。表 1.1 中列出了几种可提供 60 g 蛋白质的食物。

表 1.1 可提供 60 g 蛋白质的食物举例

食物种类	质量/g	食物种类	质量/g
酱牛肉	191	猪肝(卤煮)	227
绿豆	278	猪瘦肉	296
全脂奶粉	299	鸡胸肉	309
基围虾	330	带鱼	339
鲤鱼	341	馒头	769

2.脂类

(1)脂类的组成及生理功能

脂类是脂肪和类脂的总称。脂肪由一分子的甘油与三分子的脂肪酸组成,称为甘油三酯,也称中性脂肪。日常食用的动植物油,其主要成分是脂肪。类脂包括磷脂及固醇类化合物,其性质与脂肪类似,许多食物中往往同时存在这两种物质,是构成人体细胞各种膜结构的主要成分。

脂肪由碳、氢、氧三种元素组成,但脂肪所含的碳、氢的比例比碳水化合物多,所以脂肪的发热量比碳水化合物要高,类脂也由碳、氢、氧三种元素组成,有的还含有磷、氮、硫等元素。在营养学上,这类物质也是不可缺少的。

脂类的生理功能有:

①提供能量。1 g 脂肪可产生 9 kcal 的能量,是食物中提供能量最多的营养素。

②脂肪是人体组织的重要组成成分,在维持细胞结构、功能中起重要作用。

③维持体温,保护脏器。

④提供脂溶性维生素并促进其消化吸收。

⑤提供必需脂肪酸,保证儿童、青少年正常的生长发育。

⑥增加饱腹感。由于脂肪能延迟胃的排空,所以吃脂肪含量高的膳食不易饥饿。

(2)适宜摄入量

脂肪适宜摄入量以占总能量的25%~30%为宜。

(3)食物来源

脂类来源于烹调用油脂及食物本身含有的脂类。

(4)脂肪酸

构成脂肪的脂肪酸种类很多,已经分离出来的约有50多种,可分为两大类,即饱和脂肪酸和不饱和脂肪酸。

饱和脂肪酸分子的烃链上无双键,化学性质较稳定,不易与其他物质起化学反应而变化,其熔点高,在常温下多为固态。当脂肪中饱和脂肪酸占比例较大时,在常温下为固态,如猪、牛、羊油等。

不饱和脂肪酸分子的烃链上有双键(通常含1~6个),化学性质不稳定,易与其他物质发生反应而变化,如与空气中的氧发生反应,造成油脂酸败。酸败后的脂肪不宜食用。不饱和脂肪酸的熔点低,在常温下为液态,植物油脂中的不饱和脂肪酸的含量比例高于动物油脂的比例。不饱和脂肪酸中最重要的有亚油酸、亚麻酸、花生四烯酸。

必需脂肪酸是指人体生命活动所必需的脂肪酸,在人体内不能合成,必须从食物脂肪中摄取,如亚油酸、亚麻酸等。必需脂肪酸在人体内有调节生理功能的作用,维持皮肤和毛细血管的健康,防止其脆性增加、对皮肤有保护作用,能增加乳汁的分泌,减轻放射线所造成的皮肤损伤,降低血胆固醇和减少血小板黏附性作用,有助于防治冠心病。必需脂肪酸缺乏时,会发生皮肤病、生育反常及乳汁分泌减少等。

(5)磷脂和固醇

①磷脂

磷脂几乎存在于所有生物膜中,是哺乳类动物细胞的必需组成部分,所以说磷脂是构成一切生物体生物膜的成分之一,它具有表面活性和抗氧化作用。人体中具有重要机能的脑、肝脏、心脏、肾脏和肺等组织,磷脂的含量特别高。磷脂是生命活动的基础物质之一,是维持人体机能不可缺少的必需成分。

人体内的磷脂来源于食物及体内生物合成,特别是磷脂胆碱成分必须在体内合成。一般成人每日需补充6~8 g磷脂,食用22~83 g的磷脂可以降低血中的胆固醇,且无任何副作用。

胆碱是卵磷脂和鞘磷脂的关键组成部分,还是乙酰胆碱的胶体化合物,对细胞的生命活动有重要的调节作用。因此,磷脂和胆碱是营养保健食物的重要活性物质。在机体内磷脂和胆碱的作用交叉、相互渗透,磷脂的某些生理功能是通过胆碱实现的,而胆碱的部分生理功能又依赖于磷脂来完成。

磷脂和胆碱有以下生理功能:构成生物膜的重要组成成分;促进神经传导,提高大脑活力;促进脂肪代谢,防止出现脂肪肝;降低血清胆固醇、改善血液循环、预防心血管疾病。

②固醇

固醇可分为动物固醇和植物固醇。胆固醇是最重要的动物固醇。胆固醇是脑、神经、肝、肾、皮肤和血细胞膜的重要构筑成分,是合成类固醇激素和胆汁酸的必需物质,对人体健康非常重要。但是人体血液中胆固醇浓度太高,有引起心血管疾病的危险。

植物固醇可促进饱和脂肪酸和胆固醇的代谢,具有降低血中胆固醇的作用。如豆固醇、菜油固醇、谷固醇、燕麦固醇等。植物固醇能够干扰食物中胆固醇被肠道吸收(外源性)和干扰胆汁所分泌的胆固醇的重吸收(内源性),促进胆固醇排泄,具有降低人体血清胆固醇,预防心、脑血管疾病的功能。另外,植物固醇可在人体内转变成胆汁酸和性激素,参与新陈代谢。植物固醇主要存在于麦胚油、大豆油、菜子油、燕麦油等植物油中。

(6)脂肪的营养价值评价

营养学的角度从以下三方面来评价脂肪的营养价值:

① 脂肪的消化率

脂肪一般不溶于水,经胆汁的作用变成微细的颗粒后可与水混合均匀,成为乳白色的混合液(生成乳状液的过程称为乳化作用),然后被胰、肠脂肪酶水解,才便于吸收和利用。

脂肪的消化率与其熔点有密切关系,熔点较低的脂肪容易消化,消化率越高的脂肪,其营养价值也越高。

脂肪的熔点又与其低级脂肪酸和不饱和脂肪酸的含量有关,不饱和脂肪酸和低级脂肪酸含量越高,其熔点越低,也较容易消化和吸收。

几种食用脂肪的熔点为:羊脂:44~55℃,牛脂:42~50℃,猪脂 36~50℃,乳脂 28~36℃,常温下为固体或半固体。花生油、菜油、棉籽油、豆油、玉米油、麻油、鱼肝油、葵花籽油等,熔点低,常温下呈液态,消化率较高。

② 脂肪酸的种类与含量

因为人体本身无法合成必需脂肪酸,必须由食物供给。一般不饱和脂肪酸含量较高的油脂,营养价值相对较高。不饱和脂肪酸中的亚油酸、亚麻酸和花生四烯酸是必需脂肪酸,而亚油酸在植物油中含量较多,因此植物油的营养价值较高。

③脂溶性维生素的含量

脂溶性维生素主要是维生素 A、D、E、K,维生素 A 和维生素 E 在动物脂肪中含量极少,在肝脏中含有维生素 A、D,而植物油中含有丰富的维生素 E。因为鲨鱼、肝油、乳、蛋黄的脂肪中维生素 A、D 含量极多,其脂肪呈分散细小微粒状,很容易消化吸收,所以它们的营养价值较高。

3. 碳水化合物

(1) 碳水化合物的组成和生理功能

碳水化合物亦称糖类,由碳、氢、氧三种元素组成,其中氢和氧的比例多为 2:1,与水相同,故称为碳水化合物。

碳水化合物在自然界中分布很广,种类也很多。如日常食用最多的淀粉类食物、食糖和植物纤维等都属于这类化合物。碳水化合物是人体主要供热的物质,约占人体每日所需总热量的 60%~70%,有时超过 80%。

碳水化合物的生理功能有:

① 提供能量。碳水化合物是人类最主要和最经济的能量来源,1 g 碳水化合物在体内氧化后可提供 4 kcal 的能量。

② 是构成机体的重要物质,并参与细胞的多种活动。

③ 参与蛋白质和脂肪的正常代谢。

④ 机体肝糖原丰富时对某些有害物质解毒作用增强。

⑤ 含碳水化合物丰富的食物可以增加胃的充盈度。

⑥ 非淀粉多糖类如纤维素和果胶、抗性淀粉、功能性低聚糖等抗消化的碳水化合物可以刺激消化道蠕动,防止便秘,排除有害物质,预防肠道肿瘤的发生。

> ✤特别提示 * 抗性淀粉
> 抗性淀粉是在健康人的小肠内剩余的不被消化吸收的淀粉及其降解产物的总称。

(2) 碳水化合物的分类

碳水化合物根据其单糖的聚合度不同,可以分为单糖、双糖、寡糖、多糖和糖醇五大类。

单糖:单糖是分子结构最简单并且不能被水解的最基本糖分子,单糖为结晶物质,易溶于水,有甜味,不经消化过程就可以被人体吸收利用。在营养学中有重要作用的单糖是葡萄糖、果糖和半乳糖。

① 葡萄糖

葡萄糖是单糖中最重要的一种,在自然界分布最广,主要存在于植物性食物中,动物性食物中也含有。一般说来水果中含量最为丰富,如柑橘、橙子、西瓜、甜瓜、葡萄等,其中以葡萄含量最多,为干重的 20%。

葡萄糖对人体很重要,人体血糖主要就是葡萄糖,在人体内氧化可释放能量。

②果糖

果糖分子式与葡萄糖相同,但结构不同,为白色晶体,是最甜的一种糖,其甜度为蔗糖的1.73倍,果糖存在于水果中,蜂蜜含量最多,蔬菜中也含有少量的果糖。

食物中的果糖在人体内转变为肝糖原,然后分解为葡萄糖。

③半乳糖

半乳糖在自然界中几乎不单独存在,乳糖经消化后,一半转变为半乳糖,一半转变为葡萄糖。

半乳糖的甜度比葡萄糖低,它在人体内可转变成肝糖原而被利用,半乳糖在食品工业上可作为凝固剂来制作果膏、果酱、软糖等食品,在西式糕点上用琼脂着色后晶莹透亮,光彩夺目,极为美观,可增进食欲。

双糖:双糖又叫二糖,是由两个相同或不同的单糖分子缩合失水而形成的化合物。双糖味甜,多为结晶体,易溶于水,不能直接被人体所吸收,必须经过酶的水解作用,生成单糖以后才能被吸收。与人们生活关系密切的双糖有:蔗糖、麦芽糖和乳糖三种。

①蔗糖

蔗糖在甘蔗和甜菜中含量特别丰富,香蕉、菠萝、大枣、柿子等水果中含量也较多,日常食用的红糖、绵白糖、白砂糖等都是蔗糖。

蔗糖是由一分子的葡萄糖和一分子的果糖缩合而成的,为白色晶体,易溶于水,其甜度仅次于果糖。当加热至200℃时变成焦糖(俗称糖色)。烹调红烧类菜肴时多用糖色。

②麦芽糖

麦芽糖化学式与蔗糖相同,由两分子葡萄糖缩合而成,为针状晶体,易溶于水。在各类种子发出的芽中含量较多,尤以麦芽中含量最多,故名。食用淀粉类食物(米、面制品),在口腔中慢慢咀嚼时越嚼感觉越甜,就是唾液淀粉酶将淀粉部分水解成麦芽糖的缘故。麦芽糖经水解后分解成两分子葡萄糖才能被吸收。

③乳糖

乳糖是由一分子葡萄糖和一分子半乳糖缩合而成的双糖,为白色晶体,较难溶于水,它只存在于乳汁中,人乳中约含6%~7%,牛乳中约含4%~5%。

乳糖在肠道吸收较慢,有助于乳酸菌的生长繁殖,乳酸菌可对抗腐败菌的繁殖和生长,对于防止婴儿的某些肠道疾病是有益的。乳糖在乳酸菌的作用下,可分解成乳酸,这是牛乳容易变酸的原因,也是制造酸牛奶、酸奶酪的基本原理。

各类糖的甜度不尽相同,一般以蔗糖的甜度为 100 做标准,果糖的甜度为 173.3,葡萄糖的甜度为 74.3,麦芽糖的甜度为 32,半乳糖的甜度为 32.1,乳糖的甜度为 16,所以果糖是碳水化合物中最甜的一种,而乳糖是最不甜的一种。

寡糖:寡糖又称低聚糖,由 3~10 个单糖分子聚合而成。目前已知的重要寡糖有低聚果糖、大豆低聚糖、异麦芽低聚糖、棉籽糖、水苏糖等。其甜度通常只有蔗糖的 30%~60%。

①低聚果糖

低聚果糖又称寡果糖,由蔗糖分子的果糖残基上结合 1~3 个果糖而成。低聚果糖主要存在于日常食用的水果、蔬菜中,如洋葱、大蒜、香蕉等。低聚果糖的甜度约为蔗糖的 30%~60%,难以被人体消化,被认为是一种水溶性膳食纤维,但易被肠道双歧杆菌利用,是双歧杆菌的增殖因子。

②大豆低聚糖

大豆低聚糖是存在于大豆中的可溶性糖的总称,主要成分是水苏糖、棉籽糖等。大豆低聚糖也是肠道双歧杆菌的增殖因子,可作为功能性食品的基料,能部分代替蔗糖应用于清凉饮料、酸奶、乳酸菌饮料、冰淇淋、面包、糖果和巧克力食品中。

多糖:多糖是由 10 个以上的单糖分子缩合而成的高分子物质,构成多糖的单糖分子数量不一,可以是几百,也可以是几千,是一类复杂的碳水化合物。多糖无甜味,但经过消化酶作用可分解为葡萄糖。

多糖类中的淀粉、糖原、纤维素在营养学上有重要意义。淀粉和糖原是能被人体消化吸收的多糖类,而纤维素是不能被人体消化吸收的多糖类。

①淀粉

淀粉是人类膳食中最基本和最丰富的碳水化合物,淀粉是绿色植物光合作用的产物,谷类、豆类、硬果类及马铃薯、红薯、芋头、山药等块茎类原料含淀粉比较丰富。

淀粉因结构的不同分直链淀粉和支链淀粉两种。淀粉无甜味,不溶于冷水。直链淀粉能溶于热水,支链淀粉只能在热水中膨胀,称为淀粉的糊化作用。

②糖原

糖原又叫动物淀粉,其结构和淀粉相似,只是葡萄糖结合时产生的分支较淀粉多。人体内的糖原约有 2/3 存在于肌肉组织中,称为肌糖原。1/3 存在于肝脏中,称为肝糖原。当饮食中碳水化合物或脂肪摄入过多时,一部分就转变成糖原储存在肌肉和肝脏中,当肌体缺糖时,糖原就转变成葡萄糖供机体利用。

糖醇:糖醇是糖的衍生物,食品工业中常用其代替蔗糖作为甜味剂使用,在营养上亦有其独特的作用。食物中的糖醇主要有山梨糖醇、木糖醇、麦芽糖醇。

①山梨糖醇

工业上将葡萄糖氢化,使其醛基转化成醇基而成,其特点是代谢时可转化为果糖,而不转变成葡萄糖,不受胰岛素控制,食后不会引起血糖的迅速上升,因此适合做糖尿病患者的甜味剂。

②木糖醇

存在于多种水果、蔬菜中,如南瓜、香蕉等。木糖醇的甜度及氧化供能与蔗糖相似,但其代谢利用不受胰岛素调节,因而也可供糖尿病人食用。此外,木糖醇不能被口腔细菌发酵,因而对牙齿完全无害,可被用作无糖糖果中具有防龋或抑龋作用的甜味剂。

③麦芽糖醇

麦芽糖醇由麦芽糖氢化而来,在工业上由淀粉酶水解制得葡萄糖浆后氢化制成。麦芽糖醇为非能源物质,不升高血糖,也不增加胆固醇和中性脂肪的含量,因此是心血管病人和糖尿病人较理想的甜味剂。

(3)适宜摄入量

根据我国膳食碳水化合物的实际摄入量,除了2岁以下的婴幼儿,其他人群碳水化合物应提供55%~65%的膳食总能量。这些碳水化合物应包括淀粉、抗性淀粉、非淀粉多糖和低聚糖类等。还应限制纯能量食物如糖的摄入量,提倡摄入营养素/能量密度比值高的食物,以保障能量和营养素的充足,改善胃肠道环境和预防龋齿的需要。

(4)食物来源

碳水化合物主要来自谷类、薯类和水果蔬菜类食物,还包括糖果、酒类、饮料等。每100 g食物碳水化合物含量及提供的能量见表1.2。

表1.2 每100 g食物(可食部分)碳水化合物含量及提供的能量

食物	碳水化合物/g	能量/kJ
小麦	63.9	1 318
大米	80.1	1 531
玉米	77.7	1 515
大豆	57.4	1 610
土豆	17.2	318
香蕉	23.2	403

4.矿物质

矿物质是构成人体组织的重要材料,是人体不可缺少的营养素。根据它们在体内分布的多少又将它们分为常量元素和微量元素。常量元素在体内含量较多,约占矿物质总量的60%~80%,包括钙、磷、镁、钾、钠、氯、硫;其他元素如铁、铜、碘、锌、硒等在体内含量极小,还达不到体重的$5/10^5$,被称做微量元素。

(1)钙

①生理功能

钙是构成骨骼和牙齿的重要成分,且生长越快需要的钙越多。所以,生长发育极为旺盛的儿童、青少年往往比成年人需要更多的钙,以满足其正常生长发育的需要。

②缺乏和过量

钙缺乏时主要表现为骨骼的病变。儿童时期生长发育旺盛,对钙的需要量较多,如果长期摄入不足,并常伴随蛋白质和维生素D的缺乏,可以引起生长迟缓,新骨结构异常,骨钙化不良,骨骼变形,发生佝偻病。

摄入充足的钙可以保证少年儿童骨骼和牙齿的正常发育,但是随着钙强化食物和钙补充剂的增加,钙摄入过量的现象也时有发生。摄入过量的钙可以增加肾结石的危险性,可以影响其他元素的生物利用率。

③影响钙吸收的因素

对钙吸收产生阻碍作用的有植酸、草酸、膳食纤维、糖醛酸、海藻酸钠、油脂、酒精等,它们可与钙形成难于消化吸收的物质。能促进钙吸收的因素有维生素、乳糖、低聚糖、酪蛋白水解肽、氨基酸中的精氨酸、赖氨酸和色氨酸等,酸性环境能促进钙的溶解吸收,机体缺钙时吸收率也较高。

④食物来源

奶和奶制品是钙的最好食物来源,其含钙量高,并且吸收率也高。海产品、硬果类、豆类、绿色蔬菜也是钙的主要食物来源。硬水中也含有相当量的钙。几种能提供500 mg钙的食物见表1.3。

表1.3 能提供500 mg钙的食物举例

食物种类	质量/g	食物种类	质量/g
虾皮	81	奶粉	118
雪里红	348	黄豆(生)	419
豆腐	488	油菜	741
牛奶	769		

(2)铁

①生理功能

铁是血液的重要组成成分,参与血红蛋白的合成,把氧气运送到身体的各个角落,再将组织细胞产生的二氧化碳排出体外。铁还是许多酶的成分和活性物质,分布在人体的组织中。

②缺乏

铁缺乏时可以引起贫血,贫血能引起机体工作能力明显下降。铁缺乏可引起心理活动和智力发育的损害以及行为改变。铁缺乏还可损害儿童的认知能力,而且在补铁后也难以恢复。长期铁缺乏明显影响身体耐力。铁缺乏时,身体的免疫和抗感染能力降低。

③食物来源

动物血、肝脏、大豆、黑木耳、芝麻酱中含铁丰富。瘦肉、蛋黄、干果类是铁的良好来源。几种可提供 16 mg 铁的食物见表 1.4。

表 1.4 可提供 16 mg 铁的食物

食物种类	质量/g	食物种类	质量/g
猪肝(生)	71	海米	145
芝麻酱	163	猪血	184
大豆	195	鸡蛋黄	246
葵花瓜子	281	黑木耳(水发)	291

✢ **特别提示:铁的吸收**

食物中铁的来源主要有两种,一种是存在于动物内脏如肝、肾、血液、禽畜瘦肉及鱼类中的铁,叫血红蛋白铁,这种铁在体内可直接被吸收利用,不受同餐食物的影响,吸收率可达 12% ~ 20%,尤其是肝脏、血液中含铁最丰富,吸收率也高;另一种铁叫非血红蛋白铁,存在于植物性食物如粮食、某些蔬菜(白菜、油菜、雪里红、苋菜、韭菜等)、豆类中,多为 3 价,其吸收率平均约 3%。

(3)锌

①生理功能

锌是许多酶的组成成分或酶激活剂,这些酶参与组织的呼吸、核酸、蛋白质的生物合成及一系列的生化反应。

②缺乏

缺锌则使酶的活性下降,从而会影响核酸及蛋白质的合成。锌缺乏常见的临床表现见表 1.5。

表 1.5 锌缺乏的临床表现

体征	临床表现
味觉障碍	偏食,厌食或异食
生长发育不良	矮小,瘦弱,秃发
胃肠道疾患	腹泻
皮肤疾患	皮肤干燥、炎症、疱疹、皮疹,伤口愈合不良,反复性口腔溃疡
眼科疾患	白内障和夜盲
免疫力减退	反复感染,感冒次数多
性发育或功能障碍	男性不育
认知行为改变	认知能力不良,精神萎靡,共济失调,精神发育迟缓,行为障碍

③食物来源

动植物性食物中都含有锌,不同食物中锌含量差别很大,吸收利用率也不相同。贝壳类海产品、红色肉类、动物内脏等是锌的良好来源,干果类、谷类胚芽和麦麸也富含锌。几种可提供 15 mg 锌的食物见表 1.6。

表 1.6 可提供 15 mg 锌的食物举例

食物种类	质量/g	食物种类	质量/g
小麦胚粉	64	鲜扇贝	128
松子	166	蚌肉	176
葵花瓜子	249	猪肝(生)	260
牛瘦肉	404	河蟹	408

(4)碘

①生理功能

碘是人体必需的微量元素,是合成甲状腺激素的重要原料,它在机体内没有独立的作用,其生理功能是通过甲状腺激素完成的。甲状腺激素有调节机体能量代谢、促进体格(包括身高、体重、骨骼、肌肉和性)发育,从妊娠开始到出生后 2 岁,脑发育必需依赖于甲状腺激素。这个时期碘缺乏会导致脑发育不同程度的受损,并且在 2 岁以后再补充碘或甲状腺激素也不能逆转。

②缺乏

碘缺乏所引起的一系列障碍统称为碘缺乏病。它的临床表现取决于碘缺乏的程度和缺碘时机体所处的发育时期以及机体对缺碘的反应性或对缺碘的代偿适应能力。

儿童期和青春期的主要表现为：甲状腺肿,青春期甲状腺功能减退,亚临床性克丁病,智力发育障碍,体格发育障碍,单纯聋哑。

③食物来源

含碘最高的食物是海产品,包括海带、紫菜、海鱼等。几种可提供100 μg碘的食物见表1.7。

表1.7 可提供100 μg碘的食物举例

食物种类	质量/g	食物种类	质量/g
海带(干)	0.42	加碘盐	5
紫菜(干)	6	鲜海鱼	125

(5)硒

①生理功能

硒是谷胱甘肽过氧化物酶的重要组成成分,具有抗氧化作用,保护生物膜免受损害,维持细胞的正常功能;硒可以提高机体的免疫力而起到防病作用;硒化物可以拮抗重金属的毒性;硒通过体内代谢产物发挥其抗肿瘤作用。

②缺乏和中毒

硒缺乏是大骨节病发生的环境因素之一,大骨节病是一种地方性、多发性、变形性骨关节病。大骨节病主要发生在青少年时期,严重影响骨发育和日后劳动生活能力。给患大骨节病病人补硒可以缓解症状。

过量摄入硒可以引起硒中毒,表现为恶心、呕吐、头发脱落、指甲变形等。

③食物来源

食物中硒的含量受地理环境因素影响很大。一般情况下,动物性食物如肝、肾以及海产品是硒的良好食物来源。几种可提供50 μg硒的食物见表1.8。

表1.8 可以提供50 μg硒的食物举例

食物种类	质量/g	食物种类	质量/g
鱼子酱	25	鱿鱼(干)	32
猪肾	45	牡蛎	48
牛肾	71	蘑菇(干)	128

(6)氟

①生理功能

氟在骨骼和牙齿的形成中起重要作用。氟被牙釉质中的羟磷灰石吸附后,在牙齿表面形成一层抗酸性腐蚀的、坚硬的氟磷灰石保护层,有防止龋齿的作用。

适量的氟有利于钙和磷的利用及在骨骼中沉积,可以加速骨骼生长,并维护骨骼健康。

②缺乏和过量

饮水中含氟量低的地区龋齿发病率增高,氟缺乏可以使老年人骨质疏松的发病率增加。

氟过量主要损害人的牙齿、骨骼,引起氟斑牙或氟骨症。

③食物来源

动物性食物中氟含量高于植物性食物,海产品中的氟高于淡水和陆地食物,鱼和茶叶中含氟量很高。几种可提供 1.0 mg 氟的食物见表 1.9。

表 1.9 可提供 1.0 mg 氟的食物举例

食物种类	质量/g	食物种类	质量/g
鲱鱼	35	猪肉	599
菠菜	813	鸡蛋	833

5. 维生素

维生素是维持人体正常生理功能所必需的一类低分子有机化合物,机体所需量极少但却必不可少。因为维生素在人体内不能合成或合成不足,必须通过一日三餐的食物来获取,所以,如果日常膳食中某种营养素长期缺乏或不足,则可出现维生素缺乏症,影响生长发育。

维生素根据溶解性不同分为脂溶性维生素和水溶性维生素两类,前者包括维生素 A、D、E、K,后者包括维生素 B_1、B_2、C、叶酸、尼克酸、维生素 B_6、B_{12} 等。脂溶性维生素被机体吸收后除了满足机体的需要之外,如有多余则在体内贮存起来,所以,如果长期过量服用脂溶性维生素可引起中毒。而水溶性维生素进入体内极少贮存,多余的维生素会很快随尿液排出体外,所以必须每天从食物中获取,如果供给不足,则很容易出现缺乏症。

(1)维生素 A

①生理功能

维生素 A 可促进人体生长与骨骼发育,保护皮肤和黏膜的健康,维持视觉正常,维生素 A 可增强呼吸系统及消化系统的抗病能力,同时还有防癌抗癌作用。

②缺乏和过量

维生素 A 缺乏可以引起暗适应能力下降,严重时可导致夜盲症,皮肤粗糙、干燥、鳞状等,影响骨骼、牙齿发育。

除了大量食用动物的肝脏外,一般饮食情况下不会出现维生素 A 过量。在过量服用维生素 A 补充剂时可以引起过量甚至中毒。维生素 A 过量会影响骨骼的正常发育,导致皮肤干燥、发痒、鳞皮、恶心、呕吐、食欲降低等症状。

③食物来源

动物肝脏含有丰富的维生素 A,植物性食物只能提供维生素 A 原即胡萝卜素。胡萝卜素主要存在于深绿色或红黄色的蔬菜和水果中。几种可提供 800 μg 视黄醇当量维生素 A 的食物见表 1.10。

表 1.10 可提供 800 μg 视黄醇当量维生素 A 的食物举例

食物种类	质量/g	食物种类	质量/g
羊肝	4	鸡肝	8
猪肝(生)	16	胡萝卜(黄)	120
芹菜叶	164	菠菜	164
金针菜	261	小白菜	286

(2)维生素 D

①生理功能

维生素 D 和甲状旁腺激素共同作用,维持血钙水平,调节机体对钙、磷的吸收和利用。维生素 D 还具有免疫调节功能,改变机体对感染的反应。

②缺乏和过量

膳食中摄入不足和日光照射不足是引起维生素 D 缺乏的主要原因。儿童、青少年缺乏维生素 D 则可导致生长缓慢、骨骼和牙齿钙化不良。

一般情况下,通过食物摄入的维生素 D 不会过量。但是,在摄入过量的维生素 D 或含维生素 D 的补充剂时会对身体产生副作用,甚至引起中毒。中毒的症状常有:食欲减退、厌食、恶心、烦躁、呕吐、口渴、多尿,便秘或腹泻交替出现。如果不及时进行治疗,严重者可以引起死亡。

③食物来源

一般天然食物中维生素 D 的含量较低,动物性食物是天然维生素 D 的主要来源,海鱼、鱼卵、动物肝脏、蛋黄等。几种可提供 5 μg 维生素 D 的食物见表 1.11。

表1.11 可提供 5 μg 维生素 D 的食物举例

食物种类	质量/g	食物种类	质量/g
鱼肝油	2	大马哈鱼罐头	40
金枪鱼罐头	86	炖鸡肝	299

(3)维生素 B_1

①生理功能

维生素 B_1 与碳水化合物代谢有关,是酶的重要成分。它维持神经系统的正常功能,能增进食欲,还可以促进生长发育。

②缺乏

粮谷类中的维生素 B_1 是我国居民膳食中的主要来源,粮谷类加工过于精细时,维生素 B_1 损失过多,经常食用精白米面可以引起维生素 B_1 缺乏。

维生素 B_1 缺乏可以表现为疲乏、食欲差、恶心、忧郁、急躁、腿麻木,严重缺乏可以引起"脚气病",影响神经或心脏功能。

③食物来源

维生素 B_1 广泛存在于天然食物及动物内脏中,如肝、心、肾,肉类,豆类和粗加工的粮谷类。几种可提供 1.2 mg 维生素 B_1 的食物见表 1.12。

表1.12 可提供 1.2 mg 维生素 B_1 的食物举例

食物种类	质量/g	食物种类	质量/g
猪瘦肉	222	豌豆	245
大麦(元麦)	279	黄豆	293
虎皮芸豆	324	猪肾	387
豆腐皮	387	羊肾	400

(4)维生素 B_2

①生理功能

维生素 B_2 又叫核黄素,是身体内很多重要酶的成分,它参与体内生物氧化与能量生成,可以提高机体对环境应激适应能力。

②缺乏

核黄素缺乏后,早期出现疲倦、乏力、口腔疼痛,眼睛出现瘙痒、烧灼感,然后出现口腔和阴囊病变,称为"口腔生殖系综合征",包括唇炎、口角炎、舌炎、皮炎、阴囊皮炎、角膜血管增生等。维生素 B_2 缺乏时还可出现生长发育缓慢。

③食物来源

核黄素广泛存在于动植物性食物中,如奶类、蛋类、肉类、谷类、蔬菜水果。几种可提供 1.2 mg 维生素 B_2 的食物见表 1.13。

表 1.13　可提供 1.2 mg 维生素 B_2 的食物举例

食物种类	质量/g	食物种类	质量/g
猪肝(生)	58	牛肝	92
杏仁	96	猪肾	105
蘑菇(干)	109	紫菜	118
牛肾	141	苜蓿	164

(5)维生素 C

①生理功能

维生素 C 参与胶原的生物合成和多种化合物的反应;维生素 C 具有抗氧化作用,在体内和其他抗氧化剂一起清除自由基;维生素 C 可以促进铁的吸收,提高机体的免疫能力。

②缺乏

维生素 C 缺乏时可以出现疲乏、急躁、牙龈肿胀出血、伤口愈合不良、皮下淤斑、紫癜、关节疼痛、出血等。

③食物来源

新鲜的蔬菜、水果是维生素 C 丰富的食物来源。几种可提供 100 mg 维生素 C 的食物见表 1.14。

表 1.14　可提供 100 mg 维生素 C 的食物举例

食物种类	质量/g	食物种类	质量/g
鲜枣	41	青椒	139
芥菜	139	油菜薹	154
猕猴桃	161	尖椒	161

6.水

水是一切生命所必需的物质,水在维持生命方面可以说比食物更重要,人不吃食物可以生存几周甚至几个月,但是如果没有水,几天就会死亡。

(1)水的分布

水是人体的重要组成成分,在体内含量最多。年龄越小,体内含水量越多,随着年龄的增长体内水的含量逐渐降低,例如,新生儿体重的 80% 是水,而成年人的比例为 50%～60%。

水分布在身体的各个组织和器官,各组织和器官水的含量不同,有的高达 80% 之多,如血液;有的仅含 10%,如脂肪组织。人体组织、器官的水含量百分比见表 1.15。

表1.15 人体组织、器官的水含量百分比

组织、器官	水分/%	组织、器官	水分/%
血液	83.0	脑	74.8
肾脏	82.7	皮肤	72.0
心脏	79.2	肝脏	68.3
肺脏	79.0	骨骼	22.0
肌肉	75.6	脂肪组织	10.0

(2)水的生理功能

水是维持生命所不可缺少的,没有任何一种物质像水一样广泛参与人体的多种功能。无论是营养素的消化、吸收、运输和代谢,还是废物的排出,或是生理功能及体温的调节等,生命的各种新陈代谢活动都离不开水。如果没有水,新陈代谢活动就不能进行。水的具体生理作用包括:

①水是细胞和体液的主要组成成分;

②水有助于体内食物的消化和吸收;

③水有运输作用:水为营养成分通过血液的运输、细胞内的反应提供介质,将代谢产物转移到血液进行再分配以及将体内代谢的废物通过尿液排出体外;

④水起润滑作用:润滑组织和关节;

⑤水能调节体温:水是体温调节系统的主要组成部分,体内代谢产生的热能传至体液,通过体液传至皮肤,通过蒸发或出汗来调节体温保持恒定。

(3)水的代谢和需要量

①水的代谢

正常人每日水平衡见表1.16。

表1.16 正常人每日水平衡　　　　　　　　　　mL

摄入水量	排出水量
饮水 1 200	肾脏排尿 1 500
通过食物摄入 1 000	通过汗液蒸发 500
内生水 300	肺呼吸 350
	粪便排出 150
合计:2 500	合计:2 500

②水的需要量

随着年龄的增长,儿童、青少年每天需要大量的水,特别是在热天或生病时,由于体内的水丢失增加,需要的水也更多。

每人需要的水量可根据能量的消耗计算,每消耗 1 kcal 的能量需要 1.5 mL水。

饮水不足或水丢失过多,均可以引起体内失水。失水占体重的2%时,感到口渴,出现尿少。失水达到体重的10%时,会出现烦躁,全身无力,体温升高,血压下降,皮肤失去弹性;失水超过体重的20%时,会引起死亡。

健康人很少出现水过多。水过多主要是出现在肾脏、肝脏或心脏病病人的发病期。

(4)水在烹饪中的作用
①烹饪原料的洗涤离不开水;
②烹饪原料涨发和制汤需要水的参与;
③水在烹饪中作为传热介质,用于烹制食物;
④水可溶解许多物质,有利于调味品进入烹饪原料中;
⑤呈味物质必须溶于水才能刺激味蕾产生味觉;
⑥水对于保持菜点质感有重要作用;
⑦水有利于微生物的生长,对发酵面团及面筋质的形成有一定作用。

(5)运动时如何饮水
运动时由于体内水的丢失加快,如果不及时补充就可以引起水不足。水不足会使身体深部温度升高,加重心血管系统的工作负担,有损于体温调节和运动能力。不仅要注意运动中水的补充,而且在运动前、运动后都要注意水的补充。在运动前,应喝 2 杯水(300~400 mL);在运动中,每 15~20 min,喝半杯水(100 mL 左右);在运动后,喝 3 杯水(500~600 mL)。饮水时要缓慢,少量多次饮用较好。

7.膳食纤维
(1)膳食纤维的分类
根据膳食纤维的溶解性不同,一般可将其分为可溶性膳食纤维和不溶性膳食纤维两种。

①可溶性膳食纤维
可溶性膳食纤维指既可溶解于水、又可吸水膨胀并能被大肠中微生物酵解的一类纤维,常存在于植物细胞液和细胞间质中,常见的有以下几类:

a.果胶
果胶是被甲酯化至一定程度的半乳糖醛酸多聚体。果胶通常存在于水果和蔬菜之中,尤其是柑橘类和苹果中含量较多。果胶分解后产生甲醇和果胶酸,这就是过熟或腐烂的水果中及各类果酒中甲醇含量较多的原因。在食品加工中常用果胶作为增稠剂制作果冻、色拉调料、冰淇淋和果酱等。

b.树胶和粘胶

树胶和粘胶由不同的单糖及其衍生物组成。阿拉伯胶、瓜拉胶属于这类物质,在食物加工中可作为稳定剂。

有些半纤维素也是可溶的。

②不溶性膳食纤维

a.纤维素

纤维素是植物细胞壁的主要成分,其构成成分和淀粉一样,因葡萄糖分子间的联结不同,纤维素一般不能被肠道微生物分解。

b.半纤维素

半纤维素是谷类纤维的主要成分,包括戊聚糖、木聚糖、阿拉伯木糖和半乳聚糖以及一类酸性半纤维素,如半乳糖醛酸、葡萄糖醛酸等,半纤维素及一些混杂多糖能被肠道微生物丛分解。纤维素和半纤维素在麸皮中含量较多。

c.木质素

木质素是植物木质化过程中形成的非碳水化合物,是由苯丙烷单体聚合而成,不能被人体消化吸收。食物中木质素含量较少,主要存在于蔬菜木质化部分和种子中,如草莓子、老化胡萝卜和花茎甘蓝之中。

膳食纤维的种类、食物来源和主要功能见表1.17。

表1.17 膳食纤维的种类、食物来源和主要功能

	种 类	主要食物来源	主 要 功 能
不溶性纤维	木质素	所有植物	正在研究之中
	纤维素	所有植物(如小麦制品)	增加粪便体积
	半纤维素	小麦、黑麦、大米、蔬菜	促进胃肠蠕动
可溶性纤维	果胶、树胶、粘胶、少数半纤维素	柑橘类、燕麦制品和豆类	延缓胃排空时间、减缓葡萄糖吸收、降低血浆胆固醇

(2)膳食纤维的生理作用

①降低血浆胆固醇的作用

大多数可溶性膳食纤维可降低血浆胆固醇水平,尤其是可降低低密度脂蛋白胆固醇。各种纤维因可吸附胆汁酸、脂肪等而使其吸收率下降,也可达到降血脂的作用。

②对餐后血糖及胰岛素水平的影响

可溶性膳食纤维可降低餐后血糖升高的幅度和降低血清胰岛素水平或提高胰岛素的敏感性。

③改善大肠功能

大多数纤维素具有促进肠道蠕动和吸水膨胀的特性。一方面可使肠道平滑肌保持健康和张力,另一方面粪便因含水分较多而使体积增加和变软,这样非常有利于粪便的排出。反之,肠道蠕动缓慢,粪便少而硬,会造成便秘。

④改善大肠中的代谢状况

膳食纤维被肠道细菌酵解产生短链脂肪酸,一方面可作为大肠细胞的能源,另一方面可降低肠道 pH,有益于减少毒素和致癌物的产生,起到了抗癌的作用。此外,膳食纤维实际上稀释了进入肠内的毒素,也加快了毒素的排出。

⑤控制体重和减肥

膳食纤维,特别是可溶性纤维可以减缓食物由胃进入肠道的速度并有吸水作用,从而产生饱腹感而减少食物摄入,达到控制体重和减肥的目的。

(五)膳食营养素参考摄入量

人体每天都要从饮食中获取所需的各种营养素。不同的个体由于其年龄、性别、生理及劳动状况不同,对各种营养素的需要量可能不同。一个人如果长期摄入某种营养素不足,就可能产生相应的营养缺乏,如果长期摄入某种营养素过多,就可能产生相应的营养过剩,甚至毒副作用。为了指导人们合理营养、平衡膳食,许多国家制订了膳食营养素推荐供给量(RDAs)。RDAs 值是根据预防缺乏病提出的参考值,没有考虑慢性病的预防,也没有考虑摄入过量的危害。近些年欧美国家提出了"膳食营养素参考摄入量"(DRIs)的概念,并制订出新的 DRIs,取代 RDAs。中国营养学会根据国际上的发展趋势,结合我国具体情况,于 2000 年 10 月制订并推出了《中国居民膳食营养素参考摄入量》。所以,我国 2000 年以前出版的有关书籍采用的是《推荐的每日膳食营养素供给量(RDAs)》,现在采用的是《中国居民膳食营养素参考摄入量》。

《膳食营养素参考摄入量》是一组每日平均膳食营养素摄入量的参考值。包括平均需要量、推荐摄入量、适宜摄入量、可耐受最高摄入量等四项指标。

1.平均需要量(EAR)

EAR 是群体中个体营养素需要量的平均值,是根据个体需要量的研究资料计算得到的。EAR 仅能满足群体中 50% 的成员的需要,不能满足另外 50% 的成员的需要。EAR 是制定 RNI 的基础。

2.推荐摄入量(RNI)

RNI 相当于传统使用的 RDA,是可以满足某一群体中绝大多数(97%~98%)个体需要量的摄入水平。长期摄入 RNI 水平,可以满足机体对该营养素的需要,并有适当的储备。RNI 的主要作用是作为个体每日摄入该营养素的目标值。

RNI 是以 EAR 为基础制订的。如果已知 EAR 的标准差,则 RNI 定为 EAR 加两个标准差,即 RNI = EAR + 2SD(SD:标准差)。如果关于需要量变异的资料不够充分,不能计算 SD 时,一般设 EAR 的变异系数为 10%。这样 RNI = 1.2 × EAR。

3.适宜摄入量(AI)

在个体需要量的研究资料不足而不能计算 EAR,因而不能求得 RNI 时,可设定 AI 来代替 RNI。AI 是通过观察或实验获得的健康人群某种营养素的摄入量。AI 的主要用途是作为个体每日营养素摄入量的目标。

AI 和 RNI 都用作个体每日营养素摄入量的目标,都能满足人群中几乎所有个体的需要。但 AI 值的准确性远不如 RNI,一般都超过 EAR,有些可能明显高于 RNI。

4.可耐受最高摄入量(UL)

可耐受最高摄入量(UL)是平均每日摄入营养素的最高限量。这个摄入水平对人群中的几乎所有个体都不致引起损害健康的作用。当摄入量超过 UL,并进一步增加时,损害健康的危险性随之增大。UL 并不是一个建议的摄入水平。"可耐受"指这一剂量在生物学上大体是可以耐受的,UL 是日常摄入量的最高限量。

二、人体所需要的能量

人体的各种生理活动,如呼吸、心跳、肠胃蠕动、神经传导、体液的维持和消化过程等,以及走路、说话、思考问题、劳动、工作、学习、运动等人体的一切活动都需要能量(或称热能)。

能量并不是一种营养素,它是由食物中的碳水化合物、脂肪和蛋白质在体内代谢时释放出来的。由此,这三者统称为生热营养素。

人体对于能量的需要,仅次于对空气和水的需要,供给能量和水加在一起,几乎占人体每日膳食的全部质量。一般情况下,健康成人从食物中摄取的能量和消耗的能量应该保持平衡,否则有可能会出现体重过轻或过重等不健康的表现。

(一)能量单位及能量系数

1.能量单位

营养学上所使用的单位多年来一直用千卡(kcal),1 kcal 相当于 1 kg 的水由 15℃升到 16℃所需要的能量。国际上通用能量单位是焦耳(J),1 J 指用 1 N 力把 1 kg 质量的物体水平移动 1 m 所需要的能量。营养学上使用最多的是其 1 000倍的单位,即千焦(kJ),1 000 kJ 等于 1 兆焦耳(MJ)。其换算关系如下:

$$1 \text{ kcal} = 4.184 \text{ kJ}, \quad 1 \text{ kJ} = 0.239 \text{ kcal}$$
$$1\,000 \text{ kcal} = 4.184 \text{ MJ}, \quad 1 \text{ MJ} = 239 \text{ kcal}$$

2. 能量系数

每克碳水化合物、脂肪和蛋白质在体内氧化产生的能量值称为能量系数。

营养素在体内的氧化过程由于其最终产物不同,所以释放的能量并不完全相等。食物中的三大营养素每克在体内氧化的能量分别为:

碳水化合物:17.15 kJ(4.1 kcal);

脂肪:39.54 kJ(9.45 kcal);

蛋白质:23.64 kJ(5.65 kcal)。

由于食物中的营养素在消化道内并非 100% 被吸收,一般混合膳食中碳水化合物吸收率为 98%、脂肪 95%、蛋白质为 92%,消化吸收后,在机体内也不一定完全彻底被氧化分解产生能量。所以在营养学上,食物中能产生营养素的实际产能系数为

1 g 碳水化合物:17.15 kJ × 98% ≈ 16.81 kJ(约 4.0 kcal);

1 g 脂肪:39.54 kJ × 95% ≈ 37.56 kJ(约 9.0 kcal);

1 g 蛋白质:(23.64 kJ − 5.44 kJ) × 92% ≈ 16.74 kJ(约 4.0 kcal)

(二)人体的能量消耗

1. 基础代谢消耗

基础代谢消耗是维持生命最基本活动所必需的能量需要,是指机体处于清醒、空腹(进食后 12~16 小时),在适宜温度(18~25℃)和安静环境中,无任何体力活动和紧张的思维活动、全身肌肉处于松弛状态,能量的消耗主要用于身体内部的生理活动,如心脏跳动、肺呼吸、肌肉紧张的维持及其他一些基本生理活动,这就是基础代谢的能量。

人体热能的基础代谢受到很多因素的影响,如身体大小、性别、年龄、气候、营养与机能状况等。正常情况下,以体重 60 kg 的男子为例,24 小时的基础代谢率为 6.0 MJ,女性比男性约低 5%,老人比成人低 10%~15%。

人体安静时的能量代谢在 20~30℃ 的环境中最为稳定。当环境低于 20℃ 时,代谢率即开始增加,这主要是由于寒冷刺激,反射性地引起肌肉紧张性收缩加强;当环境温度超过 30℃ 时,代谢率也会增加,这可能是由于体温升高、酶的活性提高、细胞生化反应速度加快、发汗及循环呼吸机能加强造成。

儿童和青少年正处于生长发育时期,所以能量的供给除保证正常需要外,还要充分保证生长发育对能量的需要,而中年以后基础代谢率逐渐下降,活动量减少,对于能量的需求也相对减少。通常 40~49 岁减少 5%,

50~59岁减少19%,60~69岁减少20%,70岁以上减少30%。

2. 体力活动消耗

从事各项体力活动所消耗的热能在人体的总需求量中占主要部分。体力活动所消耗的能量与体力活动强度大小、活动时间长短有关。

我国把活动强度分为五级:极轻体力活动、轻体力活动、中等体力活动、重体力活动和极重体力活动。

①极轻体力活动者:编辑、办公室人员等。

②轻体力活动者:作家、医生、会计、教师、店员等。

③中等体力活动者:从事轻工、手工劳动者、厨师、学生、营业员等。

④重体力活动者:非机械化的农业劳动、矿工、军人、炼钢工人、运动员、建筑工人、舞蹈演员等。

⑤极重体力劳动者:伐木工人、铁匠、搬运工人、人力车夫、采石工等。

中国营养学会根据我国情况于2000年10月制定了能量每天供给量标准,具体见表1.18。

表1.18 不同劳动强度下热能需要量

不同劳动强度	每千克体重所需要的热量/kcal
极轻体力劳动	30~35
轻体力劳动	35~40
中等体力劳动	40~45
重体力劳动	45~50
极重体力劳动	50~55(或60~70)

3. 食物的特殊动力作用

食物特殊动力作用是指机体由于摄入食物而引起体内能量消耗增加的现象。食物特殊动力作用消耗的热能主要是营养素摄入后在体内的消化吸收需要能量,如蛋白质、脂肪的合成、氨基酸的运转、葡萄糖和脂肪间的转变等。

摄入不同的营养素,特殊动力作用不同。蛋白质的特殊动力作用最显著,消耗相当于该蛋白质所产生热能的30%,摄入碳水化合物和脂肪的特殊动力消耗分别为5%~6%和4%~5%,正常人摄入混合食物而产生的特殊动力作用的热能每日约627 kJ,相当于基础代谢所需热能的10%。

4. 供给生长发育

生长发育需要能量是婴幼儿、儿童、青少年所特有的,主要包括机体生长发育中形成新的组织多需要的能量以及新生成的组织进行新陈代谢多需要的能量。1岁以内的婴儿增长最快,生长发育所需能量约占总能量的

25%～30%。孕妇的子宫、乳房、胎盘和胎儿的生长发育以及体内脂肪贮备均需要能量;母乳合成和分泌乳汁也需要额外补充能量。

三、饮食营养与人体健康

(一)人体的化学组成

在漫长的人类发展过程中,人类身体的结构在不断地发生着变化。例如在全球范围内,几十年来,青少年的身高和体重都有增加的趋势,对于一个个体来说,他在胎儿、婴儿以及其后的各个时期中,身体的结构也有一定的变化,在这些改变中,人与人之间、不同性别与年龄之间有一定的差异,但人体基本化学构成大致在一定范围内。构成人体的几类主要化学物质,主要存在于细胞群、细胞外支持组织、脂类三大类组织中。

1.细胞群(约占人体总重量的30%)

细胞群是机体各种活性组织,具有执行机体各种活动和做功的功能。

2.细胞外支持组织(约占人体总重量的30%)

细胞外支持组织具有支持各种细胞做功和维持细胞的功能,其中包括细胞外液(血浆、淋巴液等)的支持作用,以及矿物质、蛋白质等所构成的人体骨架的支持作用。

3.脂类(约占人体总重量的15%)

脂类以脂肪组织的形式储备人体的能量,包括皮下脂肪、内脏周围的脂肪层等。

人在疾病、应急状态和异常环境的条件下,这三部分构成物质的比例可能发生不同程度的改变。例如消耗性疾病可以使细胞群减少并消耗体内的脂肪储备,而支持组织仍可以保持相对不变,从而总重量中增加了它的比例。肥胖患者的脂肪储备异常增加,可远大于正常比例。

(二)人体的物质代谢

食物在体内消化后,营养素即被吸收进入血液循环,供组织细胞的进一步利用。其中,碳水化合物、脂类、蛋白质、矿物质、维生素和水要发生多种不同的化学反应,并转化为能量或组织材料,这些反应总称为代谢。物质代谢是人体与其周围环境之间的物质交换过程,物质代谢包括消化、吸收、生物转化和排泄阶段。

1.食物的消化

消化过程主要是由一系列消化酶完成的。酶是体内具有生理活性的蛋白质,在正常体温状态下能催化生化反应。许多消化酶都以非活性形式存在,这种状态的酶叫酶原。在一些激活剂如氢离子、金属离子和另一些酶的作用下,酶原被激活参与消化作用。消化道中主要有胃蛋白酶、胰蛋白酶、肠脂肪酶、唾液淀粉酶、胰淀粉酶等,当食物通过消化道时,发生的化学反应与酶的活性有关。

2. 食物的吸收

食物经过消化，将大分子物质变成小分子物质，其中多糖分解成单糖，蛋白质分解成氨基酸，脂肪分解成脂肪酸等，维生素与矿物质则在消化过程中从食物的细胞中释放出来，通过消化道管壁进入血液循环，这个过程称为吸收。吸收的方式取决于营养素的化学性质。食物进入胃之前没有吸收，胃只能吸收少量的水分和酒精等。大肠主要吸收没被小肠完全吸收的水分和电解质，营养物质的吸收主要在小肠中进行。

当营养成分被消化吸收后，立即被运输到需要或储藏它们的组织中。淋巴和血液是营养物质的主要运输介质。在肠道的膜内有淋巴毛细管网状组织，胆固醇、水、长链脂肪和某些蛋白质被淋巴系统最终传送到静脉系统。大部分低分子营养物质被吸收进入血液循环后，与血液中蛋白质分子结合，再运输到各组织细胞。

(三) 合理营养与健康的关系

1. 促进优生

计划生育是我国的基本国策，而优生优育是重中之重，影响优生的因素除遗传因素外，营养也是一个不容忽视的重要因素。孕妇应特别注意先天营养对婴儿体质及智力的影响，如果孕妇的饮食缺乏营养，会导致胎儿畸形、流产和早产。

2. 促进生长发育

人体细胞的主要成分是蛋白质，新的细胞组织的构成、繁殖、增大都离不开蛋白质，所以蛋白质是儿童、青少年发育的重要物质基础。此外，碳水化合物、脂类、维生素、矿物质、水等营养素也是影响生长发育的重要物质基础。

3. 提高智力

营养状况对人类的智力影响极大，1980年联合国粮农组织报告，有1.5亿非洲人面临饥荒，这些地方的孕妇由于营养不良，其子女的学习能力明显受到不利影响。

儿童时期和婴幼儿时期是大脑发育最快的时期，需要足够的营养物质，如二十二碳六烯酸、卵磷脂、蛋白质等。特别是二十二碳六烯酸的供给，如摄入不足，就会影响大脑的发育，阻碍大脑智力开发。

4. 增强机体免疫力

免疫是人体的一种保护反应，若免疫能力低下，则易受各种病菌的侵害，营养不良患者的吞噬细胞对细菌攻击的应答能力降低。而食物中的一些营养物质如维生素E、维生素A、维生素C、微量元素锌(Zn)、硒(Se)和黄酮等物质都具有提高免疫能力的作用。

5. 促进健康，延年益寿

人体的衰老是一个必然的过程，长生不老的秘方虽然没有，但如果注意均衡营养，则完全可以达到延缓衰老、健康长寿的目的。

人到了五六十岁，机体逐渐衰老，生理机能发生衰退，需要有针对性地补充营养，多吃蔬菜、水果等清淡食物，避免热量和动物脂肪的过度摄入，防止高血压、心脑血管病、糖尿病等疾病的产生或复发，以达到延年益寿的目的。

6. 预防疾病

合理营养可以增进健康，而营养不足或营养过剩都可以引起疾病。由于营养不足所引起的疾病为营养缺乏病，如缺铁性贫血、软骨症、夜盲症、甲状腺肿大等；由于营养过剩引起的疾病称为"富贵病"或"文明病"，如糖尿病、高血压、高脂血症、冠心病、痛风病等。合理营养可以预防这些疾病的发生和发展，提高人体的素质。

第二节 烹饪基础理论

一、食物原料的营养价值

(一)食物的营养价值

凡食物必定含营养成分，但不可能由一种食物供给人体全部所需的营养素。不同种类的食物中，其营养素含量各具特色。所谓食物的营养价值，是指食物中所含的能量和营养素能满足人体需要的程度。在这个概念中，包括了营养素的种类是否齐全、营养素的数量和比例是否合理、是否易于被人体消化吸收和利用等几个方面的评价。

在生活中经常使用"某食物营养价值高"的说法，但这种说法并不准确。对于某种特定的营养素来说，各种食物之间可以进行含量的比较。如果某种食物中某种营养素的含量比较突出，吸收利用率也高，则人们只需要摄入少量该食物就可以满足机体对这种营养素的需求。因此，"鸡蛋的蛋白质营养价值高"的说法是准确的。然而，这并不意味着鸡蛋能够满足人体的全部营养需求，也不意味着鸡蛋中所有营养素(包括维生素、微量元素等)的含量都高。

实际上，没有一种食物是十全十美的，也没有一种食物(除母乳、婴儿奶粉对婴儿之外)能够满足人体的所有营养需要。例如，鸡蛋中虽然富含优质蛋白质，但维生素 C 含量极低，如果从维生素 C 营养的角度来看，鸡蛋的营养价值很低。反之，柑橘的维生素 C 营养价值高，但蛋白质营养价值却很低。因此,食物的营养价值是相对的,只有多种食物的合理搭配才能充分满足人体的营养需求。

(二)食物的营养素密度

在评价食物营养价值时,常常采用"营养素密度"这个概念,即食物中某营养素满足人体需要的程度与其能量满足人体需要程度之比值。一般来说,如果一种食物能量相对较低,而其他营养素相对较丰富,则认为其营养价值较高。

随着社会经济的发展和生活水平的提高,体力劳动强度下降,生活中的家务劳动也逐渐减轻。于是,人们的能量消耗渐渐减少,如不注意控制膳食中的能量、增加体力活动,很容易使体重超出理想范围。然而,一味节食,减少食物摄入量,又可能会造成营养素缺乏而影响健康。如果能够注意摄入营养素密度较高的食物,便可以保证在合理的能量摄入量的前提下获得充足的营养素供应。除去需要控制体重的人之外,食量不大、能量需求低的老年人也应优先摄入营养素密度较高的食物。

20世纪80年代,美国营养机构在能量营养素密度理论的基础上,结合人体的实际需要,提出了食物的"营养质量指数"的概念,这一指数比上述的能量营养素密度更直观和实际,从INQ值的大小可判断该食物营养质量的高低。

INQ的计算方法如下:

$$能量密度 = \frac{一定量食物提供的能量}{能量推荐摄入量标准}$$

$$营养素密度 = \frac{一定量食物中某种营养素含量}{相应营养素的推荐摄入量标准}$$

食物的营养质量指数(INQ)为以上两个密度之比

$$INQ = \frac{营养素密度}{能量密度}$$

评价标准如下:

INQ = 1,表示食物提供营养素的能力与提供能量的能力相当,二者满足人体需要的程度相等,为"营养质量合格食物";

INQ < 1,表示该食物提供营养素的能力小于提供能量的能力,长期食用此食物,会发生该营养素不足或能量过剩的危险,为"营养质量不合格食物";

INQ > 1,表示该食物提供营养素的能力大于提供能量的能力,为"营养质量合格食物",并且特别适合体重超重和肥胖者选择。

INQ最大的特点就是根据不同人群的营养需求来分别计算。同一个食物,可以做到因人而异。如评价以下三种食物对一个30岁、男性、中体力劳动者的 INQ 值,结果见表 1.19。

表 1.19 食物营养成分及营养质量指数对比（每 100g）

营养素	面条(富强粉,煮)		大白菜		猪瘦肉	
	含量	INQ	含量	INQ	含量	INQ
能量/kcal	109	1.0	17	1.0	143	1.0
蛋白质/g	2.7	0.8	1.5	3.0	20.3	4.8
钙/mg	4	0.1	50	9.9	6	0.1
铁/mg	0.5	0.8	0.7	7.4	3.0	3.8
锌/mg	0.21	0.4	0.38	4.0	3.0	3.8
维生素 A/μg RE	—	0	20	4.0	44	1.0
维生素 C/mg	—	0	31	49.2	—	0
维生素 PP/mg	1.8	1.5	0.6	3.2	5.3	3.3

由表 1.19 可以看出,面条中除维生素 PP 的 INQ 值大于 1 外,其余各种营养素 INQ 均小于 1,而大白菜由于其能量含量低,所有各种营养素的 INQ 值均大于 1,为"营养质量合格食物"。

1. 食物原料的种类

食物原料种类繁多,按其性质和来源可以分为动物性食物、植物性食物和食物制品等。按照食物的特点,又可以分为谷类、豆类、蔬菜水果类、肉类、蛋类和奶类等。一般来讲,天然食物中所含的营养素,其分布和含量都是不平衡的,不同种类食物营养素含量都有一定的特征。因此,掌握不同类食物的特点,对合理选择食物有重要意义。

食物可以按照其营养素含量的特点分为五大类,每一类在膳食中都有独特的营养贡献。只要在日常膳食中合理地搭配这几大类食物,就可以获得充足而平衡的营养素供应。第一类为谷类及薯类,谷类包括米、面、杂粮,薯类包括马铃薯、甘薯、木薯等,主要提供碳水化合物、蛋白质、膳食纤维及 B 族维生素。第二类为动物性原料,包括肉、禽、鱼、奶、蛋等,主要提供蛋白质、脂肪、矿物质、A、B 族维生素和维生素 D。第三类为豆类和坚果,包括大豆、其他豆类及花生、核桃、杏仁等,主要提供蛋白质、脂肪、膳食纤维、矿物质、B 族维生素和维生素 E。第四类为蔬菜、水果和菌藻类,主要提供膳食纤维、矿物质、维生素 C、胡萝卜素、维生素 K 及有益健康的植物化学物质。第五类为纯能量食物,包括动植物油脂、淀粉、食用糖和酒类,主要提供能量。动植物油脂还可提供维生素 E 和必需脂肪酸。本节主要介绍几类主要食物(谷类、豆类、蔬菜水果、肉类、奶类、蛋类等)的营养价值。

2. 常见食物原料的营养
(1) 谷类

谷类原料在人类膳食中占有重要比例,是人体能量的主要来源,也是维生素 B_1、尼克酸和蛋白质的重要来源。此外,谷类尚提供部分矿物质,谷物中的脂肪含量较低。

谷类的籽粒都有相似的结构,最外层是种皮,其内是谷皮、糊粉层、胚乳,谷粒的一端有胚芽。谷类种子中含淀粉在60%以上,蛋白质含量约在7%~13%之间,少数品种可高达15%以上。大部分谷类食物的蛋白质中赖氨酸含量低,因此蛋白质的生物利用率不高。发育期的儿童、青少年仅靠谷类食物不能获得足够的优质蛋白质。

谷类中所含的主要维生素是硫胺素、核黄素、尼克酸、维生素 B_6 和维生素E。一些黄色的谷类种子如黄玉米、黄小米等含有一定数量的胡萝卜素。谷类食物中不含维生素 B_{12}、维生素C、维生素D和维生素A。总的来说,在同一种谷物中,黑色品种的营养素含量最高,黄色次之,白色品种最差。

未精制的谷物籽粒中富含B族维生素和多种矿物质,但由于这些营养素主要存在于谷粒的表层,经碾磨加工之后,大部分损失于糠麸之中。因此,精白米、富强粉的营养价值大大下降。如经常食用全麦食物、糙米、粗粮、杂粮,增加主食的多样性,可有效地提高谷类的营养价值。

常见谷类原料的营养价值介绍如下。

大米

【品种】 大米为五谷之一,可分为籼米、粳米、糯米三类。籼米米粒细长,灰白色,多为半透明,米质疏松、黏性小、胀性大,出饭率高。粳米粒形短圆,色泽蜡白,透明或半透明,质地硬,较籼米黏,胀性小,出饭率低。著名品种有天津小站米、京西米、上海白粳米等。糯米又称江米,硬度低,吃水量、胀性和出饭率也最低,但黏性最大,色泽乳白,生米不透明,熟米光泽透明。

【营养价值与功能】 大米含约75%的淀粉,含纤维素、半纤维素和可溶性糖。籼米、粳米中直链淀粉较多,易溶于水,可被β-淀粉酶完全水解,转化成麦芽糖;而糯米由于含支链淀粉较多,因此只有54%能被β-淀粉酶水解,所以不易被人体消化吸收。稻米中蛋白质含量因品种不同而不同,粳米约为11.1%、籼米为9.8%。据测定,稻米蛋白质生物价为77(与大豆相当)、而面粉为52,玉米为60。稻米中含有丰富的维生素 B_1 和无机盐如钙、磷、铁等,其中粳米比糯米磷含量高,钙含量低。值得指出的是糙米由于含较高的膳食纤维、B族维生素和维生素E,不仅有预防脚气病的食疗功效,对维持人体血糖平衡也有重要作用。近年营养专家从糙米中提取出一种抗癌化合物——肮酶,发现其能抑制肝癌和结肠癌的生长、并能阻止皮肤癌的转移。因此多食糙米有益健康。

【用途】 大米为我国人民的两大主食之一,特别是南方以稻米为主。

黑米

【品种】 黑米又称黑粳米,因色素在果皮层的浓厚沉积、呈黑色和紫色而得名。为米中珍品,有"黑珍珠"的美誉。黑米外表纯黑发亮,香味独特。有黑籼米和黑糯米两种,著名品种有江苏的常熟鸭血糯米、建湖和武进香血糯米、宜兴紫香糯米、广西东兰墨米、贵州惠水黑糯米、云南墨江紫米等。

【营养价值与功能】 黑米的营养价值高于普通大米,其蛋白质的含量高达16.24%,必需氨基酸的含量为5.2%,为普通大米的2倍,赖氨酸含量比普通大米高30%~60%;各种维生素的含量高1倍左右;黑米富含矿物质,铁比普通大米高3倍、钙比普通大米高3~5倍。黑米具有显著的食疗功效,长期食用可治头昏、目眩、贫血、腰腿酸软等症。据《本草纲目》记载,黑米有滋阴补肾、健脾暖肝、明目活血之功效。

【用途】 可煮饭、煮粥,或作为八宝粥的原料之一。

大麦

【品种】 禾本科小麦族大麦属作物,因麦粒、麦苗均大于小麦,故名大麦。藏族同胞的主食青稞就是大麦的一种。

【营养价值与功能】 大麦含淀粉、蛋白质、钙、磷和尿囊素等成分。尿囊素有促进溃疡愈合的作用。大麦成分与小麦类似,但膳食纤维丰富,含量高于小麦,因此不如小麦口感好。大麦芽可以入药,有健胃消食作用;焦大麦清暑祛湿、解渴生津,是麦茶的原料。

【用途】 大麦是酿造啤酒和制造麦芽糖的主要原料。

莜麦

【品种】 禾谷类作物,学名裸燕麦。根据播种期早晚分夏莜麦和秋莜麦。莜麦籽粒瘦长,有腹沟,表面生有茸毛,尤以顶部显著。

【营养价值与功能】 莜麦是营养丰富的粮食作物,在禾谷类作物中蛋白质含量最高,且含有人体必需的8种氨基酸,蛋白质含量达21%,是面粉的2倍,其组成也平衡。莜麦含糖分少,蛋白质多,是糖尿病患者较好的食物。

【用途】 莜麦可以直接用来与大米一起煮粥,也可以磨成粉后与面粉混合在一起烙饼。

小米

【品种】 又称粟、粟米,禾本科狗尾草属,是我国最早食用和种植的禾本科植物,比稻米要早。小米分为糯性小米和粳性小米两类。主要品种有山东省金乡县的金米,色金黄色、粒小、油性大、含糖高、质软味香;山东省章丘的龙山米,品质与金米相似,黏度、甜度高于金米;河北省蔚县桃花镇的桃花米,色黄、粒大、油润、味佳。

【营养价值与功能】 小米营养超过大米,热量也比大米高,特别是蛋白质和维生素 B_1、B_2 的含量明显比大米占有优势。每百克小米含有蛋白质9 g,脂肪3.1 g,碳水化合物73.5 g,其中胡萝卜素、维生素 B_1、铁的含量较为丰富。小米具有独特的保健作用,不但气味香、甜糯、营养好,易于消化吸收,而且有促进食欲,健脾和胃,滋养肾气,补虚清热的功效。新产出的小米粥是产妇、病人、婴幼儿的理想食物。中医认为小米粥表面漂浮的一层形如油膏的黏稠物为"米油",营养极为丰富,其"可代参汤",李时珍谓,食此米油"百日则肥白"。焖小米饭的锅巴,中医称为黄金粉、焦饭,有补气健脾、消积止泻的功效,小米对脾虚久泻、食积腹痛、小儿消化不良有显著食疗作用。

【用途】 小米是组成主食的主要谷物之一,特别是西北地区群众的主食。

薏米

【品种】 薏米又名薏苡仁、薏仁米、苡仁等。薏米的营养价值较高,在禾本科植物中占第一位,被誉为"禾本科植物之王"。

【营养价值与功能】 每百克薏米中含蛋白质12.8 g、碳水化合物69.1 g,脂肪3.3 g,脂类含量是禾本科植物中最高的。此外,还含有薏苡仁酯、薏苡仁内酯、生物碱等成分。现代医学研究证明,薏苡仁酯不仅具有滋补作用,而且具有抗癌作用。《本草纲目》记载,薏米有强筋骨、健脾胃、消水肿、去风湿、清肺热等功效。近年研究发现薏米有许多营养生理功能:如防治过敏症;其脂肪油可使血钙、血糖下降,并有解热、镇静、镇痛作用;籽实中所含的薏苡酯、薏苡醇、薏苡丙酮等也具有抗癌功效。

【用途】 薏米是很好的保健食物原料,对体弱多病者尤佳。

面粉

【品种】 面粉是用小麦加工而成的。按加工精度不同,可分为特制粉、标准粉和普通粉三个等级。特制粉加工精度高,色白,含麸量少,面筋质(湿重)不低于26%、水分不超过14.5%;标准粉颜色稍黄,含麸量多于特制粉,面筋质不低于24%,水分含量不超过14%;普通粉含麸量多于标准粉,面筋质不低于22%,水分不超过12.5%。

【营养价值与功能】 小麦加工精度不同,营养成分也不同,普通粉、标准粉要比特制粉的营养全面。面粉中主要成分是淀粉和糖类,蛋白质高于稻米,每百克小麦面粉(标准粉)含淀粉和糖类71.5 g、蛋白质约11.2 g、脂肪1.5 g,还有维生素B_1、B_2、E及钙、磷、铁等矿物质。另外,还含卵磷脂和麦芽糖酶、淀粉酶、蛋白分解酶等。

【用途】 面粉是组成主食的主要谷物之一,特别是黄河流域以北地区群众的主食。

玉米

【品种】 玉米又称苞米、苞谷、棒子等。按颜色可分为黄玉米、白玉米、紫色玉米;按性质可分为硬粒型、糯质型、甜质型、爆裂型等。近年特用玉米以其品种多、功用独特而被推广应用:如水果玉米即甜玉米,鲜嫩香甜,既可熟食,又可生食;糯玉米黏性大,口感软糯、香滑、有甜味;爆裂玉米膨化性能好,在常压下加热至200℃时会爆裂成玉米花。

【营养价值与功能】 每百克玉米(黄色)含蛋白质8.7 g、脂肪3.8 g、糖类66.6 g,还含有维生素、矿物质及纤维素。但玉米蛋白质中缺乏赖氨酸和色氨酸,所以蛋白质的生物价低。黄玉米含有一定量的胡萝卜素,可以在人体内转化为维生素A;玉米脂肪含量较多,而且富含不饱和脂肪酸,其中50%为亚油酸,还含有谷固醇、卵磷脂等,常食玉米油能降低血清胆固醇,对预防高血压、冠心病有食疗作用。玉米中富含镁,镁有防癌、抗癌作用。近年,科学家发现玉米中还含有一种长寿因子——谷胱甘肽,所以玉米的健康作用受到重视。

【用途】 玉米是主食粮食,亦用于饲料工业,还是生产葡萄糖和工业酒精的原料。

高粱米

【品种】 高粱米又称芦粟、木稷、荻粱,禾本科高粱属,也是历史悠久的食用和种植的禾本科植物,主要分布于东北、华北地区。品种有粒用高粱、糖用高粱(甜高粱)、饲用高粱和工艺用高粱(编织用)。

【营养价值与功能】 高粱米含丰富的锌,淀粉含量高,但由于糊化率低,所以不易煮熟。其限制性氨基酸是赖氨酸。此外含多酚类化合物鞣酸、其与蛋白质结合成不被吸收的络合物,大大降低了蛋白质的消化率。

【用途】 高粱米可作为粮食,并大量用于酿酒。

(2) 豆类

豆类包括了大豆和多种淀粉类干豆，它们是营养价值很高的一类食物，其中大豆是植物中营养素含量最为丰富的代表食物。各种淀粉类干豆除了蛋白质和脂肪含量低于大豆之外，仍可称得上是膳食中蛋白质、B族维生素和矿物质的良好补充来源。由于豆类的资源丰富、价格低廉，对低收入者的营养供应特别重要；同时，由于豆类中几乎不含饱和脂肪酸，不存在胆固醇，它们也是老年人、糖尿病患者、心血管疾病患者的有益食物，可以部分地替代肉类食物。

大豆可以制成多种豆制品，如豆腐、腐竹、腐乳、豆豉、豆奶粉等，在我国居民的膳食中占有重要地位。大豆中提取的大豆蛋白是重要的食品添加物，是谷类制品、肉类制品中的常用添加辅料，用以改善其营养价值并提高产品品质。我国营养学家鼓励国民多食用大豆制品，建议居民经常饮用豆奶，尤其是牛奶摄入量低的地区应普及豆奶。

淀粉类干豆包括红豆、绿豆、豌豆、蚕豆、扁豆、芸豆等，其特点是淀粉含量在60%左右，脂肪含量通常不超过10%，蛋白质含量在20%左右，其蛋白质中富含赖氨酸，而缺乏含硫氨基酸，可以与谷类食物很好地进行营养互补。它们与大豆相同，富含B族维生素、维生素E和多种矿物质，还是典型的高钾低钠食物。豆皮中含有丰富的膳食纤维，可以帮助人体排出体内废物，有一定的解毒作用。

多种豆类中含有一些抗营养因素和过敏物质，如蛋白酶抑制剂、植物血球凝集素和抗维生素等。这些物质在加热处理之后被破坏、失活。因此，豆类不可生食，必须彻底煮熟。豆类中还含有较多的低聚糖类物质，它们不能被人体所吸收，在肠道内被微生物发酵产气，使人感到腹胀，曾被称为"胀气因子"。近年来认为，豆类中所含低聚糖类物质不会对健康造成严重影响，而且是肠内有益菌"双歧杆菌"的生长促进因子。

常见豆类原料的营养介绍如下。

大豆

【品种】 中国是大豆的故乡，种植大豆的历史有5 000年之久，2 000多年前的《黄帝内经》就将其列为五谷之一，称为"菽"。现全国普遍种植，东北大豆质量最优。按颜色可分为黄色、青色、黑色大豆等。

【营养价值与功能】 大豆是"豆中之王"。被誉为"植物肉"或"绿色的牛乳"。大豆所含营养素全面且丰富。黄色大豆含蛋白质达35.1%（黑大豆36.1%、青大豆34.6%），大豆含蛋白质是等量的大黄鱼、瘦猪肉或鸡蛋所含蛋白质的2倍多。从蛋白质的质量看，大豆蛋白质富含人体内不能合成的8种必需氨基酸,其中赖氨酸、亮氨酸、苏氨酸含量丰富。

　　大豆中含脂肪16%～18%(黑大豆15.9%)。大豆脂肪含有多种人体所必需的不饱和脂肪酸,其中亚油酸占55%,油酸占35%,亚麻酸约占6%。此外,尚有1.64%的磷脂。它的多价不饱和脂肪酸和饱和脂肪酸比值(简约P/S值)为4.24,即前者比后者要多3倍以上。大豆脂肪不含胆固醇,只含少量的豆固醇,豆固醇可以起到抑制机体吸收动物食物所含胆固醇的作用。在大豆中还含有大豆皂甙,可降低血液中胆固醇含量,所有这些都是肉类所不及的。豆中含有1.64%的磷脂,磷脂是人类营养健康不可缺少的物质;大豆含维生素B_1、B_2、尼克酸等;且钙、磷、钾含量较高;大豆也是微量元素的"仓库",含铁、铜、钼、硒、锌、锰。由于大豆营养价值高,有非常好的保健作用,因此民间有"可一日无肉,不可一日无豆"之语。

　　巴西科学家研究发现,大豆中富含植物雌激素——异黄酮(Isoflovin),异黄酮的化学结构同己烯雌酚类似,是动物雌激素的前体。其对女性、特别是更年期妇女有重要的保健功能,美国食品与药品管理局(FDA)宣传大豆的健康效用时指出:大豆异黄酮作为植物雌激素,它刺激乳房、子宫内膜细胞受体的强度,仅为自然产生或人工合成的动物雌激素的1‰,所以只会作用在特定组织,是非常安全的。大豆异黄酮不像动物雌激素那样,会诱发乳腺癌和子宫内膜癌。大豆的祖国——中国出产的大豆含有相当高的异黄酮成分。常饮富含异黄酮的豆浆至少可以降低三种癌症的危险——即乳腺癌、结肠癌和前列腺癌。

　　由于经济利益的驱动,美国目前种植的65%的大豆是植入了抗某种农药基因的转基因大豆,其受到欧洲各国和日本的抵制;原因在于基因的人为变异使得转基因大豆中所含异黄酮等生物活性成分远低于我国的天然大豆品种。

　　大豆的食用方法不同,蛋白质的利用率也不同。吃法得当,大豆蛋白的消化率可达92%～96%,反之则会浪费一半。这是因为大豆的细胞壁由纤维素组成,大豆蛋白被细胞壁紧紧裹住,肠胃中的消化酶很难同它接触;大豆所含的胰蛋白酶抑制素又能抑制胃蛋白酶对蛋白质的分解作用,使大豆蛋白不能完全分解成氨基酸。食用干炒大豆时,因加工时加热时间短、又不易嚼碎,大豆细胞壁和胰蛋白酶抑制素很少被破坏,因此消化率仅为50%;煮熟的大豆消化率为65%;制成豆浆后,由于经过磨细、过滤、加热等加工过程,细胞壁和胰蛋白酶抑制素破坏得比较彻底,消化率可达85%;如果将豆浆中的蛋白凝固变性,制成豆腐及豆制品,消化率则可提高到92%～96%。干豆不含抗坏血酸,但经发芽后得到的黄豆芽、绿豆芽等芽菜中维生素C和PP增加很多,因此在缺少蔬菜的地区,用豆芽菜当蔬菜、是补充膳食中维生素C不足的有效办法。腐乳是一种大豆发酵制品,大豆蛋白经霉菌发酵后,产生多种氨基酸、多肽等营养物质,变得更有利于人体吸收。

大豆不但有极高的食用价值,也有很高的药用价值。中医学认为,大豆(即黄豆)性味甘平,不凉不燥,具有益气养血、清热解毒、宽中下气、健脾生乳、利水消积、润燥消水、排脓消肿、通便定痛等功效;可治胃中积热、水胀肿毒、小便不利等症,是治疗虚劳内伤、消渴水肿、温热伤寒等疾病的佳药,且无副作用。人们常常忽略大豆的药用价值,其实,中医"药食同源"的理念在大豆上体现得最为集中。大豆其独特的营养与药用价值正在被西方广泛认同,美国食品和药品管理委员会(FDA)已于近年将大豆列为"已确立功能的功能性食品"。这也是大豆食品近年来风行欧美的原因。将黄豆加工成豆腐后,不仅增加营养,也具有食疗价值。唐·孙思邈所著《千金方》中就有用豆腐治病的记载。《本草纲目》曰:"豆腐,益气和中,生津润燥,清热解毒,消温止痢,治赤眼,解硫黄,消酒毒"。

【用途】 目前世界上生产的含有大豆蛋白的食品就有12 000余种;美国仅在16种食品中,每年就添加大豆蛋白140万吨。大豆蛋白质品是应用现代科学技术对大豆进行深加工的产品,有大豆粉、浓缩大豆蛋白、分离大豆蛋白和组织蛋白等品种。它们常作为营养食品和保健食品的配料,在食品工业中发挥着重要作用。

绿豆

【品种】 绿豆又称青小豆、吉豆,因其色绿而得名。绿豆按颜色分有青绿、黄绿、墨绿三种。以色浓绿而富有光泽,粒大整齐为最好。著名品种有安徽的明光绿豆,河北的宣化绿豆,山东的龙口绿豆等。

【营养价值与功能】 绿豆的营养和药用价值均很高,早在明朝时,我国大药物学家李时珍就把它盛赞为"济世良谷"、"食中要物"。绿豆每百克含蛋白质21.6 g。绿豆蛋白质比谷类高1~3倍,所含氨基酸种类齐全、赖氨酸的含量比动物食物还高,绿豆蛋白属于完全蛋白质。绿豆每百克含脂肪0.8 g,碳水化合物55.6 g,此外,还含有钙81 mg、磷337 mg,铁6.5 mg,胡萝卜素0.22 mg,硫胺素0.53 mg,核黄素0.12 mg,烟酸1.8 mg。据历代《本草》记载,绿豆味甘、性凉、清热解毒、解暑、利水消肿、润喉止渴、明目、清胆养胃。现代医学认为,绿豆能降低血脂和胆固醇,有较明显的解毒、保肝作用,还可促进机体吞噬细胞数量增加、功能增强。长期食用绿豆可减肥、养颜、增强细胞活性、促进新陈代谢、降压,还可预防心血管病的发生。我国民间历来就有食用绿豆防病的习惯,如用绿豆治暑热烦渴、水肿、泻痢、丹毒、痈肿等热毒。误食了某些毒物以后,可用绿豆汤解毒。

【用途】 绿豆是我国人民喜爱的药食兼用食物,并是用来生产粉丝、粉皮、粉条、凉粉、绿豆糕、绿豆芽的原料。

红小豆

【品种】 红小豆又称赤豆、红豆,为豆科植物赤豆的种子。多呈赤褐色或暗紫色,籽粒长圆形,两端钝圆,脐白色。

【营养价值与功能】 红小豆营养丰富,每百克红小豆含蛋白质 20.2 g、脂肪 0.6 g、碳水化合物 55.7 g、钙 74 mg、磷 305 mg、铁 7.4 mg,以及胡萝卜素、维生素 B_1、B_2、E 等多种维生素。现代医学研究证明:红小豆含有皂草甙物质成分,具有通便、利尿和消肿作用,能解酒、解毒,对于肾脏病和心脏病,均有一定的疗效。中医认为赤小豆味甘酸、性平、利水除湿、和血排脓、消肿解毒,可治水肿、脚气、黄疸、泻痢、便血、痈肿。赤小豆煎汤,连服数日,可用于治慢性肾炎水肿的食疗。历代《本草》都记载称"赤小豆,多食令人脚软",系因摄食过多、利尿过度所致。

【用途】 广泛食用的豆沙即用红小豆制成。

> ❖**特别提示:五谷杂粮的药性**
>
> 　　大麦——性味甘、咸、凉,有和胃、宽肠、利水的作用,可辅治食滞泄泻、小便淋痛、水肿、烫伤。
> 　　小米——性甘微寒,有健脾、除湿、安眠等功效。
> 　　玉米——是世界上公认的"黄金作物",纤维素比精米、精面粉高 4~10 倍。纤维素可加速肠部蠕动,可排除大肠癌的因子,降低胆固醇吸收,预防冠心病。玉米能吸收人体的一部分葡萄糖,对糖尿病患者有缓解作用。
> 　　大豆——性味甘平,有健脾宽中、润燥消水的效用,可用于辅治疳积泻痢、妊娠中毒、疮痕肿毒、外伤出血等症。
> 　　绿豆——味甘性寒,有利尿消肿、中和解毒和清凉解渴的作用。
> 　　荞麦——荞麦含有其他谷物所不具有的"叶绿素"和"芦丁"。荞麦中的维生素 B_1、B_2 是小麦的两倍,烟酸是小麦的 3~4 倍。荞麦中所含烟酸和芦丁都是治疗高血压的药物。经常食用荞麦对糖尿病也有一定疗效。
> 　　豇豆——性味甘平,有健脾、利湿、清热、解毒、止血、消渴的功效。中医用豇豆作为肾病的食疗用品,能补五脏、益气和中、调养经脉。
> 　　莜麦——莜麦脂肪成分中的亚甘油酸含量较多,易被人体吸收,有降低人体血液中胆固醇的作用。
> 　　糯米——糯米所含营养十分丰富,具有补中益气、暖脾胃的作用,常食用糯米可减轻慢性胃炎、神经衰弱、肌肉无力、体虚神疲等症状。

(3)蔬菜、水果类
①蔬菜类原料

蔬菜是可供佐餐食用的草本植物的总称。此外,有少数木本植物的嫩芽、嫩茎和嫩叶(如竹笋、香椿、枸杞的嫩茎叶等)、部分低等植物(如真菌、藻类)也可作为蔬菜食用。蔬菜的食用器官有根、茎、叶、未成熟的花、果实以及幼嫩的种子。其中许多是变态器官,如肉质直根、块根、块茎、根状茎、球茎、肉质茎、结球叶菜等。

蔬菜是植物性原料中种类较多的一类。目前,世界上的蔬菜种类(包括野生的和半野生的)约200多种,普遍栽培的有五六十种。同一种类中有许多变种,每一变种又有许多栽培品种。

蔬菜是烹饪原料中消费量较多的类群,含有丰富的营养物质。蔬菜中的营养成分主要有水、维生素、矿物质、碳水化合物和蛋白质等。

蔬菜的含水量大多在90%以上,其蛋白质含量低于3%、脂肪的含量低于1%。除薯类和藕等少数蔬菜之外,绝大多数蔬菜中的淀粉含量都很低,属于低能量食物。蔬菜中含有除维生素D和维生素B_{12}之外的几乎所有维生素,富含维生素C和胡萝卜素,但B族维生素的含量不是很高。此外,绿叶蔬菜中的维生素K含量高,其含量与蔬菜绿色的深浅度呈正相关。

我国居民的传统膳食中富含维生素A和维生素B_2的动物性食物较少,身体所需的维生素A大部分由蔬菜中的胡萝卜素转化而来,绿叶蔬菜也是膳食中维生素B_2的重要来源之一。由于我国居民的水果消费量不高,其中富含维生素C的水果也不多,因此膳食中的维生素C也主要来源于蔬菜。因此,在膳食中摄入充足的蔬菜对保证维生素的供应十分重要。

蔬菜中富含各种矿物质,包括钾、镁、钙、铁等,是矿物质的重要膳食来源,也是调节体液酸碱平衡的重要食物类别。我国人民膳食中的铁主要为非血红素铁,其吸收利用率较低,而蔬菜中含有丰富的维生素C,可以帮助铁的吸收,对保证铁的生物利用率也是很重要的。

许多绿叶蔬菜富含钙质,如小油菜、芥蓝、木耳菜、雪里红、苋菜、乌菜等,每百克上述蔬菜中的含钙量可达100 mg以上,对于保证膳食钙供应具有一定意义。但是菠菜、空心菜、雪里红、茭白等带有涩味的蔬菜含有较多草酸,而草酸会与钙和铁等矿物质结合,降低这些矿物质的生物利用率,这一点在烹调加工时应加以注意。最好先在沸水中焯1分钟,使大部分草酸溶入水中,然后捞出炒食或凉拌。然而,焯菜时间过久会造成维生素C大量损失,应当严格控制时间。

在蔬菜中,以深绿色嫩茎叶类蔬菜(包括花和花薹)中所含营养素最为丰富。光合作用越强、叶绿素越多的叶片,其胡萝卜素的含量也越高,每百克鲜菜中可达2~4 mg。深绿色蔬菜是胡萝卜素、维生素C、维生素B_2、钙、铁、镁等各种营养素的良好来源,每百克鲜菜中维生素 C 含量在 20 mg 以上,维生素 B_2 含量达 0.10 mg 左右,蛋白质含量也可达 1% 以上。此外,橙黄色蔬菜中的胡萝卜素含量也较高,如胡萝卜、南瓜、红心甘薯等。浅色蔬菜中胡萝卜素和各种矿物质的含量较低,但其中某些品种富含维生素 C,如苦瓜、白菜花、甜椒等。

②水果类原料

鲜水果中所含的营养素与鲜蔬菜类似,但数量和比例有一定差别。

鲜水果含水达 85% 以上,碳水化合物含量在 10% 以上,高于除薯类外的各种蔬菜。成熟鲜水果中的碳水化合物主要是蔗糖、果糖、葡萄糖。唯有香蕉中含有一定量的淀粉,碳水化合物含量高达 20%,是某些地区膳食能量的重要来源。鲜水果中蛋白质含量多在 1% 以下,香蕉中含量可达 1% 以上,但是较谷类食物仍然低得多。

鲜水果中含有维生素 C 和各种矿物质,但多数鲜水果的维生素和矿物质含量远不及绿叶蔬菜。维生素 C 含量较高的水果主要有鲜枣、猕猴桃、黑枣、草莓、山楂和柑橘类等,其中鲜枣和猕猴桃的维生素 C 含量可达每百克鲜果 200 mg 以上。然而,苹果、桃、梨、杏和海棠等常见水果的维生素 C 含量多在每百克鲜果 10 mg 以下,有些品种甚至低于 1 mg。胡萝卜素含量较高的水果有芒果、枇杷、黄杏等少数几种。水果中的钙、铁等矿物质的含量也低于蔬菜。然而,一些野果的维生素 C 含量极高,如每百克酸枣中的维生素 C 含量可达 800 mg 以上。

因此,总的来说,水果在膳食营养素供应方面的意义远不及蔬菜。然而,水果作为一种享受性食物,在膳食中也占有一定地位。它们食用方便,口味诱人,富含果胶、有机酸、芳香物质,有增加食欲的作用。此外,水果在食用前无需烹调,所含营养素不会受损失。

(4)畜、禽、鱼类原料

肉类食物中畜肉指牛、猪、羊等,禽肉指鸡、鸭、鹅、鹌鹑等,鱼类则包括淡水鱼和海鱼。一般将动物内脏也算在肉类中。总的来说,肉类食物在膳食中的意义是为膳食提供优质蛋白质、脂肪、B 族维生素、铁和其他微量元素。

肉类中的蛋白质、维生素和无机盐的含量随动物的种类、年龄、育肥度和部位的不同而有很大差异。一般来说,幼畜的肉和内脏中含脂肪较少,而老畜肉中脂肪含量较高。育肥动物肉的脂肪含量较非育肥动物高。禽肉中蛋白质较高而脂肪含量较低。畜肉脂肪中饱和脂肪较多,还含有一定量的磷脂和胆固醇。禽肉脂肪的饱和程度相对较低。鱼类是蛋白质的良好来源,其含量通常在 15%~20% 之间。然而,鱼类中所含脂肪的数量差异较大。大部分鱼类是高蛋白而低脂肪的食物。肉类中的蛋白质是比较优质的蛋白质,生物价比较高,是膳食中优质蛋白的重要来源,并可以与植物蛋白质互补。然而,结缔组织中的蛋白质如胶原、弹性蛋白等因为缺乏色氨酸,其蛋白质生物价为零,仅可作为能量利用。蹄筋、肉皮等部位的蛋白质均以胶原蛋白为主,营养价值不大。

肉类中含有丰富的 B 族维生素,但维生素 A、D、E 的含量均很低。畜肉中最重要的矿物质是铁。肉类中的铁以血红素铁的形式存在,锌、铜、硒等微量元素也较多,其矿物质的吸收利用率比植物性食物高。肉类中钙的含量很低。骨头中富含钙,但在煮汤时很难溶解出来,只有加入足够的醋,才能使骨头汤的含钙量提高。

> **❖特别提示:常食肉类原料的药性**
>
> ①性味平和
>
> 牛肉——可补脾胃,益气血,强筋骨。用于治疗虚损羸瘦、腰膝酸软,筋骨不健、脾虚食少及水肿等。注意牛肉为发物,患疮疥湿疹、痘疹、瘙痒者慎用。
>
> 鹅肉——可补虚益气,和胃止渴。用于治疗中气不足,消瘦乏力,食少,气阴不足的口渴、气短、咳嗽等。
>
> ②性味甘温
>
> 羊肉——可补气养血,温中暖肾。用于治疗气血不足,虚劳羸瘦;脾胃虚冷,腹痛,少食或欲呕;肾虚阳衰,腰膝酸软,尿频,阳痿。注意羊肉为热物,各种急性炎症、热症、皮肤疮疡及各种出血病患者均应忌食。
>
> 狗肉——可温补脾胃,温肾助阳。用于治疗脾胃虚寒,胀满少食;肾阳不足,腰膝酸软,肢体欠温,阳痿遗精,夜多小便;脾虚水肿。注意狗肉性温能散,食之易发热动火以及壮阳,故青壮年时期、春、夏季、各种出血疾患以及急性炎症、热症、痈肿疮疡及孕妇均应忌食。食狗肉忌蒜、忌茶。
>
> 鸡肉——可温中益气养血,补肾益精添髓。用于治疗虚劳瘦弱,泄泻;气血不足,头晕心悸,或产后乳汁缺乏;肾虚之小便频数、遗精、耳聋耳鸣。注意高血压、口腔溃疡、急生炎症、皮肤疖肿、大便秘结者均不宜食;幼儿、体盛之人不宜多食。
>
> ③性味甘寒
>
> 鸭肉——可养胃滋阴,清虚热,利水消肿。用于治疗虚劳骨蒸发热、咳嗽痰少、咽喉干燥、阴虚阳亢之头晕头痛;水肿,小便不利。注意脾虚便溏腹泻,或外感未清的病人不宜用。食鸭肉忌大蒜、木耳和鳖肉。

(5)奶及乳制品

牛奶和乳制品是膳食中蛋白质、钙、磷、维生素 A、D 和维生素 B_2 的重要供给来源,也是我国人民迫切需要提高摄入量的重要食物之一,几乎没有一种食物能够完全替代它们的营养价值。

乳脂中含有较多的碳原子数在 10 个以下的挥发性短链脂肪酸,使牛奶具有特殊的风味。近来发现,牛奶脂肪中的共轭亚油酸、酪酸和醚酯等脂类成分具有一定抗癌防癌的作用。乳脂是自然界中共轭亚油酸的最丰富来源,其含量为每百克中 240～2 810 mg,夏季比冬季高 2～3 倍。

牛奶中的淡淡甜味来自乳糖。牛奶中乳糖含量约为 4.5%,是其中唯一的碳水化合物。乳糖对钙、铁、锌的吸收有益,还可促进肠细菌合成 B 族维生素,并促进肠内双歧杆菌的繁殖,抑制有害细菌。有些人因消化道中缺乏乳糖酶,不能消化牛奶中的乳糖,出现"乳糖不耐症",在摄入牛奶之后出现腹胀、腹泻等症状。这些人可以饮用经乳酸发酵的酸奶,或饮用经乳糖酶事先处理后的无乳糖乳制品。

牛奶是天然的补钙食物,如果不经常食用乳类食物,膳食中的钙供应往往难以达到营养素参考摄入量标准。牛奶中的钙、磷含量高而比例合适,并含有维生素 D、乳糖、必需氨基酸等促进钙吸收的因素,其吸收利用率可达 50～60% 左右。

常见奶制品的营养介绍如下。

消毒乳

消毒乳是将新鲜生牛奶过滤、加热杀菌后制成的饮用牛奶。经"巴氏杀菌"处理后的牛奶维生素 C 和维生素 B_1 部分被破坏,其他营养价值与新鲜生牛奶相近。市售的消毒乳只需强化维生素 C 和维生素 B_1 即可。

酸乳

酸乳是由产生乳酸的细菌使牛乳或其制品发酵的液体乳制品。通过发酵,乳糖分解、蛋白质凝结及不同程度降解,产生细小分子的凝块,能与体内酶系统充分接触,增加了消化吸收率。同时酸乳还有利于一些维生素的保存,调节肠道菌群的平衡,减轻乳糖不耐症。乳酸菌具有以下保健功能:

①抑菌、杀菌作用;
②促进消化的作用;
③降低血清胆固醇的作用;
④防癌、抗癌作用。

奶粉

奶粉是将鲜奶进行杀菌、浓缩、喷雾干燥处理后得到的乳制品。包括全脂奶粉、脱脂奶粉、调制奶粉等品种。由于加工方法不同,其营养成分也有很大不同。牛乳经喷雾干燥,维生素 C 损失 20%,维生素 B_1 损失 30%,蛋白质消化性有改善,但生物价不变。

炼乳

炼乳是一种浓缩乳制品,种类很多。按是否加糖可以分为甜炼乳和淡炼乳;按是否脱脂又分为全脂炼乳、脱脂炼乳和半脱脂炼乳。甜炼乳添加了大量的糖,营养比例不平衡,不适合喂养婴儿。淡炼乳经均质及加热处理,维生素有较大损失,但食用后,其在胃酸和凝乳酶的作用下,易于消化。将其稀释后,营养成分与鲜乳类似,适合婴幼儿食用。

干酪

干酪的种类很多,因产地、加工方法的不同,干酪的性质也不一样。干酪含水分很低,是一种浓缩了的乳制品,维生素 D 和维生素 C 被破坏和流失,其他维生素大部分被保留。由于发酵的作用,干酪中的乳糖含量低,蛋白质部分分解成了氨基酸等产物,不但味道独特,也易于被消化吸收。

(6)蛋类

蛋类食物是禽类的卵及其加工品,以鸡蛋为代表(包括鸭蛋、鹅蛋、鹌鹑蛋等),是膳食中蛋白质、维生素 A、维生素 B_2 的重要来源。蛋类中脂肪含量为 10% 左右,其中胆固醇含量较高。

蛋类不仅营养全面,而且价格适中,易于烹调,在烹调处理中营养损失很小,堪称价廉物美的营养食物,也可称是极好的天然方便食物,在膳食中意义重大。

蛋制品的营养举例

陈年糟蛋

清同治年间(1856~1847年),叙府西门外有一中医大夫,喜饮窨酒,并作为驱疫健身之方。为了备酒长饮,他每年都要酿制窨酒,还习惯在酒液里放几个鸭蛋,以延长窨酒的贮存时间。一次,他发现经窨酒浸泡过的鸭蛋,蛋壳变软脱落,蛋膜完好,色泽悦目,取之而食,醇香爽口,味道鲜美。于是,他将这个发现告说亲友,并共同品尝,食者皆称极美。事后,大家争相仿制,这就是最早的"叙府糟蛋"。清光绪一年(1875年),"叙府糟蛋"开始商品性生产,质量也有很大提高。到了民国初年(1912年),"叙府糟蛋"的制作工艺和风味特色基本形成,并具有一定的生产规模。仅"稻香村"、"孙致祥"、"五香斋"、"天福气"等4家糟蛋作坊,年产量就达20多万个,产品行销中国的四川、上海、香港、澳门以及南洋各地。

宜宾"叙府陈年糟蛋"是把鲜鸭蛋采取糟腌制而成的。糟蛋腌制过程中,要历经三期规程,十几道工序,其中尤以敲蛋工序最为严格。须用小指粗的竹棍轻轻敲击蛋壳,以蛋壳轻微破裂,蛋膜完整无损为合格。从生产到翻坛储存一年方能出厂,三年以上者味道更佳。

"叙府陈年糟蛋"的吃法很特别:先把糟蛋置于碟中,加适量白糖,再滴白酒少许,用筷略微搅动,待蛋、糖、酒融为一体后,即可徐徐拈食下酒,别有风味。

3.食物原料的选择

(1)食物原料的性能

食物原料之所以能根据不同的症候而发挥基本的治疗和保健作用,是因为各种食物原料各自具有若干特性和作用,也叫偏性。食疗就是根据食疗原料的偏性来纠正食疗对象的偏盛或偏衰。我们把食疗原料用以治病或健身的多种多样的性质和作用加以概括,主要有性、味、归经等方面,统称为性能。

第一,食物原料的性

"性"也叫做"气",是指食物原料的寒、凉、温、热四种药性,中医称为"四气"或"四性"。具体应用时如《内经》所言:"寒者热之,热者寒之。"

性的作用:

①凉性或寒性

二者具有共同性,但有程度上的差别,表现为凉次于寒。寒凉食物原料属阴性,有清热、泻火、凉血、解毒的作用,多用于热性体质和病症。例如寒性的西瓜,可用于发热、烦躁、尿赤等症;凉性的梨,适用于肺热干咳等症。

②温性或热性

温热食物原料属阳性,有散寒、温经、通络、助阳等作用,多用于寒性体质和病症。例如性热的生姜可用于风寒感冒、头痛、鼻流清涕等症;性温的辣椒适用于肢冷、胃寒、风湿性关节炎等症。

③平性

平性介于寒凉与温热之间,作用缓和,其中也包括微寒、微温二性。一般平性的食物原料多为一般营养、保健之品,既适合于一般体质也适合于寒凉或温热体质和症候。

第二,食物原料的味

味即食物原料的味道,最基本的味有五种,即辛、甘、酸、苦、咸,中医称为五味。另外有些食物原料还具有淡味和涩味。

味的作用:

① 酸味(包括涩味)

有敛汗、止泻、固精、缩小便等作用。多用于治疗虚汗、泄泻、小便清长或淋漓不尽等症。如酸味的乌梅可涩肠止泻,有涩味的莲子可止泻固精。

② 苦味

有泄燥的作用。可用于清热、泻火、燥湿、降气、解毒。如苦味的苦瓜有清热解毒的作用。

③ 辛味

有发散、行气、活血的作用。多用于治疗外感表证或气血阻滞等症。如辣椒、生姜均可散寒,萝卜可以行气。

④ 甘味

有补益和缓解疼痛的作用。如百合味甘,可滋肺阴、润肺燥,红糖可暖中温胃,用于治疗脘腹冷痛,产后腹痛等。另外甘味原料还可以调和药性,使药力持久而缓和。如蜂蜜、饴糖、甘草皆有此功能。

⑤ 咸味

有泻下、软坚、散结和补益阴血的作用,多用于淋巴腺炎和淋巴结核、热结便秘等症。如清热、化痰、消积的海蜇,补益阴血的海参皆属咸味。

⑥ 淡味

有渗利小便、去除湿气的作用。如冬瓜、薏米仁皆有淡味,均可渗水利湿。

应该注意的是在食疗养生的过程中,五味不可偏嗜,因为多食酸则痉挛;多食苦则滑泻;多食辛则气散;多食甘则壅塞、气滞;多食咸则令血凝。故五味应谨慎调和为宜。

第三,食物原料的归经

归经显示了某种食物原料对人体某些脏腑经络等部位的突出作用,它表明了食物原料的重点选择性。归经理论,便是以脏腑、经络理论为基础,以所治病症为依据,而从食疗中观察总结出来的,对具体食物原料的具体药效所在的认识。如杏仁可治咳喘而入肺经;芹菜可清热凉血而入肝经等。

掌握归经理论,有助于帮助选择最适宜的食物原料,提高补益和治疗作用。因为某一食物原料,主要对某一经或某几经发生明显作用,而对其他经则作用较小,或没有作用。故而在辨证施食的过程中,为选择最适宜的原料提供了依据。例如心悸、失眠等症候,应选择入心经的食物原料如莲子、龙眼肉、酸枣仁、猪心等加以调理;目眩、头晕、眼赤等症,则应选择入肝经的食物原料如猪肝、羊肝、枸杞子、白芍、海蜇等予以治疗。

需要注意的是,由于食物原料的性、味,使食物原料具有相对独特的作用,而食物原料的归经,又使之具备了高度的选择性。所以在食疗食物的配制过程中,应该把食物原料的性、味、归经进行综合考虑,酌情应用,才能收到预期的效果。例如,同是肺经病复的咳嗽,或由于肺虚引起,可用甘平的猪肺补虚;或由于肺燥引起,可用甘微寒的百合润燥;或由于肺寒引起,可用辛热的干姜温肺;或由于肺热引起,可用甘寒的芦根清热等。

第四,食物原料的功用

常见滋养食物原料举例介绍如下。

①聪耳原料

聪耳原料指增强或改善听力的原料。中医认为"肾开窍于耳","肝之经脉贯于双耳",因此,听力与肝和肾的健康程度密切相关,所涉及的原料也多入肝、肾二经。

常见聪耳的食疗原料有莲心、山药、荸荠、蒲菜、芥菜、蜂蜜、核桃仁等。

②明目原料

明目原料指增强和改善视力,防治近视、早花或弱视的原料。中医认为"肝开窍于目",因此,肝脏的健康程度将会影响眼睛。故而明目的原料多养肝肾之阴,补心肝之血,平肝潜阳,泻降肝火。

常见明目食疗原料有山药、枸杞子、蒲菜、猪肝、羊肝、野鸭肉、青鱼、鲍鱼、螺蛳、蚌、蚬等。

③美毛发原料

美毛发原料指具有乌须黑发,生发润发等作用的食疗原料。中医认为脏腑的阴阳气血的荣盛虚衰皆可由毛发的质量反映出来,如"发属心,禀头气而上升","肾之华在发,血之荣以发"等,正所谓"牵一发而动全身"。因此,毛发的好坏与心、肝、脾、肾等的生理功能正常与否有关。

常见美毛发食疗原料中白芝麻、韭菜籽、核桃仁等可生发;鲍鱼、乌骨鸡、冬虫夏草等可润发;黑芝麻、核桃仁、黑豆等可乌发;连衣核桃等可美须。

④美容颜原料

美容颜原料指润肌肤,助颜色的食疗原料。容颜的健康程度,能反映人体的整个健康水平,其病态是机体内部的阴阳、气血等机能失调的表现。

常见美容颜的食疗原料有冬瓜子、枸杞子、樱桃、荔枝、黑芝麻、山药、松子、牛奶、兔肉等。

⑤增智原料

增智原料指益智健脑,增强思维和记忆能力的食疗原料。中医理论认为,智能的产生与保持和各脏器的功能活动皆有关系,尤其是心、肾、脾。常用方法有养心血、开心窍、补脾气、益肾气、滋肾阴等法。

常见增智的食物原料有粳米、荞麦、核桃仁、葡萄、菠萝、荔枝、龙眼、大枣、百合、山药、茶、黑芝麻、黑木耳、乌鱼等。

> ✤特别提示:常见食物原料的性
>
> 粮豆类:
> 温热性的有:面粉、莜麦、豆油、酒、醋等;
> 平性的有:糯米、粳米、玉米、黄豆、豌豆、赤小豆等;
> 凉寒性的有:小米、大麦、绿豆、豆腐等。
>
> 瓜菜类:
> 温热性的有:姜、葱、蒜、韭菜、胡椒、胡萝卜、香菜等;
> 平性的有:菜花、藕、山药、萝卜、甘薯、马铃薯、南瓜、西红柿、蘑菇等;
> 凉寒性的有:芹菜、菠菜、油菜、白菜、冬瓜、黄瓜、西瓜、苦瓜、竹笋、茄子等。
>
> 果实类:
> 温热性的有:龙眼、荔枝、莲子、核桃、花生、栗子、樱桃、李子、橘子、桃等;
> 平性的有:大枣、苹果等;
> 凉寒性的有:梨、山楂、柑子、百合、香蕉、柿子等。
>
> 肉蛋奶类:
> 温热性的有:鸡肉、狗肉、羊肉、鹿肉;
> 平性的有:猪肉、牛肉、兔肉、鹅肉、雁肉、鸽肉、牛奶、鸡蛋等;
> 凉寒性的有:鸭肉、鸭蛋。
>
> 水产类:
> 温热性的有:鲫鱼、海虾、鳝鱼、鲢鱼、胖头鱼、泥鳅、鲍鱼;
> 平性的有:鲤鱼、银鱼、乌贼、青鱼;
> 凉寒性的有:鳗鱼、田鸡、螃蟹、鳖、龟、牡蛎等。

(2)烹饪原料的特殊功用举例
第一类:具有降血压作用的食物原料

玉米

玉米又称苞谷、包米、棒子、玉蜀黍,是乔本科植物玉蜀黍的种子,有和中、利尿的功效。玉米的营养非常丰富,每百克玉米含蛋白质 8.5 g,脂肪 4.3 g,淀粉 72.2 g,还含有较高的维生素 B_1、维生素 B_{12}、胡萝卜素、纤维素,以及磷、镁、硒、钙、铁等。玉米中的脂肪不饱和脂肪酸含量高,其中 50% 为亚油酸。亚油酸可抑制胆固醇的吸收。长期食用玉米油,可降低血胆固醇,防止动脉血管硬化。玉米须中含木聚糖、谷固醇、维生素 K、有机酸等,有利尿、降压、利胆、抗凝血等作用,对高血压、糖尿病、胆囊炎、胆石症有辅助治疗作用。用玉米油烹调菜可防治冠心病、高脂血症、脂肪肝等多种疾病。

绿豆

绿豆又名青小豆,是豆科植物绿豆的种子,具有清热解毒、止渴祛暑、利水消肿、降压明目的功效。每百克绿豆含蛋白质 22 g,糖类 59 g,脂肪 0.8 g,钙 80 mg,胡萝卜素 0.22 mg。现代研究表明,绿豆是高钾低钠食物,能降低血压和维持血压的稳定。绿豆与小米一起煮粥,因所含氨基酸互补,可以提高营养价值。高脂血症患者每日食用绿豆 50 g,血清胆固醇可明显下降。绿豆芽适合肥胖患者食用,吃绿豆芽既可以填饱肚子,又不用担心会发胖。高血压、冠心病、高脂血症的患者也应多食用绿豆芽。

白薯

白薯又称红薯、甘薯、地瓜、甜薯、番薯,是薯科植物甘薯的块茎,有健脾补肾的功效。每百克白薯含糖类 25 g,蛋白质 15 g,钙 15 mg,膳食纤维 13 g,维生素 A、维生素 B_1、维生素 B_2 的含量比大米和面粉还高。日本科学家发现白薯中有一种具有特殊功能的黏蛋白。这种黏蛋白是多糖蛋白的混合物,属胶原和黏液多糖类物质,能保护黏膜,提高机体免疫力,还可以促进胆固醇的排泄,保持血管壁的弹性,降低血压,防止动脉硬化。白薯含钾、钙、钠、铁等较高,是"碱性食物",食后可中和血液中的酸性物质,保持血液的酸碱平衡。白薯还有抗癌、止血、促进脑细胞功能,具有延缓智力衰退的作用,是世界公认的健康长寿食物。

花生

花生又名落花生、番花生、长生果,是豆科植物花生的种子,具有补肺润燥、健脾和胃、降低毛细血管的通透性、降低血压的功效。花生具有较高的营养价值和药用价值,美味可口,老少皆宜,因此深得人们的喜爱。每百克花生含蛋白质 27 g,脂肪 40 g,糖类 22 g,钙 71 mg,磷 326 mg。此外还含有较高的铁、胡萝卜素、B 族维生素、维生素 E、胆碱等。花生中还含有丰富的脂肪,达 40%以上。这些脂肪中脂肪酸的种类齐全,其中不饱和脂肪酸含量在 80%以上,而且近一半是亚油酸。亚油酸等不饱和脂肪酸具有降低胆固醇,防止动脉粥样硬化,降低血压的功效。实践证明:用醋浸泡花生米 1 周后,每晚服 7~10 粒,可使高血压病患者的血压下降,有的甚至能接近正常水平。花生中维生素 E 是一种长寿因子,它不但能防止动脉粥样硬化,还有延缓人体细胞衰老的作用。花生中的胆碱能增强记忆力,防止大脑功能的衰退,人们由此把花生称为"长生果"。花生属于高脂肪、高能量食物,高脂血症和肥胖病患者不宜大量进食花生。花生所含的油脂成分具有延缓腹泻的作用,平素脾虚便溏的人不宜过多食用,患急性肠炎的患者也不宜食用花生,以免腹泻加重。花生所含的油脂需要大量的胆汁来消化,因此胆囊切除的患者不宜食用,否则会因胆汁的缺乏导致消化不良。

芹菜

芹菜又叫药芹、香芹,其蛋白质和钙、磷、铁及维生素的含量高于一般蔬菜。其挥发油中含特殊气味的丁基苯酞类化合物,能增进食欲。现代药理研究证明,芹菜中含有丰富的维生素 P,能降低毛细血管的通透性,具有降低血压的功效。芹菜的叶和根营养也很丰富,如芹菜叶的蛋白质、脂肪、糖类及维生素 C 的含量均超过了茎部。芹菜用做食疗时,最好不要将叶和根丢掉。营养专家研究证实,每日食用 50 g 芹菜,有稳定的降压作用。

茼蒿

茼蒿又称蓬蒿、蒿子秆,是菊科植物茼蒿的茎叶,有和脾胃,利二便的功效。茼蒿的营养成分非常丰富,除了含有丰富的氨基酸、胡萝卜素及钙、磷、铁外,还含有一种挥发性的精油及胆碱等物质,具有开胃健脾、降压补脑的功效。

茭白

茭白是乔本科植物菰的花茎,经茭白黑穗菌刺激后形成肥大的肉质茎,有清热除烦、通利二便的功效。茭白含有蛋白质、脂肪、糖类、维生素 B_1、维生素 B_2、维生素 C 及烟酸、钙、磷、铁等成分。茭白的有机化合物是以氨基酸的形式存在的,所以它具有很高的营养价值,味道也很鲜美。茭白的吃法很多、煮、炒、蒸、凉拌、做馅均可。常吃茭白对高血压病、糖尿病、便秘等很有好处。应注意的是:茭白性寒,食用时应加葱、姜等辛温佐料,否则,脾胃虚弱的人食后会发生大便溏泻。此外,茭白中含有草酸和草酸钙,患有尿路结石者不宜多食,以免加重病情。

洋葱

洋葱又称葱头、玉葱、球葱,是百合科植物洋葱的鳞茎,有和胃下气、清热化痰等功效。科学家发现,洋葱中含有前列素样物质,它是一种较强的血管扩张剂,能减少外周血管和心脏冠状动脉的阻力,降低血液黏稠度,从而使血压下降。洋葱几乎不含脂肪,而它所含的挥发油有降低胆固醇的作用。另外,洋葱还含有降糖成分。因此,食用洋葱对高血压病、高脂血病有疗效。

莴苣

莴苣又称莴笋,是菊科植物莴苣的茎和叶,具有清热、利水、通乳的功效。莴苣含有较高的钾,含钠非常低,有利于维持人体的水盐平衡,改善心脏功能,促进排尿,降低血压。莴苣的能量很低,水分含量高,所以还是一种减肥食物。另外,莴苣含糖低,含烟酸高,烟酸是胰岛素的激活剂,因此很适合糖尿病患者食用。莴苣的性质比较寒凉,脾胃虚弱者不宜多吃。

莼菜

莼菜又名水葵、浮菜,是睡莲科植物莼菜的茎叶,具有清热解毒、利水消肿的功效。莼菜生长在江南水乡,是一种名菜。现代研究发现,莼菜的叶背分泌一种类似琼脂的黏液,含有大量的多糖,初春的新叶含量更高。经动物药理实验证实,其黏液质有抗癌和降血压的作用。莼菜性寒与性温的鱼类一起烹制,不仅可以解其寒凉之性,而且味道也更加鲜美。

茄子

茄子是茄科植物茄的果实,具有清热、消肿、止血的功效。茄子中含有丰富的蛋白质、脂肪、钙、磷、铁和多种维生素。紫茄子中维生素P的含量远远高于一般蔬菜和水果。维生素P又称芦丁,具有降低血压,增强血管弹性,降低毛细血管的脆性和通透性,防止血管破裂出血,提高血管修复能力的作用。茄子还能增强体内抗氧化物质的活性,有减弱和清除自由基的作用,是抗衰老的食物之一。高血压病、心脑血管病患者宜常食茄子。茄子含有一种带涩味的生物碱,所以不宜生吃。

番茄

番茄又名西红柿,是茄科植物的果实,具有生津止渴、凉血平肝、清热解毒的功效。番茄含有丰富的营养素,是果、蔬、药兼备的食物。它所含的葡萄糖、果糖、有机酸易于人体直接吸收。番茄不仅富含维生素C,而且由于有机酸的保护,它所含的维生素C不易因加热而遭到破坏。维生素C不仅能防治坏血病,预防感冒,促进伤口愈合,还有抗氧化作用,对降低胆固醇,防治动脉粥样硬化有重要作用。番茄中的B族维生素含量丰富,还有保护心脏和血管,防治高血压病的重要维生素——芦丁。番茄属高钾低钠食物,有利于抑制高血压病的发生。番茄中的苹果酸和柠檬酸能帮助消化,促进胃液对脂肪的消化。番茄特有的番茄素有助消化、利尿和保护心脏的作用。因此,番茄是高血压病、高脂血症、肥胖病患者的食疗佳品。

菊花

菊花是菊科植物菊的头状花序,具有疏风清热、平肝明目、解毒的功效。菊花的品种很多,一般入药和用做食疗的是白菊花、黄菊花和野菊花。菊花含有维生素A、B族维生素、橘甙、挥发油、胆碱、腺嘌呤等物质。菊花有很好的降压、降脂作用。

胡萝卜

胡萝卜是伞形科植物胡萝卜的根,具有健脾消食、下气止咳、清热解毒和养肝明目的功效。胡萝卜有"廉价的小人参"之称。胡萝卜含有蛋白质、脂肪、糖类、钙、磷、铁、铜、镁及维生素C和多种挥发油。胡萝卜的成分中最大特点是其富含胡萝卜素,又称维生素A原,它具有维生素A的活性,能在体内转化为维生素A,对保护视力,治疗夜盲症等眼疾,维持人体上皮细胞功能具有重要作用。胡萝卜中所含β胡萝卜素有抗氧化作用,能消除自由基,对恶性肿瘤、心血管病、老年病均有预防和防治作用。现代研究发现,胡萝卜有降血压、降血糖、强心等作用。胡萝卜中的琥珀酸钾盐是降压的有效成分。美国科学家还发现,胡萝卜有降低胆固醇的功能。胡萝卜素是脂溶性物质,炒食或与肉类一同烹调,利于吸收。另外,胡萝卜不宜生吃,因为生吃时不易消化,大部分维生素会随粪便排泄掉。过多食用胡萝卜会出现皮肤发黄、恶心、厌食、乏力等,常被误认为得了肝炎,但停食胡萝卜后症状会很快消失。

荠菜

荠菜又名地菜、地菜花,是十字花科一年生草本植物,具有明目、降压、和脾、利水的功效。荠菜有极强的耐寒力,严冬刚刚过去便在田埂、溪边出现,所以人们称它为"报春菜"。每百克荠菜含蛋白质 4.3 g,碳水化合物 4.3 g,脂肪 0.3 g,钙 420 mg,维生素 C 44 mg,还含有胡萝卜素、铁、钾、镁等。现代药理研究证实,荠菜含有丰富的胆碱、乙酰、荠菜酸钾等成分,有降低血压的功能。荠菜所含的黄酮、芸香甙等能扩张冠状动脉,所含的香叶木甙有维生素 P 样作用,可降低毛细血管通透性和脆性。

马兰头

马兰头又称田边菊、路边菊、马兰菊,是菊科植物马兰的嫩茎叶,具有清热解毒、凉血止血、消肿利湿的功效。马兰头除了糖类、蛋白质,每百克马兰头含钙 145 mg、磷 69 mg、钾 533 mg,都超过了一般蔬菜。高血压患者食用马兰头很有疗效。

刺菜

刺菜又名刺儿菜、小蓟菜,是菊科植物小蓟的全草,具有凉血止血、清热解毒的功效。刺菜属野菜,我国各地均有生长。大蓟和小蓟都含有生物碱、皂甙等,其水浸出液、乙醇浸出液有明显而持久的降压作用,小蓟的降压作用更显著。高血压患者可用小蓟 20 g 或大、小蓟各 10 g,水煎代茶饮用,连用 1 周以上可见效。

香蕉

香蕉是芭蕉科植物甘蕉的果实,具有清热、润肠、解毒等功效。香蕉含钠量较低,钾的含量却非常高,每百克香蕉含钾 400 mg。香蕉还含有血管紧张素转化酶抑制物质,能抑制血压的升高,适合高血压、冠心病患者食用。

柿子

柿子是柿科植物的果实,具有清热、润肺、止渴的功效。柿子含有丰富的蛋白质、维生素、碘、铁、钙及果胶等。柿子和柿饼均属高钾低钠食物,能降低血压和保护血管。柿子汁中所含单宁成分及柿叶中提取的黄酮甙能降低血压,并能增加冠状动脉的血流量,有利于维持心肌细胞正常的功能活动。将柿子榨汁,用米汤或牛奶调服,对中风的防治有确切的效果。柿霜中含甘露醇特别丰富,是糖尿病患者的理想甜味剂。所以,常吃有益于高血压病、冠心病、中风的防治。未成熟的柿子还可在胃酸的作用下形成不溶性硬块,称为胃柿石。如果是胃溃疡患者,可引起胃出血,甚至胃穿孔,所以吃柿子时要注意,不要空腹吃,不要吃得太多,不熟的柿子不要吃。

桃子

桃子是蔷薇科植物桃或山桃的成熟果实,具有生津润肠、活血消积的功效。桃子中含有较多的有机酸,主要是苹果酸和柠檬酸,还含有较高的粗纤维,能促进消化液的分泌,增强胃肠蠕动。桃子含钾量超过钠20倍,对高血压伴有水肿的患者十分有益。有临床报道,鲜桃去皮、核,每天早、晚各吃1个,对高血压病有辅助治疗作用。

西瓜

西瓜又名水瓜,是葫芦科植物西瓜的果实,具有清热解暑、止渴利尿的功效。西瓜的果肉、汁、皮均可入药。西瓜不含脂肪,所含的糖类有葡萄糖、果糖等,含维生素A、B族维生素和维生素C等。此外,还含有多种无机盐、有机酸及挥发性物质。食用西瓜,能快速补充体内水分和能量的不足,是一种天然的补液剂,在炎热的夏天,吃几块西瓜,能迅速补充体液,有助于机体组织器官的新陈代谢,利于代谢废物的排出。西瓜有降压的功效,高血压病患者在西瓜应市期间,每天吃几块西瓜或饮西瓜汁,坚持食用,有良好的效果。其他季节,可到中药店买西瓜翠衣和草决明,每日各10g,煎汤代茶,长期服用。

桑葚

桑葚又名桑果、桑实、桑葚子、乌葚等,是桑科植物桑的果实,具有补肝、益肾、熄风的功效。桑葚既是水果,又可入药。成熟的桑葚含有葡萄糖、果糖、有机酸、B族维生素、烟酸等。桑葚、桑皮、桑枝都具有利尿降压的功效。高血压病患者常吃桑葚，或桑枝30 g煎汤饮用，长期服用，有益于防治高血压病的并发症。

木耳

木耳又称黑木耳，是木耳科植物木耳的子实体，具有凉血止血、润燥化痰、益气补血的功效。木耳味道鲜美，营养丰富，被誉为"素中之荤"。木耳属高钾低钠食物。木耳中胶原质能吸附滞留在胃肠道中的有害物质，起到清胃涤肠的作用。现代医学研究证实，木耳是一种天然的抗凝剂，能抑制血小板的聚集，有防治冠心病和中风的作用。木耳能抑制血脂的上升，阻止心肌、肝、主动脉组织中的脂质沉积，可明显减轻或延缓动脉粥样硬化的形成。研究人员认为，木耳的降血脂和抗动脉粥样硬化的作用与所含的粗纤维和亚油酸有关。木耳中的腺嘌呤核甙具有抑制血小板聚集的作用。因此，木耳是高血压、冠心病、高脂血症的保健食物。高血压伴有中风先兆的人，每晚吃一碗冰糖炖木耳或木耳炒豆腐，能预防中风的发生。

银耳

银耳是银耳科植物银耳的子实体，具有滋阴润肺、益胃生津的功效。银耳是一种食用菌，被誉为"菌中之冠"、"菌中明珠"。它既是一种名贵的营养滋补食物，又是一味扶正固本的良药。银耳还含有大量的蛋白质、糖类、维生素和无机盐。所含的蛋白质中有16种氨基酸和大量的脱氧核糖核酸。现代药理研究表明，银耳所含的银耳多糖等成分能增强机体免疫功能，抑制肿瘤生长；还能提高肝脏的解毒能力，促进肝脏蛋白质与核酸的生成，并能改善肾功能。银耳多糖还能降低血清胆固醇、甘油三酯，对高血压病、动脉粥样硬化、高脂血症等均有良好疗效。

海带

海带是带科植物海带的叶状体，或大叶藻科植物大叶藻的全草，具有软坚、利水、止血的功效。每百克海带含蛋白质8 g，胡萝卜素0.57 mg，还含有较高的B族维生素。海带最突出的特点是富含碘、钙、铁，每百克海带含碘高达300～700 mg。我国民间早就有海带可以降压的说法。日本学者也发现，海带中有一种叫做褐藻氨酸的氨基酸，其含量虽少，但它的降压效果却很明显。将海带浸泡在温水中，再将浓缩的水给高血压患者喝，结果患者的血压明显下降。海带中所含的甘露醇，能利尿、降压、降低血液中胆固醇和甘油三酯的含量,还有抗凝作用,能预防血栓的形成。患有高血压病、高脂血病、冠心病、肥胖病的人应多食海带。海带中的碘和甘露醇等物质易溶于水,长时间浸泡会大量丢失。所以,食用海带时只需将其表面的泥土洗净即可,不宜在水中久泡,或者将泡过的水滤净后与海带一起食用。

紫菜

紫菜是红毛菜科植物甘紫菜的叶状体,具有化痰软坚、清热利尿的功效。紫菜含碘非常高,可治疗甲状腺肿大。紫菜中含有降低血清胆固醇的物质,其作用机制可能与阻碍胆固醇在肠道的吸收有关。紫菜中的红藻素可防止血栓形成。紫菜中还含有藻朊酸钠,可促进镉等有害物质的排出,有助于高血压病的防治。

海蜇

海蜇又名海母,是海蜇科植物海蜇的口腕部,具有化痰软坚、平肝解毒、润肠通便的功能。海蜇中除一般营养物质外,还含有烟酸、胆碱等,有类似乙酰胆碱的作用,能扩张血管,降低血压。海蜇中的甘露多糖等胶质,能防治动脉硬化。高血压患者长期食用,能使病情稳定。

海参

海参是刺参科动物刺参或其他种海参的全体,具有补肾益精、养血润燥、止血消炎的功效。海参生活在海底,经常吃淤泥中的有机物,体内富含钒。钒是人体所需的微量元素之一,参与脂肪代谢,能降低血脂。海参还有降压作用,是防治心血管疾病的有益食物。

淡菜

淡菜是贻贝科动物厚壳贻贝或其他贻贝类的贝肉,具有补肝肾、益精血、消瘿瘤的功效。淡菜除富含蛋白质外,磷、钙、铁及B族维生素等含量也很高。淡菜能降压,因为它不像其他海产品那样咸,所以很适合高血压患者食用。淡菜陈皮或松花蛋,是治疗高血压病的食疗方法。

牡蛎

牡蛎是牡蛎科动物近海牡蛎等的肉,具有滋阴养血、软坚化痰的功效。牡蛎提取物具有明显的抑制血小板聚集的作用,能降低高脂血症患者的血脂水平。牡蛎含丰富而优质的氨基酸、牛黄酸、无机盐,特别是锌、硒含量很高。药理实验证明,常食牡蛎肉,可提高机体的锌/镉比值,有利于防治高血压病及脑血管病。

魔芋

魔芋是多年生草本植物,块茎扁圆形,直径达 25 cm,属天南星科植物。在云南、四川、贵州、湖北、陕西等地均有栽培。魔芋含有甘露聚糖、蛋白质、淀粉等成分,具有低热量、低脂肪和高纤维的特点。魔芋性味温辛,有毒,有化痰散结,行瘀消肿,解毒止痛功效。可治疗糖尿病,高血压和多种癌症。魔芋有毒,故食前必须经磨粉、蒸煮、漂洗等加工过程,以免中毒。魔芋精粉可制作魔芋豆腐,魔芋挂面,魔芋面包,魔芋肉片,果汁魔芋丝等。

第二类:具有降血脂作用的食物原料

黄豆

黄豆又称大豆,是豆科植物大豆的黄色种子,具有健脾益气的功效。黄豆蛋白质含量高达 40%,而且氨基酸的种类较全,所含人体必需氨基酸的比例与人体的需要相接近。因其蛋白质的质量不亚于动物蛋白,所以有"植物肉"的美誉。黄豆与谷物同食,可以弥补谷物中赖氨酸的不足。黄豆所含的脂肪优于动物脂肪,富含油酸和亚油酸,这类不饱和脂肪酸有降低胆固醇、预防动脉硬化的作用。黄豆所含的纤维素富含皂甙,它通过吸收胆酸而促进胆固醇的代谢,有助于减少胆固醇在血管内的沉积。以大豆为原料制成的豆豉含有大量的 B 族维生素和尿激酶,可防止脑血栓的形成。经常食用豆制品,对高脂血症、高血压病、动脉硬化、冠心病、脂肪肝患者很有益处。

山楂

山楂又名红果、山里红、胭脂果,是蔷薇科植物山楂的果实,具有消食、散淤血、驱虫、止泻的功效。临床药理研究表明,山楂中所含的三萜类和黄酮类成分,有扩张血管、降低血压、降低血清胆固醇、加强和调节心肌功能的作用。山楂中含有大量的维生素 C,在水果中的维生素 C 含量仅次于鲜枣和猕猴桃。而且,山楂中的维生素 C 能被其本身的酸性物质所保护,加热后也不被破坏,更是其他水果比不了的。维生素 C 在防治动脉硬化、减肥、降脂、抗老防衰方面具有重要作用。可以说,山楂是一味防治心脑血管疾病的良药。山楂的多种制剂都具有明显的降脂作用,对血胆固醇和甘油三酯的增高都有良好疗效,是降脂复方中最常用的药物之一。

苹果

苹果是蔷薇科植物苹果的果实,具有生津润肺、开胃醒酒的功效。苹果中含有大量苹果酸和果胶,能分解体内的脂肪,降低胆固醇。苹果酸和果胶在肠道中能与胆酸结合,阻止胆酸被重新吸收进入血液,使血液中的胆酸含量减少,胆固醇向胆酸的转化增加,从而抑制低密度脂蛋白氧化,发挥抗动脉粥样硬化的作用。此外,类黄酮还有抑制血小板聚集作用,能降低血液黏稠度,减少血栓形成。苹果含钾量较高,而含钠量较低,是高血压病患者的理想食物。

大蒜

大蒜又称胡蒜,是百合科植物大蒜的鳞茎,有解毒杀虫、止咳去痰、健脾开胃的功效。大蒜中含有生理活性的成分。大蒜素等物质能抑制和杀灭多种细菌,因而被称为"天然广谱抗生素"。近年来的科学研究表明,大蒜可以降低血清胆固醇和甘油三酯,能防治动脉硬化,大蒜中的蒜氨酸是降血脂的有效成分。此外,从大蒜中提取的甲基烯三硫和二烯丙基二硫,具有很强的抗血小板聚集的作用,能降低血液黏稠度,预防中风的发生。大蒜中所含的甙类能使高血压患者的血压明显降低。大蒜中的有效成分遇热会失去作用,用于食疗以生食为宜。但是,大蒜的刺激性较强,过多食用会引起眼睑炎和结膜炎,还可以损伤胃黏膜,引起胃炎、胃溃疡,甚至胃出血。所以,吃大蒜应适度,最好不要空腹食用。

马齿苋

马齿苋又称马齿菜、长寿菜,是一年生草本植物马齿苋的嫩茎叶,具有清热解毒、凉血止血、利湿消肿的作用。马齿苋的用途广泛,抗菌力很强,对多种细菌有抑制作用,特别是对痢疾杆菌效果明显,因此,痢疾、胃肠炎、泌尿系统感染、痔疮、疖、痈等都可用马齿苋治疗。近年来美国科学家发现,马齿苋含有α-亚麻酸,它是一种不饱和脂肪酸,一般存在于海产品中,在植物中很少见,而马齿苋中的含量却很丰富。它具有抑制人体血清胆固醇和甘油三酯生成的生理功能,能防治冠心病和高脂血症,α-亚麻酸还可使血管内皮细胞合成的前列腺素增多,使血小板形成的血栓素A_2减少,从而降低血液黏稠度,起到预防血栓形成的作用。马齿苋含钾盐,从马齿苋中摄入的钾作用于血管壁上,可以扩张血管壁,阻止血管壁的增厚,因而能降低血压,减少中风的发生率。

第三类:具有降血糖作用的食物原料

牛蒡

【品种】 牛蒡又名牛菜,大力子等。在美、日、德、法以及我国台湾省栽培较多。牛蒡以肉质根为主要食用部位。肉质根呈圆柱形,一般直径为 3~4 cm,长为 70~100 cm,外皮粗、暗黑色,肉质灰白。叶片心脏形,淡绿色,叶片嫩者也可食用。

【营养价值和功能】 每百克牛蒡中约含蛋白质 1.1 g、脂肪 0.1 g、碳水化合物 6.7 g,以及多种维生素和矿物质。现代医学研究,牛蒡有促进血液循环、预防中风、治疗便秘、降低血糖的功效。其肉质根含有菊糖,对控制尿糖有益,适于糖尿病患者食用。

【用途】 牛蒡具有特殊的香味,口感滑嫩,风味独特。在烹调中可炒、可煮、可凉拌或与肉同炖。

苦瓜

【品种】 苦瓜为葫芦科植物苦瓜的果实,又称凉瓜、绵荔枝、菩达、癞瓜等。苦瓜有小苦瓜和大苦瓜两种,前者短纺锤形,嫩瓜有绿白色和白色两种,肉较薄,成熟后为橙红色,瓜瓤鲜红,味甜可食;后者有纺锤形、长圆锥形、长棒形,果实颜色有绿色、淡绿色和浓绿色之分。

【营养价值和功能】 每百克苦瓜中含蛋白质 1 g、脂肪 0.1 g、碳水化合物 3.5 g,维生素 C 多达 56 mg。此外,苦瓜中存在一种名为"多肽-P"的化学物质,被称为植物胰岛素。苦瓜医用价值高,性味苦、寒,入心、脾、胃经。功用有消暑、涤热、明目、解毒。可治热病烦渴引饮、中暑、痢疾、赤眼疼痛、痈肿丹毒、恶疮。苦瓜不仅是好菜,而且是一味良药。苦瓜的药用价值早已引起科学家的瞩目。苦瓜在印度民间用以治疗糖尿病,有明显的降血糖作用。近年研究发现苦瓜也有一定的抗肿瘤作用。

【用途】 因苦瓜味极苦,故仅适于煸炒、拌等烹调方法。

豇豆

【品种】 豇豆又名江豆、长豆、裙带豆、饭豆等。豇豆按荚果的颜色,可分为青荚、白荚和豇荚三种类型。新优品种有浙江之豇 28-2 号、广州二芦白豇豆,台湾高雄青荚、白皮豇豆、紫茵虹豆等。我国自古栽培豇豆,为夏季重要蔬菜。

【营养价值与功能】 每百克豇豆中含蛋白质 2.9 g、脂肪 0.3 g、碳水化合物 3.6 g,还含有维生素 C、B_1、B_2、尼克酸等多种维生素及矿物质。豇豆味甘、性平,健脾补肾。治脾胃虚弱、小便频数。生豇豆适量,细嚼咽下;或捣碎用冷开水泡服,治食积腹胀。用带壳干豇豆水煎,吃豆喝汤,治疗糖尿病。每日空心煮豇豆,调少许盐食之,补肾气。以豇豆煮汁饮,解鼠蟒毒。

【用途】 豇豆做菜,可炒、拌、焓、烧等,也可做馅。

黄瓜

【品种】 黄瓜为葫芦科植物黄瓜的果实。公元前 119 年,汉代张骞出使西域带回黄瓜种,故名胡瓜,隋朝大业四年(公元 608 年)改胡瓜为黄瓜,别名王瓜、刺瓜。黄瓜品种较多,按成熟期可分为早熟、中熟、晚熟品种;按果实的形状又分为刺黄瓜、鞭黄瓜、刺鞭黄瓜、短黄瓜和小黄瓜。优良品种有:北京碧春、长春密刺、陕西春魁、江苏乳黄瓜线杂 1 号、台湾万青 2 号等。

【营养价值与功能】 每百克黄瓜中含蛋白质 0.7 g,脂肪 0.1 g,碳水化合物 2.4 g,钙 20 mg,磷 33 mg,铁 0.6 mg,胡萝卜素 0.42 mg,硫胺素 0.05 mg,核黄素 0.04 mg,尼克酸 0.3 mg,维生素 C 12 mg。

黄瓜不仅是佐餐的佳肴,也是一味食疗良药。黄瓜性味甘、凉,入脾、胃、大肠经;功用有除热、利水、解毒,可治疗烦渴、咽喉肿痛,有利尿作用。黄瓜含水量为 96% 左右,为蔬菜中含水量之最。黄瓜中所含的葡萄糖甙、果糖、甘露醇、木糖等不参与通常的糖代谢,故糖尿病人用以代粮充饥,不会使血糖升高。鲜黄瓜中含有丙醇二酸,可抑制糖类物质转化为脂肪,所以多吃黄瓜可减肥;将黄瓜捣烂挤汁,用来清洁和保护皮肤可起到美容作用。黄瓜的叶、藤、根、果均可入药。黄瓜藤有扩张血管、减慢心率、降低血压的效果,并有降低胆固醇的作用。"黄瓜藤煎剂"是秋季采集的自然干燥的黄瓜藤,去掉叶和根后,加水 20 倍浸泡制取的水煎剂。还有将黄瓜藤加工制成片剂的,服用简便,治疗高血压效果显著。黄瓜蒂味苦,含葫芦素。葫芦素能激发人体免疫功能,起抗肿瘤作用,故肿瘤病人可大量食用,有一定治疗价值。此外,黄瓜所含细纤维素,有促进肠道中腐败食物的排泄和降低胆固醇的作用。

【用途】 黄瓜做菜,可凉拌、生吃,也可炒、拌、焓、腌等。还可做菜肴的配料及围边点缀。

南瓜

【品种】 南瓜为葫芦科植物南瓜的果实。别名有麦瓜、番瓜、倭瓜、北瓜、金冬瓜、饭瓜、老缅瓜、窝瓜、番蒲等,我国各地均有种植。

【营养价值与功能】 每百克南瓜中含水分 97.8 g、蛋白质 0.3 g、糖 1.2~2.5 g、粗纤维 1.0 g、钙 8~12 mg、磷 7~25 mg、铁 0.3 mg、胡萝卜素 940 μg、硫胺素 0.01~0.02 mg、核黄素 0.02 mg、维生素 C 4 mg。南瓜性味甘、温,入脾、胃经。有补中益气、平肝和胃,去湿舒筋、消炎止痛、解毒、利小便的作用。南瓜还可降血糖,是治疗当今"文明病",如糖尿病、高血压病、动脉粥样硬化的食疗良药。南瓜还可吸附清除体内有害物质,如重金属和放射性元素等。但南瓜不宜摄入过多,李时珍曾写道:多吃南瓜,易"发脚气、黄疸。不可同羊肉食,(否则)令人气壅"。南瓜子含有脂肪、蛋白质、尿酶等,并有驱除肠道绦虫作用。生南瓜子常食有预防前列腺增生的食疗作用。

【用途】 南瓜栽培普遍,产量甚丰。为我国夏秋季的重要蔬菜。嫩瓜可切丝炒食,或做菜汤、菜馅,味道鲜美,也可嵌肉清炖,切成小块蒸食,加蒜、油、盐凉拌瓜酱,别具风味。老熟南瓜肉厚,含有丰富的淀粉和胡萝卜素,与米共煮,成为香甜可口的南瓜饭。

竹笋

【品种】 又名竹笙、竹蕈、竹菌。是珍贵而稀有的食用菌,有菌中"皇后"之称。野生竹笋在秋季生长于潮湿的竹林地带,现已人工栽培。竹笋子实体成条状,外包竹壳,色淡黄,质柔软,体呈条网状。竹笋有长裙竹笋、短裙竹笋、红托竹笋和棘托竹笋四个品种。

【营养价值及功能】 竹笋营养价值较高,含有人体所需要的 19 种氨基酸,谷氨酸的含量较多,是竹笋味道鲜美的原因。此外,竹笋中还含多种酶,具有很高的药用价值。常食用竹笋,有利于高血压、高血脂、糖尿病等患者的防治。

【用途】 竹笋用于做菜,适于炒、扒、烩或做汤。成菜洁白、脆嫩、爽口,味鲜香。

鸡纵

【品种】 鸡纵又称鸡纵菌、白蚁菇等,中国云南、贵州、四川、福建、广东、广西、台湾等均有分布,其中以云南产的鸡纵最为著名。历来被视为"山珍"之一。

鸡纵生长在沙地间的白蚁窝上,大都是三五成群地生长在一起。鸡纵的菌盖为圆锥形,当伞盖分披时,形似鸡的羽毛,故名鸡纵。菌盖黑褐或微黄,菌褶稠密、色白、肉厚。鸡纵分青皮鸡纵菌、黑皮鸡纵菌和蒜头鸡纵菌等。

【营养价值与功能】 鸡纵营养丰富,尤以蛋白质的含量较高,蛋白质中含有 20 多种氨基酸,其中人体必需的 8 种氨基酸种类齐全。每百克鸡纵(干)中约含蛋白质 28.8 g、碳水化合物 42.7 g,还含有钙、磷、铁及多种维生素。鸡纵具有较高的药用价值,现代医学研究发现,鸡纵中含有治疗糖尿病的有效成分,对降低血糖有明显的功效。

【用途】 鸡纵菌肉质细嫩、洁白如玉、味似鸡肉,鲜香可口。适于炒、烩、氽、煮等烹调方法。

荞麦

【品种】 荞麦又名三角麦、乌麦等,主要产在西北、东北、华北、西南一带的高寒山区。荞麦种子呈三棱形,皮壳黑色、褐色或灰色,种仁白色。主要品种有甜荞、苦荞和翅荞。其中甜荞品质最佳。

【营养价值与功能】 荞麦虽为粗粮,但营养丰富。含蛋白质 7%~13%,其中富含赖氨酸和精氨酸。含脂肪 2%~3%,其中对人体有益的油酸、亚油酸含量较高,荞麦中还有其他粮食中很少有的"芦丁",该成分可降低人体血脂和胆固醇,对防治高血压和心血管疾病颇有帮助。荞麦含有糖类、钙、磷、铁及维生素 B、E、尼克酸等成分,还含有丰富的膳食纤维,对糖尿病有食疗作用。

【用途】 荞麦是组成主食的主要谷物之一,特别是在北方寒冷地区。

燕麦

【品种】 燕麦又名雀麦,为禾本科早熟禾亚科燕麦属,主要分布于西北、内蒙古、东北一带的寒冷地区。可分为裸粒燕麦和带壳燕麦两种,裸粒燕麦可食用。

【营养价值与功能】 燕麦营养价值与大麦、小麦相当,每百克燕麦片含蛋白质 15 g、脂肪 6.7 g、糖类 61.6 g、钙 186 mg,氨基酸的含量(如赖氨酸)是大米、白面的 2 倍以上,且含量均衡。燕麦中含丰富的膳食纤维,可溶性的燕麦纤维容易被人体吸收,有降血脂的作用,特别是裸粒燕麦中含有对人体有益的亚油酸等不饱和脂肪酸,并含有皂甙,可抑制胆固醇升高,对降脂有效;且燕麦热量含量低,既有利于减肥,又更能适合心脏病、高血压和糖尿病人对食疗的需要。燕麦中还含有类脂酶、磷酸酶、糖苷酶、脂肪氧化酶等众多酶类,并具有较强的活力,所以有抗衰老的作用,常食燕麦能抑制老年斑的形成。

【用途】 燕麦是北方寒冷地区群众的主食之一。燕麦可制麦片,磨粉后可做粮食食用。带壳燕麦多做饲料。

第四类：具有抗癌作用的食物原料

香菇

【品种】 香菇又名香菌,香蕈,香信,素有"山珍"之称,是世界著名的食用菌。香菇按外形可分为花菇、厚菇、薄菇和菇丁四种。

【营养价值和功能】 香菇味道鲜美,香气沁人,营养丰富,因此被誉为"山珍"之一,有"健美食物"、"食用菌皇后"之美称。香菇是一种高蛋白、低脂肪的"健康食物"。据测定,每百克干品中含蛋白质 12.58 g、脂肪 1.8 g、碳水化合物 30.1 g、粗纤维 7.5 g、核黄素 0.72 mg、尼克酸 18.9 mg、钙 24 g、磷 415 mg、铁 25.3 mg。还含有 18 种氨基酸,其中人体必需的 8 种氨基酸就占 7 种,而且多属 L 型氨基酸,活性高,易吸收。香菇中还含有 30 多种酶,有抑制血液中胆固醇升高和降低血压的作用。香菇中含有干扰素诱生剂,从而抑制病毒的繁殖。香菇中还含香菇精、月桂醇、乌苷酸等芳香物质,具有浓郁的特殊香味。香菇中含有腺嘌呤,可降低胆固醇、预防心血管病和肝硬化;香菇中的香菇多糖有抗癌作用。

【用途】 香菇适于炒、烧、炖,成菜柔滑香醇,别具风味。

金针菇

【品种】 金针菇又称金菇,是菌体细长、丛生簇状的食用菌。因其干品形似金针菜(黄花菜)故名金针菇。又因有提高智力之功效、还称增智菇。金针菇子实体丛生,菌肉色白;菌褶白色或奶油色。按子实体的色泽可分为浓色品系(菌盖黄褐色,菌柄茶褐色)和浅色品系(菌盖白色或淡黄色,菌柄白色或浅黄)。

【营养价值和功能】 每百克金针菇中含蛋白质 2.4 g,脂肪 0.4 g,碳水化合物 3.3 g。此外,金针菇中含有的金针菇素,有抗癌作用。

【用途】 金针菇适于凉拌、炒食,可做汤和菜肴的配料。金针菇口感润滑脆嫩,味道鲜美,牛肉豆腐汤中放些金针菇,汤更鲜美。吃面的调料卤汁中也可放入切碎的金针菇。

草菇

【品种】 因喜生长在腐败的稻草上,故名草菇。湖南浏阳一带盛产苎麻,收割后遗弃的麻秆上也能生长出这种小蘑菇,故又名"麻菇"。草菇具有兰花般的芳香气味,故又名兰花菇。广东曲江县南华寺种植的草菇非常有名,所以草菇也叫"南华菇"。目前,全世界草菇年产量达 5 万吨,我国占 70%～80%。外国人称草菇为"中国蘑菇"。

【营养价值及功能】 草菇营养丰富,每百克鲜草菇(广东地区)中含蛋白质 2.7 g,氨基酸 17 种,脂肪 0.2 g,碳水化合物 2.7 g,维生素 C 158 mg。草菇还含一种异体蛋白质,能抑制癌细胞的生长。

【用途】 草菇的肉质细嫩,有浓厚的菇香,味美可口,荤素皆宜。在中国的八大菜系中,几乎都有以草菇制成的名肴。烹饪中多采用炒、烧、烩等烹调方法成菜。

平菇

【品种】 平菇又名侧耳、蚝菌、耳菇等。子实体为食用部分。平菇是个大家族,在我国约有 30 余种,年产量已达万吨以上。是我国人工栽培的食用菌四姐妹(平菇、草菇、香菇和双孢蘑菇)之一,因其价格低廉,所以是大众餐桌上最常见的佳蔬。

【营养价值及功能】 每百克平菇(鲜)中含蛋白质 1.9 g、脂肪 0.3 g、碳水化合物 2.3 g,还含有钙、磷、铁及胡萝卜素、维生素 C、B_1、B_2、尼克酸等多种维生素。现代药理研究表明,平菇中所含的多糖能提高机体免疫力,有抑制肿瘤的作用。平菇中还含有侧耳毒素和蘑菇核糖核酸,具有抗病毒的作用,能抑制病毒的合成和繁殖。

【用途】 平菇在烹饪中,多采用炒、烧等烹调方法,还可做汤及馅心。

猴头菌

【品种】 猴头菌又名猴头蘑、刺猬菌,是稀有野生名贵食用菌。多寄生于桦、栎等树,已人工栽培。猴头菌新鲜为白色,干品为浅褐色或金黄色,远望似猴头,故称之。

【营养价值及功能】 猴头菌含有人体所需要的 8 种必需氨基酸。每百克猴头菌(罐装)中含蛋白质 2 g,脂肪 0.2 g,碳水化合物 0.7 g;此外,还含多糖和多肽类。猴头菌对消化道的癌症有抑制作用;对胃及十二指肠溃疡、慢性胃炎等也有治疗作用。

【用途】 猴头菌肉质脆嫩,可做主料,也可做配料,适于炒、烧、炖、烩等烹调方法。

牛舌菌

【品种】 牛舌菌又名猪舌菌,猪肝菌等。是珍稀的食、药兼用菌,有野生和人工栽培两种。牛舌菌肉质松软,多汁,初为粉红或血红色,成熟后呈暗褐色,初圆球形,后伸长至扁平舌形、匙形或肝脏形。因形状、色泽均似肝脏,故日本人称之为肝脏菌。

【营养价值与功能】 牛舌菌含明胶、木糖和阿拉伯糖,能增强机体免疫力,有明显的抗肿瘤效果。

【用途】 牛舌菌肥厚细嫩、滑腻松软、带有甜香味及舒适的胶质感,牛舌菌用于烹饪,可采用炒、烩、氽、扒等方法,也可做汤,还可做馅心。

猪苓菌

【品种】 猪苓菌别名豕苓、野猪粪、地乌桃等。是名贵的食、药兼用菌。多分布于山林中,目前已人工栽培。猪苓菌上部分子实体"猪苓花"可食。菌盖表面近白色至淡褐色或茶褐色。

【营养价值与功能】 猪苓菌营养丰富,含蛋白质、碳水化合物、多种维生素及矿物质;菌核含麦甾角醇、α-羟基-二十四碳酸、生物素、猪苓聚糖等,具有很高的药用价值,有抗癌作用。

【用途】 猪苓菌在烹饪中可做主料,也可做菜肴的配料,适于炒、烧、烩、扒等烹调方法。

灰树花

【品种】 灰树花又名莲花菌、贝叶多孔菌、栗子蘑等。是一种名贵的食、药兼用真菌。主要分布于我国黑龙江、吉林、河北、浙江、福建、广东、广西、云南等地。灰树花子实体肉质,有柄,多分枝,末端生扇形、匙形或半圆形菌盖,重叠成丛。菌盖灰色至淡褐色,中央常下凹,老熟后光滑,有放射状条纹,边缘内卷。菌肉白色,菌柄圆柱形稍弯曲。

【营养价值与功能】 灰树花营养十分丰富,每百克干品含有蛋白质19.7 g、脂肪3.2 g,还有碳水化合物、维生素及矿物质等。现代研究认为,灰树花子实体中所含多糖是β-葡聚糖,能提高人体T细胞的含量,增强机体对肿瘤的免疫力,具有明显的抗肿瘤效果;还可治疗小便不利、水肿及糖尿病和胃肠道溃疡。

【用途】 灰树花香味浓郁,味道鲜美,口感极佳。食用方法同牛舌菌。

(3)食物原料健康搭配法

鸡肉与栗子:鸡肉造血补脾,栗子健脾养胃。两者合煮,造血功能更强,如老母鸡炖栗子,为上乘补品。

猪肝与菠菜:两者都有补血功能,菠菜又含多种维生素,荤素相配,共同吸收,是治贫血的最佳食疗方法。

豆腐与萝卜:豆腐属植物蛋白,多食会消化不良,而萝卜能助消化,两者同煮,豆腐营养易为人体吸收。

蜜糖与甲鱼:因含有丰富蛋白质、脂肪和多种维生素,一同蒸煮,为不可多得的强身剂,对心脏病、肠胃疾患均有疗效。

柠檬与荸荠:把1个柠檬与10只荸荠用水煮服,每日一次能清热,生津止渴,治咽喉炎。

胡桃与生姜:胡桃是滋补佳品,生姜含多种活性成分,其中生姜有很强的抑制人体内有害物质"自由基"产生的本领,每天睡前用1~3个生胡桃肉和少许生姜,一同细嚼,有温肺助阳,止咳化痰平喘作用。

芝麻与海带:芝麻能改善血液循环,促进新陈代谢,所含维生素E能防衰老。海带含碘与钙,能对血液起净化作用,促进甲状腺素合成,二者合煮,有美容与抗衰老作用。

(4)食物原料搭配禁忌

猪肉菱角同食会肝疼,
鸡肉芹菜相忌伤元气,
牛肉栗子食后会呕吐,
羊肉西瓜相会定互侵,
兔肉芹菜同食伤头发,
鹅肉鸡蛋同桌损脾胃,
狗肉如遇绿豆会伤身,
黄鳝皮蛋不可同道行,
鲤鱼甘草加之将有害,
蟹与柿子结伴会中毒,
甲鱼黄鳝与蟹孕妇忌,
鸡蛋再吃消炎片相冲,
柿子红薯搭配结石生,
豆浆营养不宜冲鸡蛋,
洋葱蜂蜜相遇伤眼睛,
豆腐蜂蜜相拌耳失聪,
萝卜木耳成双生皮炎,
胡萝卜白萝卜相互冲,
菠菜豆腐色美实不宜,
番茄黄瓜不能一起食,
黄瓜进食之后忌花生,

香蕉芋艿入胃酸胀痛，
萝卜水果不利甲状腺，
马铃薯香蕉面部起斑。
甲鱼加苋菜会中毒，
花生加黄瓜会伤身，
小葱加豆腐影响钙吸收，
羊肉加西瓜会伤元气，
白酒加柿子会引起中毒，
米汤加奶粉破坏维生素A，
兔肉加芹菜会引起脱皮，
开水加蜂蜜破坏营养素，
红枣退烧药不宜同食，
啤酒加海味引发痛风症，
白酒加胡萝卜肝脏易中毒，
牛奶加果汁不利于消化吸收，
肉类加茶饮易产生便秘，
豆浆加红糖降低蛋白质营养，
海味加水果影响蛋白质吸收，
咸鱼加西红柿产生强致癌物，
香蕉加乳酸饮料产生强致癌物，
山楂加胡萝卜维生素C遭破坏，
萝卜加水果可致甲状腺肿大，
对虾加维生素C可致砷中毒。

4. 成酸性食物与成碱性食物

成酸性或成碱性食物常被用在健康教育中作为简单划分食物种类的方法，这里所说的"酸、碱"性与食物本身的口味无关。一般我们摄入食物的潜在酸碱度包括范围很广，但它们的酸碱性是根据食物在体内经过消化、吸收、代谢后，最终在体内生成的物质是呈酸性还是碱性来定。某些食物，如大多数蔬菜和水果及豆类等，燃烧后留下灰分，其中以元素（包括钠、钾、钙、镁）为主，在体内代谢后可变成碱性物质，所以称为成碱性食物。其他食物如谷物、鱼、内脏和肉中含硫、磷、氯等元素较多，虽然硫在食物中一般以中性形式存在于含硫氨基酸（包括蛋氨酸、胱氨酸、半胱氨酸）中，但硫在人体内氧化后产生硫酸，所以这类物质一般是成酸性食物。因此有的学者把成酸性和成碱性食物又称为"内酸食物"和"内碱食物"，以区别于食物本身的口味，反映出它的实际意义。

成碱性食物进入人体后，与二氧化碳反应生成碳酸盐，由尿中排泄，而成酸性食物则在肾脏中生成铵盐而排泄，通过这种调节机制使人体的血液维持正常的pH(正常人血液的pH为7.35)。如果过多食用酸性食物，导致体内不能中和而使血液呈酸性时，会导致血液色泽加深，血黏度和血压升高，可发生酸毒症。所以日常应多吃蔬菜水果等碱性食物来保持体内的酸碱平衡。

值得注意的是，和我们一般想象的相反，大多数水果类食物虽然在口味上呈酸味，但它们不属于成酸性食物，酸性口味是由于它们含有有机酸如苹果酸、柠檬酸和酒石酸及它们的钾盐等，这些有机酸根在体内能完全代谢，最后机体中只留下钾，所以是成碱性食物。实际上，许多"酸性"口味的水果都属于成碱性食物。在各种食物中，富含矿物质的蔬菜、水果、海藻类、豆类等食物为成碱性食物，而富含蛋白质的肉类、鱼类、蛋类、精制谷类食物等均为成酸性食物。

为了保持体内的酸碱平衡，一般建议饮食中的酸、碱性食物的比例以1:3为宜，过酸饮食会对机体产生不良影响，过碱饮食则容易造成一些营养物质的缺乏。例如，当成酸性食物摄入过多时，骨骼中钙将被动员出来，中和一部分酸性物质，长期会造成骨质疏松。

5.强化食品

天然食物中的营养素往往有其不足，如谷类食物中普遍缺乏赖氨酸；在烹调加工中，也会在一定程度上损失食物中原有的营养素；一些从事特殊行业，或处在特殊生理状况下的人也有其特殊的营养需求。为了更好地满足人体的营养需要，科学合理地向食物中添加营养素，或某些富含营养素的天然食物，以改善食物的原有营养价值，称为食物的营养强化。强化的对象食物称为载体，所添加的营养素称为强化剂，制成的成品称为强化食品。

例如，水果是人体维生素C的来源之一。然而，在果汁加工中，水果内原有的维生素C往往遭到破坏。如果在果汁中添加维生素C，便可以提高果汁的营养品质。在谷类食物中强化赖氨酸，则可以显著地提高其蛋白质的生物利用率。

食品强化剂包括必需氨基酸类、维生素类、矿物质、微量元素类和营养素密度较高的天然食物，如大豆蛋白、谷胚、酵母、苜蓿、螺旋藻等。强化食品可以以任何普通食物的形式食用，对食品的风味和口感没有影响。强化食品的设计和加工应符合营养学的基本原理，所添加营养素的质量和数量应符合国家标准，还应注意在加工工艺和包装储藏中保证营养素的稳定性。

目前，许多国家已经颁布法规，要求在一些与大众健康关系密切的食物中强化某些营养素。例如，美国于1941年开始实施营养强化，要求小麦制

品中添加维生素 B_1、B_2、尼克酸和铁。目前,美国人膳食中 $\frac{1}{5} \sim \frac{1}{4}$ 的 B 族维生素和铁来自强化食品。我国也于 1996 年开始全民食用碘盐,使地方性甲状腺肿的发病率大大降低。

二、酒店常用的烹调方法

(一)冷菜烹调方法

1.拌

拌就是把可食的生原料或晾凉的熟原料经刀工处理后,加入调味料,直接调制成菜肴的烹调方法。根据原料的生熟不同,拌可分为生拌、熟拌、生熟混合拌三种方法。

(1)生拌是原料没有经过加热而直接加调味料拌制的方法。

(2)熟拌是原料经过煮烫至断生或刚熟后,再加调味料拌制的方法。

(3)生熟混合拌则是将生原料与经过煮烫至断生或刚熟后的原料混合,再加调味料拌制的方法。

2.腌

腌就是以精盐、酒等为主要调味料,将原料拌和,擦抹和浸渍,经过静止一段时间后,使原料入味的烹调方法。

腌的方法较多,根据所用调味料的不同,可以分为盐腌、糖腌、醉腌三种方法。

(1)盐腌是以精盐为主要调味料,将原料拌和、浸渍,以除去原料的水分和异味,使原料入味的方法。

(2)糖腌是将原料加入少许精盐,腌渍一段时间后,挤出水分后再加入白糖及其他调味料继续腌渍,使原料入味的方法。

(3)醉腌按加工原料方法的不同又可分为生醉和熟醉。生醉是将鲜活原料消毒后装进盛器,再加入醉卤直接醉制,不需加热即可食用的方法。熟醉是将原料加工成片、丁、丝、条、块或整料,经焯水、蒸、煮等熟处理后,再加入醉卤浸泡后食用的方法。

3.卤

卤就是将原料经过焯水或过油后,放入配有各种调味料的卤汁中,以中小火煨、煮至成熟,使之入味的烹调方法。卤制原料比较广泛,适用的原料有豆腐干、素鸡、香菇等植物性原料,有猪、牛、羊、鸡、鸭等动物性原料,也有肚、肝、肫等动物内脏原料。卤制成熟后一般把原料浸泡在卤汁中,食用时随用随取;也可即行捞出,但晾凉后必须在原料表面刷上芝麻油,以防止卤菜表面发硬和干缩变色。根据主要调味料的不同,卤可分为红卤和白卤两种。

(1)红卤是以酱油、糖色、精盐、冰糖或白糖、黄酒及各种香料为主要调味料的方法(还有一种方法是不加酱油和糖色而加入红曲米粉,以增加色泽和亮度)。

(2)白卤是不加酱油和糖色,一般也不放糖,其他调味料与操作过程和红卤一样。

注:调制卤汁所用的原料有沸水、酱油、精盐、白糖、料酒、葱、姜、大料、桂皮、砂仁、花椒、豆蔻等香料,不同地区、不同师傅有不同的配方,可灵活掌握。

4.熏

熏就是将原料置入密封的容器(特制熏锅或烘箱)内,利用燃料的不完全燃烧所产生的浓烟,熏制上色,以增加烟香味和色泽的烹调方法。

根据原料加工前的生熟不同,熏可分为生熏、熟熏两种方法。

(1)生熏就是将未经过熟处理的生料,经过腌渍后,放入熏锅熏制的方法。

(2)熟熏就是将经过熟处理的原料,不用腌渍直接放入熏锅熏制的方法。

5.煮

煮是将经初步熟处理的半成品,放入汤汁或清水中,先用旺火烧开,再用中火或小火煮制成熟的方法。

常见的煮的方法有白煮和盐水煮两种。

(1)白煮:(也称水煮)就是将经初步加工的原料放入清水锅或汤锅中煮制成熟的烹调方法。

白煮在煮制的过程中,一般不加调味料,但有时加入黄酒、葱、姜以除去腥膻异味。食用时把原料捞出,经刀工处理后整齐地装盘,将兑好的调味汁浇在上面拌食,或随带调味汁上桌蘸食。

(2)盐水煮:就是将经初步加工的原料放入锅中,加清水淹没,投入精盐、葱结、生姜、花椒、黄酒等调味料加热成熟的烹调方法。

(二)热菜烹调方法

1.炒

炒是最常见的烹调方法之一。所谓炒就是将改刀后的原料放入锅内加热并不断翻动使其成熟的一种方法。炒适用于形小、质嫩的原料。炒的操作一般较简单,多数需急火速成,成品有汁或无汁,能保持原料本身的特点。多数菜肴质地脆嫩、咸鲜不腻。

(1)煸炒是将原料改刀后,在勺内直接加热成熟的一种方法。煸炒一般要求旺火、热锅、热油,根据原料的性质可勾芡或不勾芡。适于煸炒的原料范围广、品种多,如肉炒芹菜、肉炒青椒等。

(2)滑炒

滑炒是将原料改刀后上浆,用温油滑熟再放入勺(锅)内加入兑好的汁。滑炒是在煸炒的基础上派生出来的。它既避免了煸炒受热不均的缺点,又保持了原料口感质嫩的特点,如滑炒鸡丝、滑炒鱼米、五彩脊丝等。

除上述最基本的两种方法外,还有诸如硬炒、软炒、爆炒、清炒、抓炒等,它们的实质多数以煸炒或滑炒为基础,或者与所谓的炒无关。

2. 炸

炸是将原料改刀腌制后,挂糊或不挂糊,用热油或用温油使之成熟的一种方法。炸主要适用于形小、质嫩的原料。在腌制时,通常用的调味品为酱油、料酒、食盐、味精、胡椒粉、葱、姜等。

炸的具体方法由于原料的质地和菜肴味道及口感要求的不同,又可分为清炸、干炸、软炸、板炸、酥炸、纸包炸等六种。

(1)清炸

清炸是将原料改刀后用调料腌制入味,再直接用热油炸熟的一种方法。成品的特点是外焦里嫩,清爽利落,色泽多为枣红色。在烹制清炸的菜肴时,选料要精,改刀后的形状要大一些,炸时应采用不同的油温、间隔地炸3~4遍,如清炸鸡胗、清炸里脊、清炸猪肝等。

(2)干炸

干炸是将原料改刀腌制后,将淀粉用凉水浸泡,然后再挂到原料的表面,或者将干淀粉放入原料中,再加入少量的凉水搅拌,静止一段时间后再入油锅炸,如干炸肉条、炸八块、干炸丸子等。

(3)软炸

软炸是将原料腌制后,挂蛋泡糊或全蛋糊,用温油炸熟的一种方法。这种炸应将原料改成小片或茸,油温不宜过低或过高,以防炸焦、色深、脱糊或浸油。软炸的主要特点是软嫩味鲜,形状整齐美观,如软炸里脊、软炸蛋卷、软炸鱼条等。

(4)板炸

板炸是将原料改刀后挂上蛋液,再粘上面包渣入油锅炸熟的一种方法。在具体的制作过程中,一般在挂蛋液前应在原料的表面粘上面粉,力求均匀,然后挂蛋液,才能将面包渣粘匀。粘上面包渣后,应用手轻轻捺实,以防在炸的时候脱落。另外,要注意油的温度,要使用咸面包,而不应使用甜面包。成品的主要特点是外表酥松,主料鲜嫩,形色较好,如炸虾排、蒲棒里脊、吉利肉饼等。

(5)酥炸

酥炸是将原料熟制后，用热油炸至金黄色，再改刀装盘（有的挂糊后再炸）的一种方法。酥炸是先将原料制熟，其方法可煮可蒸，要求达到酥烂的程度，炸的时候应用旺火热油。成品的特点是香酥、肥嫩，如香酥鸡、香酥鸭等。

(6)纸包炸

纸包炸是使用糯米纸或玻璃纸把喂好的原料包上后，入温油炸熟的一种方法。纸包炸的原料多是鲜嫩无骨的，而且多数都切成片或茸，经调料腌制后，包成包，再放入温油锅中炸。包的时候应留一个角，便于食用时打开。成品特点是原汁原味，质地鲜嫩，造型别致，如纸包鸡、纸包鱼、纸包虾等。

3.烹

烹是将原料改刀挂糊（也有不挂糊的），过好油后，再倒入清汁颠翻出勺的一种方法。烹是炸的延伸，与炸的区别就是多一个烹汁的过程，即调味的过程。烹制菜肴的主要特点是外焦里嫩、色泽美观、口味香醇，以鲜咸为主略带甜或以甜酸为主。在操作上以挂淀粉糊的为多，而且使用清汁（汁中不加淀粉）。

(1)干烹

干烹又称炸烹，是将原料改刀后挂上淀粉糊用热油炸熟，再倒入清汁的一种方法。它与干炸所挂的糊相同，但比干炸的糊稍薄些，如锅包肉、炸烹仔鸡、炸烹虾段等。

(2)清烹

清烹是将主料改刀后，粘上面粉（也有不粘面粉的），放油中炸好，倒入清汁颠翻出勺的一种方法，如清烹里脊、清烹鸡块、清烹鸡胗等。

4.熘

熘是将原料改刀后，挂糊或上浆，用油加热成熟，再倒入兑好的混汁，加热搅拌的一种方法。熘与烹的区别在于调味汁上，烹是使用清汁不带芡，熘是用混汁，而且汁相对较多。

(1)焦熘

又称熘或炸熘，是将原料改刀后挂淀粉糊，用旺火热油炸至金黄色时，再倒入兑好的混汁炒拌的一种方法。焦熘菜肴的最大特点是外焦里嫩，一般要过两遍油，如焦熘肉段、焦熘丸子、焦熘里脊等。如果调料中以糖、醋为主，做成甜酸口的菜肴，如浇汁鱼、糖醋排骨、糖醋瓦块鱼等，有的地区将这种方法称为糖熘。

(2)滑熘

滑熘是将原料改刀后上浆，用温油滑熟，再倒入兑好的粉汁。滑熘适用于质嫩、形小的原料,芡汁也比焦熘的稍长。如果在调料中加上多量的醋,以食其酸味被称为醋熘,如醋熘白菜等。如果加上香糟汁则称为糟熘,如糟熘鱼片等。

(3)软熘

软熘是将改刀后的原料先蒸熟或煮熟,再浇上熬好的汁。由于这种做法的芡汁与熘相似,虽不是以油为传热介质,但习惯上仍将此法归到熘类,如软熘草鱼、荷花白菜等。

5.爆

爆是将原料改刀后,用急火热油使之成熟,再进行调味的一种方法。爆是一种急火速成的烹调方法,所以,一般都使用调味粉汁进行调味及勾芡。爆的主要特点是急火速成,成品要求脆嫩爽口,汁短紧包原料,盘内没有多余的芡汁。

(1)油爆是将原料改刀后,用热油使之成熟,再加入配料,倒入兑好的粉汁即成。在具体的操作中,有的原料不需上浆,而是先用沸水烫,如鸡胗、腰子、肚仁、鱿鱼等。有的原料需要上浆,不用水烫,而是直接过油,如鸡肉、里脊等。

(2)汤爆是以汤或水为传热介质,与油爆不同,但它们都是用急火速成,菜肴的质地脆嫩,所以,才将它们归纳在一起。

汤爆有两种做法:一是先将汤烧沸,再加入原料,调好味连汤一起食用;二是先将水烧沸,再将原料加入烫熟,随即捞出蘸着调料食用,如汤爆肚、汤爆双脆、水爆百叶等。此外,还有诸如酱爆、芫爆、葱爆等,而这些方法实质都与上面所说的爆有较大的区别,所以不作为重点来介绍。

6.煎

煎是将原料改刀后腌制,然后锅内放入适量的油,将原料放入直接加热制熟的一种方法。煎是一种独立的烹调方法,也是一些菜肴的初步加热的辅助手段,如煎焖鱼,就是先煎、后添汤再焖;又如煎烹鱼片,是煎好后再加入汁烹,所以煎在烹调中具有双重的意义。煎的菜肴是用少量油,并且不用急火,所以能将原料中的汁液最大限度地保存下来,不像炸那样使原料中的水分大量蒸发。因此,煎的菜肴具有原汁原味、外香酥、里软嫩、营养丰富的特点。另外,煎的菜肴形状整齐,色泽以金黄色为多。

7.烧

烧是将经过热处理的原料,加入调料和汤汁,用旺火烧开,转中火烧透入味,再用旺火收浓卤汁或用淀粉勾芡的一种方法。烧主要用于一些质地紧密、水分较少的植物性原料和新鲜质嫩的动物性原料,如土豆、冬笋、油菜、豆腐、鸡、鱼、海参等。

烧的菜肴有的需要勾芡,如红烧,有的要自来芡(通过小火烧制而成),如干烧。因此,在成品的特点上也不一致,但烧的菜肴多为质地软嫩、口味醇厚、汁少。

烧的菜肴根据操作过程不同,可分为红烧和干烧两种。但在烹调中由于所用的调料和配料的不同,又有葱烧、辣烧、酱烧等。然而,这些方法与红烧和干烧没有本质的区别,只是调料或配料上的区别而已。

(1)红烧是将原料用油炸过,再加调配料和汤汁,先用急火,后用慢火,使味渗入原料并收浓汤汁,再以淀粉勾芡。红烧的主要特点是枣红色、汁浓呈油芡,如红烧鱼、红烧海参、红烧蹄筋等。

(2)干烧与红烧相似,但不勾芡,将原汁用小火收浓。口味特点是鲜咸带甜、颜色红亮,如干烧鱼、干烧鸡块、干烧白果等。

8.焖

焖是将经过初步熟处理的原料,放入调料和汤汁,加盖用旺火烧开,再用小火长时间加热使原料酥烂的一种方法。由于焖属于小火长时间加热的一种方法,所以,它主要适用于一些带皮、形大、质地较老的原料。在烹制中,多数原料都不挂糊,但为了改变菜肴的质地,也有挂糊油炸后再焖制的,如黄焖鸡块。

焖的菜肴多为深色,形状完整,汁浓味厚,质地酥烂。焖的菜肴多数要用淀粉勾芡。

9.炖

炖是将原料改刀后,放入汤锅中加入调料,先用旺火烧开后改小火,烧至原料酥烂时即好的一种方法。炖菜也是一种带汤的菜肴,它与熬相似,但是炖的原料多是形大、质老的,而且加热时间也较长,菜肴的质地以酥烂为主。另外,炖菜一般要求用砂锅,如清炖甲鱼、清炖鸡块、土豆炖牛肉等。

炖的菜肴汤汁较多,要求原汁原味、质地酥烂。

10.氽

氽是将改刀后的原料首先放入沸汤中烫熟,然后将熟制的原料带汤一起食用的一种方法。氽适用于质地脆嫩、无骨、形小的原料。氽是制作汤菜常用的方法之一,如氽丸子、氽萝卜丝、氽鲫鱼等。

氽属于制作汤菜的一种方法,具有汤清、味鲜、原料脆嫩的特点。

11.蒸

蒸是将原料改刀后,加上调配料,装在容器内,上屉利用蒸汽加热至熟的一种方法。蒸一般选用新鲜味美、质嫩的鸡、鱼、肉等。

由于蒸锅内接近饱和状态,温度也略高于水,并且是一种湿加热,所以,蒸的菜肴具有原汁原味、质地酥烂、汤清、形状完整等特点。

12.拔丝

拔丝又叫挂浆,是将原料改刀后挂糊或不挂糊,用油炸熟,趁热挂上熬好的糖浆的一种方法。挂浆的原料是否挂糊,要根据原料的性质而定,一般含水较多的水果类原料多需要挂糊,而质地细密的根茎类(含淀粉多的)原料则多数不挂糊。

挂浆是制作纯甜口味菜肴的方法之一,一般具有外脆香甜、里嫩软糯、色泽美观的特点。

熬浆时常用油浆和油水浆。

(1)油浆

油浆是用糖加油炒制而成。其特点是操作迅速、色泽呈栗子色、成品脆甜。但对于一些表面光滑或挂蛋泡糊的原料,不易挂匀。另外,要求色浅的如酥白肉,也不适用于此浆。熬浆时应注意火力的大小,要勤搅动,油不宜过多,以不粘锅为准。

(2)油水浆

油水浆是一种广泛使用的糖浆,是由糖加上油和水炒制而成,成品色泽浅黄,对于一些用油浆挂不匀的原料,都可以用这种浆(例如挂蛋泡糊的菜肴)。在熬这种浆时,应注意火候,如掌握不好易翻砂(白糖重新结晶)。

13.烩

烩是将质嫩、形小的原料放入汤中加热成熟后,用淀粉勾成米汤芡的一种方法。烩是制作汤菜的一种方法,但这种汤菜不同于氽。汤与原料的比例一般为1:1,或汤多于原料,而汤汁呈米汤芡,如烩什锦、酸辣汤、芙蓉三鲜等。

烩的菜肴是汤菜各半,并且由多种原料构成,以鲜咸味为主。其主料滑嫩、汤鲜味醇、口感滑润。

14.扒

扒是将初步熟处理的原料改刀造型后放入勺内,加入调配料,用小火烧透入味,勾芡后大翻勺装盘的一种方法。扒适用于质嫩、新鲜的原料,如扒三白、红扒鸡、白扒鸡脯等。扒的做法比其他烹调方法细致,除了选料要求严格以外,大翻勺是扒的主要特点之一。

成品特点:形状整齐、味道鲜美、清淡不腻、明油亮芡。

扒在具体制作上,从菜肴的颜色可分为红扒和白扒两种。如果用特殊的调料,如奶油、鸡油、蚝油等,即可分别称为奶油扒、鸡油扒、蚝油扒等。但是这些扒的操作过程与白扒或红扒相同。

(1)白扒是在烹调时不加有色调味品,成品的色泽要求是白色的,如白扒鸡茸鱼翅、扒三白、扒鸡茸白玉等。

(2)红扒是烹调时用酱油或糖色着色,其成品呈酱红色,如红扒鸡、扒肘条、鸡腿扒海参等。

三、科学地烹调加工

烹饪原料的加工、烹调是人类进化的关键一步,它不仅使人类结束了茹毛饮血的原始生活方式,而且大大提高了食物的消化吸收率,随着食品加工技术的发展,出现了不同形态、风味、营养价值的花色繁多的加工制品,使食物更易于消化吸收、更加适口、美观、方便、安全,改善了人体的营养状况,为人类体力和智力的进一步发展创造了有利的条件。

但人们在享受烹调、加工带来的美味的同时,食物中的营养素也在悄悄地损失着,因此了解不同加工、烹调方式对食物营养素的影响,有利于在日常生活中尽可能地避免营养素损失,改善营养状况。

(一)加工对烹饪原料营养价值的影响

食物在烹调前要经过一系列初加工,以保障食物在运输、分配过程中的安全卫生和营养价值,处理方法依据食物种类和加工目的的不同而不同。

谷类的加工,根据成品的形状可分为制米和制粉两种,其工艺有着根本的区别,对谷类营养价值的影响也有一定的差别。如糙米经碾磨时,糊粉层和大部分米胚都被作为米糠碾去,余下的约占总重量的 90%~92%,谷粒中所含的维生素、矿物质和蛋白质都会有一定的损失,而大米精度越高,粗纤维含量越少,对人体来讲更适口和容易消化,但蛋白质、脂肪、矿物质、维生素损失也相对越高。

生产面粉时,出粉率越高,将使谷胚及谷皮及胚乳周围的糊粉层大部分转入副产品中,使赖氨酸、B族维生素和矿物质遭受严重损失。不同加工精度与营养素保留率有密切关系,表 1.20 中显示不同出米率和出粉率时营养素的含量。

表1.20 不同出米率和出粉率时部分成分含量的比较

营养组成	出米率			出粉率		
	92%	94%	96%	72%	80%	85%
水分	15.5	15.5	15.5	14.5	14.5	14.5
粗蛋白	6.2	6.6	6.9	8~13	9~14	9~14
粗脂肪	0.8	1.1	1.5	0.8~1.5	1.0~1.6	1.5~2.0
灰分	0.6	0.8	1.0	0.3~0.6	0.6~0.8	0.7~0.9
纤维素	0.3	0.4	0.6	微量~0.2	0.2~0.35	0.4~0.9

因此,为了保留谷类食物中的营养素,加工精度不宜过高。另外,为了

弥补加工中造成的营养损失,许多国家规定在面粉和面粉制品中应强化B族维生素和铁等营养素。我国一些粮食加工企业也已经生产出了强化钙、铁、锌、赖氨酸等营养素的营养强化面粉。

(二)烹调对烹饪原料营养价值的影响

烹饪原料经烹调后,改善了感官性状,促进了消化吸收,并可增加食物的适口性。但烹调过程可使一些营养素损失。一般来讲,宏量营养素在烹调后含量变化不大,而且由于蛋白变性等原因,使其消化吸收率大大增加;而矿物质性质比较稳定,一般在谷物的加工、去皮、精制等过程中会有较大的损失,而在烹调中损失比较小。相对而言,由于维生素性质不稳定,是储藏、烹调、加工中最容易损失的营养素,也是国内外研究的重点方向。仅从简单的淘米来看,水溶性维生素就可以损失20%~60%,而且淘米次数越多,浸泡时间越长,水温越高,营养素的损失越大。

制作面食时,一般的蒸、烤、烙等过程中,蛋白质、矿物质、维生素的损失较少,而在面条的煮制过程中,维生素B_1、B_2及尼克酸可有30%~40%溶于汤中。制作油条时,可因加碱和高温,使B_2和尼克酸破坏达50%左右,维生素B_1几乎损失殆尽。面食在焙烤过程中,蛋白质中的赖氨酸与还原糖反应产生褐色物质,称为"美拉德反应",这一过程赋予面包香气和色泽,但可以造成面包表皮中10%左右的赖氨酸损失。

蔬菜、肉类等食物在煮的过程中,汤液中可以有相当多的水溶性维生素,煮沸的时间越长,维生素的损失越大,如果在煮之前蔬菜切割过细,使其表面积增大,维生素的损失也增大。而油炸时温度较高,维生素的破坏高于煮沸。相对而言,蒸比煮会保留更多的水溶性维生素,但由于需要较长的烹调时间,故对热敏感的维生素C损失较大。土豆条在蒸和煮过程中维生素保留率的比较见表1.21。

表1.21 土豆条在蒸和煮过程中维生素保留率的比较　　　　%

维生素	煮	蒸
维生素C	69	89
维生素B_1	88	90
尼克酸	78	93
维生素B_6	77	97
叶酸	66	93

蔬菜在炒制的过程中,会损失一些维生素,采用高温短时的急火快炒,可以减少维生素的损失。在炒菜过程中,过早放盐会产生较多菜汁,使水溶性维生素、无机盐溶出而损失,用淀粉勾芡,可使汤汁浓稠,并且淀粉具有保

护维生素C的作用。一些蔬菜可在沸水中短时间热烫后凉拌食用,可软化组织和消毒,并可最大限度地避免维生素C的破坏。

(三)存储对烹调原料营养价值的影响

一般食物尤其是植物性食物在储藏期间,由于呼吸、氧化和酶的作用,可发生许多化学变化,其变化的程度和快慢与存储条件有关。如谷物储藏在干燥、温度适宜的地方,蛋白质、氨基酸含量及组成、淀粉、还原糖及无机盐的变化不大,但其中的脂类和脂肪酸由于氧化作用和酶的作用,可发生分解;另外在储藏期间,植酸盐可在植酸酶作用下释放出水溶性的磷,使磷的可利用率增加;由于储藏条件不同,维生素的损失也不一样。当储藏条件差时会损失较多的维生素E。蔬菜一般不宜长时间存放,会造成水溶性维生素丢失和蔬菜的腐烂。

食物的冷藏是利用低温条件保藏食物的过程,其特点是将食物在稍高于冰点温度的条件下储藏,最常用的温度是4~8℃。一般来讲,短时间的冷藏,对食物的风味、质地、营养价值等的不良影响很小,但并不能长期有效地阻止食物变质。

冷冻是最常用的食物储藏方法,冷冻全过程包括预冷冻、冷冻储存、解冻3个阶段,维生素的损失主要包括贮存过程中的化学降解和解冻过程中水溶性维生素的流失。例如蔬菜类经冷冻后会损失37%~56%的维生素B_6,肉类食物经冷冻后泛酸的损失为21%~70%。

国外有关冷冻食物的研究报道很多,特别是蔬菜水果中维生素C的损失和肉类食物中维生素B_1的损失。因为维生素C和维生素B_1是最容易发生降解的水溶性维生素,常被用作衡量食物中其他维生素损失情况的指示剂。据文献报道:在-18℃贮存6~12个月的条件下,甘蓝、菜花、菠菜的维生素C损失率分别为49%、50%和65%。可见,蔬菜的种类在冷冻中是影响维生素C损失因子的一个重要参数。水果及其产品经冷冻后维生素C的损失较复杂,与许多因素有关,如种类、品种、汁液固体比、包装材料等。

第三节 中医基础理论

一、饮食调补学的起源与发展

(一)饮食调补学的概念

中医饮食调补学是在中医药理论指导下,研究食物的性能、食物与健康的关系,并利用食物维护健康、防治疾病的科学。

中医饮食调补学主要是在食疗本草学的基础上充实、发展起来的一门学科。它的基本内容可见于有关食疗本草之类的书籍,其次则散见于某些医书或中医临床书籍中,如《本草求真》中所记载"食物入口,等于药之治病,同为一理",说明了"食疗"或"食治"。意思是指利用食物来维护人的身体健康,辅助药物防病治病。

饮食调补离不开食物的性能和应用。食疗本草学则主要是研究各种食物的性能和应用的学科,并涉及有关医学知识。如唐·孙思邈《千金要方》"食治"一卷既分类介绍了果实、蔬菜、谷米、鸟兽及虫鱼的性能、应用,又在卷绪论中论述了食疗的意义、原则和饮食宜忌。而如《伤寒杂病论》、《肘后备急方》、《外台秘要》、《古今医统大全》等书籍,均有饮食调补学的论述。饮食调补学历史悠久,但也被当今人所重视,中医药和营养家们也在逐步开始从各方面进行研究和利用,使饮食调补学在维护人体身体健康,防病治病中发挥其作用。

(二)饮食调补学的起源与发展

自夏朝(公元前21~公元前16世纪)发明了发酵酿酒后,到了殷商朝代,我国酿酒和酒的应用已经普遍。酒,除了供饮用外,还广泛用于医药。医用汤液在当时也从烹调中产生出来。可见此时中医饮食调补已经萌芽。西周时期,宫廷里就有了专管饮食调补官职的"食医",专做帝王的饮食调补保健工作,膳食的制作已向多样化发展,饮食调补的理论随着饮食调补经验和知识的积累,也逐渐产生。战国时期(公元前2世纪)我国第一部医学专著《黄帝内经》中,除了系统地阐述了人体生理、病理以及疾病诊断和预防等问题外,还对饮食调补提出不少正确的论述。如《素问·五常政大论》又曰:"谷肉果菜,食养尽之"。它既说明了用药的同时辅以食疗的重要性,又说明了各类食物都需要摄取。此外,《黄帝内经》中还论述了脏腑生理特性和食物的性味关系,以及对饮食性味的选择与配合等,为饮食调补学确定了基本原则。如《五脏生成篇》指出:"色味当五脏,白当肺,辛;赤当心,苦;青当肝,酸;黄当脾,甘;黑当肾,咸。"又指出:"是故多食咸,则脉凝泣而变色;多食苦,则皮槁而毛拔;多食辛,则筋急而爪枯;多食酸,则肉胝皱而唇揭;多食甘,则骨痛而发落。此五味之所伤也。故心欲苦,肺欲辛,肝欲酸,脾欲甘,肾欲咸,此五味之所合五脏之气也"。

东汉(25~220年)末年产生了现存最早的药学专著《神农本草经》,原书已佚,现存的各版本是经明清以来学者考订、辑佚、整理而成的。全书共三卷,载药315种,是汉以前药学知识和经验的总结,书中记述了药学的基本理论。如四气五味,有毒无毒,配伍法变,服药方法及丸、散、膏、酒等种剂型……为中药学和饮食调补学的发展奠定了初步基础。书中收载了能补益强身,防老抗衰的食物,如薏苡仁、枸杞子、大枣、茯苓、鸡、雁脂肪、蜜、藕、莲子、葡萄等。当时著名的医学家张仲景还创造了许多饮食调补方,如当归生姜羊肉汤、猪肤汤、小建中汤、桂枝汤等。并指出用桂枝汤治疗外感风寒、表虚自汗时，除了热桂枝汤外，还嘱食热稀粥助药力发汗方法。这就是很好的饮食调补方法。

晋南北朝时期(265~289年)，用饮食防病治病的知识有了明显增长。如晋·葛洪《肘后备急方》所记载的许多简、便、验方中，属于饮食调补性质的不少，对饮食卫生与禁忌的记载也较详细。南朝·陶弘景著《本草经集注》，充分注意了食物的特殊性。在分类上，他把果、菜、米等食物与草、木等并列。在该书"诸病通用药"中列有食物的也不少见。如在"大腹水肿"项下就列举了海藻、昆布、小豆、大豆、苦瓜、鲤鱼、鲫鱼等。在"消渴"项下列举了白茅根、冬瓜、牛乳、马乳、小麦等。对中医调补学都有重大的贡献。

唐代(618~907年)饮食调补学有很大的发展，并形成了独立的学问。如《唐本草》记载用肝治夜盲症。《千金方》指出羊的甲状腺和鹿的甲状腺治甲状腺病。医药学家孙思邈的《千金要方》首先将"食治"立为专篇，并指出："安身之本，必资于食……食能排邪而安脏腑，悦神爽志以资气血。若能用食平疴，释情遗疾病，可谓良工"。强调在一般情况下，应把食疗放在首位。其后孟诜的《食疗本草》，李珣的《海药本草》等著作，对饮食调补作了专门的研究，扩大了药物和饮食研究范围和应用形式，进一步丰富了中医饮食调补学的内容。

宋末至金元时期(960~1368年)，随着医学的发展，出现了各具特色的医学流派，其中有代表性的是刘完素、张从正、李东垣、朱丹溪。各医家以食物防治疾病已很普遍。如《太平圣惠方》、《圣济总录》中专门设有"食治"门，所载食疗方均有百首以上。而陈直的《养老奉亲书》还专门记述了老年疾病的调补疗法，以及大多比较简便的饮食调补方。元代的饮食调补学有了新的发展。专著属吴瑞的《日用本草》、贾铭的《饮膳正要》最有价值，记录了不少回、蒙民族的饮食调补药方，并首次记载了用蒸馏法制酒。并明确指出注意日常食物合理调配和添加适当的药物，以达至健康强身、防病治病之目的。

明代(1368~1644年)由于药学和饮食调补学的发展，载入"本草"中的食物也大为增加。如李时珍的《本草纲目》所载谷、菜、果、鳞、介、禽、兽等食物就有500种左右，各种食物的应用，多附有验方。有关饮食调补学的著作的种类也较多。如卢和的《食物本草》、宁源的《食鉴本草》和吴禄的《食品集》等，均有其代表性。

清代(1616~1911年)饮食调补学已得到医家的普遍重视，著作亦多。如沈李龙的《食物本草会纂》、王士雄的《随息居饮食谱》、章穆的《调疾饮食辨》、袁枚的《随园食单》等，都很有价值，内容涉及面广，既有基础知识方面的,也有应用方面的;既有用于防病治病的,也有用于日常生活的。

新中国成立后,在党的中医政策的鼓舞下,中医药事业蓬勃发展,随着我国人民群众生活不断提高,对饮食调补,对饮食的营养,对饮食防病治病都十分重视,对饮食调补文化和理论越来越多人重视和加以研究,饮食调补著作可以说遍地可见,如陈涧传的《果蔬疗法大全》、张穗坚的《中国药用动物》、李振琼的《中国药用蔬菜》和《中国药用水果》,张树生、傅景华的《中华养生药膳大全》、谢国材的《中国药用花卉》等著作。这些著作都比较全面地论述食物的性味、功效、主治、临床应用、用法用量和注意事项等,并对常见病、多发病进行辨证施食,收到较好的临床疗效,深受广大群众的欢迎。

二、饮食调补学的中医药理论基础

(一)药食同源学说

在远古时代,人们处于以觅食为生的最原始的生活方式,人们在寻找食物的过程中,也发现了一些药物。同时,他们也认识到许多食物既可以食用,也可以药用,这类食物不但能补养身体,解决饥饿,还能医治一些简单的病症。也有一些即能治病,又具有食养作用的中草药,至今仍被视为药食兼用之品。我国东汉时期的《神农本草经》记载:"上品120种为君,主养命以应天,无毒,多服久服不伤人,欲轻身益气不老延年者,本上经。中品125种为臣,主养性以应人,无毒有毒,斟酌其宜,欲遏病补虚羸者,本中经。下品125种为佐使,主治病以应地,多毒不可久服,欲除寒热邪气,破积聚愈积者,本下经。"在上品之中,就有大枣、葡萄、酸枣、海蛤、瓜子等22种食物。中品内有干姜、海藻、赤小豆、龙眼肉、粟米、螃蟹等19种常食之物。下品也有9种可食物品。这就是"药食同源"的缘故。所以从广义角度来讲,食物也是药物,它不仅与药物一样来源于大自然,同时很多食物也有四气五味的特性,也能治疗疾病。如大枣、百合、莲子、山药、茯苓、白扁豆、山楂、生姜、葱白、肉桂等,这些食物也常被医家当做中药来使用。如枸杞子、冬虫夏草、薏仁米、金银花、西洋参这些中药,也常被人们当做食物来服用。

由于某些食物与药物兼用,因此,食物也有性味归经之分,有着良好的食疗、食养的效果,所以历代医家常把食物的功用主治与药物等同起来,甚至一味食物当作一首名方来使用。例如:牛肉作为食物能补脾胃,益气血,古代医家就把牛肉的功效与中药黄芪画上等号。《韩氏医通》记载:"黄牛肉补气,与绵黄芪同功"。羊肉甘温,益气补虚,名医李东垣认为:"补可去弱,人参、羊肉之属是也"。将羊肉之功与人参并列。近代也有学者将海参、狗肉的功用比作红参。海参,《五杂俎》云:"其性温补,足敌人参,故曰海参"。把甲鱼、鸭肉、燕窝的作用喻为西洋参,将鸡肉(或乌骨鸡)的功效比作党参等。清代医家张璐在《本经逢原》中说:"西瓜解太阳、阳明及热病大渴,故有天生白虎汤之称"。这是将一味西瓜比作清热名方"白虎汤"。清代名医王孟英曾说："甘蔗，榨浆名为天生复脉汤"。这是将一味甘蔗汁的功用比作益气滋阴的名方"复脉汤"。梨甘寒生津，润燥止渴，《随息居饮食谱》云："绞汁服，名天生甘露饮。""药食同源"学说可以加深人们对食性的进一步理解，是对传统饮食宜忌观的深一层认识。

(二)"以脏补脏"学说

中医以及民间习惯运用动物的内脏来调理补养人体内脏虚弱之证，如以肺补肺，以心补心，以肾补肾、以脑补脑等，已经有了相当悠久的历史。唐代医学家兼养生学家孙思邈发现动物的内脏和人体的内脏无论在组织形态还是在生理功能上都十分相似，他在长期临床实践中，积累了丰富的食养食疗经验，创立了"以脏补脏"和"以脏治脏"的理论。例如，肾主骨，他就利用羊骨粥来治疗肾虚怕冷。肝开窍于目，他又发明了以羊肝来治疗夜盲雀目。男子阳痿、多责之命门火衰、肾阳不足，他就运用鹿肾医治阳痿。自唐·孙思邈以后，许多医家又发展了"以脏补脏"的具体运用，不少重要的医学著作中都记载了行之有效的以脏补脏疗法。如宋《太平圣惠方》介绍用羊肺羹治疗消渴病，《圣济总录》用羊脊羹治疗下元虚冷。元(《饮膳正要》)介绍用羊肉脯治疗脾胃久冷，不思饮食。明代李时珍主张"以骨入骨，以髓补髓。"清·王孟英介绍以猪大肠配合槐花治疗痔疮。中医认为肾主骨，骨生髓，西医则认为骨能造血，现代医学家叶橘泉教授介绍治疗血小板减少性紫癜及再生障碍性贫血，就是以生羊胫骨1~2根，敲碎后同红枣、糯米一同煮粥食用。根据"以脏补脏"的理论，结合现代科学技术，运用越来越广，越加深入。例如，采取新鲜或冷冻的健康牛羊肝脏加工制成的肝浸膏，治疗肝病及各类贫血。将猪胃黏膜加工制成的胃膜素，有保护人的胃黏膜作用，治疗胃或十二指肠溃疡。用动物睾丸制成的睾丸片，可治性功能减退症。采用猪、牛、羊的胎盘制成的胚宝片，神经衰弱、发育不良者均宜服食。也有动物内脏提取的多酶片，内含淀粉酶、胰酶、胃蛋白酶等，治疗因消化酶缺乏引起的消化不良等症。更有从动物的内分泌腺中提取出的促性腺素、促皮质素、雌激素、雄激素、甲状腺素、胰岛素等，研制成各种激素类制剂，治疗内分泌紊乱、性功能低下症。所有这些，都是对古代"以脏补脏"理论的进一步发展运用，而且逐渐揭示并证实了"以脏补脏"学说的科学道理。

(三)"发物"忌口论

相传，明太祖朱元津为了谋害其手下大将徐达，就趁他患有"发背"之时，命太监送去一只老肥鹅。徐达心里明白，这是太祖要我的性命，但圣命难违，只好将鹅全部吃下，不久就病情恶化身亡了。"发背"是指发于背脊部的一种疔疮，相当于现代医学的急性蜂窝组织炎。从中医的理论来说，此病多由湿热火毒蓄积、气血瘀滞而成。老鹅乃肥腻之品,易生痰湿。明·李时珍认为:"鹅,气味俱厚,发风发疮"。故徐达吃鹅后易使痰湿郁而化热动火,使之毒之邪更加旺盛,并四处扩散,以致形成"疔毒走黄",病情恶化而死。此事暂且不去考证是否属实,但在日常生活中,因服食"发物"而使病情加剧或使旧病复发者,的确屡见不鲜,这是事实。

所谓"发物",是指动风生痰、发毒助火助邪之品,容易诱发旧病,加重新病。"发物"的范围较广,有的甚至扩大化了。根据民间习俗和《随息居饮食谱》等一些文献资料归纳起来,常见的发物有猪头肉、鸡肉、鸡蛋、驴肉、牛肉、羊肉、狗肉、鹅肉、鹅蛋、鸭蛋、野鸡肉等肉类;鲤鱼、鳟鱼、鲫鱼、白鱼、黄鱼、乌贼鱼、鲳鱼、鲥鱼、鲈鱼、鲟鱼、鲸鱼、章鱼、比目鱼、鲦鱼、带鱼、鳙鱼、黄鳝、蚌肉、虾子、蟹等水产类;香椿头、芫荽、芥菜、菠菜、豆芽、茄子、茭白、韭菜、竹笋、南瓜、香蕈、蘑菇等蔬菜;杏子、李子、桃子、银杏、芒果、杨梅、樱桃、荔枝、甜瓜等瓜果;葱、椒、姜、蒜之类辛辣刺激性调味食物;还有菜油、酒酿、白酒、豌豆、黄大豆、豆腐、豆腐乳、蚕蛹等;有时还将荤腥膻臊之类食物一概视为发物,特别是对患有疮疡肿毒,或慢性湿疹皮炎之类皮肤病的人以及过敏性疾患者,发物忌口更显得重要。发物之所以会导致旧病复发或加重病情,有学者归纳起来认为有三种可能性:一是上述这些动物性食物中含有某些激素,会促使人体内的某些机能亢进或代谢紊乱。如糖皮质类固醇超过生理剂量时可以诱发感染扩散、溃疡出血、癫痫发作等,引起旧病复发。二是某些食物所含的异性蛋白成为过敏原,引起变态反应性疾病复发。如海鱼、虾、蟹往往引起皮肤过敏者荨麻疹、湿疹、神经性皮炎、脓疱疮、牛皮癣等顽固性皮肤病的发作。豆腐乳有时也会引起哮喘病复发。三是一些刺激性较强的食物,如酒类、葱蒜等辛辣刺激性食物对炎性感染病灶,极易引起炎症扩散、疔毒走黄。这就是中医所说热证实证忌吃辛辣刺激性发物的道理。

(四)饮食宜忌的整体辨证观

中国传统医学显著的特点是整体观念和辨证论治,在饮食宜忌方面,也应体现这两个特点。所谓整体观念,有两层含义,第一层含义是指人是一个完整的机体,其各个组织器官之间在结构上是紧密联系的,在功能活动上是密切协调的,在病理变化上,是相互影响的。绝不可只看局部,不看整体。比如,在生理上,肝开窍于目,瞳仁属肾,肝肾同源,肾水滋肝木。在功能上,肝藏血,肾藏精,目得血而能视。在病理上,肝肾不足,容易形成目暗雀盲。所以,虽然是夜盲雀目,视物昏花的眼睛局部病症,在饮食宜忌上则宜吃具有补益肝肾,养肝明目作用的猪肝、鸡肝、桑葚、枸杞子、首乌粉、黑芝麻等食物,而忌吃辛辣香燥,助火伤阴的刺激性食物。第二层含义是,人与自然界同为一个整体,人体的内环境时时处处受到外界自然环境变化的影响,这又叫做"天人相应"观。具体地说,人受到春夏秋冬四季气候、东南西北地理变化,以及生存条件状况、饮食风俗习惯等因素的影响,这在饮食宜忌方面,同样也要综合考虑,因时因地制宜。比如,炎夏之季,适宜服食清凉、生津、止渴除烦、解暑的食物,忌吃温热上火、辛辣肥腻、香燥损阴的食物。到了寒冷的冬季,又宜多吃温补助阳之物,忌吃生冷大寒之品。北方天寒,宜吃温暖,南方多火,宜吃清淡。这些就是饮食宜忌的整体观。

所谓辨证论治,是指既要了解食物的性味归经及功用,又要考虑到自己身体素质、性别年龄、疾病属性而有针对性地选择饮食的宜忌。这就是因人因病,辨证择食,就叫饮食宜忌的辨证观。举例来说,凡属阴虚体质者,宜吃具有滋阴生津作用的清补食物,忌吃香燥温热的上火温补食物。而阳虚体质适宜吃温热补火的温补食物,忌吃大寒生冷的损阳食物。健康女性在月经期间切忌服食寒性凉性食物,如各种冷饮;男性阳痿之人又适宜吃些温补壮阳之品。最常见的感冒患者,若属风寒感冒,则适宜吃些辛温散寒的生姜、葱白、红糖等食物,属风热感冒时适宜吃些绿豆、薄荷、菊花脑、荷叶、金银花等凉性食物。

三、食物的合理搭配

食物的搭配是否正确、对人的养生健身非常重要;正确搭配食物是治疗疾病不可缺少的一个环节,只有食物的搭配合理,才能发挥食物在防治疾病中的作用,提高临床疗效,减轻病人的痛苦。为了能正确应用食物,必须注意如下几方面:

(一)食物的配伍

在一般情况下,食物多采用单独食用,但为了增强食物的食疗效果和可食性,以及营养保健作用,也常常把不同的食物搭配起来应用。食物的这种搭配关系,称食物的配伍。食物之间或食物与药物通过配伍,由于相互影响的结果,使原有性能有所变化,因而可产生不同的效果,即有不同的配伍关系。如同本草学中所说的相须、相使、相畏、相杀、相恶、相反配伍关系。根据食疗的具体情况,也可以概括为以下四个方面:

1. 相须、相使

相须、相使即性能基本相同或某一方面性能相似的食物配合,能够不同程度地增强原有食疗功效和可食性。如当归、生姜、羊肉汤中,温补气血的羊肉与补血止痛的当归配伍,可增强补虚散寒止痛之功;与生姜配伍可增强温中散寒效果,同时还可去羊肉的腥膻味以增强其可食性。又如二鲜饮中,鲜藕与白茅根均能凉血止血,相互配伍可增强清热凉血、止血的功效,亦较可口。又如菠菜猪肝汤,菠菜与猪肝均能养肝明目,相互配伍可增强补肝明目之功效,长于治疗肝虚目昏,或夜盲症等。

2.相畏、相杀

相畏相杀即当两种食物同用时,一种食物的毒性或副作用能被另一种食物降低或消除。在这种相互作用的关系中,前者对后者来说是相畏,而后者对前者来说是相杀。如经验认为大蒜可防治蘑菇中毒;橄榄解河豚、鱼、蟹引起的轻微中毒;蜂蜜、绿豆解乌头、附子毒等均属于这种配伍关系。此外,本草记载及民间流传中,这方面的例子颇多,但均有待研究证实。

3.相恶

相恶即两种食物同用后,由于相互牵制,而使原有的功能降低甚至丧失。产生这种配伍关系的食物其性能基本上是相反的,如食银耳、百合、梨之类养阴生津润燥的食物,又食辣椒、生姜、胡椒等,则前者的功能会被减弱。又如食羊肉、牛肉、狗肉之类温补气血的食物,又食绿豆、鲜萝卜、西瓜等,前者的温补功能也会相应减弱。在日常饮食中,这类典型不协调的食物同时出现在食谱里的情况很少。但是各地习俗不同,而且人们有时可能进食多种食物,所以有时也可能遇到这种情况。

4.相反

相反即两种食物同时食用时,能产生毒性反应或明显的副作用。据前人记载有蜂蜜反生葱、蟹等。如药食合用,则有海藻反甘草、鲫鱼反厚朴等。但这类现象均有待进一步证实。从人们长期饮食经验来看,食物相反的配伍关系极为少见。

总之,在多数情况下,食物通过配伍后,不仅可以增强原有的功效,而且还可以产生新的功效。因此,使用配伍食物较之单一食物有更大的食疗价值和较广的适应范围。此外也可改善食物的色、香、味、形,增强其可食性,提高人们的食欲。这是配伍的优越性,也是食物应用的较高形式。

根据以上食物配伍的不同关系,在实际应用中,可以决定食物配伍宜忌。相须、相使的配伍关系,能够增强食物的功效,又可增强其可食性,这正是食疗所希望达到的效果。因此,是食物配伍中最常用的一种,应当充分加以利用。相畏、相杀的配伍关系,对于使用少数有毒性或副作用的食物是有意义的,这也是配伍中最常用的一种,但不如相须、相使者常用。相恶、相反的配伍关系,因能削弱食物的功效或可能产生毒副作用,都是对于食疗不利的,故应当注意避免使用。

此外,还应当指出,一些地区喜欢在做菜时加生姜、葱、胡椒、花椒、辣椒等佐料,如果佐料与食物的性能相反,一概不能认为是相恶的配伍。如凉拌蔬菜时加入姜、葱或花椒、辣椒一类佐料,因实际上用量较少,主要可起到开胃、美食,增进食欲的作用。

(二)平衡膳食

主要从平衡膳食和偏食有害两方面来说明。

1.平衡膳食

所谓平衡膳食是指膳食的种类及其所含的水谷精微,要种类齐全、数量充足、比例适当。使其膳食中所供给的营养与机体的需要能保持平衡。

日常膳食是由多种食物组成的,平衡膳食要求各种食物在膳食中种类、数量都应有适当的比重。早在《黄帝内经》就对平衡膳食有了较完整而科学的论述。如《素问·脏器法时论》说:"五谷为养,五果为助,五畜为益,五菜为充。"这一论述不仅指出了平衡膳食所应包括的食物种类,还阐明了各类食物在平衡膳食中所占的地位。根据唐·王冰所注,五谷为粳米、小豆、麦、大豆及黄黍;五果为桃、李、杏、栗、枣;五畜为牛、羊、猪、犬、鸡;五菜为葵、藿、薤、葱、韭等。这说明在我国很早以前,人们摄取食物就是多种多样的。粮食谷物、动物类及蔬菜、水果等类食物在膳食中都应有适当的比重。只有通过平衡膳食,人体获得全面的营养,使其水谷精微充足,气血旺盛,脏腑安和,才可以保持充沛的精力。

2.偏食有害

食物多样化,使其饮食的五味得当,荤素食协调,寒、热、温、凉适度,才有利于健康。若饮食有所偏嗜则可能导致人体脏腑功能失调,阴阳偏盛衰。某些营养物质摄入过多,也会影响人体健康。

饮食的寒热也不宜有偏嗜,如《灵枢·师传》说:"饮食者,热无灼灼,寒无沧沧。"《金匮要略》也指出:"服食节其冷热……不遗形体有衰"。都说明了饮食不能偏嗜寒或热。如果过食寒凉,贪食生冷瓜果,日久则损伤脾胃阳气,导致脾胃虚弱,寒湿内生,而发生腹痛、泄泻等病。若妇女偏食生冷,则可造成寒湿滞于子宫,引起痛经、月经不调等病。若过食辛温燥热,则可使胃肠积热,出现口渴、腹满胀痛、便秘等症。同时,饮食也不宜温度过高。现代医学认为进食温度过高,可能诱发食道癌。

总之,饮食偏嗜会造成人体阴阳失衡,脏腑功能受损,或某些营养不足,或某些营养过剩等不良后果。所以应当纠正偏食的不良习惯。

四、饮食调补的基本原则

整体观和辨证论治是中医学的显著特点,是临床思维的基本原则。建立在中医药理论基础上的饮食调补学,遵循整体观和辨证施食的原则。

(一)饮食调补的整体观

整体观认为,人体是一个有机的整体,人体与自然环境也是一个有机的整体。

进行饮食调补时,应注意协调人体内部、人体与自然环境间的关系,保持、稳定人体内外环境的统一性。

1. 调整阴阳

机体阴阳双方的协调统一，维系着人体的生理活动。疾病的发生和演变，归根结蒂是阴阳的相对平衡受到破坏。"阴盛则阳病，阳盛则阴病"，"阴虚则热"，"阳虚则寒"是疾病的基本病机。饮食调补采用补偏救弊，损有余补不足的方法，目的在于调整阴阳，恢复机体阴阳的动态平衡。如阳热亢盛易于耗伤阴液的病症，饮食调补采用清热保津法，选食五汁饮、芹菜粥、绿豆粥等，是泻阳以和阴。如阳虚不能制阴，阴寒偏盛的病症，饮食调补采用温经散寒法，选食当归生姜羊肉汤、核桃炒韭菜、羊肉羹等，是补阳以制阴。饮食调补总是围绕调整阴阳，维系阴阳平衡而合理配制膳食。

2. 协调脏腑

脏腑之间，脏腑与躯体之间是一个统一的整体。脏腑病变可以反映到躯体某一局部，局部病变可以体现某一脏腑病变。一个脏腑发生病变，会影响其他脏腑的功能。饮食调补时应协调脏腑之间、整体与局部之间的关系，恢复机体相互间的生理平衡。如视物昏花的病症，为肝血不足表现于目，饮食调补采用滋补肝肾法，选食猪肝炒枸杞苗、猪肝羹等；口舌生疮的病症，为心胃火旺反映于口舌，饮食调补采用清心泻火法，选食竹叶芦根茶等。这些都是协调脏腑，统一整体与局部关系的例证。又如肺的病变，可能是本脏受邪发病，亦可能是它脏病变所致。肺本脏为病，饮食调补应宣肺降逆，选食姜糖饮等；因肝火亢盛，木火刑金者，应泻肝火为主，选食菊花茼蒿饮等；肾阴虚不能滋肺者，应滋肾润肺为主，选食百合枸杞羹等。头痛耳鸣，面红目赤，烦躁易怒等肝阳上亢的病症，既可食菊花饮、芹菜粥等以清肝潜阳；也可食山药粥、益脾饼等预护中土，以免木旺克脾；又可食桑葚膏、猪肾羹等滋肾水以涵肝木；或食竹叶粥等泻心火，以达实则泻其子的目的。同样，其他脏腑的病变，也可根据脏腑间的相互关系，选择适当的食物以协调它们之间的平衡，收到不同程度的饮食调补效果。

3. 适应气候

四时气候的变化，对人体的生理功能、病理变化均产生一定的影响。故应用饮食调补时，应注意气候特点。春季气候转温，万物生发，机体以肝主疏泄为特征，饮食应以补肝疏散为主，可选食韭菜炒猪肝、桑菊薄荷饮等；夏季炎热酷暑，万物蒸荣，腠理开泄，机体以心喜凉为特征，饮食应以消暑生津为主，可选食绿豆粥、荷叶粥等；秋季凉爽干燥，万物肃杀，机体以肺主收敛为特征，饮食应平补润肺，可选食柿饼、银耳羹等；冬季气候寒冷，万物收藏，机体以肾脏阳气内藏为特征，饮食应补肾温阳，如选食羊肉羹、狗肉汤等。对于疾病辨证施食时，也应注意季节气候特点。如春夏感冒，应选食桑菊薄荷饮、荷叶粥等辛凉食物；秋冬感冒，又应选食生姜红糖茶、葱豉粥等辛温解表食物，所以饮食调补应适应气候，因时制宜。

4. 照顾地域

我国地域辽阔，不同地区由于地势高低、气候条件及生活习惯各异，人的生理活动和病变特点也不尽相同，所以进行饮食调补时，应照顾不同地域分别配制膳食。如我国东南沿海地区，气候温暖潮湿，居民易感湿热，宜食清淡除湿的食物；西北高原地区，气候寒冷干燥，居民易受寒伤燥，宜食温阳散寒或生津润燥的食物。又如感冒病，在西北宜用葱豉粥、姜糖苏叶饮等解表，在东南地区宜选食干葛粥、桑菊薄荷饮等解表。各地区口味习惯不同，如山西、陕西多喜吃酸；云贵川等喜欢辛辣；江浙等地则喜吃甜咸味；东北、华北各地又喜吃咸与辛辣；沿海居民喜吃海味；西北居民喜吃乳酪等。在选择食物配料和调味时应予以兼顾。

5. 因人制宜

人们的生理特征，气血盛衰是随年龄变化的，饮食调补应根据年龄特征而配制膳食。儿童生机旺盛，稚阴稚阳，易伤食罹虫，饮食应健脾消食，选食淮山粥、蜜饯山楂等，慎食温热峻补食物。老年人生机减退，气血不足，阴阳渐衰，饮食宜易消化而补益，如选食琼玉膏、羊肝羹等，慎食难于消化及寒凉等食物。体质的差异，使膳食有宜凉宜温，宜补不宜补的不同。阳盛阴虚之体，饮食宜凉，宜食养阴食物，如银耳羹、法制黑豆、羊蜜膏等，慎食温热补阴食物。阳虚阴盛之体，饮食宜温，宜食补阳食物，如羊肉羹、狗肉汤等，慎食寒凉伤阳食物。气虚之体食宜补气，如人参粥、益脾饼等。血虚之体食宜补血，如玉灵膏、当归生姜羊肉羹等。性别的不同，男女生理各有特点，配制膳食时应注意男女的区别。妇女有经孕产乳，屡伤于血，血偏不足而气偏有余，平时应食以补血为主的膳食。在经期、妊娠期宜食鸡子羹、阿胶糯米粥等养血补肾食物，慎食苋菜粥、当归生姜羊肉汤等滑利动血食物。如因脾虚白带过多，宜食山药粥、益脾饼等健脾除湿的食物。产后应考虑气血亏虚及乳汁不足等，宜选食归参鳝鱼羹、归参炖母鸡、葱炖猪蹄等益气血、通乳汁的食物。

(二)辨证施食

辨证论治认为，疾病是动态变化的，随着病因、体质、气候等因素的变化，一种病可能出现不同的症，不同的病可能出现相同的症。根据不同病症的需要而分别配制膳食的原则，称为辨证施食。

1. 同病异食

指相同的疾病，因症的不同而食用不同的饮食。如胃脘痛，因病因、体质、生活环境、治疗经过的不同，可表现为不相同的症，选择的膳食也就有区别。饮食所伤,应食山楂糕、萝卜粥等以消食和胃;寒伤胃阳,应食良姜粥等温胃止痛;肝气犯胃,应食梅花粥,饮佛手酒、玫瑰花茶等疏肝和胃;脾胃虚寒,宜食鱼羹、大麦汤等健脾温胃;胃阴不足,宜食沙参粥、益胃汤等养阴益胃。又如麻疹,系小儿感受麻毒后的常见传染病,随着病理的演变经过,出现初、中、末三期不同症的变化,饮食也应辨证配制。初期症见麻疹未透,宜食荸荠酒酿等发表透疹;中期症见肺热壅盛,宜食石膏粥等清热解毒;后期余热未尽,肺胃阴伤症,宜饮甘蔗茅根汁等养阴清热。

2. 异病同食

指不同的疾病,如果出现相同的症,可选食相同的饮食。如患久泻、脱肛、便血、崩漏、子宫下垂等,这些不同疾病,在各自发展过程中,可出现同一病理过程,表现为相同的中气下陷证,都可选用参苓粥、归芪鸡等提升中气的饮食。

同病异食与异病同食是辨证论治在饮食调补学上的体现,它们都是根据疾病的本质,有针对性地选择饮食,故辨证施食是提高食疗效果的基本原则。

五、主要饮食调补法则

选择具有不同性能的食物,经过烹调加工,可以制成体现中医汗、下、温、清等不同法则的饮食。主要饮食调补法则有:补肺气法、补脾气法、补血法、滋阴法、补肾气法、补肾阴法、益胃生津法和润燥生津法。

(一)补肺气法

补益肺气法

选用补益肺气的食物,经烹调加工制成饮食,对肺气虚症有很好的调养作用,称为补益肺气法。如选用大枣、饴糖、蜂蜜、鸡肉、人参、党参和黄芪,制成补虚正气粥、芪参糖等,用于肺虚气弱症,症见喘息短气,语声低怯,易感冒汗出等。

(二)补脾气法

1. 益脾气法

选用补益脾气的食物,经烹调加工制成饮食,对脾虚症有很好的调养作用,称为补益脾气法。如选用糯米、大枣、猪肚、鸡肉、鹌鹑党参、白术和山药等,制成大枣粥、山药面等,用于脾虚症,症见精神困顿,四肢无力,食少便溏等。

2. 益气升陷法

选用补益元气的食物,经烹调加工制成饮食,对气虚下陷症有很好的调养作用,称为益气升陷法。如选用鸡肉、羊肉、鸽肉、鲫鱼、大枣、糯米、人参、党参和黄芪等,制成归芪鸡、人参粥等,用于气短声怯,大便滑泄,脱肛,子宫下垂,崩漏带下等中气下陷者。

3. 益气摄血法

选用益气摄血的食物,经烹调加工制成饮食,对不摄血症有很好的调养作用,称为益气摄血法。如选用花生、大枣、龙眼肉、鳝鱼、墨鱼、黄芪和三七等,制成花生红枣糖、归芪鸡等,用于气不摄血症,症见吐血、便血、齿衄、肌衄、崩漏等。

4. 健脾除湿法

选用健脾除湿的食物,经烹调加工制成饮食,对脾虚湿滞症有很好的调养作用,称为健脾除湿法。如选用莲子、芡实、薏苡仁、赤小豆、扁豆、鲫鱼、鳝鱼、茯苓和白术等,制成莲子猪肚、赤小豆鲤鱼汤等,用于脾虚水湿不运症,症见面浮身重,四肢肿满,肠鸣泄泻等症。

(三)补血法

1. 益气生血法

选用具有益气生血的食物,经烹调加工制成饮食,对气血两虚症有很好的调养作用,称为益气生血法。如选用胡萝卜、菠菜、花生、大枣、龙眼肉、鸡肉、猪肝、羊肉、黄芪和当归等,制成归参鳝鱼羹、济生当归羊肉汤等,用于气血两虚症,症见面色苍白、爪甲无华,眩晕心悸等。

2. 补血养心法

选用补血养心安神的食物,经烹调加工制成饮食,对血不养心症有很好的调养作用,称为补血养心法。如选用龙眼肉、荔枝肉、大枣、葡萄、猪心、鸡肉、人参、当归、酸枣仁和茯苓等,制成玉灵膏、蜜饯姜枣龙眼、归参炖猪心等,用于心血不足症,症见心悸怔忡,健忘失眠等。

3. 补血养肝法

选用补血养肝的食物,经烹调加工制成饮食,对肝血不足症有很好的调养作用,称为补血养肝法。如选用胡萝卜、菠菜、猪肝、鸡肝、枸杞子、桑葚、何首乌和当归等,制成猪肝炒枸杞苗、枸杞当归葡萄酒等,用于肝血亏虚症,症见视物昏花,眩晕胁痛,手足麻等症。

(四)滋阴法

1. 滋阴熄风法

选用滋养肝阴,平肝熄风的食物,经烹调加工制成饮食,对阴虚风动症有很好的调养作用,称为滋阴熄风法。如选用桑葚、黑豆、鳖肉、牡蛎肉、鸡子黄、龟板、鳖甲和白芍等,制成小定风珠羹、阿胶鸡子黄汤等,用于肝阴不足,虚风内动,症见手足蠕动,筋脉拘急,头目眩晕等。

2. 滋阴清热法

选用滋阴清热的食物,或滋阴清热的中药与食物配伍,经烹调加工制成饮食,对阴虚阳盛有很好的调养作用,称为滋阴清热法。如选用梨、藕、龟肉、鳖肉、牛乳、鸡子黄、生地黄、龟板、枸杞子和桑葚等,制成生地鸡、清炖乌龟、百合枸杞鸡蛋汤等,用于阴虚火盛症,症见五心烦热、骨蒸潮热,盗汗颧红等。

(五)补肾气法

温补肾气法

选用温补肾气的食物,经烹调加工制成饮食,对肾气虚弱有很好的调养作用,称为温补肾气法。如选用胡桃仁、栗子、韭菜等,用于肾气虚症,症见腰膝酸软,畏寒肢冷,夜尿清长,阳痿遗精等。

(六)补肾阴法

1．肾滋阴法

选用补肾滋阴的食物,经烹调加工制成饮食,对肾阴不足,精血亏虚症有很好的调养作用,称为补肾滋阴法。如选用芝麻、黑豆、枸杞子、桑葚、牛乳、猪肾等,制成枸杞炒腰花、双耳汤、法制黑豆等,用于肾虚亏损症,症见眩晕耳鸣,腰膝酸软,潮热盗汗,消渴遗精等。

2．填精补髓法

选用填精补髓的食物,经烹调加工制成饮食,对精髓不足症有很好的调养作用,称为填精补髓法。如选用芝麻、黑豆、龟肉、海参、淡菜、猪脊髓、羊脊髓、肉苁蓉、鹿茸、枸杞子等,制成羊蜜膏、圣济猪肾羹等,用于肾精亏虚症,症见腰脊酸痛,足膝痿软、须发早白,虚羸少气,发育迟缓等。

(七)益胃生津法

选用养胃阴、生津液的食物,经烹调加工制成饮食,对胃阴虚亏,或津枯肠燥有很好的调养作用,称为益胃生津法。如选用梨、甘蔗、荸荠、藕、牛乳、芝麻、蜂蜜或麦冬、石斛等,制成五汁饮、益胃汤等,用于胃阴不足症,症见口渴口燥,咽干,大便燥结等。

(八)润燥生津法

选用润燥生津、滋养肺阴的食物,经烹调加工制成饮食,对阴虚肺燥症有很好的调养作用,称为润燥生津法。如选用梨、百合、藕、荸荠、柿、枇杷、蜂蜜、冰糖、猪肺、牛乳、沙参和麦冬等,制成雪羹汤、蜜饯雪梨、银耳百合羹等,用于肺燥阴伤症,症见鼻干,咽喉干痛,干咳无痰,或痰中带血,以及肌肤干燥等。

六、虚症饮食调补宜忌

体质虚弱的原因是先天不足,或是后天失养,或是在大病之后,出现的各种各样的虚衰羸弱征象。根据各自体质虚弱的不同表现,祖国传统医学通常把虚症体质分为气虚、血虚、阴虚、阳虚、心虚、肝虚、脾虚、肺虚和肾虚等类型。凡体质虚弱者与饮食都有直接的关系。食之得当,对体虚的恢复就有积极和满意的效果。食之不当,不但与身体无补,还有可能使体弱者更弱。

凡体质虚弱者,在饮食上直接吃滋养强壮、补虚扶正的食物,忌吃破气耗血、损阴伤阳的食物。事实上,气与血,阴与阳又不可以截然分开,补气与补血虽各有侧重,但也不宜绝对区分。金元医家李东垣说:"血不自生,须得生阳气之药,血自旺矣。血虚以人参补之,阳旺则能生阴血。"众所周知,人参是补气的,而且虚者补血,有时应结合补气之法,血弱而兼气虚者,补血时必佐以补气之味。补阴与补阳也是如此,因为阴阳是相济与互用的。明·张景岳说:"善补阳者,必于阴中求阳;善补阴者,必于阳中求阴。"当阳虚而阴不虚者,饮食上应以温补阳虚食物为主,宜食甘温之物,忌吃生冷性寒食物;阴虚而火旺者,饮食上应以滋补阴虚食物为要,宜食甘凉之味,忌吃辛辣温燥食物;如其阴阳两虚,又当阴阳双补。

对于脏腑的虚弱,中医历来就有"虚则补其母"的说法,如肺气虚者补脾,是培土生金法;脾虚者补命门,是补火生土法;肾虚者补肺,是金水相生法等。在补益五脏之法中,历代医家还强调补脾与补肾的重要性。这是因为脾为后天之本,五脏受气于脾胃,所谓精、气、血者,皆由后天谷气所生;又因为肾属先天之本,是真阴真阳的寄托,气血之母,人生立命之本。故在五脏之补中,以补脾和补肾为要。

1. 气虚

气虚为中医术语,一般是指体质素虚或久病之后所引起的一系列表现。诸如气虚之人常感到倦怠无力、语言低微、懒言少动,动则气短或气喘、呼吸少气、面色白光、头面四肢浮肿、饮食不香、肠鸣便溏、消化不良、多汗自汗,动辄易患感冒,脉搏虚弱无力、舌质淡、舌体胖大、舌边齿痕等。事实上,气虚之人通常还与脾、肺、心、肾之虚有关。气虚者或伴有厌食、腹胀、呕恶、慢性腹泻、胃下垂、脱肛等脾虚表现;或伴有呼吸短促、慢性咳喘等肺气虚的症状;或伴有心悸、心慌、早搏、心动过缓、脉结代等心气虚现象;或伴有腰酸、腿软、下肢浮肿、小便频多等肾气虚症候。所以,对于气虚者的饮食宜忌,应兼顾到五脏之虚的宜忌原则。

(1) 宜忌原则

凡气虚之人,宜吃具有补气作用的食物,宜吃性平味甘或甘温之物,宜吃营养丰富、容易消化的平补食物。忌吃破气耗气之物,忌吃生冷性凉的食物,忌吃油腻厚味、辛辣的食物。

(2) 宜食食物

牛肉 性平,味甘,有益气血、补脾胃、强筋骨的作用。名医《别录》中说:"牛肉安中益气,养脾胃。"《韩氏医通》还说:"黄牛肉,补气,与绵黄芪同功。"足见牛肉补气之力,尤为显著,故气虚者宜常食之。

鸡肉 性温,味甘,有温中、益气、补精、养血的功效。无论气虚、血虚、肾虚,皆宜食之。民间对气虚之人,有用黄芪煨老母鸡的习惯,更能增加补气作用。

鲢鱼 性温,味甘,能入脾肺而补气。明·李时珍在《本草纲目》中说:"鲢鱼温中益气。"清代食医王孟英也认为:"鲢鱼暖胃,补气,泽肤。"故气虚者宜食。

大枣 性温,味甘,为常食之物,它有益气补血的功效,历代医家常用之于气虚病人。《别录》说它"补中益气,强力。"唐代食医孟诜亦云:"大枣补不足气,煮食补肠胃,肥中益气第一。"所以,气虚者宜用大枣煨烂服食为佳。

葡萄 性平,味甘酸,是一种补气血果品,除有益气作用外,古代医药文献还认为葡萄有健脾胃、益肝肾、强筋骨的作用。如《本经》说它"益气倍力"。《滇南本草》认为"葡萄大补气血"。《随息居饮食谱》亦记载:"补气,滋肾液,益肝阴,强筋骨"。所以,凡气虚伴有肾虚、肺虚和脾虚者,皆宜食之。

花生 性平,味甘。《滇南本草图说》称花生"补中益气"。不仅如此,花生还有补脾和补肺的作用,这对气虚而兼有肺虚或脾虚者更宜,且以水煮花生食用为妥。

西洋参 性凉,味甘微苦,与人参一样,具有补气作用。《药性论》载:"西洋参补阴退热,姜制益气,扶正气。"《医学衷中参西录》亦云:"能补助气分,并能补益血分。"故气虚者宜食。由于西洋参性偏凉,且有养肺阴和降虚火作用,所以,对气兼有肺阴不足者更为适宜。

黄芪 性微温,味甘,也是中医极为常用的补气中药,是民间常用的补气食物。不少医书都称"黄芪补一身之气"。《本草求真》认为:"黄芪为补气诸药之最,是以有耆之称"。根据医家习惯,黄芪常与党参或太子参或人参同服,则补气之力愈佳,气虚体质食之更宜。

(3)忌食食物

山楂 俗称山里红。虽有开胃消食作用,但同时又有耗气破气之害。正气足、气虚下陷之人,切忌多食。正如《随息居饮食谱》中所言:"多食耗气,羸弱人或虚病后忌之。"《得配本草》中明确告诫:"气虚便溏,脾虚不食,二者禁用。"

大蒜 味道辛辣,刺激性大,多吃可动火耗血。《本草纲目》说它"辛能散气"。《本草经疏》又说:"气虚血弱之人,切勿沾唇。"《本草衍义补遗》中还指出:"其伤脾伤气之祸,积久自见。"由此可知,气虚之人忌吃大蒜。

薄荷 性凉,味甘辛,有疏散风热之用,亦有耗伤正气之害。如《本草从新》指出：薄荷"辛香代气，虚者远之"。《本草求真》亦认为："不敢多用，恐其有泄真无耳"。清代医家汪谢诚还说过："薄荷多服，耗散真气，致生百病，余尝亲受其累，不可不知！"由此可见，凡气虚体弱之人，切勿食用。

芫荽 又称香菜。根据古代医家经验，气虚之人不宜多吃久吃。如《医林纂要》中说它"多食昏目、耗气"。《本草经疏》也明确告诫："气虚人不宜食"。

此外，气虚体质还应当忌吃或少吃荞麦、柚子、柑、金橘、金橘饼、橙子、荸荠、生萝卜、芥菜、薤白、砂仁、菊花、茶叶及烟酒等。

2.血虚

血虚的体质，常因失血过多，或者脾胃消化吸收功能低下，或因营养不足，或因七情过度，暗耗阴血等原因所引起，以致不能濡养脏腑经脉，而出现面色苍白、头眩目花、耳鸣耳聋、心悸失眠、指甲口唇眼睑缺少血色，甚至毛发枯槁、稀疏脱落、全身乏力，妇女闭经或经少，白细胞、红细胞、血小板减少等血虚征象。

(1)宜忌原则

血虚体质宜多吃常吃具有补血作用的食物，宜吃高铁、高蛋白、高维生素C的食物，宜吃些补气、补肾、健脾作用的食物。忌吃生冷性凉食物。

(2)宜食食物

牛肉 不仅能补气，同时又能补血。由于牛肉中含有丰富的铁质，故有较好的补血作用。如能经常炖食牛肉，或配以补血的红枣、龙眼肉、枸杞子等，补血功效更显著，尤其适宜于年轻产妇或手术后或失血引起的血虚之人。

牛肝 有养血、补肝作用，血虚萎黄者宜食。《本草蒙筌》载："牛肝助肝血，明目"。《现代实用中药》亦说："牛肝适宜于萎黄病，妇人产后贫血。"动物的肝脏均有补血养血之功，凡血虚之人皆宜服食，除牛肝之外，猪肝、羊肝、兔肝、鸡肝、鸭肝、鹅肝等，食之皆宜。

鸡蛋 性平，味甘。《本草纲目》中记载："形不足者，补之以味，故鸡蛋黄能补血。"《随息居饮食谱》亦云：鸡蛋"补血安胎"。尤其是妇女生产过后体弱血虚者，每天吃1个鸡蛋，不但能补养气血，还能促进产妇身体康复。若能同红枣、红糖同炖后食用则更为适宜。

大枣 性温，味甘，即能补气，又能养血。这是由于大枣含有丰富的营养，尤其是含有较多量的、为造血不可缺少的营养素——铁和磷。因此，民间常用红枣加红糖煨熟，吃枣喝汤作为补血良方，这对妇人产后贫血、营养不良性贫血以及血虚气弱之人，最为适宜。历代医家亦称大枣为补血上品。如《长沙药解》中说："大枣，其味浓而质厚，则长于补血，而短于补气。人参之补土,补气以生血也;大枣之补土,补血以化气也。"凡血虚而兼气弱之人,皆宜服食,如能用大枣与人参合用服食,则效果更佳。《醒园录》中曾介绍用"枣参丸",就是用大枣10枚,蒸软去核,配人参30g,布包,藏饭锅内蒸烂,然后再捣匀为丸食用。

菠菜 据现代医学研究,血虚者大多数由于缺乏铁质所致。或者虽然注意服食含铁的食物,而忽视了维生素C食物,也都会引起贫血,这是因为铁质难于吸收,如能同时与维生素C一起食用,就会使铁的吸收率增高。菠菜含有丰富的维生素和矿物质,其中以维生素C和铁质、钙质的含量最多,故血虚者宜多吃些菠菜为好。

藕 煮熟食之,有健胃益血作用。《本草经疏》中记载:"熟者甘温,能健脾开胃,益血补心"。《重庆堂随笔》亦云:"熬浓汁服,既能补血,亦能通气"。藕经加工制成的淀粉为藕粉,同样有补血作用。如《本草纲目拾遗》中说:"藕粉,轻身延年,其功用更专益血止血也。"所以,血虚者服食熟藕和藕粉均宜。

黑芝麻 性平,味甘。金元时期著名医家刘完素就曾说过:"芝麻入肝补血"。《本草经疏》中亦说:"芝麻益脾胃,补肝肾之佳谷也,甘平益血润燥。"《玉楸药解》中还记载:"芝麻补益精液,润肝脏,养血舒筋。"民间也有将黑芝麻炒熟研细,供血虚之人经常食用。

当归 为中医最为常用的补血中药,凡血虚之人,尤其是妇女血虚者,最宜服用。《本草正》云:"当归,其味甘而重,故专能补血。"古代著名补血良方"四物汤",也以当归为主要成分。根据前人经验,当归身的补血作用优于当归头或当归尾。若血虚兼怕冷之人,用当归同生姜、羊肉一同煨食,更有温补气血的作用。

牡蛎肉 性质微寒,有滋阴养血的作用。据现代医学研究,牡蛎肉中含有维生素B_{12},这是一般食物所缺少的。维生素B_{12}中的钴元素是预防恶性贫血所不可缺少的微量物质,所以牡蛎本身也具有活跃造血功能的作用,凡血虚之人食之颇宜。

荔枝 性温,味酸甜,中医认为它具有滋养肝、填精益髓之功。如《玉楸药解》中即有"荔枝甘温滋润,最宜脾肝精血"的记载。凡血虚之人,包括分血患者,皆宜服食。《食物疗法》中曾介绍:"治妇女虚弱贫血:荔枝同大枣各7枚,水煎服,每日1次"。

枸杞子 有补肝血、滋肾阴的作用。如《本草述》中说它"疗肝风血虚"。《摄生秘剖》有一名方,叫"杞圆膏",有安神养血的功效,也是用枸杞子同桂圆熬制而成。所以,凡血虚不足者,食之甚宜。

此外,血虚之人还宜食羊肝、猪肝、鸡肉、鸡肝、乌骨鸡、鹌鹑、青鱼、乌鱼、鳝鱼、鳜鱼、花生、黄豆、茼蒿、甜菜、香蕈、草菇、平菇、蜂乳、豆浆、牛奶、灵芝、紫河车、熟地黄、白芍、黄芪、党参、人参、肉苁蓉等。

(3) 忌食食物

荸荠 根据前人经验，凡血虚者不宜多吃荸荠。如《本经逢原》中就曾指出："荸荠兼耗营血，故孕妇血竭忌之"。

大蒜 是一味辛辣刺激性食物，多吃常吃，易动火耗血。所以，《本草经疏》中明确告诫："气虚血弱之人，切勿沾唇。"凡血虚之人，不宜食之。

此外，凡血虚者还应忌吃或少吃海藻、草豆蔻、荷叶、白酒、薄荷、菊花、槟榔、生萝卜等。

3. 阴虚

阴虚体质多因久病阴伤，或房事不节，或过食温热香燥之物，或因情内伤，暗耗津液，以致人体阴液亏损，失去润泽脏腑、滋养经脉肌肤的功用，出现身体羸瘦、形容憔悴、口干喉燥、咽痛咽干、口渴喜冷、大便干燥、小便短赤、甚至骨蒸盗汗，或午后低热，或夜热早凉，呛咳、颧红、消渴、舌红少苔或无苔，脉细弱等阴虚体征。

(1) 宜忌原则

凡阴虚体质者，宜多吃些清补类食物，宜食甘凉滋润、生津养阴的食物，宜吃新鲜蔬菜瓜果或纤维素及维生素较高的食物，宜吃含优质蛋白质丰富的食物。忌吃辛辣刺激性食物，忌吃温热香燥食物，忌吃煎炸炒爆的食物，忌吃性热上火食物，忌吃脂肪、碳水化合物含量过高的食物。

(2) 宜食食物

鸭肉 性平，味甘咸，能滋阴养胃。《本草汇》说它"滋阴除蒸"。《随息居饮食谱》称它能"滋五脏之阴，清虚劳之热，养胃生津"。民间也认为鸭是最理想的清补之物，阴虚体质宜食之。

猪肉 性平，味甘咸，有滋阴和润燥的作用。清代医家王孟英说："猪肉补肾液，充胃汁，滋肝阴，润肌肤，止消渴"。《本草备要》亦载："猪肉，其味隽永，食之润肠胃，生精液，泽皮肤。"所以也适宜阴虚体质者食用。

牛奶 性平，味甘，不仅营养丰富，更具有滋阴养液、生津润燥的功效。历代医家对牛奶的滋阴作用颇多，或称牛奶"润肌止渴"，"润皮肤"，"润大肠"，或曰"滋润五脏"，"滋润补液"。凡体质属阴虚者，宜常食之，裨益颇多。

桑葚 性寒，味甘，有滋阴补血之功，最能补肝肾之阴。《本草述》认为："乌椹益阴气便益阴血"。《本草经疏》亦称桑葚"为凉血补血益阴之药"，还说："消渴由于内热，津液不足，生津故止渴，五脏皆属阴，益阴故利五脏"。尤其是肝肾阴虚体质之人出现消渴、目暗、耳鸣者，食之最宜。

银耳 性平，味甘淡，有滋阴养胃、生津润燥的作用。银耳含有丰富的胶质、多种维生素和17种氨基酸、银耳多糖和蛋白质等营养物质,为民间最常用的清补食物,尤其是对肺阴虚和胃阴虚者,最为适宜。

海参 属补阴食物,有滋肾益精、养血润燥的作用。《本草求原》中就说它"润五脏"。《随息居饮食谱》也认为海参"滋阴"。故凡阴虚体质者食之颇宜。

(3)忌食食物

胡椒 为典型的辛辣刺激性食物。其味大辛,其性大热,极易助热动火,燥液耗阴。如《随息居饮食谱》中即说:"多食动火烁液,耗气伤阴。"明·李时珍也认为,胡椒"大辛热,纯阳之物,动火伤气,阴受其害"。《本草经疏》还说:"胡椒,其味辛,气大温,辛温太甚,过服未免有害。"所以,凡阴虚之人,切勿多食。

肉桂 大辛大热的调料食物,极易助火伤阴。凡阴虚体质以及阴虚之病,皆不宜吃。正如《本草经疏》所言:"……男女阴虚,法并忌之"。

4.阳虚

阳虚是指人体内的阳气不足,中国传统医学通常分为脾阳虚和肾阳虚,大多表现为畏寒肢冷、体温偏低、手足发凉,或腰背怕冷,或腰以下有冷感;大便经常稀薄不成形,小便清长,或小便频数,或溺后徐沥,舌淡苔白,脉沉迟无力。

(1)宜忌原则

阳虚体质宜吃性属温热的食物,宜吃具有温阳散寒作用的食物,宜温补忌清补,宜食热量较高而富有营养的食物。忌吃性寒生冷之物,忌吃各种冷饮,忌吃各种生冷瓜果。

(2)宜食食物

狗肉 性温,味咸,能温补阳气,无论脾阳虚或是肾阳虚,皆宜食之。民间早有"阳虚怕冷,常吃狗肉"的习俗。对平素四肢欠温、腰膝冷痛者,每年入冬以后,经常食狗肉,最为适宜。

干姜 将生姜晒干或烘干后即为干姜。生姜偏于散寒,干姜更有温中回阳,尤其是有温暖脾阳的作用,著名古方"理中汤"即用之。《本草正》中曾说:"下元虚冷,而为腹疼泻痢,专宜温补者,当以干姜炒黄用之。"凡阳虚怕冷、脘腹冷痛、四肢不温者皆用之。

茴香 性温,味甘辛。有大茴香与小茴香之分,两者均有温阳补火与散寒理气作用。阳虚火衰和寒凝气滞者,食之皆宜。金元医家李东垣认为:"小茴香补命门之火"。《医林纂要》也认为:"茴香,大补命门,命门火固,则诸寒皆散。"茴香辛甘温,作为调味品,阳虚体质宜少量常食之,确有补阳散寒的效果。

人参 性温,味甘微苦,除有大补气血的作用外,也兼有温阳补火的功效。正如《本草正》所云:"人参,气虚血虚俱能补,阳气虚竭者,此能回之于无有之乡"。《医学启源》认为人参"治脾胃阳气不足"。《本草蒙筌》说它"滋补元阳"。大凡阳虚体质,均宜服食。

(3)忌食食物

鸭肉 性凉之物,易伤人阳气。《饮食须知》曾说:"鸭肉味甘性寒,滑中发冷气。"《随息居饮食谱》亦云:"凡阳虚脾弱,……皆忌之。"因此,阳气虚弱体质之人,尤其是脾肾阳虚者,应当忌食。

兔肉 性凉,能凉血,易损阳气。正如清代食医王孟英在《随息居饮食谱》中所说:"兔肉甘冷,凉血,多食损元阳。阳虚者尤忌。"所以,阳气不足之人当忌食之。

甜瓜 其性大凉,易伤人之阳气。如《本草衍义》中早有告诫:"甜瓜,多食未有不下痢者,为其消损阳气故也"。因此,凡平素阳气不足,尤其是脾肾阳虚之人,切勿多食之。

5. 脾虚

中医理论认为:脾为后天之本。人体营养物质的来源在于饮食,而食物的消化吸收全依靠脾胃的运化功能。脾虚则水谷精微无以传输运化,五脏六腑和四肢百骸就得不到濡养,从而出现面色萎黄、精神疲惫、身倦乏力、食少乏味;或食后作胀,大便溏泻;或谷食不化、四肢欠温、气短怯冷,妇女脾虚带下,舌质淡胖,边有齿印,脉细弱无力等一系列脾虚表现。

(1)宜忌原则

脾虚之人宜吃具有补脾益气作用的食物,宜吃甘平或甘温的食物,宜吃稀软易消化的温热食物。忌吃生冷瓜果蔬菜,忌吃生属寒凉之物,忌吃滋腻厚味、坚硬难化之物,忌吃辛辣耗气、破气伤胃的食物,忌吃炒爆助火、香燥黏糯的食物。

(2)宜食食物

粳米 性平,味甘,有补脾益气之功。《食鉴本草》即有记载:"粳米,皆能补脾,益五脏,壮气力,止泻痢,唯粳米之功为第一。"其味甘而淡,其性平而无毒,虽专主脾胃,而五脏生气,血脉精髓,因之以充溢,周身筋骨肌肉皮肤,因之而强健。可以说凡虚弱之人,粳米皆宜,尤脾虚之人,最宜食之。

番薯 俗称甘薯、山芋、红薯。性平,味甘,有补脾和血、益气通便的作用。《随息居饮食谱》中说:"煮食补脾胃,益气力,御风寒,益颜色。"《本草纲目拾遗》认为番薯能"补中,暖胃,肥五脏"。脾虚之人,可用番薯当主粮,常食之。

白扁豆 性平,味甘,能补脾胃虚弱。《本草纲目》中说:"白扁豆其性温平,得乎中和,脾之谷也。止泄泻,暖脾胃"。《本草求真》还解释道:"扁豆如何补脾？盖脾喜甘,扁豆得味之甘,故能于脾而有益也"。《会约医镜》认为:扁豆"炒用健脾止泻"。对于脾虚呕逆,食少久泄、小儿脾虚疳积、妇女脾虚带下者,最宜食之。或炒熟用,或用白扁豆煮粥服食,均有裨益。

牛肚 性平,味甘,也能补虚养脾胃。历代医家多有论说。《日用本草》就有"牛肚和中,益脾胃"的记载。《本草蒙筌》亦称牛肚"健脾胃"。《本草纲目》还说它能"补中益气,养脾胃。"所以,凡脾虚之人,或病后脾胃虚羸,宜煨食之。羊肚也有与牛肚同等的功用,脾虚者食之亦宜。

鲫鱼 性平,味甘,入脾胃大肠经,有健脾养胃作用,故脾胃虚弱者宜食。《唐本草》早有"鲫鱼合莼作羹,主胃弱不下食"的记载。《本草经疏》还说:"鲫鱼,甘温,能益脾生肌,调胃实肠,与病无碍,诸鱼中惟此可常食"。

大枣 性温,味甘,有补脾胃、益气血的作用。早在2 000多年前的《神农本草经》中就有"大枣安中养脾"的记载。明·李时珍称"枣为脾之果,脾病宜食之"。对脾虚便溏、胃弱食少、气血不足之人,最宜经常服用大枣。

樱桃 性温,味甘,能补脾益气。《名医别录》中就说:"樱桃主调中,益脾气"。《滇南本草》亦云:"樱桃治一切虚症,能大补元气,滋润皮肤"。凡脾气虚弱者宜食。

菱角 熟者甘平,鲜者甘凉,煮熟服食,有健脾益气的作用。《本草衍义》中曾说:"煮熟取仁食之,代粮。"用老菱制取淀粉叫菱粉,也有补脾作用。《唐本草》云:"菱,作粉极白润宜人"。《本草纲目拾遗》亦载:"菱粉补脾胃,强脚膝,健力益气。"脾胃气虚者食之为佳。

莲子肉 性平,味甘涩,有补脾胃之功。明·李时珍认为:"莲子之味甘,气温而性涩,禀清芳之气,得稼穑之味,乃脾之果也"。《玉楸药解》中还说:"莲子甘平,甚益脾胃,而固涩之性,最宜滑泄之家,遗精便溏,极有良效。"所以对脾虚之人久痢虚泻,妇女白带清稀频多者,最宜食之。

党参 性平,味甘,无毒,有补脾胃、益气血的作用。《本草正义》指出:"党参力能补脾养胃,润肺生津,健运中气,本与人参不甚相远。其尤可贵者,则健脾运而不燥,滋胃阴而不显。凡古今成方之所用人参,无不可以潞党参当之,凡百证治之应用人参者,亦无不可以潞党参投之"。可见党参补脾胃作用与人参相同,且运用得比人参更广泛。

(3)忌食食物

鸭肉 性凉之物。《饮食须知》中曾说:"鸭肉味甘性寒,滑中发冷气。"清·王孟英亦云:"多食滞气,滑中,凡为阳虚脾弱,……皆忌之。"因此,脾虚之人,尤其是脾阳不足者忌食鸭肉。

甲鱼 有凉血滋阴作用,属于清补食物,滋腻之物,多食久食则有碍脾之运化功能,引起消化不良,食欲不振。尤其是脾胃素虚之人,应当忌食之,正如《本草从新》中所告诫:"脾虚者大忌"。

田螺 性寒,味甘咸,有清热解暑作用。正因其性质大凉,《随息居饮食谱》中才明确告诫:"多食寒中,脾虚者忌。"

梨子 生梨性凉,脾虚切忌。正如《饮食须知》中所言"多食令人寒中,损脾,生食多成冷痢"。《本草经疏》亦云:"脾虚泄泻,法成忌之。"清·王孟英也曾指出:"中虚寒泻者忌之"。因此,凡脾虚之人,尤其是脾胃虚寒腹泻便溏者,切勿食用。

山楂 又叫山里红。能开胃消食,但有损害脾胃之弊。如《本草纲目》中曾说:"凡脾弱,食物不克化,胸腹酸刺胀闷者,于每食后嚼二三枚绝佳,但不可多食,恐反克伐也"。《本草经疏》中也指出:"脾胃虚,兼有积滞者,当与补药同施,亦不宜过用。"元·朱丹溪还认为:"山楂,若胃中无食积,脾虚不能运化,不思食者,多服之,反克伐脾胃生发之气也。"因此,脾虚之人勿食之,更忌多食常食之。

甜菜 其性凉,有损脾气。如《本草求真》中指出:"脾虚人服之,则有腹痛之患,气虚人服之,则有动气之忧,滑肠人服之,则有泄泻之虞。"由此可见,对脾气虚弱,尤其是脾虚便清之人,不宜多食常食。

6.肾虚

中医理论认为,肾左右各一,命门附焉,内藏元阴元阳,为水火之脏,主藏精,主骨生髓,开窍于耳,听力乃肾气所充,腰为肾之府,所以说肾的生理功能极为重要。古人称肾为"先天之本",实为生命之根。如果劳倦淫欲过度,或久病失养,耗伤精气,则会出现肾虚表现。肾虚之人通常分为肾气亏耗和肾阴耗伤两大类型。肾气亏耗又可有肾气不固,或肾不纳气,或肾阳不振,或肾虚水泛四种表现,一般出现面色淡白,腰脊酸软,听力减退,小便频数而清、甚则不禁,滑精早泄,或阳痿不举,或尿后余沥,或形寒怕冷、四肢不温,或动则气喘、久咳短气,或下肢浮肿、按之如泥等,肾阴耗伤又可有肾阴亏虚,或阴虚火旺两种表现,一般可见形体虚弱,头昏耳鸣,少寐健忘,腰酸腿软,或潮热盗汗,虚烦不寐,遗精,舌质红,少苔等症状。

(1)宜忌原则

肾虚之人应根据自身情况,宜吃具有补肾壮腰、强筋健骨作用的食物;偏于肾阳虚者,又宜服食具有温补肾阳作用的食物;偏于肾阴虚者,又当进食一些滋补肾阴的食物;肾虚兼有遗泄之症者,还应进食一些补肾固摄填精的食物。凡肾虚者除宜服食本节介绍的食物外,还可参阅阳虚、阴虚、阳痿、早泄、遗精、腰痛、老年骨质增生等章节的宜忌食物。肾虚人一般忌吃生冷大凉之物,忌吃辛辣香燥食物;出现肾虚浮肿时,又忌过咸饮食,也忌烟酒葱蒜等刺激性食物。

(2)宜食食物

芝麻 甘平,有补肝肾、润五脏的作用。如《本草经疏》中就曾记载:"芝麻,气味和平,不寒不热,补肝肾之佳谷也"。尤其是肾虚之人腰酸腿软,头昏耳鸣,发枯发落及早年白发,大便燥结者,最宜食之。

粟米 又称谷子、稞子,能补益肾气。《名医别录》及《滇南本草》中都说到"粟米养肾气。"明·李时珍还说:"粟,肾之谷也,肾病宜食之,煮粥食益丹田,补虚损。"

豇豆 又称饭豆、长豆。性平,味甘,能补肾健脾,除脾虚者宜食外,肾虚之人也宜食用,对肾虚消渴、遗精、白浊,或小便频数,妇女白带,食之最宜。《本草纲目》曾这样记载:"豇豆理中益气,补肾健胃,生精髓。"《四川中药志》也说它能"滋阴补肾,健脾胃,治白带,白浊和肾虚遗精"。

牛骨髓 有润肺、补肾、益髓的作用。《本草纲目》说它能"润肺补肾,泽肌,悦面"。对肾虚赢瘦、精血亏损者,尤为适宜。

栗子 性温,味甘,除有补脾健胃作用外,更有补肾壮腰之功,对肾虚腰痛者,最宜食用。如唐代养生学家孙思邈曾说:"生食之,甚治腰脚不遂。"明·李时珍亦曾记载:"治肾虚腰脚无力,以袋盛生栗悬干,每且吃十余颗,次吃猪肾粥助之,久必强健。"

冬虫夏草 性温,味甘,有补肾和补肺的作用,是一种平补阴阳的名贵药材。如《本草从新》说它"保肺益肾"。《药性考》亦云:"虫草秘精益气,专补命门。"《柑园小识》还说:"以酒浸数枚啖之,治腰膝间痛楚,有益肾之功"。冬虫夏草虽然是一种副作用很少的滋补强壮中药,但直接用于方剂者不多。凡肾虚者最宜用虫草配合肉类如猪瘦肉、鸡肉、或鸭肉,甚至新鲜胎盘等共炖,成为补益食物,更为有益。

(3)忌食食物

根据肾虚者忌食原则,应当忌吃或少吃荸荠、柿子、生萝卜、生菜瓜、生黄瓜、生地瓜、西瓜、甜瓜、洋葱、辣椒、芥菜、丁香、茴香、胡椒、薄荷、莼菜、菊花、盐、酱、白酒及香烟等。

7.肺虚

中国传统医学认为,肺主皮毛,司呼吸。肺虚体质多表现为肺气虚和肺阴虚两大类型。肺阴虚者多因津液消耗,肺失润养所致,通常表现为形瘦赢弱;干咳无痰,或咳而痰中带血丝;潮热盗汗,午后颧红,少寐失眠;口干咽燥,喉痒音哑,舌红少苔等。肺气虚者多为久病亏耗,病后元气未复;或因久咳伤气,以致肺气亏虚,表现为咳而气短,咳喘无力,久咳不愈,痰液清稀;倦怠懒言,声音低怯;畏风形寒,易患感冒;或有自汗,舌淡苔薄白等。肺虚者多见于肺结核病、肺气肿、肺心病、肺痿、肺不张以及肺癌晚期之人。

(1)宜忌原则

一般而言,肺气虚者,宜食具有补益肺气作用的食物;肺阴虚者,宜吃具有滋阴润肺的食物。肺虚日久,常可累及脾与肾,故应配合吃些具有补脾益气和补肾纳气作用的食物。这可参阅脾虚和肾虚体质的饮食宜忌内容,也可参考气虚和阴虚体质的饮食宜忌章节。凡肺虚者忌吃辛辣及烟酒,忌吃破气耗气之物,忌吃生冷性寒之物,忌吃炒炸烤爆之类香燥伤阴的食物。

(2)宜食食物

百合 有补肺润肺的功用。《医学入门》说它能"治肺痿肺痈"。清代医家吴仪洛曾经指出:"久嗽之人,肺气必虚,虚则宜敛,百合之甘敛,甚于五味之酸收也"。尤其是肺虚干咳久咳,或痰中带血之人,最宜服食。

花生 性平,味甘,善补肺气,又能润肺,适宜肺虚久咳之人食用。《滇南本草图说》认为:"花生补中益气,盐水煮食养肺"。《本草备要》说它"补脾润肺"。《药性考》还说:"生研用下痰,干咳者宜餐,滋燥降火。"所以,凡肺虚之人,不分肺气虚或肺阴虚,都适宜用花生水煮服食,不可炒后食用。

豆腐浆 性平,味甘,有补虚润燥、益肺化痰之功,凡肺气虚或肺阴虚者,食之皆宜。如能经常服食,对肺虚体质的康复,颇有效果。其他豆制品,豆腐脑、豆腐皮、豆腐等,对肺虚之人同样也很适宜。

猪肺 性平,味甘。《本草图经》说它"补肺"。明代李时珍认为:"猪肺疗肺虚咳嗽、嗽血。"故肺虚之人宜常食之。根据中医"以脏补脏"的理论,肺虚者还适宜经常吃些牛肺、羊肺等。

黄芪 性微温,味甘,最善补气,尤其能补肺虚之气。中医认为,肺主皮毛,肺气虚则自汗出,又易患感冒。《本经逢原》认为黄芪"入肺而固表虚自汗"。《得配本草》亦云:"肌表之气,补宜黄芪"。对肺虚之人体表不固者,配合红枣,煎水代茶,颇为适宜。

(3)忌食食物

石榴 性温,味酸甜。根据前人经验,石榴有损耗肺气之弊,故凡肺气虚者,不宜多食。如《别录》中记载:"损人肺,不可多食"。《日用本草》亦云:"其汁恋膈成痰,损肺气,病人忌食"。这可包括慢性气管炎、肺气肿、支气管哮喘等虚喘者,皆应忌食之。

荸荠 性寒,能消积破气。《本经逢原》中就已指出:"荸荠,虚劳咳嗽切禁,以其峻削肺气"。因此,凡肺气虚弱之人,无论咳嗽或是虚喘,皆不宜多食。

胡椒 性大热,味大辛,是一味典型的辛辣刺激食物,古代医家多认为"多食动气燥液,耗气伤阴"。《海药本草》还说:"不宜多服,损肺"。元代名医宋丹溪也认为:"胡椒性燥,大伤脾胃肺气,久则气大伤,凡病气疾人,益大其祸也。"由此可见,凡肺气虚弱之人,皆不宜多吃常吃胡椒。

薄荷 性凉,味甘辛,辛能发散,耗伤肺气。清·吴仪洛认为:"薄荷辛香伐气,多服损肺伤心,虚者远之"。《本草经疏》亦云:"咳嗽若因肺虚寒客之而无热症者勿服"。因此,凡属肺虚所致的咳嗽哮喘,皆当忌之。

此外,肺虚者还应忌吃或少吃生萝卜、萝卜子、生姜、大蒜、胡荽、洋葱、槟榔、萝卜缨、香椿头、芥菜、金橘、金橘饼、罗汉果、肉桂、砂仁、菊花、白酒、香烟等。

第二章 餐旅顾客心理学基础

学习内容与目标：
第一节 餐旅顾客的消费需要、动机和行为
第二节 不同类型餐旅顾客的消费心理特点

第一节 餐旅顾客的消费需要、动机和行为

一、餐旅顾客的消费需要

（一）餐旅顾客消费需要的种类

餐旅顾客的需要是人类一般需要在餐旅消费活动中的具体表现。其需要是复杂多样的，一般分为天然性需要和社会性需要两方面。

1. 餐旅顾客的天然性需要

天然性需要是人类生存和发展的基本需要，它与生俱来，并始终与生命相伴。主要是指对饮食、睡眠、安全、运动、娱乐、温度等人体必需条件的需要，亦即生理需要。

餐旅顾客天然性需要的内容十分丰富。与马斯洛需要层次体系相对照，它包含了生理需要和安全需要两个层次。在生理需要方面，顾客需要有衣、被抵御寒冷，需要有适合自己生活习惯和口味特点的营养饮食制品，要求食品卫生高质。同时，还需要优雅、舒适的就餐环境。餐旅顾客的安全需要也是多方面的。首先，他们要求在消费期间人身和财产的安全得到保障。希望餐厅提供的食品饮料符合卫生标准，适合自身身体的需要，以防病从口入，希望餐具卫生要求达到标准，以防传播疾病。

2.餐旅顾客的社会性需要

社会性需要是餐旅顾客为实现所肩负的社会活动任务,或者为了维护、显示自己的地位和身份而对所处的环境、条件、活动媒介物产生的一种特殊需要。它是在人的社会化过程中逐渐形成和发展的,亦即心理性需要。

餐旅顾客的社会性需要主要表现在需要进行社会交往和要求受到尊重,实现自我价值等方面,这种需要是因人而异的,它受主体的职业、年龄、性别、文化、经济状况、社会地位、道德修养以及从事的社会活动的性质等因素的影响。餐旅顾客的社会需要表现在很多方面。他们在进行消费的过程中,希望与人交往获得友谊,希望得到别人的信任和友爱,得到某一组织,团体的认同和接纳。消费活动是人与人交往的活动,而顾客群体又是社会生活中的临时性集体。顾客希望身处和谐、热情、宽松的交往环境之中,有一种宾至如归的感觉。

餐旅顾客在消费的过程中希望得到尊重,这是一种很普遍的心理需求。顾客希望他们的意愿要求、生活习惯、民族习俗、宗教信仰受到尊重。餐旅顾客在整个消费过程中,都积极主动地去满足求新、求知、求美的社会性需要,以扩充知识,实现自我价值。如享用饮食制品时,不但要求能充饥果腹,还要求色、香、味、形、养俱佳,给人一种美的享受,并迫切希望了解传统名菜、名菜名点、营养饮食等方面的有关知识,了解中国源远流长的饮食文化。

(二)餐旅顾客消费需要的特点

随着社会的进步和科技的发展,餐旅顾客的需要也将不断被激发和推进,呈现出五彩缤纷的态势,餐旅顾客的需要有如下特点:

1.无限性

在消费活动中,餐旅顾客的需要是不会因暂时的满足而停滞或消失的。当以往的需要得到满足后,新的需要就会随之而产生,如此周而复始,连绵不绝。酒店要不断刺激顾客的餐旅需要,并不断满足他们的合理需要。比如酒店可以因人设计营养饮食,做到个性化服务,以突出酒店的经营特色。

2.多层次性

由于餐旅顾客在民族习俗、宗教信仰、性格气质、能力素质、文化程度、审美情趣、性别年龄、收入水平、消费目的等方面存在着差异,因而在对消费品的需要及满足需要的方式方面存在着多层次性,呈现出因人而异的现象,不同的顾客对食宿条件、服务方式、服务态度有不同的要求。

3.主观性

由于餐旅顾客的消费需要是多种多样的,因此,餐旅服务工作就很难有一个固定的、统一的标准。同时,客人都习惯以自己的主观经验和期望去衡量、评价服务质量的优劣,尤其重视个人的心理感受,所以同样的食宿条件、消费环境,服务态度,不同的人会产生不同的甚至截然相反的联想和感受。由于餐旅顾客的消费需要带有浓厚的个人主观色彩,因此餐旅服务工作就必须从顾客需要的主观性出发,体察和了解每一位客人的心理,使接待工作具有灵活性和针对性,让每一位客人都获得良好的心理感受。

4. 可导性

餐旅顾客需要的产生、发展和变化,同现实的生活环境,当时的消费环境有着密切的联系。消费观念的更新、社会时尚的变化、人际交往的启迪、工作环境的改变、文化艺术的熏陶、广告宣传的诱导、消费现场的刺激、服务态度的感召等,都会不同程度地使顾客的兴趣发生转移,并不断产生新的消费需要,潜在的需要会变成现实的行为,未来的消费会提前寻求实现的途径,微弱的愿望会转化为强烈的欲求。总之,餐旅顾客的消费需要可以通过各种媒介物,运用各种方法加以启发和引导。

二、餐旅顾客的消费动机

(一)餐旅顾客消费动机的分类

当餐旅顾客的某种需要被主体意识到后,就会转化为明确的行为动机,促使其采取具体的行动,寻找有效的途径去满足需要。

餐旅顾客的行为总是受一定动机所支配的,很少具有随机性和冲动性。但是,在不同的甚至相同的消费环境中的消费行为,餐旅顾客的消费动机模式是不尽相同的。

1. 生理性消费动机

餐旅顾客为了保证其身体健康、精力充沛,维持生命延续,以便从事正常的社会活动,都要本能地产生温饱、住行等生理需要。如饥则求食、渴则求饮、乏则求歇、病则求医等。由这些生理需要引起的消费动机,就叫做生理性消费动机。在生理性消费动机支配下的消费行为具有经常性、重复性、习惯性和相对稳定性的特点。

生理性消费动机在餐旅顾客消费行为中所起作用的大小,与顾客的收入水平及消费结构有直接的联系。在收入水平较低时,其消费活动首先保证满足生理性需要。消费时注重商品和服务的实际效用,而不大考虑其他因素。只有当消费水平达到一定程度时,生理性消费动机的作用才会逐渐地减弱。

另外,在现代餐旅顾客的消费过程中,其消费行为并不完全受生理性消费动机的支配,它往往还要受到其他一些生理性消费动机的影响。如就餐时愿意选择卫生条件好、服务态度好、内部设施好、菜点质量好的餐厅就餐,因为这样的消费场所不仅能满足其生理需要,还能显示自己的气派、风度或能得到良好的服务,能给人一种安全感、信任感和自豪感。由此可见,生理性消费动机只能是餐旅顾客消费动机的一部分。

2. 心理性消费动机

餐旅顾客在决定就餐之前,常常伴随着复杂的心理活动,也就是说,他们的消费行为不仅要受到生理性消费动机的驱使,还要受到各种心理活动的支配。这样,心理活动的结果,往往就成为决定餐旅顾客消费什么、消费多少、在哪消费、何时消费的重要因素。所谓心理性消费动机,就是由餐旅顾客的认识、情感、意志等心理活动过程而引起的消费动机。与生理性消费动机相比,对于推动餐旅顾客的消费行为,心理性消费动机所起的作用有日益增强并逐渐占据主导地位的趋势。

心理性消费动机又可分为以下几种:

(1) 感情动机

感情动机是指餐旅顾客的情绪和情感变化而引起的心理性消费动机,包括情绪动机和情感动机。

餐旅顾客的喜、怒、哀、乐、惧、奇等情绪触发的动机是情绪动机。餐旅顾客的情绪往往影响着他们的消费行为。特别是在消费环境的刺激下,餐旅顾客可以在一瞬间就做出消费某物或放弃消费的决定。掌握了餐旅顾客的情绪动机,能为服务员充分施展自己的才能提供用武之地。

情感动机是由餐旅顾客的道德感、理智感和美感等人类高级情感触发的心理性消费动机。

由情绪动机引起的消费行为往往带有冲动性、即景性和不稳定性的特点,它会随着餐旅顾客情绪的变化而变化,多表现在年轻顾客身上,而由情感动机引起的消费行为,则具有相对稳定性和深刻性,它往往反映出餐旅顾客的精神面貌。

(2) 理智动机

理智动机是建立在餐旅顾客对饭店服务工作的客观认识基础之上,经过分析、比较之后而产生的一种消费动机。在这种动机支配下的消费行为具有客观性、周密性和控制性的特点。

理智动机和感情动机的区别在于,前者是由物质因素引起的,后者是由精神因素引起的。受理智动机支配的餐旅顾客,一般都比较注重商品或服务的实际效用,即需要什么、消费什么,不易受外界因素的影响而临时扩大自己的消费支出。他们要求酒店的服务收费标准适宜,服务态度热情周到,消费环境洁净优雅。这样的人群通常性格稳重、具有一定文化修养。

(3) 信任动机

信任动机是餐旅顾客在以往消费经验的基础上,对某些酒店或某一商品产生了特殊的信赖和偏好的心理,从而习惯性重复光顾的一种消费动机。

如果餐旅企业具备良好的信誉、优质的服务、公平的价格和便利的地点等因素,在以往消费经验的基础上,餐旅顾客就会对这一企业形成一种信任感,从而引发信任动机,成为企业忠实的顾客。

具有信任动机的餐旅顾客是酒店最可靠的支持者,他们不仅自己经常光顾消费,而且还会在其他顾客中起宣传、影响作用,即使企业在服务工作中一时出现某些失误,他们也能给予充分谅解。所以,一个酒店能否在顾客中广泛激起信任动机,是经营成败的关键。为此,每个酒店在服务过程中,都应十分注意研究本企业在市场中的地位和经营方向,不断创造自己的服务特色,以保持区别于其他企业的独到之处。

以上心里消费动机的引发,不仅要受到主体本身或具有的个性心理特征的影响,而且还受到主体所处的自然条件、社会条件的制约。

(二)激发餐旅顾客消费动机的方法

1. 创造相应条件最大限度地满足餐旅顾客的需要

从动机产生的主观因素来看,它首先与主体的需要有关。当主体产生某种需要时,他就会对周围环境中能满足其需要的事务优先加以注意,并产生浓厚的兴趣,进而形成强烈的行为动机。因此,激发餐旅顾客消费动机的方法之一,就是创造相应条件,为餐旅顾客提供最佳的环境、最优的服务、最好的产品、最公平的价格,使他们的各种需求得到最大限度的满足。

2. 创造特色、形成风格,满足餐旅顾客的好奇心

心理学原理表明,凡是有特色的事物,往往都能从众多平凡普通的事物中凸现出来,引起人们的注意,激发人们的好奇心,使人产生探求的动机。

3. 借助广告宣传,加深餐旅顾客对酒店的认识

行为动机与主体对事物的认识程度有关。一般来说,对事物的认识越深刻,动机就越明显。借助广告宣传,将酒店的经营内容、经营特色等信息传递给顾客,使他们了解、认识酒店,向他们输入新的信息,提供新的知识,这样就会将其吸引过来。随着了解的深入,认识的加深,顾客的消费动机也会从无到有,由弱到强。

三、餐旅顾客的消费行为

(一)餐旅顾客的消费行为类型

在消费活动中,由于顾客的消费动机不同,其消费行为也形形色色,各具特征。为了便于分析和掌握顾客的消费行为,将其概括为以下几种类型:

1. 便利型

便利型消费行为是以注重服务的便利性为主要动机的行为类型。

一般情况下,人们都有一种"在家千日好,出门一时难"的心理,觉得出门在外,时时处处都不如在家里来的省事、方便。所以,顾客来酒店后希望

吃、住、行、办事都能省时间、减少麻烦。这种类型的顾客,大多时间观念较强,性情较急躁,缺乏足够的忍耐性。他们最怕的是排队等候或服务员接待时漫不经心,不讲效率。为此,在客观条件许可的情况下,酒店应努力为餐旅顾客提供方便,满足他们在食宿、娱乐、购物、通信、办公、旅游等方面的需要。这是现代酒店向多功能化和综合化方向发展的一个趋势,它适应了顾客多样化的求便利的心理要求,同时也为餐旅顾客的再次光临奠定了基础。

2. 求廉型

求廉型消费行为是以注重饮食制品和服务项目价格的低廉为主要动机的行为类型。

一般情况下,顾客都希望能以最少的支出换来最大限度的消费享受,求廉型的消费者,对酒店服务的价格因素特别敏感,强调和追求价廉实惠。这类顾客都有精打细算的节俭心理,大部分经济收入较低,购买能力不强,注重饮食制品和服务的价格,对菜肴和服务的质量不过分要求。这就要求酒店的各种服务项目档次配套合理,以中低档的服务项目去满足求廉型顾客的要求。如在餐厅经营中,既要发展风味独特的高档菜肴,又要保留省时省钱的快餐食品。

3. 享受型

享受型消费行为是以注重物质生活享受为主要动机的行为类型。

这种类型的消费者一般都具有一定的社会地位和经济实力,在消费活动中,注重商品和服务的质量,注重服务人员的服务态度,热衷追求物质生活上的享受,不太计较服务收费标准的高低。他们喜欢进出高档酒店、宾馆,品尝高档菜肴,以显示自己显赫的社会地位和经济能力。

为了满足享受型顾客的需要,酒店不仅要为其提供高水平的饮食制品、现代化的设备设施,还要为其提供优质的服务,使其获得最大限度的物质和精神享受。

4. 求新型

求新型消费行为是以注重商品或服务的新颖、时髦为主要动机的行为类型。

这类顾客以年轻人居多。他们好奇心强,喜欢标新立异,往往为跟上时代的潮流,达到美的目的而消费。其消费行为容易受广告宣传和社会潮流的影响,具有一定的冲动性,常常走在消费浪潮的前列。他们特别注重商品、服务的时尚性,只要能达到追求新异的目的,对商品或服务的其他方面往往不过多考虑。

5. 信誉型

信誉型消费行为是以注重企业的信誉,以求获得良好的心理感受为主要动机的行为类型。

顾客在消费过程中,都希望酒店为其提供质价相称、味美色鲜、富含营养的菜点或整洁、安全、舒适的消费环境。信誉型的餐旅顾客,在实现消费的过程中,特别重视酒店或其他服务性企业的信誉,要求酒店食品卫生、价格合理、品种齐全,对态度热情、环境幽雅、有较高社会信誉、能给人一种安全、信任的心理感受的酒店有一种特殊的偏爱心理。因此,酒店在经营过程中要重视建立良好的企业信誉,为餐旅顾客提供优质的服务。

以上对餐旅顾客的消费行为进行了归类分析。在分析过程中,是以餐旅顾客消费动机的主要趋势为标准,加以条理化、规模化,目的是为了使餐旅服务人员系统地掌握餐旅顾客的消费行为特点,以便迅速地采取有针对性的服务策略。需要注意的是,在现实的消费活动中,单一的行为类型存在的较少,一般来说,餐旅顾客的每一具体消费行为,都会受到两种或两种以上消费动机的支配。如追求消费的方便,注重服务、商品的质量、要求价格的合理,满足审美要求的需要,讲究物质的享受等。并且,顾客消费行为不仅仅受其需要、动机等因素的支配,同时还要受到各种客观外界环境和顾客本身所具有的个性心理因素的制约。因此,在分析研究餐旅顾客的消费行为时,决不能片面强调某一方面,应综合全面分析。

(二)影响顾客消费行为的因素

影响顾客消费行为的因素包括主观因素和客观因素两个方面。

1.主观因素的影响

主观因素主要是指餐旅顾客的个人的因素。包括个人购买力和主体的个性差异两方面。

购买力是指在一定时期内消费者用于购买商品或接受服务的货币支付能力。餐旅消费的购买力,主要是指在外就餐、住宿、旅游、接受保健服务等方面的货币支付能力。随着经济的发展及人们收入的不断提高,消费观念和消费结构发生了巨大的变化。餐旅顾客的个性心理因素也是影响消费行为的主观因素之一。由于人们的世界观、兴趣爱好的个体差异,人们的消费倾向就会有所不同,而性格、气质、能力的不同又会使顾客在消费过程中表现出不尽相同的行为特点。

2.客观因素的影响

客观因素包括消费环境与社会环境两个方面。

消费环境是指餐旅服务企业为顾客提供的消费场所的状况,如服务设备、陈设布置、服务项目,服务水平、服务态度、商品价格、经营品种等。

消费环境是刺激顾客消费、强化顾客消费动机的一个非常重要的因素。因此,消费环境的清洁优雅,装饰布置的和谐、菜品的色香味形养的质量、服务的细致周到都会对人们的消费行为产生重大的良好影响。

社会环境包括社会生产力的发展,它将促使人们产生新的消费观念。过去人们只追求吃得饱、吃得好,现在主要是追求吃得健康、吃得合理。而社会文化对餐旅顾客消费行为的影响作用也很重大,在不同的社会文化环境中,人们有着不同的消费倾向,如俄罗斯人好烈酒,德国人爱啤酒等。

社会消费时尚是指社会在某个时期流行的消费潮流和消费风气。这种时尚对餐旅顾客的消费行为有较大的影响作用。一般情况下,人们在消费时都会自觉遵循时尚的引导,尽量使自己合乎时尚,以获得社会的认同。

第二节 不同类型餐旅顾客的消费心理特点

一、不同性别顾客的消费心理特点及接待策略

不同性别的餐旅顾客,由于生理、心理特点不同,在家庭及社会中所扮演的角色不同,因此表现在消费行为上,其心理特点也有所区别。

(一)男性顾客的消费心理特点

男性餐旅顾客在消费过程中有较强的理智性,他们善于控制自己的情绪,表现得冷静、果断。消费时比较注重实质,要求快捷的服务,不肯花太多的时间去比较和挑选,也会斤斤计较,但适应性强。

(二)女性顾客的消费心理特点

女性餐旅顾客往往带有浓厚的感情色彩,她们情感丰富而细腻,情绪波动性较大,消费行为易受各种因素的影响,因此造成消费倾向不稳定。女性顾客观察事物较细致,富于想象,喜欢精打细算,自尊心较强,对服务态度极为敏感。对消费环境比较挑剔,特别注重食宿的清洁卫生程度。

(三)根据顾客心理做好接待工作

由于男、女性顾客在消费过程中存在着不同的心理要求,所以在服务过程中就应采取有针对性的接待策略。一般来说,接待男性顾客,服务员要尊重他们的意愿,介绍菜点和服务项目时言简意赅,注重实质、操作动作要干脆利落;接待女性顾客时,要态度热情,服务细致、周到,可向她们介绍物美价廉的营养菜点,当好参谋。

二、不同年龄顾客的消费心理特点及接待策略

不同年龄的餐旅顾客,由于心理发展水平的不同,生活经历、社会阅历的不同,在消费过程中表现出的风格也不同。

(一)青年顾客的消费心理特点

青年顾客智力发育已成熟,思维活跃、兴趣广泛、活泼好动,愿意参加各项集体活动,情绪易激动,情感强烈但不稳定,与服务员接触时,喜欢别人把

它当成人看待,好提出质疑和进行争论,注重别人尤其是同龄异性对自己的看法。这些心理特点决定了青年顾客在消费过程中热情有余,冷静不足。青年顾客追求时尚,好奇心强,对特色项目和菜肴有浓厚的兴趣,以先尝为快。

(二)中年顾客的消费心理特点

中年顾客年富力强、思维敏捷、判断力强,心理素质成熟度高,对服务质量有较强的综合评价能力。由于经济收入和家庭负担重,中年顾客消费心理求实、求廉、求速。在消费时理智胜于冲动,经验重于印象,重视企业的信誉和服务质量。中年顾客成为回头客的可能性比较大。

(三)老年顾客的消费心理特点

老年顾客由于自然规律的作用,生理机能有了不同程度的衰退,但他们的心理评价能力比较强,几十年的生活经历使得他们有着丰富的经验。在消费过程中注重产品和服务的经济性、实用性,自尊心强,希望得到服务员的尊重与关心,对服务态度极为敏感,在服务过程中服务员稍有不慎或言语不当,都可能伤害他们的自尊心,引起他们强烈的不满和反感情绪。老年顾客一般比较固执,一旦作出消费决定,不会轻易改变。

(四)根据顾客心理做好接待工作

接待不同年龄的顾客,也应采取不同的接待方法。一般来说,接待青年顾客时,可向他们介绍时兴菜点和富于刺激性的新兴的服务消费项目,态度要热情,动作要迅速,可适当引导他们做合理消费;向中年顾客介绍菜点和服务消费项目时,要实事求是,注重实效和品质,尊重他们的选择,为他们提供快速而优质的服务;对待老年顾客应特别细心、周到,要尊重他们、体贴他们,耐心听取他们的意见,不计较他们的挑剔和唠叨,说话语速要放慢,语气柔和,音调稍高。可向他们介绍熟烂的易消化的营养菜点,做好接待,使他们获得良好的心理感受。

三、不同区域、民族顾客的消费心理特点及饮食习俗

(一)概述

1.民俗的概念

民俗即民间风俗,是广大民众所创造和传承的文化现象。

2.习俗的概念

习俗是指世界上所有国家和民族各自饮食、服饰、建筑等方面最具有个性特征的表现形态。

3.饮食风俗的概念

饮食即吃喝,饮食风俗就是有关饮食行为的习惯。就饮食风俗而言,它集中表现着不同国家和民族的饮食文化传统,展示着各个国家、各个民族的

古老文明。一般指历代传承的,在一定的环境和条件下经常反复出现的,群体性的饮食行为方式。主要是由于特定的自然因素和社会因素的长期影响和制约而自发形成的一种民俗现象,具有调节和规范群体内部成员之间的相互关系与行为准则的作用。饮食风俗是考察某一地区或民族的社会历史背景、经济生活、心理素质和文化发展的重要方面。

4. 我国各地饮食习惯

南甜、北咸、东辣、西酸是我国膳食在口味上总的特点。

北方人一般口味偏重,喜油重色,爱吃味咸和酥烂的食物,对没熟的菜肴不感兴趣。主食普遍爱吃面食,尤其喜爱饺子、馅饼、馒头、包子等。

南方人特别是长江流域以南的人,口味喜清淡,普遍爱吃新鲜细嫩的食物。主食特别爱吃大米,面食在一般南方人心目中,只能作为调剂。

北京——大多数人口味偏重,喜爆火炝锅,调味品爱用葱、姜、蒜等。"冬季食原味,夏季喜清素"是膳食的季节变化特点。主食以面食为主,饺子、面条、馒头、烙饼为家常面食,米饭也越来越受喜爱。早点一般爱吃油饼、烧饼、豆浆、豆腐脑、炒肝等。午餐、晚餐以有菜有汤为称心,爱吃热饭热菜。

山东——口味喜咸鲜。普遍爱吃生葱、豆腐、粉皮等。主食以面食为主。特别偏爱发面馒头、包子、饼、烙饼等。

山西——口味喜咸中带酸。酸、辣是习惯性的调味品。主食以面、小米为主,面片、猫耳朵、刀削面等为常吃的主食。

东北地区——辽宁、吉林、黑龙江三个地区有所差异,但基本上口味偏重,喜咸爱酸。主食有大米、小米、白面,喜爱野味及山珍。酸菜、大酱、豆制品是餐桌上的必备食品。

上海——口味喜清淡,爱吃新鲜蔬菜,对油菜更为偏爱。主食喜吃大米,吃面条时喜欢清爽。早餐爱吃泡饭,午、晚两餐习惯吃米饭和各种炒菜。

浙江——口味喜清淡,爱甜食。主食大米,喜爱新鲜蔬菜。舟山地区临海,家家喜吃鱼虾海味。

江苏——口味喜清淡,爱甜食。主食以米饭为主。习惯食用新鲜蔬菜,对肉食中的猪肉、禽类中的鸭肉、鱼类中的鳝鱼更是格外喜欢。

湖北——口味咸甜皆宜,爱酸、甜、苦、辣。主食以稻米和杂粮为主,"糍粑"、热干面是常用食物,米皮、豆丝人人喜爱。特别爱吃猪肉和淡水鱼。

湖南——喜辣,几乎顿顿不离腌菜,主食为大米和糯米。

四川——喜麻辣,尤以辣为嗜好,喜食猪肉、牛肉,主食大米。

江西——喜辣,爱吃塘鱼、河鱼和腐竹、粉条、海带,不爱吃海味、凉菜、生菜。爱用豆豉做调料,习惯用菜油烹制菜肴。主食偏爱大米,猪油拌饭的吃法很常见。

云贵地区——喜辣、酸甜。习惯用菜油和猪油烹制菜肴。普遍爱吃米饭、米粉,腌菜也是餐桌上的常备食物。

西北地区——喜咸爱酸辣。主食有米有面,肉类有牛肉、羊肉、禽类等。

内蒙古——口味喜肥浓,爱膻味。城市人主食以面食为主,喜欢羊肉。牧区人主副食颠倒,以肉为主食,面食为辅,喜食野生动物肉,奶为常用饮品。

新疆——口味喜浓重,爱酸、麻、辣味。米、面食物和乳品在饮食中占重要的位置。主食以食馕为主,肉类主要是羊肉和牛肉及禽类。

西藏——口味偏重,喜酸辣。肉、油、奶为生活中的必备品。"糌粑"是常用的主食。一般一日四餐,中间两顿比较重要。酥油茶、青稞酒为常用饮品。

广东——喜清鲜、甜,不喜欢辣味。主食以大米为多,副食以鲜鱼、海味、蛇肉为佳肴。

海南——喜清淡,爱辣和甜味。大多爱吃米,偏爱海鲜品和羊肉。几乎顿顿离不开粥,米粉是民间喜爱食品,喝咖啡胜过喝茶。

(二)国内部分民族饮食风俗

我国自古以来就是一个多民族的统一国家,除汉族外,全国还有55个少数民族。汉族人口最多,约占全国总人口的92%,其他民族人口占8%。少数民族人口虽然不多,但分布极广,居住区域占全国总面积的50%～60%。

汉族是中国的主体民族,汉族和少数民族在共同创造了祖国光辉历史和灿烂文化的同时,形成了各具民族特色的饮食习惯、礼仪习俗和为各自民族所遵循的禁忌。

1.汉族人的饮食风俗

(1)宗教信仰

汉族自古对多种宗教信仰均采取兼容并蓄的态度,但始终没有形成一个为全民族成员都信仰的民族宗教。道教是汉族本土宗教,自东汉时产生,至今已有近两千年的历史,但现今只是部分汉族人信仰。其他外来宗教,如佛教、基督教也被部分汉族人所接受。佛教传入中国以后,与中国传统文化相结合,形成了汉地佛教,对汉族文化产生了重大的影响。基督教在一定范围内也有部分汉族人信仰。

(2)一般礼节

汉族的传统礼节有作揖、跪拜,在广大的农村仍流传较广。目前汉族人在社交场合最为普及的见面或辞别礼节是握手礼,有时告辞握手后往往还要目送和摆手示别。亲朋好友久别重逢时,也有施拥抱礼的。军人相见要行举手注目礼(即敬礼)。学生晋见老师,以及舞台演员谢幕常用鞠躬礼,以表达崇敬。祝贺胜利或表示欢迎,普遍以鼓掌为礼。

(3)风俗特点

汉族人风俗总的特点可以用这样几句话来概括:

华夏汉族,礼仪之邦;人口众多,风俗百样;
信仰忌讳,奇多且广;百花齐放,喜图吉祥;
烹调技艺,举世无双;居民百姓,纯朴善良;
性格正直,忠厚心肠;待人接物,热情大方;
讲究礼貌,客套非常;欢迎宾朋,多多来往。

汉族人以友善好客而闻名天下,重文明礼貌世人皆知,待客热情诚恳,语言谦虚。常用词有:初识习惯道"久仰";久别一般道"久违";征询意见用"指教";拜求指点用"赐教";借助帮忙说"劳驾";表示歉意说"包涵";伴朋随友称"奉陪";等客会友称"恭候";宾朋登门叫"光临";看望客人叫"拜访";聚友先离为"失陪";劝止送行为"留步"。

汉族的语言复杂,表达内容丰富。吉祥话、吉利语有:"恭贺新春"、"万事如意"、"一路顺风"、"健康长寿"等。吉利礼、吉利物有:"苹果"(含平平安安之意),"寿桃"(含健康长寿之意),鱼(含富裕、富富有余、年年有余之意)等。俗话说:"好事成双",一般都以双数为吉利的数字,尤以"6"数为最受欢迎的数字,人们常言"六六顺"。这还因"6"与"禄"同音,是有钱财、有福气的表示。对单数中的"9"数也很赞赏。这主要是因为"9"是个位数中最高之数,人们称之为"天数",其象征着极高、极广、极大、极深之意。又因"9"与"久"谐音,有长久、永久的预示,所以也被人们誉为吉祥之数。

汉族人普遍昵爱红色,并把红色称之为革命胜利之色;喜欢绿色,认为绿色代表盎然的春天与幸福;重视黄色,人们把其视为安全象征色。偏爱把"福"字倒贴,即"福到了",寓意着幸福即将到来。最崇拜龙,有龙为神之说。最昵爱珍稀动物大熊猫,并将其视为国宝和吉祥物。爱牡丹花,是因为它雍容华贵,富丽堂皇,是中华民族兴旺发达、美好幸福的象征。还爱梅花,人们视其民族团结、勤劳勇敢的象征。常以右手成拳同时上立食指的手势,表达"称赞"和"好"的意思;常以点头的同时并鞠身的动作表达"谢谢";常用右手臂上伸同时直立摆手的动作表示"再见"的意思。

① 饮食禁忌

汉族人口众多,且分布较广,忌食也各异。

汉族人普遍忌讳旁人在自己面前吐痰、挖鼻孔、擤鼻涕。认为这是不讲公德的行为。普遍忌讳有人双目盯视自己,认为这是不怀好意。普遍忌讳礼物"送钟",因其与"送终"同音,使人感到丧气。吃梨忌讳分着吃,或一梨切成几瓣分着吃,因为"分梨"与"分离"同音,是一种不祥的兆头。普遍忌讳有人用筷子敲击碗碟,因为这会使人联想到乞丐要饭。普遍忌讳用红笔写信及签字,因为这含有断交之意。

② 饮食特点

汉族人一般多是一日三餐,分早、午、晚餐。讲究烹饪技艺,注重菜肴色、香、味、形。在酷热的盛夏,人们都愿食一些口味比较清淡爽口的菜肴;在寒冷的冬季,大多数人的口味又都转向油重、味浓的菜肴。

南方人喜食米饭,北方人喜食面食。汉族人大都喜食猪肉、牛肉、羊肉、鸡、鸭、鱼、虾、蟹等,同时也喜食各种蔬菜、瓜、果、豆类、豆制品、菌类等。

2.回族人的饮食风俗

回族是一个人口较多,分布较广的民族。人口约860万(1990年统计下同)。宁夏回族自治区集中居住着约1/3的回族人口,其余散居于全国各地,有大分散、小集中的特点。回族习惯以汉语作为民族的共同语言。既受阿拉伯、波斯等传统文化的影响,又吸收汉族文化,这是回族文化的特色。但在经济生活、宗教信仰和风俗习惯等方面,回族仍表现出自己的民族特色。

(1)宗教信仰

回族人普遍信奉伊斯兰教。

(2)一般礼节

回族人重礼节,规矩较多。他们严禁露顶,外出必须戴帽;回族人尊敬长者,接待客人用饭时,主人必须为客人压饭压菜,客人即使吃饱了,仍要添少许,以示尊敬;给客人端饭菜均使用右手,客人要双手相接,否则被视为不礼貌。

俗话说:"十家回回九家亲,天下回回是一家"。不论熟识与否,只要你能按穆斯林的传统礼仪和宗教风俗习惯,正确使用语言、手势和习惯动作,均会得到较好的礼待。回族人宁可自己不吃,也要拿出食物来待客。

(3)风俗特点

回族人风俗总的特点可以用这样几句话来概括:

回族客人重礼仪,外出必须要戴帽;

接待宾朋特热情,压菜压饭要吃饱;

端菜端饭用右手,否则视为不礼貌;

不吸香烟不喝酒,注重规矩和宗教;

喜事三天无大小,欣赏表现从不恼。

开斋节、古尔邦节(宰牲节)、圣纪节(圣忌节)是回族人的三大节日,每逢节日,各家要炸"油香"及各式各样的食物。

关于油香、馓子,还有这样一个传说:当年伊斯兰教圣人穆罕默德从麦加来到麦地那,麦地那城穆斯林闻讯后,家家都准备了丰盛的饭菜迎接穆罕默德。穆罕默德拿不定主意究竟去谁家,最后急中生智让自己骑的骆驼走在前面,骆驼停在谁家,就到谁家吃饭。结果,骆驼停在一户只有老两口的贫苦人家门口。老两口见风尘仆仆的穆罕默德进了自己的家门,异常高兴,忙端出热腾腾的油香、馓子接待。穆罕默德吃罢很满意,连夸老两口的手艺好。从此这两种食品就流传下来,延续至今。现在,油香、馓子已成为回族人民传统的和一切庆典忌日都不可缺少的食品。

① 饮食禁忌

回民一般不用烟酒,尤其是阿訇等不摆酒,点心应是清真店制作的;忌食猪肉(油)及其制品;不吃无鳞鱼类,如蟹、甲鱼、海参和骡、驴、狗肉,以及非经穆斯林祈祷后宰杀的牛、羊、鸡、鸭肉等,羊肉罐头及黄油均不食用。

伊斯兰教历九月为斋戒月,凡伊斯兰教徒而非病人、旅客及孕妇者,在斋月里要封斋。在这一个月里,每天从黎明到日落,戒除一切饮食,即不吃、不喝,一心只敬真主;晚上封斋结束后,方可自由吃喝(现在也有部分人放弃这种习俗)。西北回区忌讳客人在家里吸烟、喝酒。

② 饮食特点

回族人喜欢吃牛肉、羊肉、西红柿、生姜、牛油、羊油,以面食为主,南方及一部分北方回民亦有以食米饭、蔬菜为主的。水产品中只吃带鳞的鱼。新疆回族喜欢吃羊肉面条,炒牛肉片,牛羊肉水饺、冻羊肉,喜欢饮牛奶红茶,只食用清真面包。

3. 蒙古族饮食风俗

蒙古族主要居住在内蒙古自治区,其余分布在辽宁、吉林、黑龙江、甘肃、青海、新疆等地。人口约480万。蒙古族长期以来主要从事畜牧业,也从事半农半牧业和农业。内蒙古自治区于1947年成立。

(1)宗教信仰

蒙古族主要信奉喇嘛教,也有少数信奉天主教、伊斯兰教和汉族的佛、道教以及原始宗教。

(2)一般礼节

敬鼻烟壶是蒙古牧民招待客人最常见的见面礼。客人到家中,主人先取鼻烟壶敬献;客嗅后,如礼以答。经过交换鼻烟壶,会使双方感到亲切,冷漠生疏之感顿时消失,双方就可以无拘无束地开始交谈了。尊敬长者是蒙古族的优良传统之一。在接受长者东西时,习惯稍屈身子或跪下一腿,伸出右手去接。蒙古族人热情好客,喜欢用酸马乳招待客人。对不接受感情的人,会使他们产生不愉快或戒心。用"全羊席"招待尊贵客人是蒙古族最常见的礼节。

(3)风俗特点

蒙古族人风俗总的特点可以用这样几句话来概括:

蒙古先敬鼻烟壶,顿消冷漠和生疏;

热情好客尊长者,大都喜用酸马乳;

剽悍豪放喜白色,勿摸念珠护身符;

成吉思汗铁板烧,喜食肉类猎获物;

上等食品是全羊,烹制方法烤和煮。

蒙古族人剽悍、豪放,使用本民族语言、文字。爱马和善骑是民族传统,四弦胡琴、马头琴是他们最喜欢的乐器。"蒙古包"是牧区蒙古牧民特有的住宅。蒙古族人喜欢白色,认为白色象征纯洁和吉祥,用白来命名佳节,用白来祝福民族兴旺。除夕之夜,一家人围坐火炉旁向长辈敬献"辞岁酒",饱餐羊肉和水饺,下棋、听艺人说书,喝茶通宵不眠,初一开始拜年。

① 饮食禁忌

忌讳吃饭时有人扣碗或在面前吐痰;念珠、护身符不能乱摸;参观经堂不要戴眼镜;给活佛、喇嘛服务不要吸烟喝酒;进屋时不要敲门;蒙古族人最厌恶黑色,认为黑色是不祥的颜色。

②饮食特点

牧区蒙古族牧民日常以牛、羊等肉食为主,辅以粮食、蔬菜、奶及饮料。早餐一般习惯吃炒米、奶油和奶茶;午餐和晚餐一般都吃面食和牛、羊肉。

农业地区的蒙古族人一般喜欢吃牛、羊肉及各种面食。

蒙古族人的各种食物均以油多、肉多为特点。粥里必须放肉类,喜欢喝红茶、砖茶和白酒,一般酒量都很大。

日常多食奶食、奶茶、炒米、奶油、奶干、奶糕,特喜食的是"成吉思汗铁板烧"和"蒙古烧烤海鲜火锅"。

关于炙肉片的得名,还有一段有趣的故事:相传成吉思汗在一次围猎宿营时,看见士兵在篝火中熏烧的肉乌黑焦糊,很不好吃,他灵机一动,取了一个士兵的铁盔放在篝火上,拔出腰刀,把猎来的黄羊肉切成片,放在盔上烤制,外焦里嫩。士兵们都效仿起来,于是"铁板烧"从此诞生了。

从蒙古生产、生活状况看,他们的饮食特点是:一是以鹿、狍、黄羊等猎获物的肉为主;二是食法上带有某些原始色彩。

4.满族的饮食风俗

满族历史悠久,满族统治者曾建立清朝统治全国达295年。现有人口982万,主要居住在东北三省,其中辽宁省190万,其余散居于内蒙古、河北、新疆、宁夏、甘肃和山东等省及北京、西安、广州、杭州等大中城市。满族信仰萨满教，还敬神信佛，敬观音、如来、太上老君等。

(1) 宗教信仰

满族的少数人信奉萨满教(新中国成立前为多数人)。

(2) 一般礼节

满族人过去久别相见时以拥抱为礼，平时相见以稍稍弯曲身体为礼，重要场合也有打千儿(单腿下跪)的礼节，辛亥革命后多以握手为礼。满族人很讲礼貌，敬重长者，就餐时先让长者和客人吃，妇人和晚辈后吃；他们以好客闻名，客至必留餐，上菜惯以双数为敬，如鸡蛋两盘，猪肉两碗等，以全羊招待客人是盛情款待的表示。

(3) 风俗特点

满族人风俗总的特点可以用这样几句话来概括：

尊敬长者讲礼貌，久别相见互拥抱；

客至必留要用餐，每菜必上是两道；

吃喝不露齿和脸，酸菜火锅黏豆包；

西炕为贵北为大，忌食狗肉皆知晓；

人人喜食蘸酱菜，一年四季不可少。

满族是一个历史悠久的民族，有自己的语言、文字。"腊八节"是满族民间一个较大的欢庆节日，临近腊月初八，满族同胞用黏高粱、小豆等八样杂粮煮成腊八粥，先供佛敬祖，送给亲朋好友，然后自己才吃，认为这样便可吉祥如意。满族婚礼十分讲究，有看门户、装烟酒、放定聘礼、换盅等仪式，并在婚娶中有许多食俗。如新郎接新娘，吃糕点、水果，预示着今后生活甜甜蜜蜜。婚宴是：四四席(四冷荤、四大件、四熘炒、四烩碗)，菜品一般是 16 或 18 道。

① 饮食禁忌

满族忌食狗肉。

过去有西炕为贵，北炕为大的习俗，这两炕均不死人，只许吃在南炕，西炕不准坐人(姑爷可以)。死人一般不准从门抬出，而应从窗户抬出。

② 饮食特点

满族烹饪起源于东北，形成于辽宁，发展于北京。白肉血肠、黏豆包、打包饭、酸菜、火锅是满族风味，尤其"蘸"是满族人民一年四季的食俗，蘸酱菜从各种蔬菜到野菜比较普遍。

5. 藏族人的饮食风俗

藏族是我国历史悠久的民族之一，人口约 459 万，主要分布在西藏，其余在青海、甘肃、四川、云南等地。藏族主要从事农业和畜牧业，多信喇嘛教。

(1) 宗教信仰

藏族普遍信奉喇嘛教。

(2) 一般礼节

藏族在会见或辞行时,最尊敬的礼节是双手平伸、手心向上做请的样子表示敬意。在吃饭时,先用手蘸酒在桌上点三滴,表示敬神佛。尊敬的礼节是用手打后脑勺并伸一下舌头。遇有重大活动,为表示心意,有献"哈达"的习俗。所献的哈达越宽越长,礼节越庄重。喜欢别人称他们"唠同"(同志),喜欢在姓名后面加个"拉"字,表示对人的尊敬。传统礼节是献上洁白的哈达,斟上酥油茶、青稞酒,表示盛情欢迎,祝愿吉祥如意。藏族人殷勤好客:过往客人,全村轰动,争相供给饮食,如是亲朋,全村都来问讯,设酒宰羊纷纷敬酒,歌舞达旦。不敬过客认为是全村的耻辱。

(3) 风俗特点

藏族人风俗总的特点可以用这样几句话来概括:

藏族信奉喇嘛教,姓名后面加个拉;

喜欢别人称唠同,来了贵客献哈达;

表示尊重打后脑,见客必献酥油茶;

大都身佩护身符,朝佛喜欢去拉萨;

传统节日望果节,擅长射箭和赛马。

藏族人的衣、食、住、行、婚姻嫁娶、生老病死都与信奉的喇嘛教教规有关。一般藏民,无论男女老幼,大都身佩"护身符"(佛像、经文或舍利灵丸),认为可避灾祸。到拉萨"朝佛"是一生最大的荣耀。

藏历年(正月初一)是藏族传统的盛大节日。初一这天,妇女起得特别早,争先恐后去背"吉祥水",预祝新的一年吉祥如意;初二开始3~5天是拜年,互赠哈达,以表示节日祝贺。"望果节"是庆祝丰收的传统节日,多在秋季举行,节日1~3天,抬着用麦穗搭成的丰收塔,系上洁白的哈达,敲锣打鼓,唱着歌曲,围着田边地头转。这个节日还举行赛马、射箭、文艺表演等活动,以庆祝丰收。

① 饮食禁忌

忌食鱼、虾、骡、驴、狗肉,有些人(西康、青海一带)忌食鱼、虾、蟹、鸡蛋,一般不喜欢吃海味。有些教派禁止喇嘛饮酒。

进藏族屋内不必敲门,他们的念珠、护身符不许乱摸;参观喇嘛教经堂不要戴眼镜;活佛、喇嘛不动烟酒,为他们服务的人也不要吸烟或饮酒。他们吃饭时忌讳有人扣碗,在他们面前不得吐痰,这是他们最厌恶的。在藏区遇身挂红、黄、绿标志的牛、羊不能驱赶或伤害,因为这是贡品,忌讳射杀鹰、雕。门口生火、贴红布条、插树枝或侧立木杆表示忌讳外人进屋。
②饮食特点
早餐：酥油茶、点心、糌粑（青稞麦炒熟后磨成的面，是藏族的主食）；
午餐：肉包子、馅饼。
晚餐：手抓羊肉、肉面条、猫耳朵片汤等。
一般喜欢吃牛、羊、猪肉、酥油、牛奶、酥油茶、面食；藏族人都喜欢饮酒，特别是青稞酒，吃菜不求花样多，以质量高为原则，禁止粗制滥造，烹调可用京菜口味，藏族人用餐一般不使用筷子，习惯用手抓饭。

6.朝鲜族的饮食风俗
朝鲜族人口约192万，主要居住在东北三省，其中以吉林省最多，占全省人口的60%以上。朝鲜族最为集中的聚居区是延边朝鲜族自治州和长白朝鲜族自治县。朝鲜族在我国少数民族中是物质生活较好、文化水平较高的民族之一。朝鲜族地区是我国北方著名的"水稻之乡"。

(1)宗教信仰
朝鲜族对儒、佛、道教混合信奉，也有部分人信奉基督教和天主教。

(2)一般礼节
朝鲜族讲究礼节，与老人打招呼要低头哈腰，彼此互握右手，左手指轻触自己的手腕，分手再见时不要挥单手，应鞠躬或举双手摇动；与朝鲜长辈碰杯时，酒杯应低于长辈的酒杯，碰了杯就要一饮而尽，否则，被视为无礼，若酒量小应事先声明；被邀跳舞时，不会也应下场走一圈；晚辈对长辈必用尊敬语言；酒席上按年庚依次倒酒，长者举杯后，才依次举杯；抽烟时年轻人不能向老年人借火，更不能对火；在路上遇见认识的长者，必须恭敬地问安并让路。

(3)风俗特点
朝鲜族人风俗总的特点可以用这样几句话来概括：
信奉道教、佛和儒，喜辣喜汤喜歌舞；
尊敬长辈爱清洁，遇见长辈先让路；
营养泡菜每餐有，烹调菜肴偶见醋；
白色他们最厚爱，忌讳4字这个数；
擅烹狗肉更喜食，爱饮白酒尤高度。
朝鲜族有自己的语言文字，是一个欢乐的民族，无论男女老少都能歌善舞，特别在节日和家庭遇有婚娶大事时，常聚集一起唱歌跳舞。朝鲜族以爱清洁著称；喜爱穿素白衣服，有白衣民族之称；朝鲜族一般都居住平房，进屋是炕，厨房与餐厅合二为一；荡秋千是朝鲜族妇女的传统游戏，摔跤是朝鲜族喜爱的体育活动；朝鲜族人饮食讲究，五谷饭、打糕、狗肉汤、冷面（长寿面)等是民族风味食品,老人节(八月十五)是特有的民族节日。

①饮食禁忌

不喜欢吃鸭子、羊肉、肥猪肉及河鱼、花椒,不爱吃带甜味的菜肴,婚丧日不食狗肉,忌杀狗。

到朝鲜族家做客,进屋一定要脱鞋,不能擅自进姑娘闺房,乱坐床榻。

②饮食特点

一般口味喜酸辣,特别爱吃狗肉、冷面、汤饺子、洋白菜、苹果等。主食习惯吃大米和小米,佐以各种口味的汤,对各种海鱼、海味、瘦猪肉、牛肉较喜爱,爱喝北京的豆浆,喜食豆腐脑,擅长制作并喜食各种咸菜及用江米面做成的打糕。朝鲜族菜肴主要有炒、烤、煎、焖、生拌、炸等烹调方法。

平日饮食,老年人不同晚辈同席,而要在单独房间的小方桌上进食。晚辈若被允许同长辈同席,也不能当着长辈面饮酒;若要饮酒,也须转过身去饮用。

老人或长者外出,全家要鞠躬礼送;老人在吃饭时未归,全家要等老人归来方能进餐;遇有佳味,亦须在老人尝用过后,家人才可享用。

(三) 部分国家的饮食风俗

世界上200多个国家和地区,居住着2 000多个大大小小的民族,由于国家、民族文化背景的差异,礼貌礼节和饮食习俗也大不相同。酒店服务工作是面向全世界的工作,了解世界各国的风俗习惯、礼貌礼节和饮食禁忌对做好酒店服务工作起着重要的作用。

1.美国人的饮食风俗

美国位于北美中部,面积为9 372 614平方公里。美国是一个多民族的移民国家,80%以上是欧洲移民的后裔,12.1%为黑人,还有墨西哥人、阿拉伯人、印第安人,有"民族熔炉"之称。50%的居民信奉基督教或天主教,其他人信仰犹太教。首都华盛顿,国歌为《星条旗歌》,国花为玫瑰花。官方语言为英语。1979年1月1日同中国建交。

(1)宗教信仰

美国人主要信奉基督新教,其次为天主教,犹太教等。

(2)一般礼节

美国人常用的礼节是微笑和握手,有的见面连手都不握,只是用礼貌语和微微一笑来表示,亲吻和拥抱虽然也是惯用礼节,但仅限于熟人、亲友和情人之间。

美国人以不拘礼节著称。第一次见面常直呼对方的名字,或说一声"嗨","哈罗",不正正经经地握手为礼。大多数美国人都不在意因年龄或社会地位的关系而受人尊敬,这会使他们觉得不自在。许多人认为先生、小姐、太太称呼太客套,喜欢以名字称呼。他们浪漫、喜新奇、重实利、自由平等观念强。女子性格开朗、举止大方,即使素不相识,谈笑也不拘束。无论在何时何地都有女士优先的惯例。

(3)风俗特点

美国人的风俗特点可以用这样的几句话来概括：

美国宾客善交道,平易近人含微笑；

热情好客有传统,待人接物讲礼貌；

性格浪漫喜新奇,开朗大方不单调；

自由随便无拘束,彼此从不互客套；

坦率诚挚爱直言,不愿与人搞弯绕。

美国人通用美式英语,旅游业相当发达。新年之夜,在外开篝火晚会,午夜12点,人们把旧物扔进火里烧掉,并围火歌舞,狂欢到黎明。美国人在谈天时喜欢用手势,以充分表达自己的意思,他们把拇指朝上表示好,拇指朝下,表示坏或差。

美国的感恩节(每年11月的第4个星期四)是家人团聚、朋友聚会的节日；每年5月的第二个星期日为"母亲节",家庭成员都要做种种使母亲欢心的事情,并送礼物表示祝贺。

① 饮食禁忌

美国人不吃鸡皮和鸡内脏。美国人饮食上忌食各种动物的五趾和内脏；不吃蒜；不吃过辣食物；不爱吃肥肉；不喜欢清蒸和红烩菜肴。

忌讳"13"、"星期五"这些数字和日期,认为这些数字不吉利。相互间谈话不喜欢距离太近。女宾客不欢迎送毛巾,美国妇女视厨房为领地,连母亲及妹妹都不得擅入,家庭成员不可擅入他人房间。

美国人讨厌蝙蝠,认为它是凶神恶煞的象征。因此,凡有蝙蝠图案的旅游商品不能向美国人销售,讨厌别人问私事,如工资、房价等。

② 饮食特点

饮食讲究,菜要少而精,以西餐为主,也喜食中餐,爱吃广东菜。在中国,美国人一般除早餐吃西式早点外,午晚餐都愿意吃中餐。主食喜食米饭、烧卖、饺子等。对晚餐比较重视,常吃的有猪肉、牛肉、鸡、鸭、鱼、虾、海参、鱼翅等,喜食青豆、菜心、豆苗、刀豆等蔬菜和蘑菇。喜欢饮酒、喜欢花茶。

近年来,饮食方便已成为当代美国人饮食的主要特点,越来越多的人不在家里用餐,即使在家用餐,也力求快速、简便。

2.英国人的饮食风俗

英国位于欧洲西部、大西洋的不列颠群岛上,面积为242 000平方公里。

人口为5 880万,其中英格兰人占80%以上,其余为苏格兰人、威尔士人和爱尔兰人等。居民绝大多数信奉基督教,只有少部分人信奉天主教。首都伦敦,国歌为《上帝保佑女王》,国花为玫瑰花。官方语言为英语。1954年6月17日同中国建立代办级外交关系,1972年3月13日升为大使级外交关系。

(1) 宗教信仰

英国人的主要宗教信仰是新教和罗马天主教,圣公会为英国国教会,教徒占全国人口的近半数。

(2) 一般礼节

英国人在与客人初次见面时的礼节是握手礼;女子一般施屈膝礼。英国男子戴帽子遇见朋友,有微微把帽子揭起"点首为礼"的习惯。

(3) 风俗特点

英国人的风俗特点可以用这样几句话来概括:

英国客人重仪表,风度翩翩气质好;

处事稳重不随便,谨慎小心不毛草;

社交乐于很坦率,忌讳弯转假客套;

私事反对他人问,因为无须您知道;

女士第一最盛行,礼貌规矩不可少。

英国人在社交场合中特别注重礼仪形式,引见客人有自己的规矩习惯:一般要向地位高的人引见地位低的人;向老年人引见年轻人;向妇女引见男人;向已婚妇女引见未婚的青年女子。他们特别注意尊重妇女。一般情况下,走路先让妇女行,乘电梯先让妇女乘;宴会筵席上,要把主要女宾安排在第一席位上;斟酒也要先为女宾或女主人斟。他们很喜欢别人在称呼他们时,在姓名的后面加上自己的荣誉头衔。

① 饮食禁忌

英国人在饮食上不愿意吃带黏汁和过辣的菜肴;忌用味精调味;也不吃狗肉。

英国人忌讳在餐桌上使水杯任意作响,或无意碰响水杯,而又不去中止它作响。认为这样既有失观瞻,又会给人招来不测。

英国人忌讳百合花,并把百合花看做死亡的象征。他们忌讳在众人面前相互耳语。认为这是一种失礼的行为,忌讳有人用手捂着嘴看着他们笑。认为这是嘲笑的举止。

② 饮食特点

英国的"烤牛肉加约克郡布丁"被称为国菜。这是用牛腰部位的肉,再把鸡蛋加牛奶和面,与牛肉、土豆一起在烤箱中烤制的菜肴。上桌时,还要另配单煮的青菜,即为"烤牛肉加约克郡布丁"。普通家庭三餐,阔绰人家四餐。英格兰人一般都爱吃酥皮葱饼;英国的许多海港一带的人,一般都特别喜爱鲱鱼和鲭鱼。

英国人在进餐时,一般都爱先喝啤酒,还喜欢喝威士忌等烈性酒。英国人大都喜欢喝茶。他们平时主要吃英式西餐或法式西餐;对中餐也极为赞赏并乐于品尝,并喜欢在餐桌上备有调味品。

3.法国人的饮食风俗

法国位于欧洲大陆的西部,面积为551 602平方公里,其中法兰西人约占94%。绝大多数居民信奉天主教。首都巴黎,国歌为《赛马曲》,国花为鸢尾花,官方语言为法语。1964年1月27日同中国建交。

(1)宗教信仰

法国人大都信奉天主教,少数人信奉基督新教和伊斯兰教。

(2)一般礼节

在法国南部见面一般亲吻左右面颊两次,在法国北部就要按照惯例亲吻三次;巴黎的年轻人都要亲吻四次,表示亲热、友好;长辈对小辈是亲额头;只有爱人和情侣之间才亲嘴。法国人好客,待人彬彬有礼,"请"、"您好"、"再见"、"对不起"等常不离口。

(3)风俗特点

法国人的风俗特点可以用这样几句话来概括:

法国友人很直爽,性格大多较开朗;

谈吐幽默又风趣,特别善于搞交往;

女士优先成风气,良好传统大发扬;

忌讳询问个人事,私密从不对人讲;

注重礼节和礼仪,乐于助人讲风尚。

法国人在除夕时家中所有的酒都要喝光,即使酩酊大醉也不足为怪,认为过年时家中还有剩酒,来年定交厄运。

一般来说,法国人喜欢谈天时用手势,以充分表达自己的意思。表示数字是从拇指开始,依次顺序相加的,用拇指朝上表示好,朝下表示坏或差,满意时把拇指和中指相扣形成一个圈。

巴黎人爱公鸡,他们把大公鸡作为光明的象征。

① 饮食禁忌

法国人不吃辣的,不爱吃无鳞鱼。

法国人一般都不喜欢送毛巾;对老年妇女称"老太太"视为污辱;忌讳黄色,对墨绿色也极为反感;认为摆菊花、杜鹃花、纸花和黄色的花都不吉利。

② 饮食特点

法国人喜食肥、浓、鲜、嫩，一般对晚餐较重视；有些人喜欢吃过午茶，晚餐喝薄荷茶，饭后要喝咖啡。对菠萝有偏爱；喜食鸡、鱼、虾、鸡蛋、猪肉、牛肉、羊肉、各种肠、生菜、各种蔬菜，冷盘习惯上整的，由就餐者自己切着吃；配料喜用大蒜、香果等，调味很讲究用酒，且要求很严格，如清汤用葡萄酒；海味用白兰地、白酒；肉类和家禽用舍利酒、麦台酒；野味用红酒；各种点心和水果都用甜酒；法国菜还讲究蔬菜的使用：每一道菜里都要配上两、三种蔬菜；喜欢中餐的炒虾球、干烧鳜鱼、鸡块汤和炒什锦鲜菇等。法国人喝酒很讲究：饭前一般喝开胃酒；吃饭时饮不带甜味的葡萄酒、玫瑰酒；吃肉时喝红葡萄酒，吃海味时喝白葡萄酒或玫瑰酒；饭后要喝一点带甜味的消化酒；宴请宾客喜喝香槟酒以增加席间的欢乐气氛。

4.俄罗斯人饮食风俗

俄罗斯位于欧洲东部和亚洲北部，面积为 17 075 400 平方公里，居民80%以上是俄罗斯人。首都莫斯科，国花为向日葵，官方语言为俄语。1991年12月，苏联解体，俄罗斯联邦宣告成立。

(1)宗教信仰

俄罗斯人主要信奉俄罗斯东正教，其次是伊斯兰教和天主教。

(2) 一般礼节

俄罗斯人十分热情好客，喜欢交往，注重言谈，注意礼貌，见面时要相互问好，请早安、日安或晚安，言谈中常使用"对不起"、"请"、"谢谢"等词语。人们外出时都衣冠楚楚，认为扣不好纽扣和把衣服搭在肩上是不文明的表现。

一般做客，事先要与对方联系，约好时间前往；不打招呼，突然登门被认为是不礼貌的。逢节日或家中有女主人，一般要带上一束(捆)花或几朵鲜花，以送一、三、五单数为宜。主客见面时，一般要握手、拥抱，亲近的人互相要亲吻。客人进屋时，常常由主人在前面引路，在走廊或前厅脱下外衣，男人一定要脱帽。如主人留客人吃饭，席间客人应首先为主人敬酒，感谢主人的盛情和表示对主人的祝愿。做客结束时，客人一定要感谢主人的盛情款待。送客一般送到门口为止，然后把门关上，没有远送的习惯。

(3)风俗特点

俄罗斯人的风俗特点可以用这样几句话来概括：

东欧俄罗斯联邦，民族众多人豪放；

特别注重讲文明，衣冠从来不浪荡；

待人热情有礼貌，耿直慷慨又大方；

红色7数都厚爱，普遍称马为吉祥；

视左主凶右主吉，偶遇兔子最懊丧。

俄罗斯人一般注重过生日,尤其重视每10年的生日,每次都要好好排场排场,请客饮酒,朋友都要送礼物,在外地的也要写信祝贺、寄礼品;孩子过生日,父母也要赠送礼品。

俄罗斯的殡葬仪式不复杂,一般送哀者穿深色衣服,无佩带黑纱和白花的习惯。

婚礼中,新郎父母在门口用盐和面包欢迎新娘,新人进屋时,往他们身上撒麦粒和硬币,祝福生活富裕。在整个婚礼中,只要客人喊"苦",新郎、新娘就必须进行接吻,一般均借酒菜味道叫"苦"。俄罗斯的每个民族风俗各不相同,婚俗也各有特色。

采蘑菇、钓鱼和饮酒是俄罗斯人的三大嗜好,周末在学习和工作之余全家人一起去郊外游玩,享受大自然的乐趣是多年养成的习惯。

① 饮食禁忌

信奉伊斯兰教的人,忌食猪肉(油)及其制品,哈萨克族不吃整鱼,欧洲部分民族不喜食海味,也有不吃鱼、虾、鸡蛋等。

认为黑色是肃穆和不祥的象征,因此,不喜欢黑猫,认为遇见黑猫不会走好运,有的人把打翻盐瓶看成是家庭不和的预兆。和西方人一样,数字中忌讳13,认为是凶险和死亡的象征,有人认为左边站的是凶神,右边是善良的守护神,因而忌讳用左手握手,忌讳早晨下地先下左脚等。

做客送鲜花,不能送双数,因为赴丧追悼亡人才送双数。送给新婚人的鲜花忌黄色,黄色花多用于祭祀。

席间,客人不能坐在桌角旁,否则会被认为是不吉利的。在公共场合吃饭时,嘴里发出响声或把餐具弄得乱响,认为是不礼貌的。妇女不能自己给自己倒酒,要等男人为她斟酒。席间不习惯互相让菜,接待客人时不能穿家常衬衫,一般要换衣服。在做客时吸烟,必须征得主人同意,到指定地点去吸。

② 饮食特点

口味一般较咸,喜油腻和酸食。爱吃青菜和水果。喜欢烈性酒,酒量较大。喜饮柠檬水、果汁水、咖啡、可可、橘汁、矿泉水、啤酒等。

俄罗斯人大多喜欢中餐。

5. 日本人的饮食风俗

日本是亚洲东部的一个群岛国家,面积为377 800平方公里,人口为12 520万,是世界人口密度最大的国家之一。民族主要是大和族,首都东京,国歌为《君之代》,国花为樱花,官方语言为日语。1972年9月29日同中国建交。

(1)宗教信仰

日本人信奉佛教和神道。

(2) 一般礼节

日本人见面从问早安到问晚安结束,生活中尽量不给别人添麻烦,谈话声音很小,保持安静。男子见面一边握住对方的手,一面深鞠躬,妇女则以深深的鞠躬表示问候和谢意。若坐在草席上,就以跪坐的方式向对方问候,同时将头低下。

日本人初次见面,拿出来的第一件东西就是名片,不带名片不仅感到失礼,而且认为你不好交往。

(3) 风俗特点

日本人的风俗特点可以用这样几句话来概括:

待人处事彬彬有礼,微笑相迎精神欢喜;

见面问好鞠躬行礼,谦让礼貌讲求规矩;

语言文明说话客气,交谈乐于轻声细语;

白色黄色受人爱昵,绿色紫色民间为忌;

乌龟鹤类长寿吉利,狐狸和獾人人厌弃。

日本是个礼节多的国家,极重礼貌,大商店的售货员一天要说2 000多次"谢谢"。日本节日很多,法定假日有12个。最热闹、持续时间最长的是新年,较重要的节日有建国纪念日(2月11日)、天皇诞辰日、宪法纪念日(5月3日)等。男子一般喜欢棒球、网球、高尔夫球、剑道、柔道、围棋等,女子喜欢花道、茶道、琴道、书道。日本是能歌善舞的民族。

日本的国花是樱花,数量多,种类多;和服是民族服装,但穿者日益减少,穿西装的人越来越多,只在特定场合和节日才穿和服;和食是日本民族特有的饭菜,副食大多是海产品。日本人的婚礼相当有趣和具有诗情画意,他们也是比较重视葬仪的国家,往往穿插宗教活动仪式。

① 饮食禁忌

日本人一般不吃肥肉和猪内脏,也有人怕膻味不吃羊肉,有人也不吃鸭子。

日本人忌讳较多,总的说来有二十忌:

◆结婚时,忌讳中途拆散,不能使用"完了"、"归"、"去"、"碎"、"坏"等不吉利的字眼。

◆参加葬礼,忌讳使用"频繁"、"不久"、"再三再四"等词。忌喧哗、嬉笑。

◆言谈中忌讳谈人的生理缺陷,如"大个子"、"秃头"、"大脑袋"、"胖子"等。

◆对残疾人很尊重,用词讲究,如不称"哑巴",而称"嘴不自由的人"。

◆探视病人送花时,忌讳送根、盆栽的花。
◆不能说"4"(死的谐音)。
◆日本人忌讳的数字有"6"、"9"、"42"等(认为会带有贬义和会产生"凶")。
◆日本妇女忌讳别人打听婚姻及年龄,赠送陶瓷、玻璃品时忌讳破损,认为不吉利。
◆认为绿色是不祥之色,紫色是悲伤的色调。
◆忌讳赠送或摆放荷花。
◆忌把筷子直插饭中、舔筷子、用筷子穿插食物、用筷子扒拉菜吃。
◆忌用筷子夹完不吃,又夹另一个菜。
◆忌把筷子放在碗碟之上,以筷子代替牙签剔牙,舔粘在筷子上的饭粒,忌用一双筷子大家依次夹拨食物。
◆忌拿筷子在桌子上游寻食物,野餐后筷子要折断扔掉(意即防止恶魔干伤天之事)。
◆忌讳狐狸及獾的图案,认为象征狡猾。
◆日本人笑时,女人应用手捂住鼻子部位,否则被认为是没教养。
◆忌讳客人不经主人允许就进入卧室、厨房等地方。
◆忌讳客人评论主人物品的优劣。
◆忌讳三个人在一起照相。
◆忌讳睡觉头朝北睡(人去世时,停尸头朝北)。
②饮食特点
日本人以食米为主。一般人喜欢口味清淡、少油、常甜酸或微辣味,喜凉拌菜和中餐的甜菜,以及小笼包和水饺。喜食海味、牛肉、野禽、鸡蛋、虾、蟹、瘦猪肉、青菜和豆腐等,偏爱水果,爱饮绿茶和红茶。日本人绝大多数都吃"和食",吃西餐也是日本化的西餐,他们选择食物的主要标准是:方便、优质、软食、少量,很少大吃大喝,宴会也不挥霍。
近年来,日本有一日三餐的习惯,早午餐较简单;最重视晚餐,全家团圆,晚餐内容丰富多彩;日本人喜欢吃生食,生鱼片是(把鲜鱼、鲜贝等切成片,蘸佐料)一等食品。

第三章 不同人群的营养与膳食

学习内容与目标：
第一节 特殊生理条件下人群的营养与膳食
第二节 特殊环境条件下人群的营养与膳食
第三节 特殊病理条件下人群的营养与膳食

第一节 特殊生理条件下人群的营养与膳食

一、孕妇的营养与膳食

妊娠是一个复杂的生理过程，孕期妇女对能量及各种营养素的需要量均有所增加。为了满足孕期对各种营养素的需要量，孕期的食物摄入量也应相应增加。由于怀孕不同时期胚胎的发育速度不同，孕妇的生理状态、机体的代谢变化和对营养素的需求也不同。按妊娠的生理过程及营养需要特点，孕妇膳食营养分为孕前期（孕前3~6个月）、孕早期（1~3个月）、孕中期（4~6个月）和孕晚期（7~9个月）四个部分。

(一) 孕前期营养与膳食

合理膳食和均衡营养是成功妊娠的重要保证。为了提高生育质量，夫妻双方都应做好孕前的营养准备。育龄妇女在计划妊娠前3个月左右应注意调理自身的营养、生活习惯并使之达到最佳状态。具体应做到：

1. 多摄入富含叶酸的食物或补充叶酸制剂

叶酸是一种水溶性维生素，在体内参与氨基酸和核苷酸的代谢，是细胞增殖、组织生长和机体发育不可缺少的营养素之一。一旦缺乏叶酸，可导致胎儿神经管畸形或眼、口唇、腭、胃肠道、心血管、肾、骨骼等器官的畸形的发生。

妊娠的前4周是胎儿神经管分化和形成的重要时期,由于怀孕的确定时间是妊娠发生的5周后或更晚,受孕者不会意识到已怀孕。而且研究表明,妇女在服用叶酸4周后,体内叶酸缺乏的状态才能得到明显改善。因此,育龄妇女至少应在孕前3个月开始注意补充叶酸。含叶酸较丰富食物有动物肝脏、深绿色蔬菜及豆类食物等。由于叶酸补充剂比食物中的叶酸能更好地被机体吸收利用,专家建议,至少在孕前3个月开始每日服用400 μg叶酸,使体内的叶酸维持在适宜水平,以确保胚胎发育早期有一个较好的叶酸营养状态,预防胎儿神经管及其他器官畸形的发生。

2.补充富含铁的食物

孕前期良好的铁营养是成功妊娠的必要条件,孕前期缺铁容易导致早产、孕期母体体重增长不足以及新生儿低出生体重,故孕前期女性应储备足够的铁为孕期利用。含铁较多的食物有动物血、肝脏、红肉类原料以及黑木耳、红枣等。如果缺铁严重可在医生的指导下服用补铁剂。补铁的同时要适量增加维生素C和蛋白质的摄入以促进铁的吸收。

(二)孕早期营养与膳食

孕早期胎儿生长速度相对缓慢,平均每日增重约1 g。孕妇的营养需要量与孕前期基本相同,但大部分孕妇有不同程度的早孕反应,出现恶心、呕吐及食欲不振,影响营养素的摄入。因此,孕早期需合理调配膳食,防止剧烈妊娠反应引起营养素摄入不足或缺乏,从而导致胎儿生长发育不良。

1.孕早期的膳食以清淡、易消化为宜,避免食用油腻食物,对轻度呕吐者要鼓励进食,不可因呕吐而拒食。

妊娠早期受孕酮分泌增加的影响,孕妇的消化系统功能将发生一系列的变化:胃肠道平滑肌松弛、张力减弱、蠕动减慢,胃排空及食物肠道停留时间延长,孕妇易出现饱腹感以及便秘等现象;孕早期消化液和消化酶分泌减少,易出现消化不良;由于贲门括约肌松弛,胃内容物可逆流入食道下部,引起烧心或反胃。以上消化功能的改变可导致孕妇出现早孕反应。所以,孕早期的膳食以清淡、易消化为宜。

2.可采用少食多餐的方法,每日至少应摄入40 g蛋白质、150 g碳水化合物,相当于200 g粮食加一只鸡蛋和50 g瘦肉才能维持孕妇的最低营养需要。

孕早期反应较重的孕妇,不必像常人那样强调饮食的规律性,更不可强制进食,进食的餐次、数量、种类及时间应根据孕妇的食欲和反应的轻重及时进行调整,应少食多餐,尤其是呕吐较严重的妇女,进食可不受时间的限制,坚持进食。应尽量适应妊娠反应引起的饮食习惯的短期改变,照顾孕妇个人的喜好,不要片面追求食物的营养价值,待妊娠反应减轻时逐渐纠正以保证进食量。孕早期的妇女应注意适当多吃蔬菜、水果、牛奶等富含维生素和矿物质的食物。为减轻早孕反应可食用面包干、馒头、饼干、鸡蛋等食物。

3. 保证摄入足量富含碳水化合物的食物。粮食摄入过少可引起能量摄入不足,孕妇体内脂肪动员增强可造成血液中酮体蓄积,并对胎儿大脑发育产生不良影响。

怀孕早期应尽量多食用富含碳水化合物的谷类和水果,保证每天至少摄入150 g碳水化合物(约合谷类200 g)。

日常生活中,谷类、薯类和水果富含碳水化合物。谷类一般含75%,薯类含量为15%~30%,水果含量约为10%,其中水果的碳水化合物多为单糖和双糖,吸收较快。

4. 多摄入富含叶酸的食物并补充叶酸制剂

怀孕早期叶酸缺乏可增加胎儿发生神经管畸形及早产的危险。叶酸的良好食物来源为动物肝脏、鸡蛋、豆类、绿叶蔬菜、水果及坚果等。由于叶酸补充剂比食物中的叶酸能更好地被机体吸收利用,因此专家建议,受孕后每日应继续补充叶酸400 μg,至整个孕期。因为叶酸除有助于预防胎儿神经管畸形外,也有利于降低妊娠高脂血症发生的危险。

此外,孕妇还要戒烟限酒。

(三)孕中期营养与膳食

孕中期胎儿生长速度加快,平均每日增重约10 g,6个月的胎儿体重可达1 000 g左右。孕妇的早孕反应大多已消失或减轻,食欲开始好转,体重明显增加,可出现生理性贫血。孕中期必须增加铁的摄入量,经常食用瘦肉、动物内脏、动物血等含铁丰富且吸收率较高的食物。此外,应及时增加食物的品种和数量,适当增加鱼、禽、蛋、瘦肉、海产品、奶类食物的摄入,以保证摄入足够的能量和各种营养素。孕妇从妊娠5个月开始每日需储存钙200 mg,应注意增加钙的摄入量,经常食用牛奶、虾皮、海带、豆制品和绿叶蔬菜等含钙丰富的食物。继续禁烟限酒,少吃刺激性食物。

(四)孕晚期营养与膳食

妊娠最后3个月胎儿生长迅速,孕晚期胎儿增长的体重约为出生时体重的70%,其体重由28周的1 000 g左右增至40周的3 000 g左右,是蛋白质储存最多的时期,因此应增加优质蛋白质、钙和铁的摄入量,每日的膳食组成可在孕中期膳食的基础上再增加肉、禽、鱼、蛋等动物性食物50 g,每周两次食用动物肝脏和动物血。

二、乳母的营养与膳食

哺乳期妇女(乳母)一方面要逐步补偿妊娠、分娩时所损耗的营养储备,促进各组织器官、系统功能的恢复;另一方面还要为分泌乳汁、哺育婴儿摄取营养素。如果乳母的营养不足,不但影响自身身体的恢复,同时还会使乳汁的分泌量减少或质量降低,影响婴儿的正常生长发育。因此,应根据乳母授乳期的生理特点及乳汁分泌的需要,合理安排乳母的营养膳食。

乳母由于要分泌乳汁喂养婴儿,消耗能量和营养素较多,因此选择食物应做到种类多样,数量充足并具有较高的营养价值,对于富含蛋白质和钙质的食物更应注意选用,并调配平衡膳食。乳母一日的膳食组成一般包括:谷类 450~500 g,蛋类 50~100 g,豆制品 50~100 g,肉、禽、鱼类 150~200 g。动物性食物如肉、禽、鱼等烹调方法应多用炖、煮、熬等方法,少用油炸、熏、腌腊等方法。要经常食用一些汤类,如鸡汤、鱼汤等,不仅营养丰富,而且可促进乳汁分泌。蔬菜烹调时要尽量减少维生素 C 等水溶性维生素的损失。每日除正常三餐之外,可适当加餐 2~3 次,以利于机体对营养素的吸收利用,乳汁分泌与乳母的饮水量有关,餐间还要多饮水,辛辣、刺激性强的食物应避免摄入。另外,还要坚持科学活动和锻炼,保持健康体重。

三、儿童、青少年时期的营养与膳食

一般学龄前儿童为 4~6 岁,学龄儿童为 7~11 岁,青少年为 12~18 岁。

儿童、青少年时期不但生长快,而且第二性征逐步出现,加之活动量大,学习负担重,青少年对能量和营养素的需求都超过了成年人。儿童、青少年时期是一个人体格和智力发育的关键时期,也是一个人行为和生活方式形成的重要时期。充足的营养摄入除了可以保证其体格和智力的正常发育外,还会为其将来奠定一定的基础。青春期女性的营养状况还会影响到下一代的健康。根据儿童、青少年时期生长发育的特点,应在膳食中注意以下几方面:

1. 三餐定时定量,保证吃好早餐,避免盲目节食。

2002 年中国居民营养与健康状况调查结果显示,一日三餐不规律、不吃早餐的现象在儿童、青少年中较为突出,严重影响了他们的营养素摄入量和健康状况。

儿童、青少年的智力发育逐渐趋于完善,具有一定的求知欲,应注意良好的饮食卫生习惯的培养。

有些儿童、青少年为了追求体型完美,有意进行节食,继而出现过度地节制饮食。这种情况多见于青春期女孩。有少数女孩盲目节食,甚至用催吐、吃泻药等极端做法减轻体重。久之容易导致神经性厌食症,发生营养不良现象。现实生活中,有很多本身体重正常的女孩盲目节食,这对她们的健康成长造成了巨大威胁,因此要对这样的人群进行有针对性的宣传教育,引导她们形成正确的审美观念,重视营养,重视健康,能够客观评价自身身体状况。

2.食用富含铁和维生素C的食物。

贫血是世界上最常见的一种营养缺乏病,也是当前最为人们关注的公共卫生问题之一。儿童、青少年由于生长迅速,对铁的需要量增加,女孩月经期间会损失部分铁,更易发生缺铁性贫血。贫血会造成儿童、青少年体力、身体抵抗力以及学习能力的下降。食物多样化可以预防贫血疾病的发生。注意调换食物品种,经常食用含铁丰富的食物,同时补充维生素C和蛋白质会有很好的效果。

3.平衡膳食,食物多样化,保证足量的鱼、禽、肉、蛋、奶及豆类的供给,忌食刺激性食物,如油炸、油煎、烟熏及腌制食物。

鱼、禽、肉、蛋、奶及豆类是膳食中优质蛋白质的主要来源,其中鸡蛋除含优质蛋白质外还含有维生素A、核黄素及卵磷脂等营养素。奶类除含有优质蛋白质外,还是维生素A、核黄素及钙的良好来源。

4.烹调时应使食物便于咀嚼,易于消化,食物要细软,粗粮要细做,对于儿童应避免摄入整粒或带刺食物。

5.合理调配膳食,使食物色、香、味、形俱佳,并经常变换花样,以提高儿童的进食兴趣,增进食欲;应少放或不放味精等人工合成调味品。

6.保证蔬菜水果的供给

补充蔬菜水果的目的是为了获得胡萝卜素、维生素C、矿物质及膳食纤维,其中小棵有色蔬菜尤其是绿叶蔬菜富含胡萝卜素、维生素C,宜尽量选用。每日蔬菜的总供给量约为500 g,其中绿叶蔬菜不低于300 g。

7.钙是构成骨骼的重要成分,青少年正值生长旺盛时期,骨骼发育迅速,需要摄入充足的钙。据1992年全国营养调查资料显示,我国中小学生钙的摄入量普遍不足,还不到推荐供给量的一半。为此,青少年应每天摄入一定量奶类和豆类食物,以补充钙的不足。青春发育期的女孩应时常吃些海产品以增加碘的摄入。另外,注意补充含铁多的食物。

四、中年人的营养与膳食

我国规定35～49岁为中年、国际规定45～59岁为中年。中年人的生活习惯一般已形成,但有些中年人在饮食方面注意不够,或被美味佳肴所惑,或有一定误区,或因工作而没有节制,长此以往,将影响身体健康。

中年人的生理特点:

中年人基础代谢率下降了10%～20%,肌肉等实体组织随年龄增长而减少,脂肪组织增多。消化、循环系统功能逐渐减退,50岁左右是癌症高发阶段、负担脂肪代谢的酶和胆酸逐渐减少,对脂肪的消化吸收和分解能力逐渐下降,对各种维生素的利用率低,常出现伤口不易愈合、眼花、皮皱、衰老等症状,人体各器官功能减退。

中年人的合理膳食具体应做到:

1. 定时定量进食

中年人摄入的营养成分与人体消耗的物质之间在数量上应处于平衡状态,如能经常保持这种平衡,可少生疾病,防止早衰。

2. 防止肥胖

肥胖是由于吃得过多或代谢不平衡导致的疾病,中年人应注应控制进食量,增加运动量,防止肥胖。

3. 补充钙质

钙是人体需要量最多并较易缺乏的一种营养素。人到中年后,钙的吸收能力减弱,排泄量却增加,故要注意钙质的补充。

4. 控制食盐摄取量

摄取食盐过多会使血压升高,并易引起脑中风,每日食盐摄取量应少于 6 g。

5. 预防缺铁性贫血

中年女性要注意补铁,同时多摄取动物性蛋白质和含维生素 C 丰富的食物。

6. 少吃动物油脂,多食用植物油脂

总之,为了提高中年人的健康水平,建议控制膳食中的总能量,维持正常体重;少吃动物脂肪,多选择富含优质蛋白质、维生素 A、核黄素和宜于吸收的高钙食物,增强体力活动,保持心态平衡。

五、老年人的营养与膳食

国际规定 60 岁以上的人群为老年人。

人体衰老是一个自然规律,不可逆转,只能延缓。随着年龄的增加,老年人的器官功能逐渐衰退,容易导致营养缺乏病或慢性退行性疾病的发生。

老年人的生理特点:

随着年龄增加,基础代谢率下降;人体组成成分也随年龄增加发生缓慢变化;消化系统改变;心血管系统的变化;视觉器官的生理功能变化;神经系统变化;免疫系统功能也改变。

老年人的饮食营养调理,要根据各自的生理特点而定,总的原则是"四足四低",即足够蛋白质、足够矿物质、足够维生素、足够膳食纤维和低热量、低脂肪、低胆固醇、低盐。

老年人营养膳食具体要求如下:

1. 食物多样化,做到粗细粮搭配合理。

食物种类多,可获得全面的营养,主食做到粗细搭配,粗粮、薯类具有很高的营养价值,能提供多种维生素、矿物质、和膳食纤维,有利于老年人维持良好的食欲和消化液的正常分泌。膳食纤维可刺激胃肠蠕动,防止便秘还可以调节血糖,预防心血管疾病。

2. 食物宜清淡、易消化

为老年人安排的食物必须清淡、少盐、少油腻。老年人消化器官功能有不同程度的减退,咀嚼功能和胃肠蠕动减退,消化液分泌减少。食物加工时尽量切细、切碎,烹制后尽量松软、易消化吸收,烹调方式易采用蒸、煮、炖、煲,少用油炸、油煎的方法,并注意色、香、味的搭配。老年人适合食用带馅食物。这样更能保证均衡营养,有利于健康。

3. 注意补充矿物质

老年人随着年龄的增长,骨矿物质不断丢失,骨密度逐渐下降,女性绝经后由于激素水平变化,骨质损失更为严重;另一方面,老年人钙吸收能力下降,故而更容易发生因骨质疏松而引起的骨折。应注意钙和维生素D的补充。

锌是老年人维持和调节正常免疫功能所必需的,硒可提高机体抗氧化能力,与延缓衰老有关,适量的铬可使胰岛素充分发挥作用。老年人要注意补充富含这些矿物质的食物。

4. 增加富含抗氧化营养素食物的摄入

自由基被认为是引起机体衰老及某些慢性疾病发生的病因之一。在正常情况下,人体具有较强的抗氧化防御能力。该防御系统由抗氧化剂和抗氧化酶组成,可有效清除自由基,延缓衰老。抗氧化剂和抗氧化酶可从食物中获得,具有抗氧化作用的营养素有维生素A,维生素C,维生素E,类胡萝卜素以及微量元素硒等。老年人最好多选择富含以上营养素的食物,如动物海产品、瘦肉、豆制品、蘑菇、香菇、木耳、海带、紫菜、绿色蔬菜、黄色瓜果等,以增强机体的抗衰老能力。

第二节 特殊环境条件下人群的营养与膳食

有些时候,人们不可避免地要在特殊的环境条件下(高温、低温、高原等)生活或工作,甚至会接触各种有害因素(重金属铅、汞、镉,芳香类苯、硝基苯等)。前者可引起人体内代谢的改变,后者可干扰、破坏机体正常的生理过程,或干扰、破坏营养物质在体内的代谢,或损害特定的组织和器官,危害人体健康。而适宜的营养和膳食可增加机体对特殊环境的适应能力,或增强机体对有毒有害物质的抵抗力。

一、高温环境条件下人群的营养与膳食

高温环境通常是指32℃以上的工作环境或35℃以上的生活环境。在

生产和生活中经常遇到各种高温环境,如冶金工业中的炼焦、炼铁、炼钢,机械工业的铸造、锻造、陶瓷、玻璃等工业的炉前作业,农业、运输业、夏季露天作业等。

高温下的机体不可能像常温下通过简单的体表辐射来散发代谢所产生的热量,而必须通过生理上的适应性改变来维持体温的恒定,正是这种适应性改变导致机体对营养方面有特殊的要求。

(一)高温环境下机体生理上的适应性改变

1.水和无机盐的丢失

人在高温环境下为了维持体温的恒定需要通过排汗散发热量。人体汗液的99%以上为水分,0.3%为无机盐,包括钠、钾、钙、镁、铁等。其中最主要的为钠,约80 mmol/L,约占汗液无机盐总量的54%~68%。

2.水溶性维生素的丢失

高温环境下大量出汗也将引起水溶性维生素的大量丢失。有资料显示,汗液中维生素C可达到10 μg/mL,以每日出汗5 L计,从汗液丢失的维生素可达50 mg/d。汗液中也含有维生素B_1、B_2和烟酸等。

3.可溶性含氮物丢失

由于机体处于高温及失水状态,加速了组织蛋白质的分解,使尿氮排出量增加。

4.消化液分泌减少,消化功能下降

高温环境下大量出汗,引起的失水是消化液分泌减少的主要原因;出汗伴随的氯化钠的流失使体内氯急剧减少,这也将影响到胃中盐酸的分泌;另一方面,高温刺激下的体温调节中枢兴奋剂伴随而来的摄水中枢兴奋也将对摄食中枢产生抑制性影响。两者的共同作用使高温环境下机体消化功能减退及食欲下降。

5.能量代谢增加

一方面高温引起机体基础代谢的增加,另一方面机体在对高温进行应激和适应的过程中,通过大量出汗、心率加快等进行体温调节,也可引起能量消耗的增加。

(二)高温环境下人群的营养与膳食

1.饮料的补充

(1)补充水:一次补充不要太多、控制好量;

(2)补充无机盐:为补充随汗液流失的大量矿物质,应提高钾、钠、镁、钙、磷等矿物质的供给量,多喝汤、专用的高温饮料或补充盐片;

(3)饮用的温度和方式:温度在10℃较合适、少量多次饮;

(4)常用饮料:含盐饮料、不含盐饮料、茶(苦丁茶);

(5)汤作为饮料食用。

2.新鲜的蔬菜和水果

蔬菜和水果摄入可以保证维生素C和纤维素的补充,为避免食物太油腻,可以通过芳香调味品如葱、姜、蒜等增进和刺激食欲。

3.安排一个凉爽的就餐环境。

4.安排合适的淋浴场所。

5.餐前可饮用适量的冷饮(10℃100~200 mL),量不宜多。

6.食物中准备一些凉的汤或粥。

7.搭配消暑清凉食物如绿豆稀饭、荷叶粥、苦瓜等。

二、低温环境条件下人群的营养与膳食

低温环境多指温度在10℃以下的环境,常见于高寒地带及海拔较高地区的冬季及冷库作业、潜水作业等。低温环境下机体的生理及代谢的改变会导致其对营养的特殊要求。

(一)低温环境下机体对营养素的要求

1.低温环境下宏量营养素的需要

寒冷刺激甲状腺素分泌增加,机体散热增加,以维持体温的恒定,这需要消耗更多的能量,故寒冷常使基础代谢率增高10%~15%;笨重的防寒服亦增加身体的负担使能量消耗更多。因此,在低温环境下,人体需要的能量要比正常情况多出10%~15%,低温环境下机体营养素代谢发生明显改变的是从以碳水化合物供能为主,逐步转变为以脂肪和蛋白质供能为主。低温环境下机体脂肪利用增加,较高脂肪供给可增加人体对低温的可耐受性,脂肪供能比应提高至35%~40%。碳水化合物也能增强机体短期内对寒冷的可耐受性,作为主要能量来源,供能百分比应不低于50%。蛋白质供能为13%~15%,其中含蛋氨酸较多的动物性蛋白质应占总蛋白质的45%,因为蛋氨酸是甲基的供体,甲基对提高耐寒能力极为重要。

2.低温环境下微量营养素的需要

低温环境下人体对维生素的需要量增加,与温带地区比较,增加量为30%~35%。随着低温下能量消耗的增加,与能量代谢有关的维生素B_1、B_2及尼克酸需要量增加,尼克酸、维生素B_6及泛酸对机体暴寒也有一定保护作用。给低温环境下人群补充维生素C可提高机体对低温的耐受性。在寒冷环境中,体内维生素A的含量水平很低。维生素A也有利于增强机体对寒冷的耐受性,日供给量应为1 500 μg。另外,寒冷地区户外活动减少,日照时间短,体内缺乏维生素D,每日应补充10 μg左右。

寒带地区居民极易缺乏钙和钠,食盐可使机体产热功能增强。寒带地区居民食盐的摄入量可稍高于温带地区居民。寒带地区缺乏钙的主要原因

是由于膳食钙供给不足和维生素 D 的缺乏,故应尽可能地增加寒带地区居民钙的摄入量。

(二)低温环境下人群的营养与膳食

1. 低温对消化功能的影响

(1)消化液和胃酸分泌增多;

(2)食物的消化吸收充分,此时人的食欲增加;

(3)消化功能增强;

(4)喜欢含脂肪多的食物;

(5)喜食热的食物。

2. 低温条件下人群的营养与膳食

(1)动物性食物(肉、禽、蛋、鱼)及豆类食物增加,以满足充足的能量、脂肪、蛋白质和矿物质的供给;

(2)供给充足的蔬菜和水果(维生素 C 易缺),注意补充富含维生素 B_1、B_2 及尼克酸的食物,适当补充维生素 A 和维生素 D 制剂;

(3)热食,否则影响消化;

(4)味宜浓、厚(满足口味需求的同时改善了食物的风味);

(5)多摄入耐寒食物:牛羊肉、狗肉、鹿肉、人参等。

三、高原环境条件下人群的膳食和营养

一般将海拔 3 000 m 以上地区称为高原环境。在这一高度,大气压降低,人体血氧饱和度急剧下降,常出现低氧症状。我国高原地域辽阔,约占全国总面积的 1/6,人口约 1 000 万。

(一)高原环境人群的营养需要

1. 对能量的需要量

人体对高原地区环境的适应,首先是为了从低氧空气中争取到更多的氧而提高机体的呼吸量,因此必然呼出过量二氧化碳,从而影响机体的酸碱平衡。严重情况下食欲减退,能量供给不足,线粒体功能受到影响,因而代谢率降低。一般情况下,从事同等强度的劳动,在高原环境适应 5 天后,比正常的能量需要量高 3%~5%,9 天后,可增加到 17%~35%;重体力劳动时增加更多。

2. 对各种营养素的需要量

在三种产能营养素中,碳水化合物代谢最灵敏地适应高原代谢变化。碳水化合物膳食能使人的动脉含氧量增加,能在低氧分压条件下增加换气作用。高原环境保证充足的能量摄入,特别是碳水化合物摄入量,对维持体力非常重要。一般高原环境下,碳水化合物可提高到 65%~75%。在

6 000 m高度时,膳食中碳水化合物、蛋白质、脂肪的供能比可为80%、10%、10%,以便提高机体耐低氧的能力;在高原环境下,机体利用脂肪的能力仍保持在相当程度;在高原低氧适应过程中,毛细血管可出现缓慢新生,红细胞增多、血红蛋白增高和血细胞总容积增加,以提高单位体积血液的氧饱和度;低氧时,辅酶含量下降,呼吸酶活性降低,补充维生素后可促进有氧代谢,提高机体低氧耐力。从事体力劳动时,维生素 A、维生素 C、维生素 B_1、维生素 B_2 和烟酸应按正常供给量的5倍给予。对登山运动员补充维生素E可防止出现红细胞溶解肌酸尿症、体重减轻和脂肪不易被吸收等;初登高原者,体内水分排出较多,可减少 2~3 kg,这是一种适应现象。这一阶段如因失水严重影响进食,则应设法使饭菜更为可口,并适当增加液体食物,保证营养素的供给,防止代谢紊乱。在低氧情况下,尚未适应的人应避免摄入过多的水,防止肺水肿。未能适应高原环境的人,还要适当减少食盐的摄入量,这样有助于预防急性高原反应。

(二)高原环境人群的营养与膳食

1.高原环境对人的影响

(1)处于高原环境一段时间后,对缺氧能够产生一定的适应,缺氧症状可明显减轻,这种适应叫高原习服;

(2)缺氧、低气压和低温是高原环境与平原的差别;

(3)三大营养素对习服的影响:高碳水化合物有利于习服,高脂不利于习服,蛋白质影响不大;

(4)维生素,补充维生素可抵抗缺氧,利于习服;

(5)无机盐,与低温条件下的人群相似,宜增加钾的摄入,限制钠的摄入,注意补充铁。

2.高原条件下人群的营养与膳食

(1)维持正常食欲,能量供给量在非高原环境能量供给量的基础上增加10%。

(2)供给营养合理又易于吸收的食物:

蛋白质 10%~15%,脂肪 20%~25%,碳水化合物 60%~75%,海拔高于 6 000 m 时蛋白质 10%,脂肪 10%,碳水化合物 80%,补充水溶性维生素。

(3)多米少面,加有白糖的大米粥可以抑制呕吐。

(4)多吃酸、甜的食物,不喝浓茶,7 分饱,晚餐少吃。

(5)避免吃产气和含大量膳食纤维的食物,如豆类、啤酒、韭菜。

(6)避免吃生冷饮食,高原气压低,需用高压锅煮食物,否则不易烂。

(7)节制烟、酒。

(8)宜用高原耐缺氧饮食,酥油茶、牦牛肉、蘑菇、虫草等。

四、接触化学毒物人员的营养与膳食

有些人因为职业的原因接触有毒有害化学物质,这些物质进入人体后在肝脏经肝微粒混合功能氧化代谢,其中绝大多数代谢减毒后经胆汁或尿排出体外,部分有毒有害物质可直接与还原性谷胱甘肽结合而解毒。机体营养状况良好时,可通过对酶活性的调节来增加机体的解毒能力,提高机体对毒物的耐受和抵抗力。

(一)接触化学毒物人员的营养素需要

1. 蛋白质

良好的蛋白质营养状况,既可以提高机体对毒物的耐受能力,也可调节肝微粒酶活性至最佳状态,提高机体的解毒能力。尤其是含硫氨基酸充足的优质蛋白质供给,可提高谷胱甘肽还原酶的活性,增加机体对铅及其他重金属、卤化物、芳香烃类毒物的解毒作用。蛋白质影响毒物毒性的主要机理,膳食蛋白质缺乏时可影响毒物体内代谢转化所需要的各种酶的合成或活性。

2. 碳水化合物

人体内的解毒反应需要消耗能量,碳水化合物的生物氧化能快速提高能量,并供给反应所需要的葡萄糖醛酸。增加膳食中的碳水化合物的供给量,可以提高机体对苯、卤代烃类和磷等毒物的抵抗力。糖原的减少会降低肝脏的解毒能力。

3. 维生素

有些毒物能影响维生素 A 的代谢,降低其在动物和人体内的含量,因此毒物接触者应摄入较多的维生素 A。维生素 C 具有良好的还原作用,能清除毒物代谢所产生的自由基,保护机体免受毒物造成的氧化损伤。维生素 C 还可使氧化型谷胱甘肽再生成还原型谷胱甘肽,继续发挥对毒物的解毒作用。

4. 微量元素

铁与机体能量代谢和防毒能力有直接或间接的关系。缺铁可以使血红色素酶活性降低,进而影响解毒反应。锌对金属毒物有直接和间接的拮抗作用。锌可在消化道内拮抗镉、铅、汞、铜,影响它们的吸收。硒以硒胱氨酸的形式存在于谷胱甘肽过氧化物酶的分子中。硒具有抗氧化作用,保护细胞膜的结构。缺硒还可使肝微粒体酶活性下降,影响毒物的转化。硒能与某些金属毒物如汞、镉、铅等结合形成难溶的硒化物,减轻有毒金属的毒性。

(二)接触化学毒物人员的营养与膳食

1. 补充富含含硫氨基酸的优质蛋白质。如职业接触铅的人员蛋白质摄入量中动物性蛋白应占总量的50%。

2. 补充B族维生素。临床上维生素B_1、维生素B_{12}、维生素B_6通常作为神经系统的营养物质用于铅中毒人群。

3. 膳食中注意搭配富含维生素C的食物。除每日提供500 g新鲜蔬菜外,还应每日补充维生素C 100 mg。

4. 保证硒、铁、钙等矿物元素的膳食供应,以抵抗有毒金属的吸收及排出。

5. 对于经常接触铅和苯的人员应注意补充能促进造血功能的营养素,如铁、维生素B_{12}、叶酸、维生素C及维生素K等。

6. 适当限制膳食脂肪的摄入。

五、接触电离辐射人员的营养与膳食

天然存在的电离辐射主要来自宇宙射线及地壳中的铀、镭等。非天然的电离辐射可以来自核试验、核动力生产、医疗照射等。

(一)电离辐射对健康和营养代谢的影响

电离辐射可以直接和间接地损伤生物大分子,造成DNA损伤。DNA损伤是电力损伤的主要危害。

1. 对能量代谢的影响

电离辐射可以抑制脾脏和胸腺线粒体的氧化磷酸化,线粒体氧化磷酸化的抑制是辐射损伤早期的敏感指标。辐射也影响三羧酸循环,造成机体耗氧量增加。

2. 对蛋白质的影响

蛋白质对辐射的相对敏感性较低,高剂量辐射才能引起蛋白质分子空间构象改变和酶的失活。照射后蛋白质的合成代谢受到抑制,容易出现负氮平衡,尿氮排出增加。

3. 对脂肪代谢的影响

照射后,多不饱和脂肪酸发生过氧化反应,生成氢过氧化物,从而影响生物膜的功能和促进生物膜的老化。同时,体内自由基的生成与清除失去平衡,自由基浓度增高,也会加重脂质过氧化。

4. 对碳水化合物的影响

照射后可以引起肝糖原增加,常出现高血糖症。主要是由于组织分解代谢增强,氨基酸的糖异生作用增强了。但电离辐射不影响果糖的利用。

5. 对维生素代谢的影响

辐射产生大量的自由基,对有抗氧化作用的维生素影响较大,维生素C和维生素E损失较多。照射后,维生素B_1的消耗增加,同时尿中排出增加,

造成血液中维生素 B_1 含量下降。其他维生素的损失不太明显。

6. 对矿物元素代谢的影响

大剂量射线照射后，由于组织分解和细胞损伤，出现高钾血症，尿中的钾、钠、氯离子排出增多。放射损伤时伴有呕吐和腹泻，钠、氯离子丢失较多，可使水盐代谢发生紊乱。照射后血清中锌、铁、铜增加，锌/铜比值下降。

(二)接触电离辐射人员的营养与膳食

能量的供给应充足，蛋白质可占总能量的12%~18%。蛋白质以优质蛋白质为主，可以减轻小肠吸收功能障碍，改善照射后产生的负氮平衡。膳食中搭配适量的脂肪，脂肪可选用富含必需脂肪酸和油酸的油脂，如葵花籽油、大豆油、玉米油、茶油或橄榄油等。碳水化合物供给应占总能量的60%~65%。碳水化合物应适当选用对辐射防护有较好效果的富含果糖和葡萄糖的水果。此外，还应选用富含维生素、矿物质和抗氧化剂的蔬菜，如卷心菜、马铃薯、番茄等，改善照射后维生素C、维生素 B_1 或烟酸代谢的异常。另外，酵母、蜂蜜、杏仁、银耳等食物的摄入对辐射损伤有良好的防护作用。

六、其他工作环境条件下人群的营养与膳食

(一)振动和噪音环境条件下人群的营养和膳食

1. 营养指南

(1)蛋白质

蛋白质对振动及噪声防护有利，要补充充足的优质蛋白质；

(2)维生素

补充维生素 B_6 有利于保持和提高劳动能力，补充维生素C可使肌肉耐力提高，疲劳感减轻，补充B族维生素和维生素PP及维生素C对预防振动损伤有好处，可服用维生素复合制剂。

2. 振动和噪音环境条件下人群的营养和膳食

(1)食用能促进食欲的食物；

(2)多吃优质蛋白质含量高的食物；

(3)补充新鲜的蔬菜和水果。

(二)粉尘环境条件下人群的营养与膳食

1. 营养指南

(1)增加优质蛋白质，每日在90~110 g左右。

(2)增加富含维生素 B_6 食物的摄入或口服维生素 B_6 片剂，因为维生素 B_6 在蛋白质的代谢中起着重要作用。

(3)为提高机体免疫力，增加维生素C的摄入，每日供给量在150 mg左

右。

(4)增加维生素D的摄入量,多晒太阳,促进肺组织病灶部位的钙化愈合。

(5)适当增加膳食纤维和胶原蛋白较多的食物,促进粉尘的排出。

2.粉尘环境条件下人群的营养与膳食

(1)选择富含优质蛋白质的原料配餐,如肉类、蛋类、水产类、大豆类等。

(2)补充新鲜的蔬菜和水果,增加维生素C的摄入。

(3)注意补充维生素B_6和维生素D制剂。

(4)膳食适当增加木耳、银耳、海带等富含胶原蛋白和膳食纤维的食物,促进体内粉尘的排出。

第三节 特殊病理条件下人群的营养与膳食

一、心血管疾病人群的营养与膳食

(一)高脂血症人群的营养与膳食

人体血浆中的脂类主要包括:甘油三酯、胆固醇、胆固醇酯、磷脂和游离脂肪酸等。血浆中的脂类不能游离存在,它们必须与某些蛋白质分子结合成脂蛋白分子,以脂蛋白的形式进行运转,参与体内的脂类代谢。

高脂血症是指由于脂肪代谢或运转异常使血浆中一种或几种脂质浓度超过正常高限的一种病症。(具体见表3.1)

表3.1 脂代谢的分类和标准

代谢分类	总胆固醇	甘油三酯
正常值	3.36~5.17	0.4~1.71
临界值	5.17~6.47	1.71~2.26
高胆固醇血症或高甘油三酯血症	>6.47	>2.26

临床上高脂血症的治疗虽有所不同,在营养治疗时也有差别,但有许多原则是一致的。

血浆脂蛋白主要由消化道吸收而来,也有部分由体内合成或其他组织转化而来。高脂、高糖、高热量的食物最容易引起血浆脂蛋白的增加。饮食治疗高脂血症是最基本的治疗措施,通过长期饮食的调理,限制饮食中脂肪、胆固醇的摄入,保持能量均衡,对于肥胖患者要限制能量,控制体重,增加运动,配合降脂药物,使血胆固醇、甘油三酯浓度达到或接近正常值。具体营养治疗原则如下:

1. 限制能量供应

甘油三酯增高合并肥胖者,饮食治疗应限制总能量、控制体重,每天供给能量 8 400~12 000 kJ,碳水化合物占总能量的 60%~70% 左右,应限制单糖和双糖的摄入,少吃甜食及少饮含糖饮料,不宜吃蔗糖、蜂蜜、含糖点心、罐头和中草药糖浆。

2. 控制脂肪胆固醇的摄入

减少脂肪摄入量,使脂肪供给热能占总能量的 25% 以下,降低饱和脂肪酸的摄入,少吃动物油脂及猪、牛、羊等肥肉,适当增加单不饱和脂肪酸和多不饱和脂肪酸的摄入;少吃含胆固醇高的食物,如猪脑、动物内脏、蛋黄等,胆固醇的摄入量应控制在每天不超过 300 mg。对重度高胆固醇血症患者,应每天低于 200 mg。

3. 适当增加蛋白质

蛋白质的摄入量占总能量的 12%~15%,优质蛋白质占 1/3,尤其是应摄入豆类及其制品、瘦肉、去皮鸡鸭、鱼类。植物蛋白质中大豆蛋白有很好的降低血脂的作用,所以应提高大豆及其制品的摄入。

4. 增加膳食纤维的摄入

膳食纤维对降低血胆固醇有明显的效果,因此应注意多吃水果和蔬菜,适当多吃粗粮,保证充足的膳食纤维的摄入,以利于胆固醇的排出,减少胆固醇的合成。配餐要坚持粗细粮搭配,提倡食用全麦、粗米、粗面、新鲜蔬菜及水果。

5. 食用具有调节血脂的食物

茄子、黄瓜、玉米、洋葱、大蒜、银杏、山楂、苹果、大豆、香菇、木耳、花生、菊花等均有降血脂的作用,配餐时应注意选择这些原料。

另外,富含黄酮、鱼油、卵磷脂、茶多酚、低聚糖等成分的食物均有明显降血脂的作用。

(二)高血压人群的营养与膳食

人的血压过高或过低对机体都有不良影响,血压过低时,血液供应不能充分保证全身各器官和组织代谢的需要,尤其是脑、心、肾等重要器官因缺血、缺氧造成的功能障碍,将给机体带来严重的不良后果。动脉血压过高时,必然增加心脏负担,因为心室收缩时,室内压必须超过大动脉压力,血液才能射出,若动脉血压太高,心室就必须加强收缩,久之,则引起心脏扩大、肥厚,最后导致心力衰竭。临床上常见的高血压性心脏病和肺源性心脏病,就是由于主动脉或肺动脉长期高压造成的。此外,高血压长期作用于动脉管壁,可造成血管内膜损伤和破坏,导致动脉粥样硬化或血管破裂。因此,保证血压稳定对维持正常生命活动非常重要。

高血压是以血压升高为主要表现的综合征,目前我国采用国际上统一的血压分类标准。(见表3.2)

表3.2 血压的分类标准　　　mmhg(1 kPa=7.5 mmhg)

血压分类	数值
高血压(收缩压)	90~120
低血压(舒张压)	60~90

高血压除与遗传因素有关外,还与过量摄入食盐、酒精,身体体重超标、能量过剩、压力过大等因素有关。

高血压的高发人群为中老年人,引起高血压的原因较复杂,其中高血脂是主要原因之一。高血压的治疗原则应以药物为主,饮食调理为辅。适当控制能量,限制食盐摄入,降低脂肪和胆固醇的摄入量,避免体重超标,食用低钠、高钾、高镁、高钙饮食,适当摄入维生素和蛋白质。具体膳食原则如下:

1.限制总能量

对于肥胖或超重的高血压消费者,限制热量摄入是控制高血压病的重要措施。对于轻度肥胖者,使总热量摄入低于消耗量,增加体力劳动和活动,努力使体重达到和接近标准体重。

2.限制钠的摄入,注意补钾

每天食盐供给应以2~5 g为宜。同时要控制含钠高的酱油、咸菜、腌腊制品、味精、碱发面食物的摄入。

钾能阻止过高食盐引起的血压升高,对轻度高血压还具有降压作用。限钠时要注意补钾,钾钠的比例至少为1.5:1。含钾丰富的食物有龙须菜、豌豆苗、莴笋、芹菜、丝瓜、茄子、土豆、杂豆、菌类等。

3.限制脂类

脂肪供给每天为40~50 g,除椰子油外,豆油、菜油、花生油、芝麻油、玉米油、红花油等植物油均含有维生素E和较多亚油酸,对预防血管破裂有一定作用。

4.增加膳食纤维

进食富含碳水化合物和膳食纤维的粗粮、蔬菜,可促进胃肠蠕动,加速胆固醇排出,对防治高血压有利;葡萄糖、果糖及蔗糖可升高血脂,应少摄入。

5.补充钙、镁

钙与血管的收缩和舒张有关,摄入富含钙的食物,能减少患高血压的可能,每天以供给1 000 mg为宜。增加镁的摄入,能使外周血管扩张,血压降低。富含钙的食物有牛奶、鱼虾、蛋类、肉类等。富含镁的食物有香菇、菠菜、豆制品、桂圆等。

6. 增加维生素的摄入

维生素 C 可使胆固醇氧化为胆酸排出体外,改善心脏功能和血液循环。多吃新鲜蔬菜和水果,有助于高血压的防治。其他水溶性维生素,如维生素 B_1、维生素 B_2、维生素 B_6、和维生素 B_{12} 均应及时补充。

7. 注意搭配具有降低血压功效的食物

洋葱、大蒜、胡萝卜、菊花、芹菜等均有降血压的作用,应注意选择。

(三)冠心病人群的营养与膳食

冠心病是冠状动脉粥样硬化性心脏病的简称。指冠状动脉粥样硬化使血管腔狭窄或阻塞,从而引起的心脏病。高血压、高脂血症、糖尿病、肥胖、吸烟等因素都可引起冠心病。

冠心病除了临床药物治疗外,饮食上也须加以注意,具体要求如下:

1. 控制总能量

能量的摄入应根据冠心病人群的标准体重、工作性质需要而定,减少每日的总热量。尤其对有肥胖家族史的超重者,力求使体重接近或达到标准体重。能量摄入量每天一般为 8 370~12 540 kJ。

2. 限制脂肪

冠心病消费者要避免食用过多的动物性脂肪和富含胆固醇的食物,在配餐时尽量少选用肥肉、猪内脏、螺肉、墨鱼、鱼子、虾子、蟹黄、油炸食物、牛脊髓、猪脑等原料。

3. 控制钠的摄入

冠心病人往往合并高血压症,尤其在合并心功能不全时,应控制钠的摄入,一般每日摄入钠盐 5 g 以下。中度以上心功能不全病人每天钠盐控制在 3 g 以下。

4. 补充维生素

维生素能改善心肌代谢和心肌功能。注意增加富含 B 族维生素、维生素 C、维生素 E 的食物。

5. 适量摄入碳水化合物和蛋白质

碳水化合物应占总热量的 60%~70%,少用蔗糖和果糖。蛋白质供给要注意动物性蛋白和植物性蛋白的合理搭配。提倡食用大豆制品、谷类蛋白质,可降低血胆固醇的水平。

二、代谢性疾病人群的营养与膳食

(一)糖尿病人群的营养与膳食

糖尿病是一组因胰岛素分泌或作用缺陷而引起,以糖代谢紊乱为主的

慢性血葡萄糖(血糖)水平升高为特征的代谢性疾病。(见表3.3)

表3.3 糖代谢的分类和标准　　　　　　　　　　mmol/l

代谢分类	空腹血糖	负荷后2小时血糖
正常血糖(NGR)	<6.1	<7.8
空腹血糖受损(IFG)	<6.1~7.0	<7.8
糖耐量减低(IGT)	<7.0	<7.8~11.1
糖尿病(DM)	≥7.0	≥11.1

注:该标准为世界卫生组织标准,空腹血糖受损(IFG)或糖耐量减低(IGT)统称为糖调节受损(IGR,即糖尿病前期)

糖尿病患者由于体内胰岛素分泌量不足或胰岛素效应差,葡萄糖不能进入细胞内,结果导致血糖升高,尿糖增加,出现多食、多饮、多尿而体力和体重减少的所谓"三多一少"的症状。患者主要出现糖代谢紊乱,同时出现脂肪、蛋白质、水及电解质等多种代谢紊乱,发展下去可能发生眼、肾、脑、心脏等重要器官及神经、皮肤等组织的并发症。

糖尿病的类型:1985年世界卫生组织将糖尿病分为Ⅰ型和Ⅱ型。1997年美国糖尿病协会提出新的诊断标准和分类的建议,1999年世界卫生组织也对此作了认可,最终将糖尿病分为四种类型:Ⅰ型糖尿病、Ⅱ型糖尿病、妊娠糖尿病和其他类型的糖尿病。

糖尿病患者的饮食控制概括起来包括控制血糖和血压,维持正常体重、增强肌体对胰岛素的敏感性。具体有以下几方面须加以注意:

1.合理控制热能是首要原则,热量供给应以维持或略低于理想体重为宜。肥胖者必须减少热量摄入,以减轻体重(肥胖者体内脂肪增多,致使肌体对胰岛素的敏感性下降,不利于治疗),消瘦者则要提高热量以增加体重(消瘦者由于体质弱,对疾病的抵抗力降低,影响健康)。

2.采用由谷类、肉蛋、蔬菜、食用油等食物组成的平衡膳食。合理选择瘦肉、奶、蛋、大豆及豆制品等含蛋白质的食物,控制脂肪和胆固醇,不吃肥肉、肥油、动物内脏等。碳水化合物的量不宜过低,一般主食摄入量为150~250 g左右。

3.要养成良好的饮食习惯,定时定量,少量多餐,适量增加运动,以增加热能的消耗。

病人一日至少三餐,而且要定时定量。要在营养师的指导下将全日食物均匀地分配在三餐中,使每餐都含有一定比例的碳水化合物、脂肪和蛋白质食物,这样既有利于减缓葡萄糖在肠道内的吸收,增加胰岛素的释放,也符合营养配餐原则,一般按早、中、晚各占1/5、2/5、2/5比例分配。

少量多餐,定时定量,即可防止一次进食量过多,加重胰岛素负担;又是防止因进食量过少而发生低血糖或酮症酸中毒的行之有效的措施,睡前加餐可以避免夜间低血糖的发生。这样可以使每餐主食量不超过 100 g,对控制血糖有利。

4. 糖尿病人的饮食数量经医生和营养师确定后,即应按量进食,不得任意添加任何其他食物,若饥饿难忍,在病情许可情况下,可吃些热能低、体积大的食物。如青菜、白菜、黄瓜、冬瓜等。

5. 一般糖尿病人可以吃的水果有香蕉、鲜荔枝、梨、桃、苹果、橘子、橙子、柚子、猕猴桃、李子、杏、葡萄等。正确的食用方法是按食物交换份的原则以一份水果取代一份主食,将水果的热量计算在每日总热量之中。而且最好在两餐之间吃。例如,200 g 梨、桃或橘子的热量相当于 75 g 大米、小米。

6. 糖尿病人的饮水和正常人一样,以白开水为主。多饮水可促进体内代谢产物的排泄。也可饮用各种汤类,如南瓜汤、用黑豆和百合同煮的黑白消渴汤,以海参和猪胰脏煮的海参胰脏汤等。糖尿病人不宜饮各种饮料,因其中的蔗糖和防腐剂等添加剂对糖尿病不利,亦不可饮浓茶、咖啡等。

7. 现代营养治疗学主张糖尿病人每日碳水化合物摄入量应占总热量的 55%～65%,折合主食约为 250 g～400 g。对于单纯采取饮食治疗而病情控制不满意者,可适当减少。糖尿病人的主食应以复合碳水化合物为主,如米、面、粗粮、杂豆等。但这类食物中碳水化合物的组成并不相同,其使血糖升高的速度也不相同。北京协和医院营养科曾对我国常用的 24 种碳水化合物食物的血糖指数进行了测定,结果是莜麦、燕麦、荞麦面、玉米面、高粱米等粗粮的血糖指数为 75%～89%,而白米、白面、葡萄糖的血糖指数为 90%～100%。由此可见,糖尿病人的主食应以玉米面、荞麦面、燕麦面为主。同时亦可采用二合面、三合面、二米或三米同食的方式增加主食的花色品种,不仅能使血糖、血脂得到满意的控制,也比细粮饱腹感强,对饥饿感明显的病人更为适宜。例如,常用的有大米、小米、高粱米同煮的三米粥,以玉米面、黄豆面、白面按 2∶2∶1 的比例做成的三合面馒头、烙饼、面条等,糖尿病人可以经常食用。

8. 糖尿病人可以食用山药,山药虽含淀粉多,但同时含有锌、铁、锰、铬等矿物质元素,对糖尿病及并发症有积极意义。其中铬是葡萄糖耐量因子的组成成分,锌与胰岛素的活性有关,可见山药对糖尿病人有益而无害,食用时只要减去部分主食即可,(山药 150 g 可交换米、面等粮食 25 g)。可制成山药粥、山药面条、亦可用山药炒肉片。

❖ 特别提示：糖尿病的食疗法

◆玉米须、乌龟　乌龟1～2只洗净，除去内肚、头爪与玉米须60～120 g(干的减半)，文火熬煮，饮汤吃肉。或用独味玉米须50 g，加水煎服。每日一剂，分2次服，十天为一疗程。

◆山药粥　将山药末和入半熟的粥内，再煮成粥，服食之，其比例为1:4。要经常服用。

◆南瓜　鲜南瓜250～500 g，加水煮熟食之。每日一剂，分1～2次服，疗程不限。

◆猪胰、山药　猪胰1只，洗净。山药200 g，加适量水炖熟，加食盐调味。分四天服完，疗程不限。

◆鲜番薯叶、冬瓜　鲜番薯叶50 g，冬瓜100 g，二者均切碎，加适量水炖熟，食用，每日一剂，疗程因人而异。

◆黄鳝　科技资料报道，鳝体内含有降糖成分，糖尿病患者食之有益。用法：每日适量烹调食之。

◆苦瓜　含有类似胰岛素的物质，有明显降糖作用。用法：以鲜苦瓜做菜食，每餐100 g，一日3次；或将苦瓜制成干粉，每次服10 g，一日3次，据报道有效率达80%。

◆洋葱　其挥发油可降血糖。用法：每餐可炒食1个葱头，一日2次，炒时以嫩脆为佳，不可煮烂。

◆芹菜　是含碳水化合物最低的一种，民间自古流传治糖尿病。用法：鲜芹菜500 g，洗净捣烂挤汁，一日2次分服，连用有效。

◆番石榴　国外用它治糖尿病，已有十余年的历史。用法：每日可用鲜果250 g榨汁，分3次饭前服。

(二)肥胖症人群的营养与膳食

肥胖症一般可分为单纯性肥胖和继发性肥胖两种。单纯性肥胖直接引起于长期的能量摄入超标，因而需控制能量的摄入和增加能量的消耗。

不少人盲目减肥，有的人过度节食，有的人吃泻药或未经国家批准的减肥药、减肥茶。殊不知，这样的方法只能是减去了健康而不是减去了脂肪。所以减肥要慎重，真正健康减肥应以健康的生活方式、合理的饮食方式为基础，配合积极的体育锻炼。

1.肥胖症的诊断方法

(1)身高标准体重诊断法

①标准体重计算公式

$$\text{标准体重}(kg) = \text{身高}(cm) - 105$$

②肥胖度计算公式

$$\text{肥胖度}(\%) = [\text{实际体重}(kg) - \text{标准体重}(kg)]/\text{标准体重}(kg) \times 100\%$$

判断标准:肥胖度为10%~19%为超重;20%~29%为轻度肥胖;30%~49%为中度肥胖;≥50%为重度肥胖。

(2)体脂指数诊断法

$$\text{体脂指数}(BMI) = \text{体重}(kg)/[\text{身高}(m)]^2$$

判断标准:BMI<18.5为消瘦或慢性营养不良;男性>25为肥胖,20~25为正常。女性>24为肥胖,19~24为正常。

2.肥胖人群的饮食与营养

(1)进食低能膳食,限制摄入脂肪和糖类过高的食物,以形成能量的负平衡,控制能量一定要在平衡营养的前提下进行,逐步降低,并适可而止。

(2)对低分子糖、饱和脂肪酸和乙醇应严格控制,这类食物包括蔗糖、麦芽糖、蜜饯、肥肉、猪牛羊的肥油、酒及酒精饮料。

(3)粗杂粮含有较多的维生素、无机盐及膳食纤维,是较好的降脂减肥食物,魔芋因其含有的葡萄甘醇聚糖,吸水性强、黏度大、膨胀率高而具有减肥效果。

(4)多食新鲜蔬菜和水果,膳食中必须有足够量的新鲜蔬菜,尤其是绿叶蔬菜和水果,如菠菜、芹菜、小白菜、冬笋、豆芽、苹果等。蔬菜和水果含膳食纤维多,水分充足,属低热量食物,有充饥作用,可以防止维生素和无机盐的缺乏。

(5)一日三餐要定时定量,进餐时要细嚼慢咽。不吃零食和甜食,不饮甜饮料,同时配合一定的体育锻炼。

(三)痛风人群的饮食与营养

痛风病是由于嘌呤代谢障碍及尿酸排泄减少其代谢产物尿酸在血液中积聚,因血浆尿酸浓度超过饱和限度而引起组织损伤的一种疾病。

痛风病虽与遗传有一定关系,但大部分病例没有遗传史,反映环境因素如:饮食、酒精、疾病等会造成种族与地域间的差别。痛风病人应多食用以素食为主的碱性食物,多喝水、禁酒、建立良好的饮食习惯,选择低嘌呤食物,具体应做到:

1.痛风病人的饮食以低热量、低嘌呤为原则。目的是减少外源性生成尿酸的物质。

2.痛风病急性期应以牛奶、鸡蛋作为膳食中主要优质蛋白质的来源,同时进食植物蛋白。

3.尽量不食用肉类、禽类、鱼类等动物蛋白。如果一定要食用,可将少量的瘦肉、禽肉经煮沸弃汤后再食用。

4.病人可以精白米、白面为主,如米饭、馒头、面条、精白面包、苏打饼干等为热量的主要来源。

5.不吃动物内脏、沙丁鱼、凤尾鱼、鲭鱼、小虾、扁豆、黄豆、浓肉汤及菌藻类等含嘌呤高的食物。同时应多饮水,每天约 3 000 mL 左右。

6.饮食清淡,少盐。每日食盐摄入量为 2~3 g。

7.禁用酒和辛辣调味品。

8.建立良好的饮食习惯。暴饮暴食,或一餐中进食大量肉类常是痛风性关节炎发作的诱因,故痛风病人饮食要定时定量,少食多餐。注意烹调方法,少用刺激性调味品。

一般人日常膳食摄入嘌呤为 600~1 000 mg,在急性期,嘌呤摄入量应控制在每天 150 mg 以内。在急性发作期,宜选用第一类嘌呤含量少的食物,以牛奶及其制品、蛋类、蔬菜、水果、细粮为主;在缓解期,可适量选含嘌呤中等量的第二类食物,如肉类食用量每日不超过 120 g,尤其不要集中一餐中进食过多。不论在急性期还是缓解期,均应避免摄入含嘌呤高的第三类食物,如动物内脏、沙丁鱼、凤尾鱼、小鱼干、牡蛎、蛤蜊、浓肉汁、浓鸡汤及鱼汤、火锅汤等。为了方便,一般将食物按嘌呤含量分为三类,供配餐选择食物时参考:

第一类:含嘌呤较少,每 100 g 含量在 50 mg 以内

(1)谷薯类

大米、米粉、小米、糯米、大麦、小麦、荞麦、富强粉、普通面粉、通心粉、挂面、面条、面包、馒头、麦片、白薯、马铃薯、芋头。

(2)蔬菜类

白菜、卷心菜、芥菜、空心菜、芥蓝、茼蒿、韭菜、黄瓜、苦瓜、冬瓜、南瓜、丝瓜、西葫芦、菜花、茄子、豆芽、青椒、萝卜、胡萝卜、洋葱、番茄、莴苣、泡菜、葱、姜、蒜、荸荠、鲜蘑、四季豆、菠菜。

(3)水果类

橙、橘、苹果、梨、桃、西瓜、哈密瓜、香蕉、果干、糖浆、果酱。

(4)蛋乳类

鸡蛋、鸭蛋、牛奶、奶粉、酸奶、奶酪、炼乳。

(5)硬果及其他

猪血、猪皮、海参、海蜇、海藻、大枣、葡萄干、木耳、蜂蜜、瓜子、杏仁、栗子、莲子、花生、核桃仁、花生酱、枸杞、茶、咖啡、巧克力。

第二类:含嘌呤较高,每 100 g 含量在 50~150 mg

(1)粮豆类

麦胚、粗粮、绿豆、红豆、豌豆、菜豆、豆腐干、豆腐、青豆、黑豆。

(2)畜禽类

猪肉、牛肉、羊肉、鸡肉、兔肉、鸭肉、鹅肉、鸽肉、火鸡、火腿、牛舌。

(3)水产品

鳝鱼、鳗鱼、鲤鱼、草鱼、鳕鱼、鲑鱼、鲳鱼、比目鱼、虾、龙虾、乌贼、螃蟹、昆布。

第三类：含嘌呤高的食物，每 100 g 含量在 150 mg 以上

猪肝、牛肝、牛肾、猪小肠、脑、胰脏、带鱼、沙丁鱼、凤尾鱼、鲢鱼、鲱鱼、鲭鱼、小鱼干、牡蛎、蛤蜊、酵母粉、浓肉汁、浓鸡汤及鱼汤、火锅汤。

三、胃肠道疾病人群的营养与膳食

(一)慢性胃炎人群的营养与膳食

慢性胃炎迁延，反复发作、病程较长。临床上通常分为浅表性胃炎、萎缩性胃炎和肥厚性胃炎等三类。主要临床表现：浅表性胃炎常出现上腹部不适、饱胀或疼痛，食欲减退、恶心和呕吐等。萎缩性胃炎除可出现上述症状外，还可导致体重减轻、贫血、腹泻、蛋白质热量营养不良等。

慢性胃炎人群的营养与膳食：

1. 以清淡、少油腻、少刺激、易消化为原则。

2. 萎缩性胃炎由于胃酸分泌少，可多食些汤类以增加胃酸分泌，提高胃酸浓度，增强食欲。可饮的汤类有鱼汤、鸡汤、骨头汤、蘑菇汤等。

3. 牛奶有中和胃酸的作用，萎缩性胃炎患者不宜饮用，但可饮酸牛奶，以提高消化率。

4. 热量及蛋白质摄入应充足。

5. 主食应忌油炸、不发酵面食及粗粮粗制难以消化的食物。避免生、冷、硬、过热、辛辣食物及刺激性调料。餐次以每日 4～5 餐为宜。进餐时应细嚼慢咽。

(二)消化性溃疡人群的营养与膳食

主要病患部位在胃和十二指肠。任何年龄都可发生，以 20～50 岁为多见。致病原因主要包括幽门螺旋杆菌感染、胃酸及胃蛋白的影响等。主要临床表现为慢性上腹部疼痛，典型者有规律性、周期性、季节性等特点。

消化性溃疡人群的营养与膳食：

1. 注意精神不要过于紧张，休息好。

2. 牛奶、奶油可经常食用，但应少饮或不饮酸牛奶。

3. 可在餐前吃几粒生花生仁，因为生花生仁经胃肠蠕动搅拌成糊状后其油渍附在胃黏膜上，可防止炎症的扩散，从而使胃酸分泌减少。一般连续食用一周以上即可见效。

4.蔬菜水果以新鲜、不含粗纤维为原则。尽量多吃黄色蔬菜,如西红柿、胡萝卜、南瓜等,因为其中含有抗酸性维生素如胡萝卜素。

5.主食可选细面条、面片、馒头、花卷、包子、面包、软米饭等。忌油炸食物、不发酵面食及粗粮粗制食物,如玉米饼、糯米饭、年糕等,因为这些食物在胃内停留时间长,会加重胃肠负担。

6.避免生、冷、硬、过热、辛辣食物,如凉拌冷荤菜、酸辣白菜及核桃、榛子等。避免刺激性调味品,忌酒。

7.应少量多餐,宜细嚼慢咽。多吃流质膳食、易消化、不刺激。以少渣流食和少渣软饭为好。

四、肝胆疾病人群的营养与膳食

(一)病毒性肝炎人群的营养与膳食

病毒性肝炎是由多种肝炎病毒引起的一组以肝脏广泛性损害为主的传染病。最常见的有甲型、乙型、丙型肝炎病。

病毒性肝炎的主要病变是肝实质细胞变性坏死,病毒性肝炎的营养治疗主张采用适当的高蛋白、高维生素、低脂肪、适量碳水化合物和能量的饮食,以保护肝脏,避免加重肝脏的负担和继续损伤,促进肝细胞的再生和功能恢复。急性肝炎初期或慢性肝炎急性发作期应选择清淡、易消化、刺激性小、少渣、少胀气的食物,以低脂流质或半流质饮食为宜,饮食供给少而精,同时考虑营养需要量。肝炎病人应少吃多餐,每日进餐4~5次。每次饮食量不宜太多,既要预防低血糖的发生,又要减轻肝脏负担。具体做到:

1.此时的碳水化合物摄入应以复合碳水化合物为主,每日主食量在300g左右,不主张过多服用单糖和双糖,以免影响食欲,避免发展成脂肪肝。

2.应选择高生物价的优质蛋白质,如适量的瘦肉、鱼、蛋、乳类及豆制品,鸡蛋不能多吃,因蛋黄中的脂肪酸与胆固醇均在肝内代谢,即使在恢复期也同样加重肝脏负担,仍以每周不超过3个为好。

3.牛奶的摄入量以每日不超过250 mL为好,另外去皮的鸡肉、鸭肉、玉米、小米、糯米、菜花、小红枣和各种植物油均适合病人食用。

4.膳食中应供给丰富的多种维生素,富含维生素 B_1 的食物有全麦、豆芽、豌豆、花生、新鲜蔬菜、水果等;富含维生素 B_2 的食物有小米、大豆、酵母、豆瓣酱、动物肉类、乳类等;含有维生素 B_6 的食物有豆类、新鲜蔬菜、酵母等;含维生素 C 多的食物有新鲜蔬菜、水果、西红柿、辣椒、青蒜、蒜苗、油菜、野菜、山楂等;另外,菠菜、卷心菜、菜花、花生油等由于含有维生素 K,亦可多吃。

(二)脂肪肝人群的营养与膳食

脂肪肝主要是脂肪分解合成失去平衡或脂肪运输发生障碍,导致脂肪在肝实质细胞内过量积聚。正常肝脏含脂肪不超过5%,当肝内脂肪分解或合成失去平衡,或储存发生障碍时,脂肪(主要是甘油三酯和脂肪酸)就会在肝实质细胞内过量积聚。如果总量超过常量的1倍,或组织学上肝实质脂肪浸润超过30%~50%,称为脂肪肝。产生脂肪肝的主要原因之一为进食过量的脂肪或高糖膳食,以致脂肪过剩。

脂肪肝人群的营养与膳食:

1.控制热量的摄入

过高的能量使脂肪合成增多,加速脂肪肝病变,通过热量的控制可以有效地消耗肝细胞内的脂肪。特别是伴有肥胖症的脂肪肝患者,更应严格控制热量的摄入,逐步减肥,使体重降至标准体重范围之内。

2.限制脂肪和糖类

脂肪肝患者由于脂肪代谢障碍,体内甘油三酯及胆固醇均有不同程度升高,且往往伴有高脂血症,因此,需要严格控制脂肪和糖类的摄入,脂肪供给以每日50 g左右为宜,碳水化合物每日供给为200~300 g为宜。烹调油应使用植物油脂、适当限制含胆固醇高的食物,不吃动物内脏、鸡鸭皮、肥肉、鱼虾籽、蟹黄、脊髓、猪脑等。同时少食用煎炸食物,禁食纯食糖。

3.保证高蛋白膳食的供给

高蛋白可保护肝细胞,并能促进肝细胞的修复和再生。蛋白质中许多氨基酸都有抗脂肪肝的作用,如蛋氨酸、胱氨酸等。可适当选择豆腐、瘦肉、鱼、虾、脱脂奶和酸奶等食物。

4.供给充足的维生素

肝内储存多种维生素,患肝病时,储存能力会降低,如不及时注意补充,就会引起体内维生素缺乏。富含B族维生素,维生素C,叶酸,维生素A,维生素D,维生素E及维生素K的食物可以保护肝细胞和防止毒素对肝细胞的损坏。

5.保证充足的纤维素和矿物质的供给

饮食不宜过精细,主食应粗细杂粮搭配,多选用蔬菜、水果和菌藻类,以保证足够数量的食物纤维摄入。这样既可增加维生素、矿物质供给,又有利于代谢废物的排出,对调节血脂、维持血糖正常值有好处。

(三)肝硬化人群的营养与膳食

肝硬化是一种或多种致病因素长期或反复损害肝脏所致的肝脏实质硬化性疾病。原因有肝炎、酗酒、寄生虫等引起肝脏硬化、萎缩,其症状与肝炎相似。

肝硬化早期为肝功能代偿期,症状较轻,有食欲不振、乏力、恶心呕吐、腹胀、上腹部不适或隐痛等,其中以食欲不振出现较早为突出症状。晚期病人往往有腹水,上消化道出血等症状。

肝硬化人群的营养与膳食:

1. 宜食高蛋白、高热、富含维生素的食物,限制含脂肪多的食物的摄入。
2. 食物要软烂,易于消化。
3. 戒酒。
4. 有腹水者应予以低盐或无盐膳食。
5. 血氨偏高者要限制蛋白质,防止肝昏迷。
6. 胆汁性肝硬化应用低脂、低胆固醇膳食。

(四)胆囊炎和胆石症人群的营养与膳食

二者通常并存,胆结石是引起胆囊炎的重要原因。由于胆小管、总胆管、胆囊中出现块状和泥沙样结石,可引起疼痛和体温升高,饮食不当及情绪刺激是其发作的重要原因。

胆囊炎和胆石症人群的营养与膳食:

1. 病人的饮食应控制脂肪和胆固醇的摄入量,辅以高碳水化合物食物,以消除引起疼痛的因素,保护肝功能,增强抵抗力;
2. 常见的高碳水化合物食物有米汤、藕粉、果汁、蜂蜜水等;
3. 忌食全脂奶、鱼子、肥肉、动物脑子、动物内脏、鸡蛋黄等,禁油煎、油炸的食物,烹调用植物油,不用动物油;
4. 主食应少用粗粮,可多吃易消化的碳水化合物,但对于肥胖及伴有冠心病或高脂血症病人应注意限制主食和甜点心的量;
5. 进食富含维生素的蔬菜和水果,多饮水,每天在 2 000 mL 以上,饮食应清淡、易消化;
6. 食物的温度以温热为宜,可使胆道口和胆道壁肌肉松弛,利于胆汁排除,切勿过热或过冷。

第四章 现代酒店营养配餐

学习内容与目标：
第一节 现代酒店营养配餐概述
第二节 热能与营养计算
第三节 膳食结构与中国居民膳食指南
第四节 营养食谱的设计
第五节 营养餐制作
第六节 菜肴销售过程(点菜服务)中营养配餐的原则
第七节 菜肴销售过程(点菜服务)中营养配餐的方法
第八节 现代酒店营养配餐质量控制

第一节 现代酒店营养配餐概述

一、现代酒店营养配餐的意义

随着社会的进步和经济的发展，人们的生活水平日益提高，来酒店就餐的人群比例逐年上升。吃得营养、吃得健康已越来越受到人们的关注。酒店工作人员如何做好营养菜点的设计、制作和销售工作是关键所在。酒店注重饮食营养是大势所趋，它是人类文明进步的标志。小而言之是为了个体的健康，大而言之是为了提高整个民族的身体素质。

观念决定行为，行为产生结果。要想使人们更健康，从饮食的角度，方方面面都要做到合理营养。以往人们往往有误区，认为在酒店就餐是想吃什么，就点什么。偶尔吃一顿即使营养不合理也没关系。实际上人身体的健康状况与每一餐都有关系，量的积累才会产生质的飞跃。另外如果有了正确的健康意识、养成了良好的饮食和就餐习惯，在日常生活中也会注意合理营养。所以酒店讲究营养配餐不仅可以带给人们健康的美食，还有助于帮助人们养成良好的饮食习惯，从长远讲意义重大。一些人觉得疾病与饮食关系不大，一旦有病去医院看一下就行了。实际上有些疾病是属于食源性疾病，与饮食不合理有着密切关系，只注重治疗不注意调养，身体恢复的速度慢。而长期的饮食不合理又会加快疾病发生、发展的速度。酒店工作人员一定要转变观念,认识到自身工作与人类健康之间的密切关系,明确自己的责任。在工作中将营养与烹饪紧密结合,使前来就餐的人们吃出健康、吃出美丽、吃出好心情,为创建和谐社会贡献一份力量。

二、现代酒店营养配餐的概念

酒店讲究饮食营养具体是指在酒店进行营养配餐包括营养菜点的设计、营养食谱的设计、营养菜点的销售和营养菜点的质量控制四个方面。具体涉及方方面面的配合,首先酒店领导要给予高度的重视,其次需要酒店各个环节工作人员的全员参与,从对食客饮食习俗的调查、原料的采购、原料的加工、营养菜点的设计及营养菜点制作到营养菜点的销售等各环节都离不开营养理论的控制。只有这样才能保证营养配餐在酒店的顺利开展。

所谓现代酒店营养配餐是指将现代营养理论、烹饪基础理论及中医食疗理论与烹饪技术相结合,以顾客心理学为基础,考虑不同地区和人群的饮食习惯,利用现代科技手段和酒店现有的厨房设备,针对前来酒店就餐的人群的特点,设计营养菜点和营养食谱、制作营养菜点以及销售营养菜点的过程。

三、现代酒店营养配餐的原则

(一)确定营养食谱类型

就餐方式的确定,一般有两种方式,一类是包餐制,一类是选购制;营养食谱的费用根据客人经济状况确定;确定就餐人群是普通人群还是特殊人群。

(二)选择食物品种

选择食物品种应注意食物来源品种的多样性。做到主副食平衡、粗细搭配、荤素兼食、有干有稀,多品种、多口味,最终做到食物多样、口味多变、营养合理。

(三)烹调方法适当

酒店营养配餐烹调方法的选择既要保证菜肴质量又要尽可能地减少对营养素的损失。

(四)平衡调配

平衡调配的基本原则是:酸碱平衡、荤素搭配、口味多变、营养平衡。

(五)核定饭菜数量

饭菜品种选定后,需要核定饭菜的原料用量。核定原则是既要满足就餐人员的营养需要,又要注意节约、防止浪费。核定的依据是已选定的就餐人员膳食营养供给量标准、就餐人员习惯进食量、膳食消费水平以及常用菜单的饭菜单位组成数量。

(六)调整营养素供给量

在制定营养食谱并核定食物原料用量以后,就应该核定与调整营养食谱营养素的供给量。首先根据食谱定量计算出每人平均获得的营养素是否符合营养素供给量标准的要求,然后对不符合要求的方面加以调整。在能量方面,达到供给量标准规定的90%以上即正常。在营养素方面,首先要注意蛋白质的供给量,以每日不超出供给量标准的±10%为正常;其他营养素的摄取量,每日达到供给量标准的80%以上、周平均量不低于供给量标准的90%为正常;若每日量低于标准量的80%,周平均量低于标准量的90%,则需要进行调整。

(七)菜肴原料

菜肴原料的选择、口味的搭配、烹调方法的确定及营养素的供给都要满足消费者的需求。

第二节 热能与营养计算

营养计算是实施营养配餐的基础,是开启营养科学之门的一把钥匙,为了更好地为人所用。在给不同对象、不同人群进行配餐时,不只要定性,更要定量(即定性定量标准化),便之量化,以达到科学配餐的目的。

营养计算包括两大部分。第一部分:不同对象、不同性质的人群所需营养成分的计算;第二部分:食物中所含营养成分的计算。只有完全掌握这两大部分的营养计算知识,在进行营养配餐时才能达到更合理化,更科学化。

一、计算所涉及的知识

(一)几个概念

人体所需的热能来自生热营养素。为了便于以后进行科学的配餐,在进行营养计算前,需要了解几个名词。

1. 生热营养素

生热营养素是指在体内能够产生热量的营养素,包括蛋白质、脂肪、碳水化合物三种。

2. 生热系数

每克生热营养素,即蛋白质、脂肪和碳水化合物在体内实际产生的热量称为生热系数。

蛋白质的生热系数为 4 kcal/g(16.7 kJ/g)

脂肪的生热系数为 9 kcal/g(37.7 kJ/g)

碳水化合物的生热系数为 4 kcal/g(16.7 kJ/g)

3. 生热比

三种生热营养素所产生的热量占每人每天所摄入总热量的百分比,称为生热比。三大营养素的生热比通常为:

蛋白质:10%~12%;脂肪:20%~25%;碳水化合物:60%~70%。

(二)营养计算的重要工具

《食物成分表》——市品与食部之间的换算;

首先了解两个概念:市品和食部

市品:指从市场上购来的样品。

食部:从市场上购来的样品去掉其不可食部分之后所剩余的部分。

食部 = 市品重量 × 食部百分数

其次,了解两个概念的含义。

第一,《食物成分表》中所列数值均为100 g食部中所含的各种营养素的量。第二,进行计算时,务必要将市品(即实际重量)换算成食部后方可进行营养计算。

(三)营养计算步骤

(1)按类别将所摄入食物排序,并列出每种食物的数量;

(2)从《食物成分表》中分别查出各类食物所含各种营养素的量,所有食物均换算成食部后,再算出每种食物所含营养素的量;

(3)累计相加,计算出一日食谱(或一道菜、一餐菜)中三大生热营养素的量及其他营养素含量;

(4)根据蛋白质、脂肪、碳水化合物的生热系数,既可计算每日食谱所产生的总热量,又可计算出蛋白质、脂肪、碳水化合物产生热量占总热量的百分比;

(5)与供给量标准进行比较,进行营养评价,并找出不足之处,适当调整、改进、提高,使之更科学化。

二、有关营养计算

(一)关于人体所需营养的计算

1. 有关人体营养状况的计算

依据公式判断体重是否正常,了解就餐对象体力活动,根据成人每日能量供给表确定供给能量。

例1 一成年男性,实际身高为175 cm,体重为80 kg,评价他的营养状况。

①标准体重:175 - 105 = 70 kg

②实际体重相当于标准体重百分比(%)

$$\frac{实际体重-标准体重}{标准体重} \times 100\% = \frac{80-70}{70} \times 100\% = +14\%$$

实际体重相当于标准体重的+14%,此男性属超重。

例2 某成年男性身高为177 cm,体重为56 kg,评价他的营养状况。

①标准体重:177-105=72 kg

②实际体重相当于标准体重百分比(%)

$$\frac{实际体重-标准体重}{标准体重} \times 100\% = \frac{56-72}{72} \times 100\% = -22\%$$

实际体重相当于标准体重的-22%,此男性为极度瘦弱,属于营养不良,临床上应及时查清病因,适当地补充营养,增强体质。

2.有关人体每日所需热能的计算

人们从事脑力劳动和各种体力活动时都要消耗热能,而且是热能消耗变化最大的一部分,它直接受劳动的性质、强度、工作时间、动作熟练程度等诸因素的影响。

正常成人每公斤体重,在不同劳动强度下热能的需要量见表4.1。

表4.1 不同劳动强度下热能约需要量

体形	体力活动量/(kcal·kg^{-1}·d^{-1})			
	极轻体力活动	轻体力活动	中等体力活动	重体力活动
消瘦	40~45	45~50	50~55	55~70
正常	30~35	35~40	40~45	45~60
肥胖	25~30	30~35	35~40	40~45

例3 某男性,身高为175 cm,体重为80 kg,从事办公室工作(轻体力劳动),请计算此人每日需要多少热量?

① 标准体重:175-105=70 kg

② 查表4.1,轻体力劳动,每日每公斤体重消耗热能为35~40 kcal。

则全天所需热能 = 标准体重 × 每日每公斤体重热能需要量 =

70×(35~40)=2 450~2 800 kcal

注:计算全天热能需要量,一定要用标准体重与每日每公斤体重热能需要量相乘,而不能用实际体重。

3.有关人体每日所需蛋白质、脂肪和碳水化合物的计算

例4 20岁男性,体重为65 kg,轻体力劳动,需要热能2 600 kcal,每日摄入蛋白质75 g,摄入脂肪产生的热量占总热量的20%~25%。请计算每日所需碳水化合物和脂肪的量。

① 蛋白质75 g,产生热量为

$$75 \times 4 = 300 \text{ kcal}$$

② 脂肪产热占总热能的 20%~25%,总热能为 2 600 kcal,故脂肪产生的热能为

$$2\ 600 \times (20\% \sim 25\%) = 520 \sim 650 \text{ kcal}$$

每克脂肪产生 9 kcal 的热量,故脂肪的量为

$$(520 \sim 650)/9 = 58 \sim 72 \text{ g}$$

③ 碳水化合物产生热量为

$$2\ 600 - 300 - (520 \sim 650) = 1\ 780 \sim 1\ 650 \text{ kcal}$$

碳水化合物需要量为

$$(1\ 780 \sim 1\ 650)/4 = 445 \sim 412.5 \text{ g}$$

所以,此男性每日需 445~412.5 g 的碳水化合物及 58~72 g 的脂肪。

(二)关于食物中所含营养素的计算

1.主食所含营养素的计算

例5 150 g 馒头中含蛋白质、脂肪、碳水化合物各为多少克?产生多少热量?

解 ①谷类及其制品馒头(蒸,标准粉),食部为 100%,直接查《食物成分表》得,蛋白质为 7.8 g,脂肪为 1.0 g,碳水化合物为 48.3 g。

②150 g 馒头中含

蛋白质:$150 \times 7.8 \div 100 = 11.7$ g

脂肪:$150 \times 1.0 \div 100 = 1.5$ g

碳水化合物:$150 \times 48.3 \div 100 = 72.45$ g

③前面我们学习过,蛋白质生热系数为 4 kcal/g,即每克蛋白质产生 4 kcal 的热量,脂肪的生热系数为 9 kcal/g,即每克脂肪产生 9 kcal 的热量,碳水化合物的生热系数为 4 kcal/g,即每克碳水化合物质产生 4 kcal 的热量。

那么,150 g 馒头中,

蛋白质产生的热量为 $11.7 \times 4 = 46.8$ kcal

脂肪产生的热量为 $1.5 \times 9 = 13.5$ kcal

碳水化合物产生的热量为 $72.45 \times 4 = 289.8$ kcal

150 g 馒头所产生的热量为

$$46.8 + 13.5 + 289.8 = 350.1 \text{ kcal}$$

因此,150 g 馒头中所含蛋白质 11.7 g,脂肪 1.5 g,碳水化合物 72.45 g,共产生热量 350.1 kcal。

例6 用大白菜 150 g 做饺馅,将白菜漂洗、蒸煮,其维生素 C 的损失率为 71.1%,计算饺馅中维生素 C 的含量。

解 ①查《食物成分表》,大白菜 100 g 的食部中,维生素 C 为 20 mg,则 150 g 饺馅含维生素 C 为 30 mg。

②已知经漂洗、蒸煮后,大白菜维生素 C 的损失率为 71.1%,则最后煮熟的饺馅中的维生素 C 的含量为

$$30 \times (100 - 71.1)\% = 8.67 \text{ mg}$$

2.副食所含营养素的计算

例 7 一个红皮鸡蛋(按 55 g 计算)中含蛋白质、脂肪、碳水化合物各多少克?产生多少热量?

解 ①查《食物成分表》,红皮鸡蛋的食部为 88%,先计算出食部方可继续计算。

食部重量 = 食物的实际重量 × 食部(%) = 55 × 88% = 48.4 g

即一个 55 g 的红皮鸡蛋,去掉鸡蛋皮,可食部分为 48.4 g。

②从《食物成分表》中可知,食部为 100 g 情况下,红皮鸡蛋中含蛋白质 12.8 g,脂肪 11.1 g,碳水化合物 1.3 g,则一个红皮鸡蛋中含

蛋白质:48.4 × 12.8/100 = 6.2 g

脂肪:48.4 × 11.1/100 = 5.4 g

碳水化合物:48.4 × 1.3/100 = 0.63 g

③通过三大营养素的生热系数,分别计算一个鸡蛋中蛋白质、脂肪、碳水化合物产生的热量为

蛋白质:6.2 × 4 = 24.8 kcal

脂肪:5.4 × 9 = 48.6 kcal

碳水化合物:0.63 × 4 = 2.52 kcal

④一个鸡蛋所产生总热量为

$$24.8 + 48.6 + 2.52 = 75.9 \text{ kcal}$$

3.饮品所含营养素的计算

例 8 一听啤酒为 330 mL,酒精度为 3.4%。计算其产生的热量。(已知每克酒精释放 7 kcal 热量)

解 含酒精:330 × 3.4% = 11.22 g

产热量:11.22 × 7 kcal/g = 78.54 kcal

4.菜品所含营养素的计算

例 9 请计算红烧鸡块(一只整鸡 1 540 g,食部为 66%)产生的热量为多少?(其中用油 25 g)

解 ①计算可食部

可食部 = 实际重量 × 食部% = 1 540 × 66% = 1 016.4 g

②查《食物成分表》,鸡的食部为 100 g 情况下,含蛋白质 19.3 g、脂肪

9.4 g、碳水化合物 1.3 g,则这只鸡中含蛋白质、脂肪、碳水化合物分别为

蛋白质:1 016.4 × 19.3/100 = 196.2 g

脂肪:1 016.4 × 9.4/100 = 95.5 g

碳水化合物:1 016.4 × 1.3/100 = 13.2 g

③红烧鸡块产生总热量 = 鸡块产生的热量 + 食用油产生的热量,即

196.2 × 4 + 95.5 × 9 + 13.2 × 4 + 25 × (99.9/100) × 9 =

784.8 + 859.5 + 52.8 + 224.78 = 1921.9(kcal)

则 1 540 g 的红烧鸡块共产生 1921.9 kcal 的热量。

例10 请计算清炒荷兰豆的营养价值,其中用油 15 g,荷兰豆 350 g。

解 ①通过查《食物成分表》得知荷兰豆食部 100 g 时,含蛋白质2.5 g,脂肪 0.3 g,碳水化合物 3.5 g,维生素 C 16 mg,钙 51 mg。

②列表:

食物	重量/g	蛋白质/g	脂肪/g	碳水化合物/g	维生素 C/mg	Ca/mg
荷兰豆	350	8.75	1.05	12.25	56	178.5
食油	15	—	14.85	—	—	—
合计		8.75	15.9	12.25	56	178.5

产生总热量

8.75 × 4 + 15.9 × 9 + 12.25 × 4 = 35 + 143.1 + 49 = 227.1 kcal

所以,这道菜中含蛋白质 8.75 g,脂肪 15.9 g,碳水化合物 12.25 g,维生素 C 56 mg,钙 178.5 mg,共产生 227.1 kcal 的热量。

5. 一餐食谱的营养计算

例11 早餐:牛奶 227 g、馒头 100 g、煮鸡蛋 55 g、小菜(葱油萝卜丝 100 g)、食用油 5 g,请计算这顿早餐的总热量?(每百克食物所含营养素见表 4.2)

表 4.2 每百克食物所含营养素

每百克食物	蛋白质	脂肪	碳水化合物
馒头	6.2	1.2	43.2
牛奶	2.7	2.0	5.6
鸡蛋	12.8	11.1	1.3
萝卜	0.8	—	4.1
食油	—	99.9	—

解 查《食物成分表》得知各种食物中营养素含量如下表。

食物名称	重量/g	蛋白质/g	脂肪/g	碳水化合物/g
馒头	100	6.20	1.2	43.2
牛奶	227	6.13	4.54	12.71
鸡蛋	55	7.04	6.05	0.72
萝卜	100	0.8		4.1
食油	5		5.0	
合计		20.17	16.85	60.73

全餐的热量为

$$20.17 \times 4 + 16.85 \times 9 + 60.73 \times 4 =$$
$$80.68 + 151.65 + 242.92 = 475.25 \text{ kcal}$$

故早餐的营养价值为蛋白质 20.27 g,脂肪 16.89 g,碳水化合物 60.63 g,热量 475.61 kcal。

第三节 膳食结构与中国居民膳食指南

膳食结构是指膳食中各类食物的数量及其在膳食中所占的比例。既反映了人们的饮食习惯、生活水平,也反映了一个国家的经济发展水平和农业发展状况,是社会经济发展的重要特征。

一、膳食结构的类型和特点

膳食结构的类型的划分方法有很多种,但重要的依据是动物性和植物性食物在膳食构成中的比例。根据膳食中植物性食物所占的比例,以及能量、蛋白质、脂肪和碳水化合物的供给量作为划分膳食结构的标准,可将世界不同地区的膳食结构分为以下四种类型。

(一)动植物食物平衡的膳食结构

膳食中动物性与植物性食物比例比较适当。日本的膳食结构是这一类型的代表。该类型膳食结构的特点是:能量能够满足人体需要,又不至过剩。蛋白质、脂肪、碳水化合物的供能比例合理。膳食纤维和铁、钙均比较充足,同时动物脂肪又不高,有利于避免营养缺乏病和营养过剩性疾病,促进健康。这是比较合理的一种膳食结构。

(二)以植物性食物为主的膳食结构

膳食构成以植物性食物为主,动物性食物为辅。大多数发展中国家的膳食结构属于此类。其特点是:谷物食物消费量大,动物性食物消费量小。动物性蛋白质一般占蛋白质总量的10%~20%,植物性食物提供的能量占总能量近90%。该类型的膳食能量基本可满足人体需要,但蛋白质、脂肪摄入量均低,主要来自动物性食物的营养素如铁、钙、维生素 A 等摄入不足。营养缺乏病是这些国家人群的主要营养问题。但此类型的结构膳食纤维充足、动物性脂肪较低,有利于冠心病和高脂血症的预防。

(三)以动物性食物为主的膳食结构

这种膳食结构是多数欧美发达国家的典型膳食结构,属于营养过剩型的膳食结构。主要特点是提供高能量、高脂肪、高蛋白膳食,所含膳食纤维较低。与植物性为主的膳食结构相比,营养过剩是此类膳食结构国家人群面临的主要健康问题。

(四)地中海膳食结构

该膳食结构是居住在地中海地区居民所特有的,意大利、希腊可作为该种膳食结构的代表。膳食结构的主要特点是:

1.膳食富含植物性食物,包括水果、蔬菜、薯类、谷类、豆类、果仁等。

2.食物的加工程度低,新鲜度高,该地区居民以食用当季、当地产的食物为主。

3.橄榄油为主要食用油。

4.每天食用少量、适量的奶酪和酸奶。

5.每周食用少量、适量鱼、禽、蛋类原料。

6.以新鲜水果作为典型的每日餐后食物,甜食每周只食用几次。

7.每月食用几次红肉(猪、牛、羊肉及其产品)。

8.大部分成年人有饮用葡萄酒的习惯。地中海地区居民心脑血管疾病发生率很低,已引起了一些国家的注意,并纷纷参照和借鉴这种膳食模式改进自己国家的膳食结构。

二、中国的膳食结构

(一)中国居民传统的膳食结构

中国居民的传统膳食结构以植物性食物为主,谷类、薯类和蔬菜的摄入量较高,肉类的摄入量比较低,豆制品总量不高且随地区不同而不同,奶类消费在大部分地区不高。此种膳食结构的特点是:

1.高碳水化合物

我国南方居民多以大米为主食,北方以小麦粉为主,谷类食物的供能占70%以上。

2.高膳食纤维

谷类食物和蔬菜中所含的膳食纤维丰富,因此,我国居民膳食纤维的摄入量也很高。这是我国传统膳食结构的优势之一。

3.低动物脂肪

我国居民传统的膳食结构中动物性食物的摄入量很少,动物脂肪的供能比例一般为10%以下。

(二)中国居民膳食结构的现状与问题

当前中国城乡居民的膳食仍然以植物性食物为主,动物性食物为辅。但中国幅员辽阔,各地区、各民族以及城乡之间的膳食结构存在着很大差异,富裕地区与贫困地区的差别较大。而且,随着社会经济发展,我国居民膳食结构向"富裕型"膳食结构方向转变。

2002年第四次全国营养调查资料表明,我国居民膳食质量明显提高,城乡居民能量及蛋白质摄入得到基本满足,肉、禽、蛋等动物性食物消费量明显增加,优质蛋白质比例上升。与1992年相比,农村居民膳食结构趋于合理,优质蛋白质占蛋白质总量的比例从17%增加到31%,脂肪供能比由19%增加到28%,碳水化合物供能比由70%降至61%。

尽管如此,我国居民膳食结构仍存在很多不合理之处,居民营养与健康问题还需予以高度关注。城市居民膳食结构中,畜肉类及油脂消费过多,谷类食物消费偏低。奶类、豆类制品摄入相对过低。铁、钙、维生素A等微量营养素缺乏仍是我国城乡居民普遍存在的问题。

三、中国居民膳食指南

《中国居民膳食指南》是我国营养专家以科学研究的成果为根据,根据营养学原则,针对我国居民的营养需要及膳食中存在的主要缺陷而制定的,是号召人们采用平衡膳食,以制定营养食谱、摄取合理营养、促进健康的指导性意见,具有普遍指导意义。

1. 食物多样、谷类为主

人类的食物是多种多样的。各种食物所含的营养成分不完全相同。除母乳外,任何一种天然食物都不能提供人体所需的全部营养素。平衡膳食必须由多种食物组成,才能满足人体对各种营养需要,达到合理营养、促进健康的目的。因而,提倡人们要广泛食用多种食物。

谷类食物是中国传统膳食的主体。随着经济发展,生活改善,人们倾向于食用更多的动物性食物。根据1992年全国营养调查的结果,在一些比较富裕的家庭中动物性食物的消费量已超过了谷类的消费量。这种"西方化"或"富裕型"的膳食提供的能量和脂肪过高,而膳食纤维过低,对一些慢性病的预防不利。

2. 多吃蔬菜、水果和薯类

蔬菜与水果是胡萝卜素、维生素B_2、维生素C和叶酸、矿物质(钙、磷、钾、镁、铁)、膳食纤维和天然抗氧化物的主要或重要来源。

含丰富蔬菜、水果和薯类的膳食,对保持心血管健康、增强抗病能力、减少儿童发生干眼病的危险及预防某些癌症等具有十分重要的作用。

3.每天吃奶类、豆类或其制品

奶类除含丰富的优质蛋白质和维生素外,含钙量较高,且利用率也很高,是天然钙质的极好来源。我国居民膳食提供的钙质普遍偏低,平均只达到推荐供给量的一半左右。大量的研究表明,给儿童、青少年补钙可以提高其骨密度,从而延缓其发生骨质疏松的年龄。因此,应大力发展奶类的生产和消费。

豆类是我国的传统食物,含丰富的优质蛋白质、不饱和脂肪酸、钙及维生素 B_1、维生素 B_2、烟酸等。为提高农村人口的蛋白质摄入量及防止城市中过多消费肉类带来的不利影响,应大力提倡消费豆类食物,特别是大豆及其制品。

4.经常吃适量鱼、禽、蛋、瘦肉,少吃肥肉和荤油 鱼、禽、蛋、瘦肉等

动物性食物是优质蛋白质、脂溶性维生素和矿物质的良好来源。动物性蛋白质的氨基酸组成更适合人体需要,且赖氨酸含量较高,有利于补充植物性蛋白质中赖氨酸的不足。肉类中铁的利用较好,鱼类特别是海产鱼所含不饱和脂肪酸有降低血脂和防止血栓形成的作用。动物肝脏含维生素 A 极为丰富,还富含维生素 B_{12}、叶酸等。我国相当一部分城市和绝大多数农村居民平均吃动物性食物的量还不够,应适当增加摄入量。但部分大城市居民食用动物性食物过多,吃谷类和蔬菜不足,这对健康不利。

肥肉和荤油为高能量和高脂肪食物,摄入过多往往会引起肥胖,并是某些慢性病的危险因素,应当少吃。目前猪肉仍是我国人民的主要肉食,猪肉脂肪含量高,应发展瘦肉型猪。鸡、鱼、兔、牛肉等动物性食物含蛋白质较高,脂肪较低,产生的能量远低于猪肉。应大力提倡吃这些食物,适当减少猪肉的消费比例。

5.食量与体力活动要平衡,保持适宜体重

进食量与体力活动是控制体重的两个主要因素。食物提供人体能量,体力活动消耗能量。如果进食量过大而活动量不足,多余的能量就会在体内以脂肪的形式积存即增加体重,久之发胖;相反若食量不足,劳动或运动量过大,可由于能量不足引起消瘦,造成劳动能力下降。所以人们需要保持食量与能量消耗之间的平衡。脑力劳动者和活动量较少的人应加强锻炼,开展适宜的运动,如快走、慢跑、游泳等。而消瘦的儿童则应增加食量和油脂的摄入,以维持正常生长发育和适宜体重。体重过高或过低都是不健康的表现,可造成抵抗力下降,易患某些疾病,如老年人的慢性病或儿童的传染病等。经常运动会增强心血管和呼吸系统的功能,保持良好的生理状态、提高工作效率、调节食欲、强壮骨骼、预防骨质疏松。

三餐分配要合理。一般早、中、晚餐的能量分别占总能量的30%、

40%、30%为宜。

6.吃清淡少盐的膳食

吃清淡膳食有利于健康,即不要食用过于油腻、过咸,或过量的动物性食物和油炸、烟熏食物。目前,城市居民油脂的摄入量越来越高,这样不利于健康。

我国居民食盐摄入量过多,平均值是世界卫生组织建议值的两倍以上。流行病学调查表明,钠的摄入量与高血压发病呈正相关,因而食盐不宜过多摄入。世界卫生组织建议每人每天食盐用量以不超过 6 g 为宜。应从幼年就养成吃少盐膳食的习惯。

7.饮酒应限量,儿童青少年不应饮酒。

8.吃清洁卫生、不变质的食物

选购食物时应当选择外观好,没有泥污、杂质,没有变色、变味并符合卫生标准的食物,严把病从口入关。进餐要注意卫生条件,包括进餐环境、餐具和供餐者的健康卫生状况。集体用餐要提倡分餐制,减少疾病传染的机会。

四、中国居民平衡膳食宝塔

中国居民平衡膳食宝塔是《中国居民膳食指南》专家委员会根据中国居民膳食指南结合中国居民的膳食结构特点设计的。它把平衡膳食的原则转化成各类食物的重量,并以直观的宝塔形式表现出来,它显示的是食物分类的概念及每天各类食物的合理摄入范围,也就是每天应吃食物的种类及相应的数量,便于人们理解和在日常生活中实行(图4.1)。

图4.1 中国居民平衡膳食宝塔

(一)平衡膳食宝塔说明

1.平衡膳食宝塔共分五层,包含各种主要食物种类

宝塔各层位置和面积不同,这在一定程度上反映出各类食物在膳食中的地位和应占的比例。谷类、薯类、杂豆、水位居底层,每人每天应吃谷类、薯类及杂豆 200~400 g,饮水 1200 mL;蔬菜和水果占据第二层,每人每天应分别吃蔬菜 300~500 g 和水果 200~400 g;鱼、禽、肉、蛋等动物性食物位于第三层,每人每天应吃 25~100 g(鱼虾类 50~100 g,畜、禽肉 50~75 g,蛋类 25~50 g);奶类及奶制品、大豆类及坚果类食物合占第四层,每天应吃奶类及奶制品 300 g,大豆类及坚果类 30~50 g。第五层塔尖是油脂类和食盐的摄入量参考值,纯油脂每天不超过 25~30 g,食盐每天限制在 6 g 左右。

宝塔没有建议食糖的摄入量。因为我国居民现在平均吃食糖的量还不多,少吃些或适当吃可能对健康的影响不大。但多吃糖有增加龋齿的危险,尤其是儿童、青少年不应吃太多的糖和含糖食物。

2.宝塔建议的各类食物的摄入量一般是指食物的生重

各类食物的组成是根据全国营养调查中居民膳食的实际情况计算的,所以每一类食物的质量不是指某一种具体食物的质量。

(二)平衡膳食宝塔的应用

1.确定自己的食物需要

宝塔建议的每人每天各类食物适宜摄入量范围适用于一般健康成人,应用时要根据个人年龄、性别、身高、体重、劳动强度、季节等情况适当调整。

2.同类互换,调配丰富多彩的膳食

人们吃多种多样的食物不仅是为了获得均衡的营养,也是为了使饮食更加丰富多彩以满足人们的口味享受。假如人们每天都吃同样的 50 g 肉、40 g 豆,难免久食生厌,那么合理营养也就无从谈起了。宝塔包含的每一类食物中都有许多的品种,虽然每种食物都与另一种不完全相同,但同一类中各种食物所含营养成分往往大体上相似,在膳食中可以互相替换。

3.要合理分配三餐食量

我国多数地区居民习惯于一天吃三餐。三餐食物量的分配及间隔时间应与作息时间和劳动状况相匹配,一般早、晚餐各占 30%,午餐占 40% 为宜,特殊情况可适当调整。

4.要因地制宜充分利用当地资源

我国幅员辽阔,各地的饮食习惯及物产不尽相同,只有因地制宜充分利用当地资源才能有效地应用平衡膳食宝塔。例如牧区奶类资源丰富,可适当提高奶类摄取量;渔区可适当提高鱼及其他水产品摄取量;农村山区则可利用山羊奶以及花生、瓜子、核桃、榛子等资源。在某些情况下,由于地域、

经济或物产所限无法采用同类互换时,也可以暂用豆类替代乳类、肉类;或用蛋类替代鱼、肉;不得已时也可用花生、瓜子、榛子、核桃等干坚果替代肉、鱼、奶等动物性食物。

5. 要养成习惯,长期坚持

膳食对健康的影响是长期的结果。应用均衡膳食宝塔需要自幼养成习惯,并坚持不懈,才能促进健康。

第四节 营养食谱的设计

一、营养食谱概述

(一)营养食谱的定义

营养食谱通常是指膳食调配计划,即为了合理调配食物以达到营养需求而安排的膳食计划,包括吃什么、吃多少和怎么吃。

(二)营养食谱的组成与分类

1. 组成营养食谱的要素:餐别、使用时间(或用餐时间)、适应人群、营养菜点名称及原料种类和数量。

2. 营养食谱按使用周期分为一餐食谱、一日食谱、周食谱和月食谱等;按适应人群可以分为一般人群的营养食谱和特殊人群的营养食谱(具体目标人群还可细化);按使用的时间可分为春季食谱、夏季食谱、秋季食谱和冬季食谱等。

3. 在营养配餐中多采用常用菜单和营养食谱两个术语。常用菜单是制定营养食谱的预选内容,是制定营养食谱的基础。而营养食谱则是调配膳食的应用食谱。为完成膳食调配,需要先形成常用菜单。常用菜单是根据实际条件和营养要求制定出的供选用的各种菜点,具有稳定性、可行性和规范性的特点。由于常用菜单是根据实际情况汇集筛选而成,所以是制定营养食谱,选择菜点的依据;同时,还应根据营养与口味要求,在主料、配料、佐料的搭配、用量以及制作方法上更注重科学、合理与规范。

制定常用菜单应以本地区的主副食资源、市场供应状况、就餐人员的营养需求与消费水平、饮食习惯与口味爱好以及技术条件和加工能力为依据。

(1)了解与掌握本地区的食物资源。如主副食的供应情况、产季、上市情况、价格变化等。

(2)根据厨师的技术水平和设备条件,列出所有能够制作的主食品种和菜肴名称,包括热菜、凉菜和汤菜等,列出清单。在此基础上,根据本地区的食物原料构成和就餐人员的习惯与口味适当筛选。常用菜单应该达到200种以上。常用菜单是由营养菜点组成的。

(三) 营养食谱的设计原则

1. 确定目标人群

设计食谱要有针对性,确定了目标人群才能具体按照要求计算能量及营养素,不同的目标人群对能量和营养素的需求是不同的。

2. 合理选择食物

食物种类繁多,不同食物具有不同的口味和营养特点,所以选择食物时要包含中国居民平衡膳食宝塔所列举的五大类食物,以便制作出营养全面而又美味可口的膳食。另外,食物在生产、加工、运输和保藏的过程中会发生许多变化,包括食物的污染、变质和营养素的损失等,所以要尽可能选择新鲜、优质的食物。

3. 营养食谱设计要有计划性

设计的营养食谱要使其能够满足目标人群的营养需要,同时要能被用餐者愉快地接受。因此,食谱要尽量采用多种多样的食物,尽量采用当地生产和供应的食物;同时还要考虑到用餐者的经济状况、宗教信仰及饮食文化传统等方面的因素。

4. 营养食谱的完善

(1) 膳食评价

用适宜的方法收集消费者的膳食资料,与中国居民膳食宝塔建议的各类食物摄入量进行比较,发现其用餐过程中的主要偏差。根据用餐者的生理特征和体力活动强度选择适宜的膳食营养素参考摄入量指标,比较二者的差异,发现摄入不足或摄入过多的营养素。这种评价的结果即可作为膳食改善的基础,又可作为再次设计类似食谱的依据。

(2) 膳食改善

膳食改善的目的是要纠正当前膳食中存在的缺点,使其更加均衡合理,能够提供充足的而又不过多的能量和各种营养素以满足用餐者的营养需要。简单的方法就是以中国居民平衡膳食宝塔为标准,发现摄入不足和摄入过多的食物种类并进行相应的调整。比较准确的方法是计算出用餐者平均每人每日各类营养素的摄入量,并与相应的膳食营养素参考摄入量指标比较,发现摄入不足或摄入过多的营养素,采取适当干预措施加以改善,重新调整食谱,尽可能地达到预期的目标。

二、营养菜点的设计

1. 分析目标人群的身体特点和营养需求,确定营养配餐的原则,选择合适原料并合理搭配。

2. 菜点的原料、口味、色泽、烹调方法多变,能够符合目标人群的特点。烹调方法以最大限度保留营养素为度。

3. 菜点所含的营养素能够满足目标人群的需要,达到最大限度的合理化。

三、营养食谱的设计方法

(一)计算法设计营养食谱

1. 人体能量需要量的计算

人体能量需要量的计算方法主要有两种:①根据我国建议的《中国居民膳食营养素参考摄入量》确定用餐者的能量需要量,这是最常用、最方便的一种方法。② 根据标准体重计算能量的需要量。

2. 根据膳食组成计算蛋白质、脂肪和碳水化合物每日的摄入量。

我国目前建议每人每日的膳食组成为蛋白质 10%～15%,脂肪 20%～30%,碳水化合物 55%～65%。根据膳食组成和三大生热营养素的能量系数,计算蛋白质、脂肪和碳水化合物的每日摄入量。

3. 根据《食物营养成分表》,选定一日食物的种类和数量

根据以上计算的各种生热营养素供给量,参考每日维生素、无机盐供给量,查阅常见《食物营养成分表》,大致选定一日食物的种类和数量。

4. 将具体食物分配到各餐中。

(二)配餐软件法设计营养食谱

首先,将营养配餐软件安装在电脑上,打开营养配餐软件图标,主导航界面中的"配餐设计与分析"功能区包括三个子功能:营养菜肴设计,营养配餐及分析,配餐方案设计。

在进行营养配餐工作的时候需要先完成营养菜肴的设计。在开始使用"配餐大师"软件之前,首先要在系统中输入配餐所需要的各种菜肴,建立丰富的菜肴库。"配餐大师"软件在默认情况下,预置了一些基本的菜肴分类。用户可以直接使用系统预置的菜肴分类,也可以根据自己的需要对这些分类进行修改及删除,或按照自己的实际情况编制菜肴分类和组织各分类下包含的菜肴。根据目标人群的特点设计配餐方案,在营养配餐及分析功能区编制一餐、一日或一周的营养食谱。

(三)食物交换份法设计营养食谱

1. 根据能量需要确定各类食物原料的交换份数(见表 4.3)。

表 4.3 不同能量饮食中各类食物原料交换份数分配(以糖尿病人使用交换份表为例)

能量 kcal	谷类份	蔬菜份	肉类份	乳类份	水果份	油脂份	合计
1 000	6	1	2	2	—	1	12
1 200	7	1	3	2	—	1.5	14.5

续表 4.3

能量 kcal	谷类份	蔬菜份	肉类份	乳类份	水果份	油脂份	合计
1 400	9	1	3	2	—	1.5	16.5
1 600	9	1	4	2	1	1.5	18.5
1 800	11	1	4	2	1	2	21
2 000	13	1	4.5	2	1	2	23.5
2 200	15	1	4.5	2	1	2	25.5
2 400	17	1	5	2	1	2	28

2．根据餐次分配比例确定每餐各类食物原料交换份数见表4.4。

表 4.4 提供 1 800 kcal 能量的饮食各餐食物原料交换份（以糖尿病人使用交换份表为例）

食物原料类别	早餐/份	中餐/份	晚餐/份	合计/份
谷类	2	5	4	11
蔬菜	—	0.5	0.5	1
水果	—	1	—	1
瘦肉	—	2	2	4
乳类	2	—	—	2
油脂	—	1	1	2
合计/份	4	9.5	7.5	21

3．根据个人喜好，在等份食物交换表中选择各餐食物原料的品种和数量（见表 4.5～4.9）。

表 4.5 各类食物原料中每份交换食物的能量和营养素含量

组别	食物原料名称	食物重量 g	能量 kcal	碳水化合物/g	蛋白质 g	脂肪 g	主要营养素
谷薯组	谷、薯类	25	90	20.0	2.0	0.5	碳水化合物
蔬果组	蔬菜类	500	90	17.0	5.0	—	矿物质、维生素膳食纤维
	水果类	200	90	21.0	1.0	—	
豆奶组	大豆类	25	90	4.0	9.0	4.0	蛋白质
	奶类	160	90	6.0	5.0	5.0	矿物质
肉蛋组	肉蛋类	50	90	—	9.0	6.0	脂肪、维生素
油脂组	硬果类	15	90	2.0	4.0	7.0	脂肪、维生素
	油脂类	10	90	—	—	10.0	

表 4.6 谷、薯类食物的能量等值交换份表

食物原料名称	重量/g	食物原料名称	重量/g
大米、小米、糯米、薏米	25	干粉条、干莲子	25
高粱米、玉米楂	25	油条、油饼、苏打饼干	25
面粉、米粉、玉米面	25	烧饼、烙饼、馒头	35
燕麦片、莜麦面	25	生面条、魔芋生面条	35
荞麦面	25	马铃薯	100
各种挂面、龙须面	25	湿粉皮	150
通心粉	25	鲜玉米	200
绿豆、红豆、芸豆	25		

表 4.7 大豆类食物原料能量等值交换份表

食物原料名称	重量/g	食物原料名称	重量/g
腐竹	20	北豆腐	100
大豆	25	南豆腐	150
大豆粉	25	豆浆	400
豆腐丝、干豆腐	50		

表 4.8 肉、蛋类食物原料能量等值交换份表

食物原料名称	重量/g	食物原料名称	重量/g
热火腿、香肠	20	鸡蛋(带壳)	60
肥瘦猪肉	25	鸭蛋、松花蛋(带壳)	60
熟叉烧肉(无糖)、午餐肉	35	鹌鹑蛋(6个带壳)	60
酱牛肉、酱鸭、大肉肠	35	鸡蛋清	150
瘦猪、牛、羊肉	50	带鱼	80
带骨排骨	50	草、鲤鱼、甲鱼、比目鱼	80
鸭肉	50	大黄鱼、鲫鱼	80
鹅肉	50	对虾、青虾、鲜贝	80
兔肉	100	蟹肉、水发鱿鱼	100
鸡蛋粉	15	水发海参	350
豆油、菜油、麻油	9	南瓜子	30
核桃仁	12.5	花生仁、芝麻酱	15

表 4.9　蔬菜类食物原料能量等值交换份表

食物原料名称	重量/g	食物原料名称	重量/g
白菜、圆白菜、菠菜、油菜	500	白萝卜、青椒、茭白、冬笋	400
韭菜、茴香	500	倭瓜、南瓜、菜花	350
芹菜、苤蓝、莴苣、油菜薹	500	鲜豇豆、扁豆、洋葱、蒜苗	250
西葫芦、番茄、冬瓜、苦瓜	500	胡萝卜	200
黄瓜、茄子、丝瓜	500	山药、荸荠、藕、凉薯	150
芥蓝、瓢菜	500	百合、芋头、慈姑	100
蕹菜、苋菜、龙须菜	500	毛豆、鲜豌豆	70
绿豆芽	500		

(四)营养食谱设计技巧

1.一餐食谱一般选择 1~2 种动物性原料,1 种豆制品,3~4 种蔬菜,1~2种粮谷类食物。

2.一日食谱要选择 2 种以上动物性原料、1~2 种豆制品及多种蔬菜,2 种以上的粮谷类食物。

3.设计一周食谱要做到食物种类多样、品种齐全。

4.动物性食物腿要齐,即家畜、家禽、鱼类原料搭配合理。

5.植物性食物种类要全,根、茎、叶、花、果类蔬菜要尽量齐全,每周搭配菌、藻、坚果类食物。

总之,设计营养食谱要做到:一周菜谱不重原料,一个月菜谱不重菜,烹调方法多变;口味搭配合理,色彩引人入胜,口感以适合不同人群为宜,食谱所提供的营养素应尽可能满足用餐者需要。

四、正常人群营养食谱举例

(一)学龄前儿童膳食(4~6 岁)

1.食谱制定基本原则:

(1)多种食物合理搭配,满足生长发育的需要,达到营养全面平衡。

(2)一日三餐,两餐中间增加适量点心。

(3)每日食物中应包括:粮食、肉蛋鱼豆类、乳类、蔬菜和水果等,食物选择多样化。

(4)食物的烹调加工要求与幼儿相比可以适当放宽,但仍需注意质地细软、易于消化,少吃用油煎、炸过的食物,避免刺激性食物。

2.食谱举例(表 4.10)

表 4.10 学龄前儿童食谱举例

餐次	时间	食谱1	食谱2	食谱3
早餐	7:00	牛奶	牛奶	牛奶
		面包	摊鸡蛋饼	麻酱糖花卷
		煮鸡蛋	碎菜粥	胡萝卜豆腐丝
		土豆胡萝卜沙拉		
加餐	9:30	橙子	梨	哈密瓜
午餐	12:00	软米饭	软米饭	葱花饼
		烩肉丝豌豆	汆小丸子菠菜汤	玉米面粥
		虾皮紫菜豆腐汤	卤肝片	肉末番茄菜花
加餐	15:00	点心/水果	蛋糕、水果	点心、水果
晚餐	17:30	肉末小白菜水饺	小花卷	什锦软米饭
		小豆粥	豆沙山药羹	冬瓜丸子汤
			西红柿炒豆腐	溜鱼片
加餐	20:00	牛奶	酸奶	牛奶

(二)儿童少年膳食

1.食谱制定基本原则:

(1)食谱的制定要遵循平衡膳食的原则。

(2)一日三餐,课间加餐一次。要重视早餐,早餐所提供的能量应达到全日总能量的30%左右,以满足上午学习的需要。

(3)膳食多样化,食物种类全面、搭配合理、美味可口。

2.食谱举例(表4.11)

表 4.11 儿童少年食谱举例

餐次	食谱1	食谱2	食谱3
早餐	牛奶	豆浆、鸡蛋羹	豆腐脑、煮鸡蛋
	面包	小枣发糕	烧饼
	素什锦	炝黄瓜条	圣女果
课间加餐	水果	酸奶、低脂肪饼干	酸奶
午餐	葱花饼	红豆米饭	米饭
	溜鱼片	番茄牛肉	清炖排骨小白菜
	香菇油菜	清炒荷兰豆	西红柿烧茄子

续表 4.11

餐次	食谱1	食谱2	食谱3
晚餐	酸辣豆腐汤	小白菜粉丝汤	
	扬州炒饭	鸡蛋胡萝卜馅包子	小花卷
	玉米面粥	小米粥	紫米粥
	糖醋排骨	酱鸡肝	虾仁豆腐
	木耳菜花		炒柿子椒胡萝卜丝
加餐	酸奶	水果	牛奶

(三)青少年膳食

1. 食谱制定基本原则:

膳食中各种营养素要能够完全满足此阶段身体的需要,达到平衡膳食的要求。

(1)选择多样化的食物,供给蛋白质、钙、铁以及维生素 A、B_2、C 丰富的食物。

(2)食谱安排要注意荤素搭配、粗细搭配等。

(3)根据个人的具体情况进行调整,当身高增长很快、活动量大时,要适当增加能量和蛋白质的摄入;活动量小,体重增加迅速超过标准体重时,就要适当控制饮食,少吃油炸食物、肥肉、零食和饮料等。

(4)一日三餐,条件允许时可在两餐之间加餐一次。

2. 食谱举例(表 4.12)。

表 4.12 青少年食谱举例

餐次	食谱1	食谱2	食谱3
早餐	玉米糙粥	牛奶	豆浆
	蛋糕	豆包	千层饼
	炒雪菜豆腐干	拌胡萝卜莴笋丝	毛豆萝卜干
	酸奶	五香鹌鹑蛋	煮鸡蛋
午餐	馄饨	蒸红薯	米饭、蒸玉米
	发面饼	米饭	溜肝片配柿子椒
	拌海带丝	红烧牛肉海带	番茄菜花
	香菇胡萝卜丝	草菇芥蓝	虾皮紫菜鸡蛋汤
加餐	水果	水果	水果

续表 4.12

餐次	食谱1	食谱2	食谱3
晚餐	二米饭	银耳红枣粥	鸡肉粥
	酱爆鸡丁	花卷	玉米面饼
	蒜茸豇豆	锅塌豆腐	洋葱牛柳
	西红柿鸡蛋汤	蒜泥茄子	蒜茸芥菜

(四)成年人膳食(18~49岁)

1.食谱制定基本原则:

(1)膳食安排达到平衡膳食要求,能量充足但不要过量。

(2)食物要多样化,以谷类为主,蔬菜水果充足,蛋白质食物来源以瘦肉、牛奶、鸡蛋、鱼等为主,少吃肥肉、动物内脏和含脂肪多的其他食物。

(3)饮食要清淡,少盐;若饮酒应限量。

(4)一日三餐,定时定量,勿暴饮暴食。

2.食谱举例(表4.13)

表4.13 成年人食谱举例

餐次	食谱1	食谱2	食谱3
早餐	牛奶	豆浆	酸牛奶
	全麦面包	芝麻烧饼	大米粥、豆包
	炝芹菜胡萝卜花生米	椒油黄瓜条	拌酸辣豆芽
	煮鸡蛋	卤鸡蛋	咸鸭蛋
午餐	煮玉米、馒头	红豆米饭	素馅包子
	小米粥	酸辣汤	玉米面粥
	洋葱炒牛柳	青椒鸡丁	五香熏鱼
	草菇芥蓝	蚝油生菜	蒜茸木耳菜
加餐	水果	水果	水果
晚餐	米饭	发面饼	米饭
	砂锅鱼头豆腐	小枣紫米粥	清炖排骨小白菜
	西红柿茄子	肉片扁豆	番茄菜花
		海米冬瓜	

(五)中年人膳食(50~59岁)

1.食谱制定基本原则:

(1)膳食所提供的总能量与成年人相比要适当减少。

(2)在选择蛋白质的食物来源时,尽量挑选含饱和脂肪酸低的优质蛋白,如瘦肉、脱脂奶、大豆及其制品等,避免摄入过量脂肪。

(3)注意选择一些含钙丰富的食物,如牛奶、豆类等。

(4)摄入充足的蔬菜、水果、大豆类食物、粗杂粮以满足机体对维生素、矿物质和膳食纤维的需要。

2.食谱举例(表4.14)

表4.14 中年人食谱举例

餐次	食谱1	食谱2	食谱3
早餐	牛奶	紫米粥	牛奶麦片粥
	卤豆腐干	五香鹌鹑蛋	芝麻酱糖花卷
	全麦面包	素馅包子	椒油绿豆芽
	海带黄瓜丝	酸奶	
加餐	水果	水果	水果
午餐	葱花饼	米饭	玉米面粥
	薏米绿豆粥	肉片鲜蘑	西葫芦饼
	盐水鸭子	西芹百合	软熘鸡片
	木耳烧菜心	酸辣豆腐汤	草菇芥菜
加餐	蛋糕	酸奶	豌豆黄
晚餐	米饭	八宝粥	米饭
	清蒸鲈鱼	花卷	红烧牛肉魔芋
	香菇炒油菜	肉丝香干柿子椒丝	蒜茸木耳菜
	西红柿鸡蛋汤	清炒芥蓝	豌豆苗汤

(六)老年人膳食(60岁以上)

1.食谱制定基本原则:

(1)食物多样化,达到平衡膳食的要求。

(2)饮食清淡易消化,少量多餐。不要饱食,每餐7~8分饱为好,每日除3次正餐外,在两餐之间可有加餐,但食物总量最好不要超过推荐的食物数量。

(3)食物质地宜软、细、烂,适合于老年人咀嚼、消化和吸收;多采用蒸、煮、烩、炖的烹调方法。

(4)干稀搭配,注意色、香、味、形,以增进老年人的食欲。

2.食谱举例(表4.15)

表 4.15　老年人食谱举例

餐次	食谱 1	食谱 2	食谱 3
早餐	牛奶麦片粥	豆腐脑	玉米糁粥
	小豆包	紫米面发糕	小花卷
加餐	水果	酸奶	水果
午餐	小枣玉米面发糕	软米饭	小馒头
	鸡肉粥	芙蓉鸡片	砂锅豆腐
	肉丝香干胡萝卜丝	碎香菇油菜	海米冬瓜
	椒油西葫芦	粟米鸡蛋汤	西红柿面片
加餐	蛋糕、水果	桂花山药羹、水果	酸奶、饼干
晚餐	软米饭	猪肉小白菜馄饨	玉米红豆羹
	西红柿炒鸡蛋	小馒头	蒸千层饼
	鱼圆青菜汤	火腿末碎菜花	萝卜丝氽鲤鱼

第五节　营养餐制作

一、营养餐制作步骤

(一)烹饪原料的核实与检查

1. 核实烹饪原料

(1)应备有一日或一周食谱的原料。

(2)了解制作营养菜点所需要的各种原料及其数量,认真检查核对。

(3)通过感官检验的方法核实原料的卫生情况。如用肉眼观察原料的外表特征是否合格;用鼻子闻闻原料是否有异味;用手触摸原料看看原料质地是否符合要求;用舌头品尝看看原料是否变味等。

2. 检查刀工的运用及配菜情况

(1)根据菜肴的烹制要求,检查原料的改刀是否符合要求。

(2)依据配菜的基本方法,检查配菜是否科学、合理。

3. 切配技术在烹饪中的作用

切配技术不仅决定了原料最后的形状,对菜肴成品的色、香、味、形、营养等都有重要作用,而且通过合理配菜,可以保证各类营养素的供给合理,达到膳食平衡。原料选定后,要根据菜肴的要求采用不同的刀工进行处理。做到先洗后切,尽量不要切得过于细小,否则水溶性维生素会被过多的氧化。

(二)刀工有关知识

刀工就是运用各种刀法,把原料加工成各种形状的操作过程。

1. 刀工在烹饪中的作用

(1)便于烹调

我国的菜肴品种丰富,烹调方法多样。经过刀工处理的烹饪原料,其形状、大小、薄厚、长短规格完全一致,烹调时可均匀受热达到烹调的要求。

(2)便于入味

加工后的原料因其形态一致,大小均匀,调味品能很快渗入其内部,对菜肴的烹制成功起到关键作用。

(3)便于食用

整块食物原料不利于食用,将形状大的原料改刀制成各种形状,不但便于烹调,而且便于食用。

(4)便于造型

对菜肴的评价标准是色、香、味、形、质、营养俱全。好的菜肴,不仅味道鲜美,营养丰富,而且外形美观,令人赏心悦目。要做到这一点,离开高超的刀工技术是不行的。

2. 刀工对原料营养的影响

(1)先洗后切,切后不泡

烹调原料都应先洗净,然后再改刀,改刀后不再洗,更不能用水泡,以减少水溶性营养素的损失。如用白菜做凉拌菜,切丝后用冷水浸泡,维生素C损失量达50%。

(2)改刀不宜过碎

维生素氧化损失与原料切后的表面积有直接关系,表面积越大,则越易使维生素与空气中的氧接触,氧化机会大大增加,维生素损失就越严重。因此,原料不宜切得过碎,应在允许的范围尽量使其形状大一些,前提是不要影响成菜的要求和质量。

(3)现烹现切

蔬菜原料的切配应在临近烹调之前进行,不可过早。切配的数量要估计准确,不可一次切配过多。因为有些蔬菜原料如不能及时烹调,不仅使菜肴的色、香、味等受到影响,而且会增大营养素在储存时的氧化损失。

(三)配菜有关知识

配菜是根据菜肴的质量要求,把经过刀工处理的两种或两种以上的原料进行合理搭配,使之成为完整菜肴的方法,配菜直接关系到色、香、味、形和营养。

1. 配菜的意义
(1)合理地选择和配置原材料,使营养素尽可能达到均衡。
(2)确定菜肴的质和量

菜肴的质是指其构成原料的配合比例,即主料和辅料,粗料和细料等。量是指菜肴中包含的各种原料的总数量。菜肴的质量不仅与原料的粗细、烹调技术的高低分不开,而且与配菜的比例和数量,即菜肴的构成有关,所以配菜是确保菜肴质量的基础程序。

(3)确定菜肴的色、香、味、形

菜肴的色、香、味、形虽然不能在配菜中直接体现,但各种原料本身都各有特色,通过恰当的搭配,使之相互融合、补充、衬托,再经过烹调处理,菜肴的色、香、味、形就能完全体现出来,形成美味佳肴。通过配菜可使菜肴整体更完美、更协调。

(4)提高菜肴的营养

原料不同,所含的营养素也不同。通过科学配菜,可以发挥原料的互补作用,使菜肴的营养素更加全面,营养价值更高。同时还要注意不宜在一起搭配的食物要尽量错开。

2. 配菜应具备的基本条件

(1)准确掌握营养配餐的基本知识,有迅速调整菜肴的主辅料的能力。

(2)熟悉和了解就餐对象的基本情况和饮食需求,如就餐人数、就餐形式、用餐标准、顾客口味特点及食物禁忌等。

(3)熟悉和了解原料情况,如原料的性质、质地、营养成分、适合人群、原料的产地、上市季节、供应情况等。原料搭配应科学合理,使菜肴既有可食性,又有营养价值,符合营养配餐的原则。

(4)熟悉菜肴的名称和制作特点,对每道菜肴的名称、制作要点、用料标准、刀工形态及烹调方法都应了如指掌。

(5)具有一定的审美观和创新精神,应具有一定的美学知识,懂得构图、色彩搭配的基本理论,使菜肴的形态、色泽美观协调。在继承传统配菜经验的基础上,推陈出新,制作出既可食又营养的菜点。

(6)具有成本核算能力,了解原料的成本和菜肴的价格,掌握基本的成本核算知识,使营养菜点既经济又实惠,便于制作和推广。

3. 配菜的方法
(1)一般菜肴的配菜方法
①量的搭配

量的搭配是指菜肴中主、辅料搭配的数量。有以下三种情况:

a. 配单一料。这种菜由一种原料组成,无任何辅料。

b.配主、辅料。主料应选择突出原料本身的优点和特色的原料。辅料对主料起调剂、衬托和补充的作用。

c.配多种原料。这种菜不分主辅料,各种原料的数量应大致相同,形状和颜色应协调。

②质的搭配

菜肴主辅料的质地有软、嫩、脆、韧之分,所含营养素也各不相同。配菜的一般原则是软配软、嫩配嫩、脆配脆、韧配韧。由于原料所含营养素不同,因此搭配要合理,使菜肴的营养更加丰富、全面。

③色的搭配

色的搭配是把主料和辅料的颜色搭配得协调、美观,突出整体视觉效果。主要有顺色搭配、异色搭配和缀色搭配等。

④味的搭配

味的搭配有浓淡相配、淡淡相配、异香搭配等。

⑤形的搭配

形的搭配有同形搭配和异形搭配两种。

(2)花色菜配菜方法 花色菜是在菜的外形和色泽上具有艺术美感的菜肴。不仅口感鲜美,营养全面,还要色彩协调,造型优美。花色菜的配制方法很多,常见的手法有叠、卷、码、捆、酿、包、嵌等。

(四)合理的烹调加工

1.烹调方法的科学应用

(1)选择合理的烹调方法

烹调方法是指将经过初加工和切配成形的原料,通过加热和调味,制成不同风味菜肴的操作方法。选择烹调方法要考虑就餐者的基本情况和饮食要求,如老年人膳食应多选择蒸、煮、氽、炖、焖等方法,少用煎、炸、熏、酱等。

(2)烹调前的准备

第一,调味品的准备

①先用的近放,后用的远放。

②常用的近放,不常用的远放。

③液体的调料近放,固体的调料远放。

④有色的调料近放,无色的远放,颜色相同或相近的间隔放。

第二,鲜汤的制备

①选用新鲜、鲜味足、无异味、营养丰富的原料,可选用老母鸡、鸭、海带、海鱼、蘑菇或黄豆等原料。

②吊汤时应冷水下锅,中途不要加水。

③掌握加热的火候和时间。吊白汤一般采用中火或旺火,使汤保持沸

腾状态,促进乳化作用的进行。吊清汤对火力要适宜,煮汤一般先用旺火煮沸后,马上改微火,使汤保持微沸状态。

④注意调料的投放顺序。吊汤常用的调料有葱、姜、料酒等。吊汤过程中不能加盐,否则影响呈鲜味物质的溢出。

2.不同烹调方法对营养素的影响

(1)煮

煮对碳水化合物及蛋白质起部分水解作用,对脂肪的影响不大,但会使水溶性维生素溶于水中。

(2)烧

烧的时间太长维生素损失较多。

(3)炖

可使水溶性维生素和矿物质溶于汤中,部分维生素受到破坏。肌肉中的蛋白质部分水解,其中的肌凝蛋白部分水解为氨基酸溶于汤中,使汤呈鲜味。胶原蛋白中的一部分水解成白明胶,溶于汤中使汤汁有黏性。

(4)焖

焖的时间长短与营养素损失多少成正比,时间越长,水溶性维生素损失越大。焖熟的菜肴消化率有所提高。

(5)熘

熘的方法在原料表面裹上了一层糊状物可减少营养素的损失。

(6)爆(或炒)

因烹调时间短,原料外面又裹有蛋清或湿淀粉,形成保护层,故营养损失不大。

(7)煎

煎对维生素有一定影响,其他营养素损失不大。

(8)蒸

由于蒸的温度比烧、烤低,所以菜肴比较清鲜,可较完整地保持原料的原汁原味和大部分营养素。用微火、沸水上笼蒸的方法维生素损失得较少。

(9)炸

要求油温较高,而高温对各种营养素均有不同程度的破坏。蛋白质因高温而变性,营养价值降低。同时炸制方法不当还容易产生致癌物,因此应提倡少吃油炸食物。

(10)烤

烤不但使水溶性维生素受到相当大的破坏,也损失了部分脂肪。明火直接烧烤食物还会产生致癌物,其含量和烤的时间成正比。

(11)熏

熏会使维生素C受到破坏，并损失部分脂肪，也存在产生致癌物的问题。

3.保护营养素的措施

(1)适当洗涤

洗涤原料可减少微生物污染，除去寄生虫卵和泥沙杂物，保证食品卫生，但洗涤次数和方法应得当。

(2)科学切配

先洗后切、切后不泡、现烹现切。

(3)沸水焯料

一些原料要进行焯水处理，操作时要做到大火沸水、操作迅速、水要宽、沸进沸出。

(4)上浆挂糊

上浆挂糊即将淀粉或蛋清调制的糊均匀地裹在原料上。烹调时浆糊遇热形成保护壳，避免原料与高温油脂直接接触，这样可减少水分、营养素的溢出及与空气接触而氧化，并降低高温引起的蛋白质变性、维生素的损失。上浆挂糊的菜肴不仅色泽明快，味道鲜美，营养素保存亦较多。

(5)旺火急炒

加热时间缩短，可减少营养素的损失。例如，猪肉切丝，旺火急炒，维生素B_1的损失率为13%，而切成块后用文火炖，维生素B_1的损失率为65%。

(6)加醋忌碱

醋能保护原料中的维生素C，故凉拌蔬菜时可提前放醋，这样还有杀菌的作用。碱会造成食物中维生素和矿物质的大量损失，因此烹调时尽量不用碱。

(7)勾芡收汁

勾芡收汁可使汤汁浓稠，使汁与菜肴充分融合。既减少了营养素的流失，又使菜肴味道可口。淀粉中谷胱甘肽还具有保护维生素C的作用。有些动物性原料如肉类等也含谷胱甘肽，与蔬菜一起烹调也有同样作用。

(8)现做现吃

蔬菜在放置过程中会因氧化而损失掉一部分营养素。同时会生成一些对身体不利的成分。因此，菜肴应现做现吃。

(9)酵母发酵

制作面食时，尽量使用鲜酵母或干酵母，这样可增加面粉中B族维生素的含量，同时破坏面粉中的植酸盐，改善某些营养素消化吸收不良的状况。

二、营养主食制作

(一)营养面点制作

> 果味米酒酥

本品具有特殊的风味,将醪糟和酥油面结合在一起,有创意、风味独特,深受欢迎。

【主　料】　面粉 500 g

【辅　料】　醪糟 350 g,面粉 250 g,鸡蛋 50 g,酥油片适量

【调　料】　白砂糖 75 g,湿淀粉适量

【做　法】

(1)锅内加水,放入白砂糖、加入醪糟、淀粉,熬成糊状,放入平盘中晾凉,再放入冰箱速冻半小时,切成 3 cm 长、1 cm 厚的长方形的米酒馅心待用。

(2)面粉开窝,加鸡蛋、糖、50 g 植物油和成水油面、揉透。

(3)将和好的面擀成长方形大片包入酥油片,用开清酥的方法开酥(用木棒砸,然后对折成三折,再用木棒砸,用同样的方法折叠三次),最后擀成 0.5 cm 厚的大片、去边,用刀切成边长为 5 cm 的正方形,刷蛋清包入米酒馅心,折成小正方形。

(4)刷蛋液后送进烤箱,温度调至 200℃,烘烤 8 min,点缀上果脯即可。

【成品特点】　色泽金黄,香甜可口。

【制作要点】

(1)掌握好米酒馅心的量,包制时不要过满或过少;

(2)控制好烘烤的温度和时间;

(3)注意开酥的手法,保证酥皮的质量。

【营养分析】　热量 4 245 kcal,蛋白质 66.23 g,脂肪 249.65 g,糖 445.6 g,硫胺素 1.465 mg,核黄素 0.585 mg,维生素 E 16.27 mg,钙 497.45 mg,铁 19.8 mg,锌 9.058 mg,硒 36.32 μg。

> 玉米面糕

玉米被世界公认为"黄金食品",其抗癌的功效近几年受到各国的重视,玉米不但含有较高的蛋白质、脂肪、糖类,还含有丰富的胡萝卜素,所含 B 族维生素与铁质高于大米的 2～4 倍。特别是玉米含有丰富的镁、硒等微量元素,这些元素具有综合的抗癌、防衰的作用。玉米面糕中加入了面粉、奶粉、鸡蛋,不但改善了口味、突出了风味,还提高了蛋白质的互补作用,是一

道味美可口、营养丰富的面点制品。

【主 料】 细玉米面 500 g

【辅 料】 面粉 60 g,奶粉 50 g,鸡蛋 2 个,猪油 50 g

【调 料】 糖 75 g,泡打粉 3 g

【做 法】

(1)将其所有原料混合在一起、加水,搅拌成糊状。

(2)将容器刷上猪油,再倒入调好的糊。

(3)蒸 25~30 分钟改刀即可。

【成品特点】 松软适中,味道香醇。

【制作要点】

(1)掌握好玉米面、面粉和奶粉的比例;

(2)调拌糊时要轻轻地顺一个方向搅动。

【营养分析】 热量 3 062.9 kcal,蛋白质 67.35 g,脂肪 91.85 g,糖 493.71 g,硫胺素 1.783 mg,核黄素 1.413 mg,维生素 E 150.48 mg,钙 177.2 mg,铁 21.46 mg,锌 44.69 mg,硒 31.18 μg。

摊黄瓜丝饼

本品用料广泛,菜点合一,有食用价值,不但口味好,营养价值亦很高。

【主 料】 黄瓜 500 g

【辅 料】 鸡蛋,面粉,虾仁各 20 g

【调 料】 盐 1.5 g,味精 3 g,葱花 15 g,香油 3 g,料酒 2 g,豆油 20 g

【做 法】

(1)将黄瓜洗净去皮切成细丝,虾仁洗净剁成虾泥。

(2)将黄瓜丝、虾泥、鸡蛋液、葱花加味精、盐、香油、料酒搅匀加面粉调成糊。

(3)坐煎锅点火放入油,将面糊放入锅中逐步摊成饼,刷上豆油,待两面煎至金黄色出锅即可食用。

【成品特点】 色泽金黄,酥嫩清香。

【制作要点】

(1)糊要搅拌均匀;

(2)煎制时用油适量,掌握好油温,勤晃锅以煎制成金黄色为度。

【营养分析】 热量 574.4 kcal,蛋白质 22.79 g,脂肪 28.3 g,糖 60.06 g,硫胺素 0.3465 mg,核黄素 0.3695 mg,维生素 E 24.89 mg,钙 280.2 mg,铁 7.7 mg,锌 58.607 mg,硒 22.35 μg,维生素 C 61.5 mg。

鸳鸯盒子

盒子是北方对大饺子经烙制成熟后的面点制品的统称,鸳鸯盒子即是两种馅心的大饺子捏到一起后烙制而成的,不但口味丰富,而且寓意好,好事成双。

【主 料】 面粉 500 g

【辅 料】 前槽肉馅 500 g,韭菜 400 g,鸡蛋液 100 g

【调 料】 盐 6 g,味精 3 g,鸡粉 2 g,葱花 200 g

【做 法】

(1)将洗净的韭菜切末,鸡蛋打入小碗内搅匀备用。

(2)锅中加豆油,将鸡蛋液炒熟晾凉。放入韭菜,加盐、味精调好味待用。

(3)将肉馅加味精、鸡粉、盐炒熟,放入葱花。

(4)面粉用沸水烫透,和成面团。

(5)将和好的面团下成小剂,擀成圆片,分别包入韭菜馅、肉馅,制成大饺子形状,然后将两种馅心的大饺子背对背捏在一起呈太极状,再捏花边。

(6)将制作好的生胚放入 200~220℃的锅内烙制成熟,一切为二装盘即可。

【成品特点】 色泽金黄,一荤一素。

【操作要点】

(1)鸡蛋炒熟后,凉透再拌入韭菜;

(2)面粉用沸水烫透,和匀;

(3)掌握好烙制的温度。

【营养分析】 热量 4 464.5 kcal,蛋白质 147.8 g,脂肪 259.75 g,糖 404.5 g,硫胺素 2.77 mg,核黄素 1.98 mg,维生素 E 64.72 mg,钙 461.5 mg,铁 36.6 mg,锌 22.575 mg,硒 110.15 μg,维生素 C 34 mg。

金银丝卷

金银丝卷是东北传统的面食之一,现已被制成一道精美点心,不但制作精细,口感暄软,而且富含营养,搭配合理,相得益彰。金丝卷与银丝卷的制法基本相同,区别在于金丝卷的抻面刷豆油,银丝卷刷色拉油。

银丝卷

【主 料】 面粉 500 g(高筋)

【辅 料】 酵母 5 g,泡打粉 4 g,色拉油 200 g

【调 料】 白糖 100 g,炼乳 10 g,盐 5 g
【做 法】
(1)将面粉开窝,加酵母、泡打粉、盐、糖、清水将所有原料化开,调拌均匀,和成发酵面团,顺着一个方向揉至面团表面光滑。
(2)取 2/3 的面团,用抻面的方法开条。
(3)抻面抻至 7 扣时刷色拉油。
(4)刷完油之后用刀切成两寸长的小段。
(5)将余下 1/3 面团下成小剂,擀成长方形的薄片,包入切好的面条小段,做成枕头形。
(6)将银丝卷一起上屉醒面,蒸 10 分钟即可。
(7)从中间切开装盘,即可食用。

金丝卷

【主 料】 面粉 500 g(高筋)
【辅 料】 酵母 5 g,泡打粉 4 g,豆油 200 g
【调 料】 白糖 100 g,炼乳 10 g,盐 5 g
【做 法】
(1)将面粉开窝,加酵母、泡打粉、盐、糖、清水将所有原料化开,调拌均匀,和成发酵面团,顺着一个方向揉至面团表面光滑。
(2)取 2/3 的面团,用抻面的方法开条。
(3)抻面抻至 7 扣时刷豆油。
(4)刷完油之后用刀切成两寸长的小段。
(5)将余下 1/3 面团下成小剂,擀成长方形的薄片,包入切好的面条小段,做成枕头形。
(6)将金丝卷一起上屉醒面,蒸 10 分钟即可。
(7)从中间切开装盘,即可食用。
【成品特点】 外皮洁白、里面分别呈金银两色、口味微甜、暄软、条细均匀。
【操作要点】
(1)抻面技术掌握好,保证面丝均匀,细而不断;
(2)注意包制抻面的手法,确保形美而不散;
(3)掌握好蒸制的时间。
【营养分析】 热量 8 027.2 kcal,蛋白质 117 g,脂肪 419.82 g,糖 967.04 g,硫胺素 2.818 mg,核黄素 0.896 mg,维生素 E 20.488 mg,钙 519.2 mg,铁 43.64 mg,锌 21.818 mg,硒 69.596 μg。

(二)营养粥品

枸杞粥

【原料组成】 大米,枸杞

【营养功效】

枸杞 枸杞性甘、平,具有滋补肝肾,养肝明目,增加白细胞活性、促进肝细胞新生,降血压、降血糖、降血脂的功效,亦为扶正固本、生精补髓、滋阴补肾、益气安神、强身健体、延缓衰老之良药,对慢性肝炎、中心性视网膜炎、视神经萎缩等疗效显著;对糖尿病、肺结核等也有较好疗效;对抗肿瘤、保肝以及老年人器官衰退的老化疾病都有很强的改善作用。枸杞子尤其擅长明目,所以俗称"明眼子"。枸杞全身都是宝,枸杞子能补虚生精,用来入药或泡茶、泡酒、炖汤,如能经常饮用,便可强身健体。现代医学研究表明,它含有胡萝卜素、甜菜碱、维生素 A、维生素 B_1、维生素 B_2、维生素 C 和钙、磷、铁等,具有增加白细胞活性、促进肝细胞新生的药理作用。

大米 大米中的各种营养素含量虽不是很高,但因其食用量大,也是具有很高营养功效的,是补充营养素的基础食物。大米是提供 B 族维生素的主要来源,是预防脚气病、消除口腔炎症的重要食疗资源。米粥具有补脾、和胃、清肺功效。米汤有益气、养阴、润燥的功能,能刺激胃液的分泌,有助于消化,并对脂肪的吸收有促进作用。

中医认为大米性味甘平,有补中益气、健脾养胃、益精强志、和五脏、通血脉、聪耳明目、去烦、止渴、止泻的功效,认为多食能令人"强身好颜色"。

【适宜人群】 体弱、容易疲劳的女士多食用此道粥品,可常保好气色、病痛不侵。

黑芝麻粥

【原料组成】 黑芝麻,大米

【营养功效】

黑芝麻 黑芝麻有益肝、补肾、养血、润燥、乌发、美容的作用。含有维生素 E,能促进细胞分裂,推迟细胞衰老,起到抗衰老和延年益寿的作用;黑芝麻具有降血脂作用,富含生物素,对身体虚弱、早衰效果最好,对药物性脱发、某些疾病引起的脱发也会有一定疗效。

适宜人群 可补肝肾,润五脏。适用于身体虚弱、头发早白、大便干燥、头晕目眩及贫血人群。

苦瓜粥

【原料组成】 苦瓜,大米

【营养功效】

苦瓜 苦瓜含有蛋白质、脂肪、糖类、胡萝卜素、维生素 B_2、维生素 C、苦瓜苷、钙、铁、磷等。因为苦瓜中草酸多,影响钙的吸收。苦瓜的营养价值很高,每百克食用部分含有蛋白质 0.9 g,脂肪 0.2 g,糖类 3.2 g,纤维素 1.1 g,胡萝卜素 0.08 mg,维生素 B_1 0.07 mg,维生素 B_2 0.04 mg,维生素 C 84 mg,是瓜类蔬菜中含维生素 C 最高的一种,在蔬菜中仅次于辣椒,祛暑清热效果更好。

【苦瓜粥的药用价值】 苦瓜是糖尿病患者理想的保健食品。另外,用苦瓜加粳米、糖,煮成苦瓜粥,具有清暑涤热,清心明目的解毒作用,可治热痛烦渴、中暑发热、流感等。

【适宜人群】 夏季食用、清热去火适宜糖尿病人群。

南瓜粥

【原料组成】 南瓜,大米

【营养功效】

南瓜 又名倭瓜、番瓜,性温味甘,具有补中益气、润肺化痰、消炎止痛、解毒杀虫的效用。常用于治疗哮喘、烧伤、烫伤、蛔虫病等,对糖尿病、肝炎、肝硬化、肾炎、白内障、高血脂等有特殊的食疗作用。

【注意事项】 温热气滞者忌食。长期存放,表皮霉烂、瓜瓤有异味的老南瓜不能食用。

【适宜人群】 正常人群、糖尿病患者、高脂血症人群。

红枣花生粥

【原料组成】 大米,红枣,花生

【营养功效】

红枣 含蛋白质、脂肪、粗纤维、糖类、有机酸、黏液质和钙、磷、铁等,同时还含有维生素 C、维生素 P。

花生 含有蛋白质、脂肪、糖类,维生素 A、B_6、E、K,及矿物质钙、磷、铁等,可提供 8 种人体所需的氨基酸及不饱和脂肪酸、卵磷脂、胆碱、胡萝卜素、粗纤维,维生素 B_1、B_2 及可以用来止泻的单宁成分。

【适宜人群】 维生素 C 和 P 能改善人体毛细血管的功能,对防治心血管疾病有重要作用。此外,经常食枣能提高人的免疫机能,从而起到养血、安神、健脾、和胃、防病抗衰与养颜益寿的作用。红枣是我国人民的传统补品,具有健脾、益气、和中功效,脾虚、久泻、体弱的人,以及肝炎、贫血、血小板减少等病人食用均有益处。

> ✦特别提示:谷豆类粥品的滋补作用
> 　　药粥之所以备受青睐,不但因为其能保健治病,滋补强壮,养生长寿。而且煮食方便,价廉物美。下面介绍谷豆类药粥的功效主治:
> 　　小米粥能养胃下乳,补益肾气。小麦粥能养气止汗,益肝止渴。
> 　　高粱粥能养胃生津,利于小便。黑米粥能滋阴养血,补肾益肝。
> 　　粳米粥能补脾益气,养胃生津。黄米粥能浸中健脾,补气养血。
> 　　焦米粥能健胃消食,导滞和中。燕麦粥能补虚健体,降脂催乳。
> 　　绿豆粥可消暑解毒,清热除烦。豌豆粥能健脾益气,利水通乳。
> 　　赤豆粥可消热利水,补心养血。扁豆粥可健脾益气,利湿消肿。

三、营养菜肴制作

(一)营养凉菜制作

【天鹅戏水】

　　本菜品是一款造型别致的凉菜,与普通家常凉菜的最大区别在于其不但拥有一般家常凉菜的特点:原料丰富,咸鲜酸辣,增进食欲,而且其造型美观、精致,营养丰富,有荤有素,是一道集色、味、香、形、养于一体的实用型精品凉菜。

【主　料】　黄瓜 100 g,猪肉 100 g,白菜 50 g,胡萝卜 20 g

【配　料】　拉皮 300 g

【调　料】　盐 4 g,白醋 10 g,辣椒油 30 g,芥末油 5 g,白糖 6 g,味精 3 g,酱油少许,香油 10 g,葱、姜适量

【做　法】

(1)黄瓜、白菜、胡萝卜分别切丝,拉皮切条,猪肉切丝。

(2)将黄瓜丝、白菜丝、胡萝卜丝摆成天鹅身形;白萝卜刻成天鹅头颈部;摆成天鹅造型;拉皮切条放在中间。

(3)锅中放油,下肉丝炒散,加酱油、葱、姜、盐、白糖、味精、醋,炒熟后放在拉皮上面。

【成菜特点】　形象逼真,造型美观,酸辣适口,实用性强。

【操作要点】

(1)丝要切得均匀,刀面要整齐,造型美观;
(2)味形可灵活掌握。
【营养分析】 热量638.8 kcal,蛋白质20.5 g,脂肪23.88 g,糖86.55 g,硫胺素0.44 mg,核黄素0.22 mg,维生素E 20.446 mg,钙312.6 mg,铁14.05 mg,锌3.693 mg,硒8.096 μg,维生素C 10 mg。

鸳鸯蹄板

此菜是一道成型美观,风味独特的佐酒佳肴,两种颜色、两种口味是本菜品的突出特点,尤其适合夏季食用。

【主　料】 猪蹄8个
【调　料】 花椒10 g,大料5 g,葱100 g,姜50 g,桂皮7 g,良姜、山奈、肉蔻各3 g
【做　法】
(1)猪蹄处理干净备用。将葱、姜改刀。
(2)在鲜汤中加入葱、姜、花椒、大料、桂皮、盐、白糖调成白汤,将四个猪蹄放入白汤中煮制。
(3)另取鲜汤加入葱、姜、老抽、糖、盐、大料、花椒、山奈、良姜、桂皮、肉蔻调成深红色的红汤。将四个猪蹄放入红汤中煮制。
(4)猪蹄煮制成熟后去骨备用。
(5)将红色猪蹄与白色猪蹄卷成鸳鸯卷。挤压实成,凉后改刀装盘。
【成菜特点】 红、白两色,口味咸香,富含胶原蛋白。
【操作要点】
煮熟的猪蹄要去净骨头,要将蹄板压实。
【营养分析】 热量5 200 kcal,蛋白质472 g,脂肪340 g,糖64 g,硫胺素2.6 mg,核黄素0.8 mg,钙640 mg,铁48 mg,锌15.6 mg,硒84 μg。

酥香海带

酥香海带是山东传统的菜肴,传统的做法是配以白菜,并用白菜垫底。采用小火长时间加热的一种酥制方法,此菜味厚、口感软烂,营养丰富而且色泽美观,深受食客喜爱。这里没有用白菜主要是为了突出海带的原味。

【主　料】 干海带1卷 500 g
【配　料】 胡萝卜200 g
【调　料】 盐20 g,味精5 g,白糖10 g,葱50 g,姜20 g
【做　法】

(1) 干海带泡发后去掉杂质、清洗干净,胡萝卜切成条。
(2) 将胡萝卜卷入海带中成海带卷,用绳子缠绕后放入汤锅中,加入调料煮至熟透、入味。
(3) 凉透改刀后食用。
【成菜特点】 酥烂软香,营养丰富。用此方法还可以酥鲫鱼、酥牛肉、酥排骨。
【操作要点】
海带要洗干净、卷实、扎好、不能煮散。
【营养分析】 热量 148 kcal,蛋白质 7.9 g,脂肪 0.5 g,糖 27.3 g,硫胺素 0.14 mg,核黄素 0.54 mg,维生素 E 172.4 mg,钙 1205 mg,铁 18.3 mg,锌 4.78 mg,硒 25.96 μg,碘 100 μg。

怡香双瓜

此菜清香爽口不腻,采用腌渍的方法,风味独特。是夏季佐酒佳肴。
【主 料】 哈密瓜 200 g,黄瓜 250 g
【调 料】 精盐 1 g,白糖 20 g,橙汁 20 g
【做 法】
(1) 将黄瓜、哈密瓜洗净去皮后改刀成 2 cm 的长条。
(2) 将精盐、白糖和橙汁搅匀,放入切好的瓜条腌渍 2 小时左右入味后装盘即可食用。
【成菜特点】 色泽美观,脆嫩爽口。
【营养分析】 热量 196.24 kcal,蛋白质 2.44 g,脂肪 0.9 g,糖 45.95 g,维生素 E 0.75 mg,钙 56.12 mg,铁 0.83 mg,锌 0.56 mg,磷 74.45 μg。

肉粒茄子

此菜的独到之处是讲究营养搭配,选用茄子做主料,加了猪肉、苦苣、红、青椒后不但色美,营养价值亦很高。
【主 料】 茄子 4 个
【配 料】 猪肉粒 100 g,苦苣末 50 g,香菜末 10 g,红椒末 50 g,青椒末 50 g,毛葱 10 g
【调 料】 盐 5 g,酱油 3 g,味精 3 g,白糖 5 g,香油 3 g
【做 法】
(1) 将苦苣、红辣椒、青辣椒、毛葱、香菜分别切末。
(2) 将猪肉粒放锅中加盐、味精、白糖、酱油炒散后加入先前切好的各种末炒成馅料备用。

(3)茄子放在锅中蒸熟。

(4)用筷子将茄子从中间打开,在茄子上面放上炒熟的馅料即可。

【成菜特点】 色彩美观,口味独特。

【操作要点】

掌握好蒸茄子的时间。

【营养分析】 热量 573.5 kcal,蛋白质 5.65 g,脂肪 50.55 g,糖 24.5 g,硫胺素 0.11 mg,核黄素 0.13 mg,维生素 E 48.36 mg,钙 151 mg,铁 3.1 mg,锌 1.525 mg,硒 4.965 μg,维生素 C 30 mg。

(二)营养热菜制作

芥末、鸡汁拌海参

【主 料】 海参 300 g

【配 料】 冬笋 15 g,红辣椒、青椒各 15 g,香葱 10 g,芥末膏 20 g,鸡汁(冷鸡汤)50 g

【调 料】 盐 3 g,白糖 1 g,醋 10 g,酱油 5 g,芝麻油 15 g

【做 法】

(1)将冬笋切成段,红辣椒和青椒去籽后分别切成段,将香葱切成葱花备用。

(2)把活海参用刀破腹去净沙肠,洗干净,放入清水里加少许精盐浸泡一下,切成 8 cm 长的粗丝,再放入沸水锅(最好用鲜汤)内氽断生,加入切好的冬笋、红辣椒、青椒氽一下,立刻捞出沥干水分晾冷放入盘中待用。

(3)用鸡汁、精盐、白糖、酱油、芥末膏、醋、芝麻油调匀,淋在海参上即成。

【成菜特点】 鲜嫩爽滑、柔软质糯、咸鲜味美、芥末味浓郁。

【操作要点】

(1)海参质量应佳:皮薄肉厚,宜用刺参,风味突出;

(2)控制好氽的时间,以保证柔嫩爽滑的质感;

(3)调制芥末味以醋的酸度、色度定味外,酱油辅助增色,应审慎使用。

【营养分析】 热量 532.95 kcal,蛋白质 96.7 g,脂肪 85.38 g,糖 73.3 g,硫胺素 0.124 mg,核黄素 0.196 mg,维生素 E 34.57 mg,钙 989.5 mg,铁 43.54 mg,锌 2.887 mg,硒 206.47 μg。

鲍鱼豆腐

鲍鱼产于沿海地区。贝壳卵圆形,质坚硬厚实。壳宽,表面有不规则的螺旋肋和细密的生长线。壳内面银白色,肉质软而厚,味极鲜,为筵席上品。味鲜的鲍鱼与味淡的豆腐搭配,正体现了我国传统的哲学思想和传统的烹饪工艺灵魂。

【主　料】　煨煮好的鲍鱼 200 g

【配　料】　豆腐 150 g,白条鸡一只 1 500 g,金华火腿 20 g

【调　料】　精盐 5 g,味精 3 g,香糟汁 40 g,白胡椒粉 0.5 g,香油少许

【做　法】

(1)将整鸡打水焯后吊汤。

(2)锅中添水烧开后,放入鸡焯水,捞出放入锅中重新加清水调鸡汤。

(3)将鲍鱼用平刀法片成 0.3 cm 厚的薄片,火腿切粒。

(4)豆腐改成 0.4 cm 厚、3 cm 见方的片待用。

(5)勺中添鸡汤烧开,加豆腐、精盐,撇出浮沫。放入鲍鱼、香糟汁烧入味。

(6)出锅前加入味精、胡椒粉、撒上火腿粒,淋香油即可。

【成菜特点】　味极鲜美、香糟味浓、营养丰富。

【操作要点】

(1)鲍鱼要煨煮好;

(2)香糟用的要适量,以不压抑主料鲜味为宜。

【营养分析】　热量 1 015.8 kcal,蛋白质 126.5 g,脂肪 43.38 g,糖 29.65 g,硫胺素 0.085 mg,核黄素 0.265 mg,维生素 E 35.02 mg,钙 496.25 mg,铁 17.85 mg,锌 4.58 mg,硒 136.39 μg。

跳水兔

随着人们生活水平的提高,养生保健食品成为人们追崇的新目标。宋代文学家苏东坡称赞说:"兔处处有,为食品之上味。"兔肉纤维细嫩,易于消化、吸收,儿童、老人均适宜。常吃兔肉,可使皮肤细嫩,容颜滋润,故兔肉有"美容肉"之称,深受女士喜爱。

兔肉的营养有四大特征:一是高蛋白,每 100 g 含蛋白质 21.5 g,比猪牛羊肉都高;二是低脂肪,每 100 g 仅含脂肪 0.4 g;三是卵磷脂含量丰富,具有保护血管壁,防止动脉硬化的功效;四是胆固醇含量少,不仅低于一般肉类,而且还低于鱼类,每 100 g 仅含 60～80 mg。如今兔肉已成为人们餐桌上的

新崇,是肥胖人的理想食品。山兔更受欢迎被誉为绿色食品。

【主　料】　山兔 1 只 1 000 g

【配　料】　青笋 15 g,"泰国"小米椒末 100 g,青美人椒末 100 g,香菜末 20 g,黄瓜 15 g

【调　料】　海鲜酱油 10 g,陈醋 10 g,盐 6 g,味精 4 g,蚝油 10 g,熟菜油 100 g,花椒油 16 g,大料 3 g,姜片 10 g,葱片 5 g,葱花 5 g,料酒 8 g,香油 4 g,鸡精 5 g

【做　法】

(1)兔子斩去腿、头。

(2)锅中加水、葱、姜、大料,将兔子煮 8 分钟捞出,放入冰水中浸泡 10 分钟。

(3)黄瓜一半片成 14 cm 长,0.2 cm 厚的大薄片,一半切成抹刀片。青笋切成长方片。

(4)锅中加水,加盐、味精放入青笋片和黄瓜抹刀片焯制后放入金锅内。

(5)锅重新添水,将冰水泡过的兔子放入煮 10 分钟,捞出放在墩上,改成大块放在瓜片上。

(6)将大黄瓜片摆在兔肉周围。

(7)将海鲜酱油、陈醋、蚝油、料酒、味精、白糖、鸡精、"泰国"小米椒末、青美人椒末、葱花、香菜末、少许香油兑成汁,锅中放花椒油、色拉油烧热,将对好的汁放入锅中,待汁出香味后淋在兔肉上,将金锅点燃后上桌。

【成菜特点】　皮脆肉嫩、香辣厚重。

【操作要点】

(1)兔肉宰杀后一定要用冷水浸泡,以除去血污和异味。

(2)煮熟后的兔肉用冰水浸泡是为了使兔肉皮脆。

【营养分析】　热量 1 297.9 kcal,蛋白质 166.75 g,脂肪 70.04 g,糖 1.155 g,硫胺素 2.119 mg,核黄素 0.093 mg,维生素 E 46.708 mg,钙 243.5 mg,铁 75.3 mg,锌 78.7 mg,硒 105.3 μg,维生素 C 15 mg。

知了豆腐

知了属蝉科,现代营养学研究表明,知了的营养价值和瘦牛肉不相上下,每斤知了提供的蛋白质和瘦牛肉一样多,所含热量更是瘦牛肉的 3 倍。尤其是刚出土的知了幼虫营养价值更高,富含蛋白质、脂肪、钾、磷、钙、锌等;其营养价值远胜于家禽,是难得的美味。

知了豆腐为陕西汉中民间菜肴,以知了为主料,配以嫩豆腐等,经炒、焖制的方法加工而成。

【主 料】 知了10只,嫩豆腐200 g

【调 料】 精盐5 g,豆瓣酱15 g,蒜泥、花椒末少许 白糖5 g,味精3 g,白汤200 g,葱段2 g,水淀粉5 g,熟猪油30 g,白胡椒粉3 g

【做 法】

(1)嫩豆腐切成2.5 cm大小的方块。

(2)知了除去翅、足,用小刀剖开腹部取出杂物。将知了肉剔出切碎。

(3)炒锅置火上,添熟猪油,烧至四成熟时,投入知了肉末,不断煸炒,并加入精盐、豆瓣酱、蒜泥,投入豆腐加白汤、白糖、葱、水淀粉,淋明油10 g,出锅装盘,撒上花椒末即成。

【成菜特点】 卤汁浓稠,色泽红亮,口感肥嫩,集麻、辣、香、鲜于一体,别有风味。

【操作要点】

(1)知了初加工时要仔细,去净内脏,否则影响口味。

(2)焖制时掌握好火候,小火焖透。

【营养分析】 热量493.45 kcal,蛋白质30.68 g,脂肪38.195 g,糖6.905 g,硫胺素0.126 mg,核黄素0.575 mg,维生素E 38.73 mg,钙303.4 mg,铁8.48 mg,锌2.98 mg,硒7.723 μg。

金锅炖鹿肉

鹿肉是一种高级野味食物,其肉质细嫩,味道鲜美,肌肉组织多,结缔组织少,可烹制多种菜肴。鹿肉含有丰富的蛋白质、无机盐、糖和一定量的维生素,具有高蛋白、低脂肪、低胆固醇的特点,且易于被人体吸收。鹿肉性温,有补脾益气,温肾壮阳的功效,一般人都能食用,肾阳虚者更适合。

【主 料】 鹿肉1 500 g

【配 料】 西芹10 g,胡萝卜10 g,土豆10 g,洋葱10 g

【调 料】 盐6 g,味精5 g,番茄酱10 g,白糖20 g,胡椒粒5 g,啤酒15 g,豆油50 g,鲜汤适量

【做 法】

(1)将鹿肉洗净切块,把鹿肉放入锅中焯水,捞出备用。

(2)芹菜切丝,洋葱切块,土豆切小粒,胡萝卜切块。

(3)将锅中放入豆油,加入番茄酱煸炒,加入鹿肉炒至枣红色,加酱油、啤酒,添加鲜汤,放入胡萝卜、土豆,加盐、白糖、味精、胡椒粒、西芹、洋葱炖制30～40分钟,待汤汁收尽时盛入金锅内即可。

【成菜特点】 色泽红亮,滋味醇厚。

【操作要点】

(1) 鹿肉焯水是为了去掉血水和异味；
(2) 掌握好炖制的火候和时间。

【营养分析】 热量 1 229.6 kcal, 蛋白质 163.3 g, 脂肪 49.19 g, 糖 27.27 g, 硫胺素 0.2875 mg, 核黄素 1.264 mg, 维生素 E 44.385 mg, 钙 83.25 mg, 铁 33.44 mg, 锌 32.6 mg, 硒 47.86 μg, 维生素 C 6.7 mg。

鲶鱼炖茄子

鲶鱼，学名鲇鱼，又称作胡子鲢、黏鱼、塘虱鱼。此鱼的显著特征是周身无鳞，身体表面多黏液，头扁口阔，上下颌有四根胡须。鲶鱼的最佳食用季节在仲春和仲夏之间。鲶鱼不仅像其他鱼一样含有丰富的营养，而且肉质细嫩、美味浓郁、刺少、开胃、易消化，特别适合老人和儿童食用。鲶鱼含有的蛋白质和脂肪较多，对体弱虚损、营养不良之人有较好的食疗作用。鲶鱼还是催乳的佳品，并有滋阴养血、补中气、开胃的作用，是妇女产后食疗滋补的佳品。

【主 料】 鲶鱼 1 000 g

【配 料】 茄子 500 g, 干辣椒 15 g

【调 料】 盐 6 g, 味精 5 g, 豆油 250 g, 马蹄葱、姜末、蒜各 15 g, 酱油 10 g, 鲜汤适量 香菜末少许

【做 法】

(1) 将鲶鱼洗净去鳃、内脏，改梳子花刀，茄子洗净用手撕成条（用刀切的茄子会影响入味的效果）。

(2) 锅中放入豆油、烧至五成热，放入鲶鱼煎至两面金黄色，放入马蹄葱、姜、蒜煸炒，待出香味，加入酱油、鲜汤、盐、味精、干辣椒、茄子炖制 30 分钟，待汤收尽，口味香醇，淋明油出勺点缀香菜即可。

【成菜特点】 香而不腻，口味香醇。

【操作要点】

(1) 鲶鱼初加工要到位，防止腥味过重；
(2) 掌握好炖制的火候。

【营养分析】 热量 1 811.5 kcal, 蛋白质 161.25 g, 脂肪 107.28 g, 糖 50.15 g, 硫胺素 0.729 mg, 核黄素 0.274 mg, 维生素 E 26.484 mg, 钙 460.05 mg, 铁 9.4 mg, 锌 9.803 mg, 硒 345.7 μg, 维生素 C 35 mg。

大鹅炖土豆

鹅肉营养丰富，肉嫩味美，脂肪含量低，不饱和脂肪酸含量高，对人体健

康十分有利。据测定,鹅肉蛋白质含量比鸭肉、鸡肉、牛肉、猪肉都高,达到22.3%,赖氨酸含量比肉仔鸡高出30%。鹅肉味甘平,有补阴益气、暖胃开津、祛风湿防衰老之效,是中医食疗中的上品。同时鹅肉作为绿色食品于2002年被联合国粮农组织列为21世纪重点发展的绿色食品之一。

【主料】 大鹅 1 500 g

【配料】 土豆 250 g,

【调料】 盐 8 g,酱油 10 g,味精 5 g,葱段 15 g,姜片 15 g,蒜瓣 15 g,白糖 8 g,料酒 5 g,花椒、大料、各 2 g,豆油 500 g,鲜汤适量

【做法】

(1)将大鹅肉剁块、洗净,放入葱、姜、花椒、大料、料酒、酱油腌制30分钟后拣去葱、姜、花椒、大料。将去皮洗清的土豆锛成块。

(2)锅中放油烧至六成热,放入腌好的鹅肉,炸至金黄色时捞出;

(3)原锅加油,放葱、蒜、姜、炸好的鹅肉、酱油煸炒,待出香味,添鲜汤,加盐、糖、味精、料酒、放入土豆,将土豆、鹅肉放入高压锅中炖制15分钟。

【成菜特点】 香而不腻、香醇味美。

【操作要点】

(1)鹅肉一定要腌制,以去腥味;

(2)掌握好炖制时间。

【营养分析】 热量 4 121.5 kcal,蛋白质 275.6 g,脂肪 325.78 g,糖 42.9 g,硫胺素 1.329 mg 核黄素 3.574 mg,维生素 E 27.734 mg,钙 85.05 mg,铁 60.4 mg,锌 22.83 mg,硒 268.02 μg,维生素 C 67.5 mg。

清烹蟹味菇

蟹味菇又名真姬菇、玉蕈、斑玉蕈,属担子菌亚门层菌纲伞菌目白蘑科离褶菌族玉蕈属。其味比平菇鲜,肉比滑菇厚,质比香菇韧,口感甚佳,还具有独特的蟹香味。蟹味菇的蛋白质中氨基酸种类齐全,包括8种人体必需氨基酸,还含有数种多糖体,常食蟹味菇有抗癌、防癌、提高免疫力、预防衰老、延长寿命的功效。

【主料】 蟹味菇 500 g

【配料】 香菜段 50 g

【调料】 盐 6 g,白糖 10 g,醋 5 g,葱、姜、蒜各 15 g,干淀粉 50 g,植物油 500 g(约耗 75 g)

【做法】

(1)将蟹味菇择洗干净,用干淀粉抖均匀,葱、姜、蒜分别切成葱丝、姜丝、蒜片。

(2)锅中放油,烧至六成热,放入蟹味菇炸至外香酥呈金黄色。
(3)取碗放入醋、糖、盐、少许鲜汤调成糖醋汁。
(4)锅中放底油,放入葱丝、姜丝、蒜片爆锅,放入蟹味菇、淋入调味汁,急火翻炒装盘撒上香菜段即可。

【成菜特点】 色泽金黄、酸甜适口、味道独特。

【操作要点】
此菜急火炸,慢火浸,因蟹味菇的水分多,要用长时间浸炸去掉水分,才能使菜肴充分入味。

【营养分析】 热量 549.5 kcal,蛋白质 13.5 g,脂肪 50.45 g,糖 10 g,硫胺素 0.4 mg,核黄素 1.75 mg,维生素 E 49.34 mg,钙 36.5 mg,铁 7 mg,锌 5.145 mg,维生素 C 10 mg

古法焖鸵鸟

鸵鸟肉含有 21 种人体必需的氨基酸,具有"五高三低"的特点,即高蛋白、高铁、高钙、高活性糖、低脂肪、低胆固醇、低热量,是鸟类中唯一的纯红肌肉。鸵鸟肉是人们追求健康的理想肉食品,也是高血压、心脏病、高血脂、糖尿病、动脉硬化、肥胖症患者的最佳保健食品,被营养学专家称为"天然钙中钙",人类 21 世纪的绿色保健食品。

【主 料】 鸵鸟排 750 g

【配 料】 冬菇(湿)6 只(约 75 g) 冬笋 150 g,陈皮少许 姜片 10 g,葱白段 25 g,蒜瓣 100 g,江米 8 g,

【调 料】 自制煲仔酱 20 g,盐 5 g,味精 4 g,白糖 25 g,料酒、鲜汤适量,番茄酱 6 g

【做 法】
(1)将鸵鸟排斩成寸段,放在开水中打水焯,焯水后用清水漂洗干净。
(2)冬笋改刀成片,冬菇切成菱形,冬笋焯水后,用油炸至金黄,蒜仔、葱段、姜片分别用油炸至金黄色。
(3)起锅落油,下江米炒香,将鸵鸟排放入锅内,放煲仔酱少许,加入番茄酱炒出香味备用。
(4)锅中放油,加姜片、蒜仔、冬笋、冬菇炒香,放入鸵鸟排、煲仔酱、鲜汤、陈皮、盐、糖、味精、料酒炖制 1 小时。
(5)收浓汁即可装入砂锅内,撒上葱白段,烧热砂锅便可上桌。

【成菜特点】 口味浓郁、鲜嫩可口。

【操作要点】
(1)鸵鸟排飞水要飞透、漂水要漂净;

(2)一定要将鸵鸟排爆香;
(3)焖烧时,要掌握好火候及时间。
【营养分析】 热量 864.8 kcal,蛋白质 110.8 g,脂肪 31.575 g,糖 39.3 g,硫胺素 0.47 mg,核黄素 0.52 mg,维生素 E 24.69 mg,钙 126.25 mg,铁 28.2 mg,锌 48.06 mg。

桂圆火龙果

本菜品是一款甜菜,火龙果作为盛器使用,起装饰的作用。

桂圆又称龙眼,营养丰富,肉质清甜、滋润,有补血、益肾、健脾、养颜、安神之功效。是美味水果之一。

【主 料】 火龙果 4 个
【配 料】 干桂圆肉 200 g,银耳 30 g,大枣 20 g,枸杞 10 g,藕粉适量
【做 法】
(1)将火龙果洗净加工成杯状器皿,干桂圆肉用水泡软。
(2)将发好的银耳去根切成小朵儿。
(3)锅中加水,放入银耳、大枣、桂圆肉,加入少许冰糖,待原料煮软时捞出,放入火龙果器皿内,上面放上枸杞。
(4)锅中添水、放入冰糖,熬制至冰糖溶化后放藕粉收浓后淋入原料上即成。
【成菜特点】 味甜适口,滋补作用强。
【操作要点】
掌握好熬冰糖的火候和时间。
【营养分析】 热量 952.33 kcal,蛋白质 10.7 g,脂肪 27.16 g,糖 170.49 g,硫胺素 0.0806 mg,核黄素 2.102 mg,维生素 E23.27 mg,钙 185.25 mg,铁 17.42 mg,锌 1.573 mg,硒 2.873 μg,维生素 C55.2 mg。

四、特需膳食的制作

(一)特需膳食的定义

所谓特需膳食是针对某些不同生理或病理状态下的人群进行配餐时,对其膳食中的一些营养素、能量食物的选择及烹饪方法等有特别的营养配餐需求的一类具有营养保健及营养治疗作用的膳食。

(二)现代酒店营养配餐中提供特需膳食的现实意义

随着生活水平的提高,尤其是改革开放以来,餐饮行业得到了空前的发展,商务活动及平民百姓的聚餐或宴请活动都要在酒店进行,这极大地促进了餐饮行业的繁荣,传统的中国烹饪技术也得到了发展。美食、美味、美酒

让人们饱了口福,然而由于不合理饮食引起的健康问题也随之而来,一些食源性疾病如:高血脂、高血压、冠心病、糖尿病、肥胖病、脂肪肝、癌症的发病率与高蛋白、高脂肪、高能量的膳食结构密切相关。人们的健康问题已引起政府相关部门的高度重视,酒店厨师要懂得和掌握一定的现代饮食营养学,懂得营养配餐,酒店要有营养师设计食谱,这一点在国外早已普及,而我国至今尚没有引起足够的重视。因此针对当前国人的健康问题,现代酒店实施营养配餐很有必要,"吃出营养"、"吃出健康"、"吃出美丽"、"吃出文明"、"把住病从口入关"已成为餐饮行业职业道德的一个必须遵守的规则。因此我们在本书中开创性地增加了一些特需膳食的内容,抛砖引玉。供酒店相关人员参考,希望通过他们的实践、总结、完善和推广来改善和提高国人的健康水平。

(三)特需膳食营养配餐的具体要求

(1)根据不同特需膳食的营养配餐原则进行全过程的配餐。

(2)食谱设计是营养配餐的第一关,要确保特需膳食实施套餐制,以满足配餐原则的要求。

(3)关注食品安全问题,合理选择与搭配所需食物的种类及数量,确保食谱设计的要求与营养均衡。

(4)烹调方法科学得当,尽量减少营养素的损失与破坏。

(5)要有独具特色的色、香、味、型、养俱全的套餐效果。

(6)在实施特需膳食营养配餐过程中要求全体参与人员,全过程地落实标准化、规范化要求,以确保特需膳食的质量。

(7)每份套餐加工制作后要达到营养质量标准。

(四)现代酒店提供特需膳食的种类简介

1. 低脂、低胆固醇、低热量特需膳食套餐

低脂、低胆固醇、低能量套餐基本特点是三低,即低胆固醇、低脂肪、低能量,与当前我国的部分居民或人群约所摄入的高胆固醇、高脂肪、高能量的三高膳食结构有着本质的区别,三低膳食对预防肥胖,心血管疾病和保护肝脏、胆囊、胰腺及其消化道功能,有很好的治疗和保健功能,尤其针对中青年人群,晚间应酬过频,缺乏运动,缺乏合理营养、心理压力过大及大量饮酒等原因导致的一系列健康问题是十分有益的膳食选择。

(1)适合人群

肥胖病、高血脂、冠心病、脂肪肝、高血压等人群。

(2)营养配餐原则

①限制总能量

每份套餐的总能量小于700 kcal,提供能量的营养素包括蛋白质、脂肪

和碳水化合物三大营养素,所以对蛋白质食物的供给量不要超过上限20%,脂肪的供给能量要占20%,碳水化合物占60%左右。选择什么的样食物很关键。另外酒精产生的能量仅次于脂肪,限制总能量的特需膳食则应严格限制饮酒量。

> ✤特别提示:饮酒的金标准
> 以12 g酒精为一个饮酒单位,相当于啤酒270 mL、红酒100 mL,或低度白酒30 g,三种不同的酒只能任选一种,尽量不过量,女性每天一个饮酒单位。男性饮酒为24 g酒精为标准,即啤酒一瓶左右,红酒200 mL左右,低度白酒为50 g左右。其中也同女性一样,三种不同的酒只能任选一种,不可过量,这是国外饮酒的标准。同时还强调最好一周四天完全禁酒,以利健康。

②限制总脂肪及总胆固醇量

对于限制每餐的脂肪总量,一是限制含不利健康的饱和脂肪酸和反式脂肪酸含量高的食物,选择有利降脂、降压的亚油酸,亚麻酸丰富的食物和食用油。每份低脂套餐脂肪和胆固醇的供给量分别为20 g左右和100 mg。

③高维生素、高纤维素

富含多种维生素、膳食纤维的特需膳食,有利于补充人体必需的多种维生素、矿物质、微量元素,具有降血脂、降血压、降血糖、降低血液黏稠度及减轻体重的作用。

④烹调方法清淡、少油少盐

提倡清淡少盐的烹调方法有利于消化吸收和调节血脂、血压的异常,尽量少用或不用煎、炸、烧、烤等可产生有害物质的烹调方法,在食用油的选择上尽量采用富含欧米伽3($\Omega-3$)氨基酸的食用油,炝、拌、卤、蒸、炖、汆、烩等健康的烹调方法可以减少营养素的损失,味精、鸡精等与食盐都含有钠盐,过多食用能使血压升高,故应食用一些强化碘、锌的低钠盐、强化VA的酱油,多用番茄酱,糖醋汁、芝麻酱等调味品来改善口味,尽量保证菜肴有原汁原味。

⑤食物原料选择

a.蛋白质食物

深海鱼类,豆类及豆制品、乳类及乳制品、蛋白、禽肉、少量畜肉、忌肥肉。

b.食用油

植物油为主,菜油、橄榄油、芝麻油、核桃油、每份套餐尽量用不同的食用油制作。以保证必需脂肪酸的互相补充。

c.碳水化合物(主食)

以粗杂粮加干鲜豆搭配制作的主食为首选,另外可用薯类食物代替主食,不但含纤维素,维生素丰富,另外还含有多种植物化学物质,有降脂抗癌,抗衰老等多种保健功效。

d.维生素、膳食纤维

应季的新鲜蔬菜、水果,菌藻类食物应首选,尽量选择有机蔬果,各种不同颜色如深绿、红黄白、深紫色蔬菜每份套餐应有2种以上,香菇、木耳等均有降血脂功效,每份套餐也要一种以上。

(3)食谱举例(表4.16)

表4.16 低脂、低胆固醇、低能量套餐食谱举例

项目	主副食名称	主要原料种类及数量
主食	金银黑豆米饭	大米75 g,小粒玉米糙20 g,黑豆5 g
副食	三文鱼头炖豆腐香菇	三文鱼头100 g,豆腐50 g,香菇20 g
	橄榄油拌西兰花圣女柿子	西兰花150 g,洋葱10 g,圣女柿子50 g
	紫菜蛋花汤	紫菜5 g,鸡蛋20 g
营养价值	能量:702.2 kcal,蛋白质:44.2 g,脂肪:17.9 g,糖类:95.6 g,钙:311 mg,维生素C:84.3 mg	

2.糖尿病特需膳食套餐

糖尿病特需膳食套餐的特点:低糖、低脂、低胆固醇、适量蛋白质、高维生素、高膳食纤维。

本套餐是针对患有糖尿病的和糖尿病高危人群,包括有糖尿病家族史的肥胖人群,体检糖耐量低减的人群,另外一些酗酒的人群和拥有不健康生活方式的人群,都可考虑食用该套餐。目前我国是世界糖尿病第二大国,仅次于糖尿病第一大国印度,糖尿病是终身性疾病,必须终身坚持糖尿病的饮食控制,预防和减少各种合并症。因此套餐必须严格遵守低糖、低脂、低能量、适当的蛋白质、充足的维生素及膳食纤维,少量多餐,限酒或禁酒,尽量做到什么都吃,吃什么都有量,并严格掌握吃的时间及血糖指标,保持血糖相对稳定。

(1)适合人群

糖尿病及糖耐量低减人群。

(2)营养配餐原则

①严格限制总能量

对糖尿病特需套餐的能量的限制相对要严格一些,提供能量的蛋白质、脂肪和碳水化合物三大营养素,在保证均衡的前提下适当限制,以防止代谢

紊乱,增加糖尿病合并症的发生几率。

②适当的蛋白质

蛋白质食物不易过高,高蛋白质食物如果选择不当,可造成高蛋白,高脂肪,高胆固醇的后果,对糖尿病病人是十分不利的,这种结果可使血脂、血压、血黏度、血糖升高,加重合并症发生的几率。另外高蛋白食物在体内的代谢产物还会增加肝、肾的负担,对糖尿病人也是不利的,可导致肾功能衰竭。所以蛋白质食物的摄入不宜过高。可参见前面"低脂、低胆固醇、低能量"特需套餐有关蛋白质食物的选择方法。

③严格限制脂肪和胆固醇

也可参见低脂、低胆固醇、低能量套餐有关部分,值得特别关注的是糖尿病人的心脑血管疾病是加重病情恶化的重要合并症,高脂、高胆固醇饮食也是加重动脉硬化的独立危险因素,因此应严格限制,并采用含必需脂肪酸丰富的食用油同时限制有害脂肪含量多的食物和食用油。

④充足的维生素和膳食纤维

参考前面所述部分,同时一些蔬菜、水果、菌藻类的食物针对糖尿病特需套餐有一定的食疗作用,如:苦瓜、洋葱、西红柿、梨、猕猴桃、桂圆、蘑菇、木耳等有降糖、降脂、通便、活血化瘀、调理胃肠等多种食疗作用。

⑤低碳水化合物

除了参照前面所述有关碳水化合物部分外,对糖尿病特需套餐中的低碳水化合物食物的限制要做到:一方面是量的掌握,另一方面要选用低血糖指数的含碳水化合物的食物,也就是选择升血糖缓慢的食物为主食。另外,也可以用薯类食物代替部分主食,如:土豆、地瓜、南瓜、芋头、山药等。

⑥烹调方法为清淡少盐

参照前面相关部分。

食物选择:除了参照前面部分和本部分相关内容外,特别要注意以下几方面:

a.蛋白质食物要多选用深海鱼类、蛋、豆类及豆制品,适量选择禽肉,少用畜肉及动物内脏,套餐中的纯牛奶一定要保证200 mL左右,日本研究牛奶有降血糖作用。另外牛奶富含优质蛋白、钙、磷,并且钙、磷比例有利于钙的吸收。

b.脂肪选择

除了要参照前面相关内容外,对糖尿病特需套餐的烹调方法和所用的食用油,最好以橄榄油为主,在医院里糖尿病饮食治疗的食用油也开始用富含 $\Omega-3$ 的橄榄油,所以酒店的特需膳食更应该严格遵照这一原则。

c.碳水化合物

在各种粗杂粮中,荞麦、燕麦、小米、玉米、全麦面粉及其制品是应该首选的,并且要用新粮,尽量不用加工后的食物,要用现吃现做的糙米糙面食物原料,以提高营养素的含量,另外黑豆、绿豆、黄豆与五谷杂粮搭配配制的主食可以充分发挥其蛋白质的互补作用。另外就是本部分提到的薯类食物可代替全部或部分主食,调剂花样品种,特别提示的是用低血糖指数食物,要掌握好量,特别是用降糖药和打胰岛素针的特需顾客要注意少食用,以免出现低血糖反应。

d.蔬菜类食物的选择

除了本部分前面提到的相关内容外,选料要新鲜,无污染,品种要保证一份绿叶菜、一份苦瓜或洋葱、一份菌藻类的菜肴。

> ✣ **特别提示:关于饮用酒和甜饮料**
>
> 糖尿病病人,由胰岛素功能受损,糖代谢紊乱,在饮食方面控制较严格,血糖波动受食物摄入量和食物种类影响很大,尤其是对饮酒或酗酒的顾客来说,必须提示限制饮酒量,特别是白酒,极可能发生低血糖反应,如出汗、发抖、意识不清、严重者可休克。因此相关人员一定要特别提示顾客,以防止万一,如出现上述情况,马上给一杯甜饮料或蜂蜜水等以缓解症状,关键还是要预防为主。
>
> 另外不要喝甜饮料或食用甜食,这一点多数顾客都明白,酒店在营养配餐过程中要特别注意提示相关人员注意。
>
> 烹调方法要参照上部分相关内容,甚至更严格一些,清淡、少盐、少糖、以拌、蒸、炖、氽等用油少的烹调方法为主。

(3)食谱举例(表4.17)

表4.17 糖尿病特需膳食套餐食谱举例

项目	主副食名称	主要原料种类及数量
主食	荞麦绿豆米饭	荞麦米80 g,绿豆10 g
副食	清蒸黄鳝鱼段	黄鳝鱼150 g,豆豉5 g
	苦瓜拌虾仁	苦瓜100 g,虾仁25 g,橄榄油5 g
	牛奶	牛奶250 g
营养价值	能量:659.9 kcal,蛋白质:48.9 g,脂肪:20.7 g,糖类:77.8 g,钙:517.0 mg,维生素C:58.5 mg	

3.痛风病人特需膳食套餐

本套餐是一种严格限制富含蛋白质代谢产物——嘌呤碱的特需膳食。一些海产品食物及肉类、啤酒等都富含嘌呤,正常人群可通过肾脏排出体外,而当大量饮酒或吃富含嘌呤的高蛋白食物后,由于相关因素体内不能正常代谢时,或尿酸排泄减少,其代谢产物尿酸在血液中聚积超过饱和限度而引起组织损伤。严重可引起急性关节炎,痛风石肾尿酸结石等,有时可导致畸形或残疾,后果严重。

(1)适合人群

急性痛风、慢性痛风、高尿酸血症、尿酸性结石等人群。

(2)营养配餐原则

①低能量、避免超重与肥胖。

②适量蛋白质、限制含高蛋白的蛋白质食物,减少尿酸合成。

③低脂肪以利尿酸排出。

④碳水化合物适当。

⑤宜供给富含 B 族维生素和维生素 C 的食物。

⑥低盐:2 g 以下。

⑦充足的水分:以增加尿酸的代谢。

⑧烹调方法:清淡少盐。

⑨禁酒:促进尿酸的排泄,另外啤酒含有大量的嘌呤,可使尿酸升高,加重病情。

> ❖特别提示:食物选择(详见本书第三章)
>
> **低嘌呤的食物**,每 100 g 含嘌呤 50 mg。
>
> **动物性原料**:以牛奶、蛋类和少量大豆制品为主,每 100 g 含嘌呤 50 mg,包括鸡蛋、鸭蛋、皮蛋、牛奶、奶粉、酸奶、炼乳、猪血、猪皮、海参、海蜇皮、海藻等。
>
> **谷薯类**:精致米面及制品,龙须面等,土豆、地瓜、芋头、大米、小米、荞麦、挂面、馒头、面包等。
>
> **蔬菜类**:白菜、卷心菜、芹菜、空心菜、茼蒿、韭菜、黄瓜、苦瓜、冬瓜、南瓜、西葫芦、菜花、茄子、青椒、胡萝卜、洋葱、西红柿、菠菜、鲜蘑等。
>
> **水果类**:橙、桔、苹果、梨、桃、西瓜、香蕉、哈密瓜、苹果汁、果冻、果酱、红枣、糖等。
>
> **坚果类及其他**:杏仁、瓜子、栗子、莲子、花生、核桃仁、花生酱、木耳、蜂蜜、枸杞、茶、咖啡、可可、巧克力等。

(3)食谱举例(表 4.18)

表 4.18 痛风病特需膳食套餐食谱举例

项目	主副食名称	主要原料种类及数量
主食	精白米饭	大米 100 g,
副食	锅塌豆腐	豆腐 100 g,鸡蛋 50 g,橄榄油 10 g
	蒜泥茼蒿	茼蒿 150 g,大蒜 10 g,橄榄油 5 g
	胡萝卜奶(200 mL)	胡萝卜 10 g,蜂蜜 10 g,奶 160 g
营养价值	能量:776.6 kcal,蛋白质:283. g,脂肪:28.4 g,糖类:105.8 g,钙:513.0 mg,维生素 C: 30.9 mg	

4. 胃肠病人特需膳食套餐

本套餐是一种柔软易消化、无刺激性的少渣饮食,并采用我国传统的中医食疗食养健脾开胃的养生理念进行营养配餐,对消化器官有很好的保健作用。

(1)适合人群

胃肠消化吸收功能欠佳,食欲差,胃肠、肝、胆、胰等疾病恢复期,高龄老年人等人群。

(2)营养配餐原则

①各种营养素与能量要保证均衡、全面、合理。

②食物选择要符合特需人群的消化吸收,各种食物原料要新鲜、安全,菜肴要软、烂、易咀嚼吞咽、无刺激性。

③蛋白质食物:选择精细嫩软低脂的鱼肉、鸡胸肉、嫩羊肉、牛肉、猪里脊肉、蛋类、乳类、豆腐等原材料。

④低脂肪:植物油适量。

⑤碳水化合物:精制面粉;谷类食物,如糯米;粳米及部分养胃健脾的薯类食物,如山药、土豆、芋头等。

⑥食疗食养食物:百合、桂圆、莲子、藕、山药、枸杞子、大枣、龙眼、木耳、银耳、香菇、杏仁、中药中的芡实、茯苓、地黄、黄花、甘草、生地等。

⑦蔬菜类食物:冬瓜、土豆、胡萝卜、油菜、空心菜、白菜、小白菜等含纤维少的食物。

⑧烹调方法:本套餐在烹调方法上要体现出软食的特点,易咀嚼、易吞食、软、烂、易消化等。所以烹调方法要选择蒸、炖、煮、焖、烩、滑溜等,同时要保证一定的温度,不能过热,对调味品也要注意选择无刺激性的。主食易采用发酵的面食,另外软饭、龙须面、粥类等亦可。

(3)食谱举例(表 4.19)

表 4.19　胃肠病人特需膳食套餐食谱举例

项目	主副食名称	主要原料种类及数量
主食	桂圆莲子山药粥	大米 30 g,桂圆 5 g,莲子 5 g,山药 20 g
	白面发糕	大米粉 50 g
副食	溜小丸子冬瓜	里脊肉 50 g,冬瓜 100 g,胡萝卜 10 g
	海虾仁蒸蛋	鸡蛋 50 g,鲜虾仁 25 g
营养价值	能量:522.9 kcal,蛋白质:32.7 g,脂肪:13.6 g,糖类:70.3 g,钙:222.0 mg,维生素 C:22.4 mg	

5.高营养特需套餐

所谓高营养特需套餐是指高蛋白、高纤维、高能量的膳食,可分为普通质地的高营养套餐,软食质地的高营养套餐,半流食质地的高营养套餐和完全流质的高营养套餐。可根据特需人群的需要提供相应高营养套餐。

(1)适合人群

营养不良性贫血,低蛋白血症,缺乏优良蛋白质和能量不足者,代谢亢进性疾病和慢性消耗性疾病,如:甲亢、结核病、肿瘤术前、术后需要加强营养的人群。

(2)营养配餐原则

①蛋白质食物首先要采用高蛋白、低脂肪、低胆固醇、富含必需脂肪酸丰富的优质高蛋白,每份套餐要保证 2 种左右的蛋白质食物。

②充足的能量:充足的能量对蛋白质的利用率有很好的保护性作用,否则能量不足可促进蛋白质作为能量的补充剂,而被消耗了。所以能量要充足,但不可过高,否则可导致超重或肥胖。

③高维生素:选择多种富含维生素的蔬菜、水果、菌藻类食物,同时原料也富含矿物元素,以便调节新陈代谢,增强体质,提高免疫力。现代最新研究还认为:这类食物还有许多植物性化学物质如:多酚素、黄酮类、皂甙、花青素等。这些物质具有促进生长发育,调节新陈代谢,抵御肌体内外有害因素的影响,抗癌、抗衰老等保健功能。

❖ **特别提示：食物选择**

蛋白质食物：适量食用各种新鲜鱼、虾、海参、鲍鱼、牡蛎、贝壳、燕窝、鱼翅、动物肝脏，少吃猪肝，可选则羊、牛肝、鸡、鸭、鹅肝、各种禽肉、蛋类、豆制品、乳品、猪、牛、羊、畜肉、兔肉及其他食物。

蔬菜类食物：要采购应季的新鲜蔬菜或有机蔬菜，包括绿、红、黄、白、紫色各种蔬菜水果。结合当地百姓的饮食习惯或养生理念，以保证维生素等的膳食来源。

碳水化合物：新鲜应季的五谷杂粮、面粉及与豆类搭配制作的主食，也可用一些薯类食物代替部分主食，增加主食的花样品种并达到营养素互补的目的。

烹调方法的选择：严格按照营养配餐原则的要求，尽量避免高温油炸、烧、烤、熏、腌等烹调方法，其他烹调方法可根据不同地域的饮食习惯酌情考虑。以增强特需人群的食欲。

(3) 食谱举例（表 4.20）

表 4.20　高营养特需膳食套餐食谱举例

项目	主副食名称	主要原料种类及数量
主食	二米饭	大米 75 g，小米 25 g
副食	葱烧海参	水发海参 100 g，大葱 100 g，胡萝卜 25 g
	法式鹅肝	鹅肝 75 g，洋葱 25 g，圣女柿子 50 g
	牡蛎豆腐生菜汤	牡蛎 50 g，豆腐 25 g，生菜 100 g
营养价值	能量：591.3 kcal，蛋白质：34.3 g，脂肪：6.9 g，糖类：102.3 g，钙：476.5 mg，维生素 C：26.8 mg	

❖ **特别提示**

高营养特需套餐，应严格遵照临床医生的诊断和营养师的营养评价的数据决定是否采用该套餐，并定期进行营养评价，长期采用该套餐，可加重肝、肾等消化器官的负担，对健康不利。

另外食用海参应注意搭配大米等谷类食物，因为海参缺少色氨酸，最好将海参与大米制作成海参粥，或以米饭为主食搭配一道海参菜肴，这是比较理想。

6.欧米伽特需膳食套餐

"欧米伽膳食"也被称为"地中海饮食",是世界公认的最为合理的膳食结构,早在1990年,世界卫生组织就号召全世界的人们接受"地中海膳食"也就是"欧米伽膳食","欧米伽膳食"的名称来源于膳食的营养素之一,脂肪中的一种对健康十分有利的必需脂肪酸 Ω-3 而得名的。"地中海膳食"的主要特点是食物中蛋白质的主要来源是富含 Ω-3 的深海冷水鱼,如三文鱼、沙丁鱼、鲭鱼、鲱鱼、鲑鱼等;而脂肪的食用油也是富含 Ω-3 的冷榨橄榄油。具有降血脂、保护心血管的作用。在地中海沿岸居住的居民几乎都长寿,患心脑血管疾病的人很少,其中患心脏病的比其他地区要少33%,患癌症的比其他地区少24%;另外,欧米伽膳食中含有丰富的各种蔬菜、水果、谷类及葡萄红酒,这是"欧米伽膳食"的突出特点。

(1)适合人群

高血脂、高血压、高血糖、动脉硬化性心脏病,高体重等代谢综合征的特需人群及癌症高危人群,普通人群。

(2)营养配餐原则

①限制能量

适当地限制能量,有利于控制体重,在酒店用餐,大多都在晚上,能量消耗较少、再加上饮酒、往往能量摄入过高。

②适量的富含 Ω-3 的蛋白质

欧米伽膳食中,选用的蛋白质食物,尽量选择低脂且富含 Ω-3 必需脂肪酸丰富的食物,如前面谈到的几种深海鱼类,同时搭配其他蛋白质食物,量不易过高。

③富含 Ω-3 的橄榄油为主要食用油,但也要控制量,以防能量过高。

④碳水化合物适量,根据欧米伽膳食的特需人群的需要,碳水化合物每份套餐在100 g左右即可。

⑤丰富的蔬菜水果:丰富的蔬菜、水果、海藻类食物,保证了套餐中维生素、矿物质及膳食纤维的来源,能更好地发挥营养治疗作用。

⑥烹调方法:清淡少盐或低钠

尽管欧米伽膳食的食用油主要是橄榄油,另外茶油、玉米油、芝麻油也可搭配食用,但烹调方法决定用油多少,为了适当地控制能量,尽量选用不同种类的油进行烹调,以拌、炝等方法为最好。

> ✤ **特别提示：食物选择**
>
> 参照前面的内容，蔬菜、水果、饮品方面如下：
>
> 尽量选用西红柿、胡萝卜、小辣椒、各种绿叶菜、菜花、西兰花、大蒜、紫洋葱、紫茄子、紫甘蓝、橘、柠檬、石榴、紫葡萄、蓝梅、桑葚、提子等蔬菜和水果；另外各种菌藻类食物也可以选择。
>
> 红酒要选择原汁原味的红葡萄酒，同时也可用上述果蔬榨汁，现饮现榨，可谓上等的抗氧化饮品，可避免各种防腐剂、添加剂的使用。更安全、实惠。

(3)食谱举例(表4.21)

表4.21 欧米伽特需膳食套餐食谱举例

项目	主副食名称	主要原料种类及数量
主食	面包	全麦面包 100 g
副食	柠檬三文鱼	三文鱼 100 g，柠檬 50 g，橄榄油 5 g
	果蔬沙拉	生菜 50 g，熟玉米粒 25 g，芹菜 25 g，火龙果 25 g，海苔 15 g，苹果 25 g，奇异果 25 g，腰果 10 g，橄榄油 10 g，沙拉酱 20 g
	橙汁，红酒	橙汁 250 mL，红酒 100 mL
营养价值	能量：1 157.0 kcal，蛋白质：41.9 g，脂肪：55.2 g，糖类：113.6 g，钙：223.7 mg，维生素 C：103.8 mg	

第六节 菜肴销售过程(点菜服务)中营养配餐的原则

在点菜服务中，为满足用餐者的营养需求，应遵循以下原则：

一、原料丰富，食物多样

在进行点菜服务中，不但要注意推荐营养丰富的原料和食物，还要选择合适的烹调方法，以不同口味的菜肴和面点来激发用餐者的食欲，最终达到理想的营养配餐的效果。

(一)注意色、香、味、形、器的合理搭配

菜肴和面点对人体的影响是由多种刺激产生的，其中色彩和造型及盛器的外观对用餐者产生的是视觉刺激。如果一味注意营养的搭配而忽略了菜点色、香、味、形、器的搭配则会影响用餐者的食欲。

(二)食物品种丰富,口味多样

中国的饮食文化有着深厚的底蕴,中国菜点品种丰富,风味独特。在点菜服务中,既要推荐酒店的特色营养菜点还要考虑地方菜点的介绍与推荐,丰富菜点种类,满足不同食客的要求。使用餐者既能享受进食美味的满足感,又达到了从多种食物中获取足够营养素的目的。

要保证食物多样,选料多样是最基本的。在选择主食原料(主要提供糖类、膳食纤维和蛋白质)时,除选择大米和面粉外,还应注意选择一些杂粮和薯类,避免推荐的主食单调。在选择蛋白质来源的食物时,除蛋类、肉类、鱼虾类、奶类等动物性食物外,还应注意选择大豆及其他豆类等。为了保证酸碱平衡,并满足维生素 C 等维生素和矿物质的摄入量,一定要选择多种蔬菜水果和野菜、菌藻类原料。

除保证选料多样、食物多样外,烹调技法和菜式也要多变。比如热菜与凉菜、炒菜与汤菜、爆炒与红烧、滑溜与炖煮、馒头与米饭、包子与水饺、蛋炒饭与豆沙包、馅饼与馄饨、面包与蛋糕等。

二、适应季节特点,满足食客生理需要

应根据季节的不同进行饮食养生,顺应四季气候。不同的季节,人体的脏腑功能各异。春季气候温和,膳食宜清淡可口,忌油腻、生冷、刺激性食物,可以高蛋白、高能量为主;夏季气候炎热,食物宜清凉爽口,以酸味食物为宜,多选清热解毒食物;秋季气候干燥,宜滋阴润肺、生津止渴,是进补的好季节,可选择具有滋补作用的食物;冬季气候寒冷,食补时应以助阳为主,适量加入优质蛋白质、高能量的食物,以增加人体的耐寒和抗病能力。

三、了解各地的饮食习惯,尊重不同食客的饮食爱好

我国幅员辽阔、人口众多,饮食文化源远流长,不同地域的人群有着不同的饮食习惯。酒店一线工作人员应掌握不同地区的饮食习惯,根据不同人群进行科学配餐。

第七节 菜肴销售过程(点菜服务)中营养配餐的方法

一、了解就餐者的饮食心理

根据就餐者的不同年龄、性别、职业、不同健康状况特点进行配餐。

(一)就餐心理状态分类

来酒店就餐人群的就餐心理过程比较复杂,心理状态也多种多样,大致可以分为:理智型、冲动型、求实型、习惯型和混合型等几种。

1.理智型

就餐主导心理是以就餐者的学识、经验和思维分析为基础,不易受环境

的影响和情感的支配。这种类型的消费者,选择食物时往往把营养和卫生放在第一位。他们能根据自身的情况和当时的食物,挑选出营养最为合理的饮食,也能够大体判断食物的安全卫生情况。这种类型的就餐者中老年人居多,一般受过较好的教育。针对这样的消费者,服务员不要主动为其点菜配餐,要把握好推荐菜点的机会。

2. 冲动型

就餐心理表现出强烈的个人情感意愿,不会过多地思考。常把饭菜的档次、口味放在首位,只要认为好的菜点,就胃口大开,饱餐一顿。有强烈的求新心理,乐于选择时鲜菜点;还有明显的攀比心理,容易受环境的影响。这种就餐者年轻人居多,他们生活放松,没有严格的饮食规律,对自己的健康状况比较自信。这样的消费者是最需要做工作的,服务员要掌握好说话分寸,争取将健康生活方式和合理膳食制度逐渐渗透给他们。

3. 求实型

主导心理表现为对情感过程控制能力较强,不易受感知的刺激而冲动,也较少受周围环境的影响而轻易改变主意,以求快、求廉、求实惠为主。就餐时,主要考虑饭菜要经济实惠。针对这样的客人,服务员要推荐价位较低廉,质量上乘的菜点。

4. 习惯型

就餐心理与长期稳定的生活规律有关。在饮食结构和口味方面不会轻易超越以往的习惯。相信某些菜点是自己最好的选择,对某些时令食物特别偏爱,对有些名菜特别欣赏,逢宴必选。服务员可推荐一些上档次的菜点。

5. 混合型

兼有以上几种心理特征,有较强的控制能力,有一定的求实心理,能兼顾个人习惯。这类就餐者通常能根据实际情况,大跨度地做出选择。需要选择高档菜点宴请宾朋时,毫不吝惜,独自消费时,就选择经济实惠、营养卫生的菜点。

(二)根据各类人群的就餐心理进行点菜服务

不同人员的就餐心理有较大差别,但是年龄、工作、籍贯、性别不同的人,就餐心理有许多共同点。

1. 体力劳动者就餐心理

体力劳动者的就餐心理主要受劳动性质、劳动强度和经济收入的影响。体力劳动者因为能量消耗大,饭量较大,就餐以求实型为主。他们希望在短时间内就能选到合乎口味、经济实惠的饭菜,一般口味较重。女工倾向于情感型的就餐心理,较挑剔口味。中年工人就餐心理比较稳定,趋向习惯型和混合型。

2.学生就餐心理

大学生和中学生的就餐心理,常表现为情感型和求实型两者的混合。学生虽以脑力劳动为主,但机体活动旺盛,食欲较强,对食物的需求量较大,希望餐食既合口味又经济实惠。由于就餐时间集中,就餐人员多,通常不愿花费过多的时间等待。常受求新心理或改善口味的情感驱使,或受同学的心理感染而从众。因此,有时不能理智地选择餐食。

3.白领就餐心理

这类人以脑力劳动为主,生活经验比较丰富,饮食习惯已经养成,就餐心理比较稳定,主导心理常表现为理智型和习惯型。他们一般经济收入较高,但由于年龄的差别,家庭负担不同,文化层次不同,就餐心理差别会较大。年轻的、家庭负担较轻的人,常倾向于情感型的就餐心理;年长些的,家庭负担较重的人,倾向于求实型的心理。一般来说,他们的就餐讲求卫生,注意营养,乐于挑选新菜点,即不拘泥于形成的饮食习惯,也不易受外界环境的影响。

4.儿童就餐心理

儿童处于生长发育阶段,对饮食的需求易受环境的影响。由于消化功能较弱,良好的饮食习惯没有养成,易受食物的颜色、形状、香味的刺激以及儿童间的相互感染。儿童心理大多表现为情感型,对未曾见识过的食物都可能引起兴趣,不同花色与造型的食物常常能引起儿童的好奇心理。儿童就餐心理可塑性较强,不良饮食习惯多是在不知不觉的过程中形成的,但可以通过诱导逐步矫正。

(三)根据就餐者的不同健康状况特点进行点菜服务

要了解就餐者的身体状况,针对不同症状进行合理配餐。普通体虚及年老体衰者用平补法,不热不寒;阴虚者用清补法,泻中求补;阳虚者,用温补法;对特殊体质及病情不同的可选用峻补法,以达到补益的功效。

1.平补型

此法主要用于一般体虚、年老体弱者,所选的原料应是不热、不寒的平和食物,如粳米、玉米、扁豆、白菜、猪肉、牛奶等。

2.清补型

主要用于阴虚者和普通人的夏季滋补,所选的原料应是平和或偏于寒凉的食物,如萝卜、冬瓜、小米、苹果、梨、鸭肉等。

3.温补型

用于阳虚者和普通人冬季滋补,所选的原料应是偏温热性的食物,如核桃仁、大枣、龙眼肉、猪肝、牛肉、鸡肉、鳝鱼、海虾等。

4.峻补型

用于急需补益显效的人群,但要特别注意不同体质、季节、病因,可选用狗肉、鹿肉、甲鱼、黄花鱼等。

二、根据不同季节进行点菜服务

不同季节气温的变化,对人们的食欲和营养素的需要也有影响。因此,服务员应针对不同季节向食客介绍和推荐不同的菜点。例如:春季是万物复苏之季,阳气渐渐升腾,人体的阳气也随之升发,导致肝气旺盛。由于气温渐渐回升,细菌病毒大量繁殖,所以易患感冒、肺炎等症。此时,五脏属肝,应省酸增甘以养脾气。可选清淡可口、辛温、甘甜的食物。忌酸、涩、油、生冷和刺激性食物。可适当搭配清肝原料,以防肝阳升发太过。多选用绿色蔬菜、水果来提高人的免疫力,如:春笋、菠菜、芹菜、小白菜、油菜、荠菜。少食肥肉等高脂肪食物,饮酒也不宜过多;夏季气候炎热,是万物生长最茂盛的季节,暑湿之气乘虚而入,使人体消耗增大。由于出汗较多,蛋白质分解增加,易导致人体的耐力和抵抗力降低,流失较多的维生素和矿物质等营养素,并且人的食欲易下降。此时五脏属心,应省苦增辛以养肺气,应以甘寒、清凉为宜,适当加入清心火、补气生津的原料,并调剂食物的色、香、味以增加食欲,及时补充水分。可选用绿豆、西瓜、乌梅、梨、小米、薏米、瘦肉、鸭肉、蛋黄、大枣、香菇、黄瓜、绿豆芽、茄子、丝瓜等原料配餐。应选择清淡、爽口的菜点,多搭配蔬菜水果,同时注意优质蛋白原料的选择,烹调方法以炝拌为主;秋季秋高气爽、气候宜人,气温易变,是旧病复发的季节。随着天气转凉,人们的食欲大大增强,此时五脏属肺,应少辛酸以养肝气。由于天气干燥,易出现口干、唇焦、鼻燥等症状,宜选用滋养、润燥的补品。可选用养阴润燥、生津养肺的食物,如党参、麦冬、燕窝、百合、银耳、南瓜、黑芝麻、核桃、蜂蜜、香蕉、梨、柿子、菠萝等。可适当增加些厚味的食物,如肉类、鱼类等;冬季天气寒冷,万物封甚,人体阳气潜藏,脏腑功能减退。此时五脏属肾,应省咸增苦以养心气。中医认为,冬季是储藏的季节,有利于人体营养物质的吸收和储藏。因此是进补的最好时机,它可以改善人体的健康状况,促进新陈代谢,强壮身体。食补配膳可选用脂膏、滋腻的食物和动物性补品。食物应热食,但燥热的食物不可过多,以防阳气郁而化热。黏硬、生冷食物属阴,不可多食,以防伤及脾胃之阳。应多选用温辛、补肾阳的食物,如羊肉、狗肉、牛肉、桂圆、胡萝卜、油菜、菠菜、辣椒、胡椒、葱姜蒜等。由于热能消耗多,此时应加大浓厚、热食的分量,多推荐富含热量的动物性食物,同时注意维生素的配给。

三、现代酒店常用营养配餐的方法

(一)自助餐

原料种类丰富,食物之间不能存在相克、相反情况,烹调方法多样,干稀搭配合理,口味多变满足不同就餐人群的要求。

(二)零点

1. 根据顾客人群的特点推荐菜肴

(1)照顾顾客的个人喜好、顾客的饮食习俗;

(2)考虑顾客身体的特点,因人而异进行推销;

(3)做好营养菜点的搭配工作,比如:原料种类的选择,菜肴味型的搭配,烹调方法的运用等。

2. 推荐营养菜点的方式方法

(1)先让客人了解饭店所供应的菜点品种,请客人自己点菜。这样既礼貌又可观察客人的爱好。

(2)当客人犹豫不决,互相推托时,服务员要见机行事,主动上前征求客人意见,根据客人的需求和饭店的菜点特色,主动推销营养菜点。

(3)当客人要求服务人员帮助点菜时,服务人员应热情地根据客人的需要进行推销营养菜点。

(4)当客人所点的菜点在原料、口味等方面出现雷同时,服务人员应用婉转的语言提醒客人加以调换,并主动推销其他营养菜点品种。

(5)当客人点的菜已经卖完时,服务人员应诚恳地向客人表示歉意,并推销一些类似的品种供客人选择。

(三)团餐

菜式多变、原料丰富、口味多样、烹调方法齐全,满足不同人群的需求。具体做到:

1. 中餐宴席菜点的搭配

(1)冷菜

可用什锦拼盘或四双拼、花色冷盘,配上4个、6个或8个小冷盘。

(2)热菜

采用滑炒、煸炒、炸、爆、烩等多种烹调方法,达到菜肴口感和外形的软嫩、干香、酥脆、酥烂、饱满、整齐的要求。

(3)主菜

由整只、整块、整条的原料烹制而成,装在大盘或大碗中上席的菜肴烧、烤、蒸、熘、炖、焖、叉烧、汆等多种烹调方法。

(4)素菜

经炒、烧、扒等方法制作而成,起到解腻和营养平衡的作用。

(5)甜菜

采用蜜汁、拔丝、溜炒、冻和蒸等多种烹调方法熟制而成,多数是趁热上席,在夏季也有供冷食的。

(6)汤菜

选用营养丰富的原料调制基础汤再配以其他原料制作营养丰富,味道鲜美的汤菜。

(7)点心

常用糕、团、面、粉、包、饺等品种,采用的种类与成品的粗细视宴会规格的高低而定。

(8)水果和饮品

根据季节选用合适的水果和饮品,增加维生素和膳食纤维的摄入。

2.宴会营养食谱的设计技巧

(1)冷盘最好是荤素各半,种类齐全;

(2)饮料最好选用低度酒,配合碱性茶水,做到酸碱平衡;

(3)热菜和主食、点心等要间隔着上,点心要有甜有咸,尽量多用发面点心;

(4)蔬菜原料花样品种要齐,选用根、茎、叶、花、瓜、果等原料,做到营养素互补;

(5)水果要求搭配颜色不同、品种不一、悦目的新鲜水果。要做到定量化、标准化。

第八节 现代酒店营养配餐质量控制

一、现代酒店营养配餐质量控制的原则和要求

(一)建立健全酒店营养配餐质量控制领导机构

酒店要组织以营养专业人员和有经验的厨师为主体的质量控制领导小组,负责全面组织领导检查质量控制各项计划和措施的贯彻执行。

酒店营养配餐质量控制垂直式的组织领导机构示意图如图4.2所示。

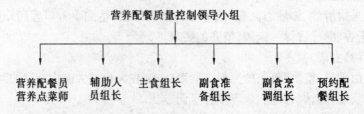

图4.2

(二)建立健全酒店营养配餐质量控制责任制

酒店营养配餐质量控制是一种全面质量控制,要求全员参加、全过程控制。从原料采购、原料加工、原料切配、营养菜点设计与制作以及营养菜点的推销整个过程必须有严格的质量管理责任制,使整个过程的各种控制能真正落实、明确划分各级、各类人员及各岗位的质量控制职责、权限,把质量控制的责任制贯穿在各项规章制度和各岗位责任中,真正形成一个完整的质量保证体系。

贯彻质量控制责任制的具体方法是各级人员的质量控制责任制除依靠对全员教育、培训外,主要采取技术经济责任制法进行控制,即根据分点负责营养师(或营养配餐员)及巡回营养师(或营养配餐员)的质量检查记录,按照营养质量控制小组的奖惩条例,把质量好坏和奖励、惩罚密切结合,赏罚分明,充分调动职工的积极性。

(三)现代酒店营养配餐质量控制标准化工作

酒店营养餐质量控制标准化主要包括的内容有:
(1)烹饪原料采购质量标准;
(2)烹饪原材料和半成品质量标准;
(3)各类营养菜点加工、制作质量标准;
(4)营养菜点综合评价标准;
(5)各类营养菜点预约配餐标准;
(6)质量控制经济技术负责制奖惩标准;
(7)各操作间重点质量检查控制标准;
(8)各种设备使用维护维修标准。

二、现代酒店营养配餐质量控制的内容和方法

(一)全过程质量控制

营养餐的质量控制从单纯质量检查到全过程质量控制。
1.严格保证食谱设计质量标准;
2.严格按各类营养菜点标准、按程序进行操作;
3.副食准备间重点检查和控制内容:
(1)各类营养餐出库原材料、半成品的质量检查;
(2)各类半成品称重;
(3)检查刀工、配料的质量要求及操作技术;
(4)检查食品卫生、炊具卫生。
4.烹调操作间重点检查和控制内容:
(1)各类营养菜点的种类和数量;
(2)各类营养菜点的加工、配料和食品卫生;

(3)烹调方法、操作程序和操作技术；
(4)成品综合质量标准。
5.主食操作间重点检查和控制内容：
(1)各类主食种类、数量和重量；
(2)操作程序和操作技术是否符合食谱标准要求；
(3)各类主食综合质量标准；
(4)食品卫生和炊具卫生。

(二)实行分点和总巡回控制

营养餐是经过各个不同环节制备出来的，因此影响其质量的因素也是众多的。必须按照营养餐制作程序和质量标准，重点控制关键程序，有营养质量控制领导小组成员进行全面控制。

(三)质量控制的三个阶段

第一阶段：预备性控制

预备性控制包括：食谱设计质量控制、原材料供应与存储核价及辅助准备工作。

第二阶段：即时控制

即时控制包括：制备过程的质量控制，具体有主食制作、副食准备、副食烹调

第三阶段：反馈控制

反馈控制包括：消费者对营养餐的反应及处理结果。

(四)数理统计方法的应用

数理统计方法虽不能直接控制营养餐质量，但用数据说话可以准确及时发现营养配餐的问题，用科学分析的方法找出原因，迅速抓住解决问题的线索，并采取措施加以控制。

质量控制数理统计数据的来源：一是从食谱设计后执行中的缺陷分析和营养价计算机营养保健效果调查分析来搜集数据；二是各操作环节质量控制随机抽样检查记录的数据；三是从消费者的反馈意见中收集数据。然后用排列图进行排列找出关键因素、主要因素、次要因素，并用因果分析图进行质量缺陷原因的分析，然后按照 PDCA 循环规律对不合格的质量因素重新计划、执行、检查和处理，使营养餐质量不断的提高和升华。

(五)HACCP 在营养餐生产中的应用

HACCP 是目前世界上最先进的质量管理体系。它通过对生产过程中的危害分析和关键控制点的有效控制，将危害杜绝在发生之前，做到防患于未然。它是从食物原料、餐食加工到销售的各个环节保证食品质量，预测出损害餐食质量的不安全因素，并防止其出现的一种管理模式。HACCP 包

括：危害分析(HA)、关键控制点(CCP)、设定控制危害的标准、设定监控体系、设定纠偏措施、设定验证方法、设定档案制度,称作HACCP的7个原则。

运用HACCP的管理系统,对营养配餐生产的整个过程进行分析,决定哪些工艺过程必须严格控制,万一出现不合格产品能有效回收处理,以减少可能导致的严重后果。

在进行危害分析时,要根据本企业的产品及其生产过程,分析原料成分、生产过程和人为因素。明确失控后的危害对产品的安全性、卫生状况产生的不良影响及影响程度。从物理、化学、生物等方面进行分析,充分考虑食品的安全性,严格遵守法令法规。同时考虑餐食的产品标准、经济效益等相关因素。经过这样一系列的危害分析,找出关键控制点。这个阶段要做的主要工作内容有：寻找并确定关键控制点,控制的方法以及控制的程度；明确是否做抽样检验及检验方法,统一检验依据,确定分析数据的方法,明确相关责任人,并制定异常现象的处理方法。

第五章 食品卫生与食品安全

学习内容与目标：
第一节 食品污染及其预防
第二节 食物中毒及其预防
第三节 各类食品原料的食品卫生

"国以民为本，民以食为天，食以安为先。"食物是人类赖以生存和发展的基本物质条件，也是国家安定、社会发展、人类进步的根本要素。在任何一个国家，食品卫生及食品安全都是上至国家领导人，下至布衣百姓共同关注的永恒话题。

中国的改革开放带来了经济大发展，随着社会和科技的不断进步，提高了人们的生活质量，但也引发了一些食品安全的问题，令人深思。近年来，在欧洲发生的"疯牛病事件"和"二噁英事件"以及在我国发生的"酱油风波"、"月饼风波"、"瘦肉精事件"和"奶粉事件"等都清楚地表明：食品卫生和食品安全问题已经超越了国界，不仅影响了广大人民群众的生命安全与健康，还涉及整个行业乃至国家的声誉，伴随而来的还有经济利益的巨大损失。我国每年实际发生食物中毒事件至少20万例，导致近百人死亡，这个数据让人触目惊心。因此，关注食品卫生及食品安全是21世纪必须要做的工作，酒店管理人员和工作人员必须加强食品安全意识，在工作中加大卫生监督力度，提高酒店提供的物质产品的卫生和安全质量，使前来酒店消费的人群吃得合理、吃得卫生、吃得安全，从而达到健康饮食的目的。

第一节 食品污染及其预防

食品具有一定的营养价值,在正常膳食生活的习惯下,食品不应对人体产生任何有害作用,不致引起人们产生不良的感觉和反应。食品一旦受到有害因素的污染,既损坏了食品质量,又危害人们健康。食品污染物是复杂的,污染来源是多方面的,对人体的危害也是各不相同的。所以,必须引起足够重视,采取积极措施,防止食品污染,保证食品卫生安全。

一、食品污染的概念及分类

(一)食品污染的概念

食品污染是指食品及其原料在生产、加工、储存、运输、烹调及销售各个环节中,被有害物质侵染,降低食品卫生质量或对人体造成不同程度危害的过程。

人类食物的组成成分中,一般不含有害物质或含量甚微,不致对人体产生危害。但食物从生长到收获,从生产、加工、储存、运输到销售各环节中,可能有某些有害物质侵染,致使食品的营养价值、卫生质量及食用价值降低,对人体健康造成威胁。

(二)食品污染的分类

污染食品的有害物质按其性质可分为三大类,包括生物性、化学性和放射性物质。食品污染也因此分为生物性污染、化学性污染和放射性污染三种。

食品的生物性污染是指由微生物、寄生虫、媒介昆虫等引起的食品污染。其中以微生物的污染最为常见,尤其在餐饮行业是引起食物直接污染、变质腐败、食物中毒及肠道传染病的最主要的污染物。

造成食品污染的化学性污染物来源复杂,种类也多,主要有来自生产、生活和环境中的农药、有害金属、多环芳族化合物、N-亚硝基化合物、二噁英;从工具、容器、包装材料等溶入食品中的有害的材质、单体及助剂等污染物物质;食品加工贮存中产生的及滥用食品添加剂等的污染。

食品的放射性污染主要来自于放射性物质在生产及生活中应用与排放的污染。

二、食品污染的预防

为了控制和防止有害物质对食品的污染,消除食品中存在的有害因素,不断提高食品的卫生质量,必须采取以下措施:

1.大力进行防止食品污染的宣传教育工作,经常针对食品从业人员进行卫生知识讲座,使他们懂得食品污染的危害,自觉地做好防止食品污染的工作。

2.根据国家颁布的食品卫生法,有关部门应对食品企业、饮食行业、公共食堂进行卫生管理与监督,凡不符合卫生标准的食品,应找出污染原因并及时进行处理。

3.加强对"工业三废"的管理,凡不符合排放标准的"三废"不得任意排放,以杜绝"三废"对食品的污染。

4.加强对食品包装材料和容器具的卫生管理,执行食品运输和储存的卫生管理条例,确保食品在运输和储存过程中不受污染和受潮霉变或变质。

5.卫生检疫部门做好肉品检疫工作,严禁病死禽、畜肉进入市场,发现病畜、禽及肉制品应立即进行相关处理。

6.应采用高效、低毒、低残留的化学农药或其他防治方法,以取代高残留的农药,减少对环境的污染和在生物体内的残留。

三、食品安全知识

(一)发达国家食品安全法律体系概述

食品安全的法律体系的建设是我国保证食品安全,提高生活质量的需要,也是我国在国际贸易中实施我国环境战略的需要。研究借鉴其他国家的经验和教训,有利于我国食品安全法律体系和产业政策的完善以及与国际市场的接轨。

1.美国食品安全法律体系

美国是一个十分重视食品安全的国家,有关食品安全的法律法规非常多,如《联邦食品、药品和化妆品法》、《食品质量保护法》和《公共卫生服务法》等,这些法律法规覆盖了所有食品和相关产品,并且为食品安全制定了非常具体的标准以及监管程序。在美国负责食品安全管理的机构有三个:食品和药品管理局、美国农业部和美国国家环境保护机构。如果食品不符合安全标准,就不允许其上市销售。另外,美国从事食品生产、加工与销售的企业,不存在无照企业或者家庭作坊式企业,因此掺假现象极少。

2.德国食品安全法律体系

食品管理历史悠久的德国是世界上四大食品出口国之一,饮食业出口约占制成品出口总额的13%,同时德国又是食品进口大国。德国食品安全法律体系及全部食品产业链,包括植物保护、动物健康、善待动物的饲养方式、食品标签、标识等。在德国,无论是国产还是进口食品,在包装的标签上都注明商标、食品成分和有效期,还有有关商检机构质量认可的显著标志。早在1879年,德国制定了《食品法》,目前实行的《食品法》包罗万象,所列条款多达几十万个。为了保证食品安全,德国对食品生产和流通的每一个环节都进行严格的检查和监督。无论是屠宰场还是食品加工厂,无论是商店还是食品再转运过程中,食品必须处在冷冻状态,不新鲜的肉绝对不允许上市出售。为了保证国家制定的《食品法》得到实施,国家设立了覆盖全国的食品检查机构,联邦政府、每个州和各地方政府都设有负责检查食品质量的卫生部门。

3. 日本食品安全法律体系

日本的《食品卫生法》对所有食品都有极为详细的规定,如所有食品和添加剂,必须在洁净卫生状态下进行采集、生产、加工、使用、烹调、储藏、搬运和陈列。自日本发现了疯牛病以后,日本政府决定成立由科学家和专家组成的独立委员会——食品安全委员会,并由政府任命担当大臣,委员会将对食品安全性进行评价,同时还提出了全面改正《食品卫生法》,确保食品安全的"改革宣言"。据报道,该宣言强调《食品卫生法》的目的要从确保食品卫生改为确保食品安全,必须明确规定国家和地方政府在食品安全方面应负的责任。

(二)我国食品安全法律体系简介

《中华人民共和国食品卫生法》1995年10月30日由第八届全国人民代表大会常务委员会第十六次会议通过。主要内容有总则、食品的卫生、食品添加剂的卫生、食品容器、包装材料和食品用工具、设备的卫生、食品卫生标准和管理办法的制定、食品卫生管理、食品卫生监督、法律责任、附则。法律明确国家实行食品卫生监督制度:中央和地方卫生行政部门行使卫生监督职责。适用范围:食品、食品添加剂、食品容器、包装材料、食品用工具、设备、洗涤剂、消毒剂;食品生产经营场所、设施和有关环境对食品、食品添加剂、食品容器、包装材料、食品用工具、设备、洗涤剂、消毒剂提出基本卫生要求。

2009年2月28日,十一届全国人大常委会第七次会议表决通过了《食品安全法》。从此,中国的食品安全将有法可依,新法律设立了全国食品安全委员会,以协调对食品生产过程中的不同环节实行日常监管的5个部门。该法律还要求制定新的规章,全面控制食品生产过程中的每个环节。中国将确立食品质量、食品添加剂和其他物质(如杀虫剂、除草剂和重金属含量)安全性的国家标准。该法律要求中央政府部门形成统一的全国机制,以应对食品安全突发事件。

新《食品安全法》,明确了食品安全第一责任人,新出台的《食品安全法》与1995年出台的《食品卫生法》虽只有两字之差,其中最大的变化在于明确了生产经营者是食品安全的第一责任人。一直以来,食品生产经营领域存在着"监管真空"现象,实现对初期农产品,对食品生产环节、食品流通环节和餐饮服务方面的监管,实现从原料到产品,从生产到流通、餐饮的全程监控。新《食品安全法》确保食品安全以预防为主,此次新法中规定:食品生产者应当按照食品安全标准关于食品添加剂的品种、使用范围、用量的规定使用食品添加剂,不得在食品生产中使用食品添加剂以外的化学物质或者其他危害人体健康的物质。此外,新法还确立了"食品召回和停止经营制度"。此法强调的是食品生产经营整个链条、各个环节的安全,强调有针对性的防患于未然,尽可能减少事故造成的危害,真正做到预防为主。

新颁布的《食品安全法》有三处亮点:

亮点1:新法规定,对于企业生产或销售不符合食品安全标准的食品,不管其行为是否对消费者造成了损害,消费者除了要求一般性的赔偿外,还可以要求其支付价款10倍的赔偿金。

亮点2:针对与明星代言相关的食品安全问题,新法中明确规定,社会团体或者其他组织、个人在虚假广告中向消费者推荐食品,使消费者的合法权益受到损害的,与食品生产经营者承担连带责任。

亮点3:新法中规定,食品安全监督管理部门不得对食品实施免检,以立法形式废除了免检制度。

虽然颁布了法律,中国保障食品安全体系还必须做出配套改革,要规划好具体操作的细节,加大监管力度并真正落实相关法规。

(三)我国食品安全现状

我国食品安全问题主要表现在:

1.农产品、禽类产品的安全现状令人担忧

(1)化肥、农药等对人体有害物质残留于农产品中。

(2)抗生素、激素和其他有害物质残留于禽、畜、水产品体内。有一些地方在种植中滥用激素类药物以保收成,在养殖中乱用激素和其他药物以增加产量却使农畜产品受到污染。

(3)重金属污染,即在农禽产品中含有超标超量的对人体健康有严重危害的重金属物质。

2.制造食品的过程中使用劣质原料,添加有毒物质的情况屡屡发生。

3.病原微生物控制不当,食品的原料和加工程度决定了它具备一定的微生物生长条件,食品加工制造过程和包装储运过程中稍有不慎就会发生微生物的大量繁殖。

4.生物技术产品的出现、转基因食品的潜在危险,同样带来了安全性问题。

(四)发展和完善我国食品安全法律体系的建议

1.加强食品安全法律建设和法制管理。

2.尽快纠正我国食品安全标准不规范、不够严密的缺陷,加速建立食品安全标准体系。

3.加大推行食品安全管理的食品安全有效控制体系的力度。

4.建立新的食品安全政策支持体系、宏观调控体系和管理体系。

5.加强现有法律法规的惩罚力度,依法加强权力监督,实施对食品安全的有效保护。

6.进一步完善相应法律法规,加强相关法律制度的建设。

第二节 食物中毒及其预防

一、食物中毒的概念

(一)食物中毒的概念

食物中毒是指经口摄入含有致病菌、生物性或化学性以及动植物毒素的有毒食物而引起的一类以急性感染或中毒为主要症状的疾病的总称。

食物之所以中毒,主要有以下几方面原因:

(1)食物被某些病原微生物污染,并在适宜条件下急剧繁殖或产生毒素,如细菌性食物中毒。

(2)食物在生产、加工、运输、储存过程中被有毒化学物质污染,并达到了急性中毒剂量,如农药、金属和其他化学物质的污染。

(3)因食物本身含有有毒物质,由于加工、烹调方法不当未除去有毒物质,如木薯、四季豆等中毒;或因食物贮存条件不当而产生或增加了有毒物质,如发芽马铃薯、高组胺鱼类、酸败油脂、陈腐蔬菜等。

(4)有的含毒动植物组织和可食食物容易混淆,误食后可发生中毒,如毒蕈、河豚等。

(二)食物中毒的特点

食物中毒一般具有以下共同特点:

1.潜伏期较短

集体爆发性食物中毒发生时,很多人在短时间内同时或先后相继发病,在短时间内达到高峰。

2.症状相似

同期中毒病人都有大致相同的临床表现,多见急性胃肠炎症状。

3.有共同的致病食物

所有中毒者都在相同或相近的时间食过同一种有毒食物,发病范围局限在食用该种有毒食物的人群中,未进食此有毒食物者不发病。

4.人与人之间不直接传染

停止食用有毒食物后,不再出现新患者,呈一次性爆发,流行曲线常于发病后突然急剧上升又很快下降,形成一个高峰,无传染病所有的尾端余波。

上述特点在集体爆发性食物中毒相对比较明显,而在个体散发性病例就不太明显,因此易被忽略,故在实际工作中需要引起注意。

(三) 食物中毒的分类

食物中毒按致病原因可以分为以下几类:

1. 细菌性食物中毒
2. 有毒动植物食物中毒
3. 化学性食物中毒
4. 真菌毒素和霉变甘蔗引起的食物中毒

二、细菌性食物中毒

(一)细菌性食物中毒概述

细菌性食物中毒是指通过饮食或盛器而将致病菌或毒素引入人体而出现的急性疾病的总称。

1. 细菌性食物中毒的特点

(1)有明显的季节性

细菌性食物中毒虽然全年皆可发生,但由于细菌的生长繁殖或产生毒素受温度条件的影响,因此细菌性食物中毒具有明显的季节性,一般容易发生于每年的 5~10 月。

(2)发病急,病死率低

细菌性食物中毒潜伏期短,一般食入被致病或其毒素污染的食物后 24 小时内即发病,呈急剧爆发型。

(3)发病与进食有关

同一起细菌性食物中毒的所有中毒病人,发病前在短的时间内进食过同一种或几种被污染的食物,食用者发病人数较多,未食用者不发病。

(4)无传染性

细菌性食物中毒的流行病学特征属爆发性,没有拖尾现象,无传染性。

2. 细菌性食物中毒发生的原因

(1)食物被致病菌污染。

(2)污染食物中的致病菌具有合适的生长繁殖或产生毒素的条件,即合适的温度、充足的水分、适宜的酸碱度及所需的营养。

(二)沙门氏菌属食物中毒

1. 病原

沙门氏菌属肠杆菌科,为一群具有鞭毛结构、生化反应和抗原结构相似的革兰氏阴性杆菌。沙门氏菌属中,有些菌型仅对人致病,有些菌型仅对动物致病,还有一些菌型,如引起食物中毒的沙门氏菌,则对人和动物均能致病。引起食物中毒的沙门氏菌主要有鼠伤寒沙门氏菌、肠炎沙门氏菌、猪霍乱沙门氏菌。

2. 流行病学特点

(1)引起中毒的食物及其被污染的原因

引起沙门氏菌属食物中毒的食物多为动物性食物,主要是畜肉及其制品,其次为家禽、蛋类、乳类、鱼虾及其制品等。

沙门氏菌属广泛分布于自然界。可在人和许多动物的肠道中繁殖,带菌宿主的粪便为该菌传染源之一。沙门氏菌污染食物的机会很多,各类食物被污染的原因是:

①肉类食物沙门氏菌污染包括生前感染和宰后污染,生前感染又包括原发性沙门氏菌病和继发性沙门氏菌病。生前感染是肉类食品污染沙门氏菌的主要原因。宰后污染系指家畜、家禽在宰杀后被带到有沙门氏菌的粪便、污水、土壤、容器、炊具、鼠、蝇等所污染,可发生在从屠宰到烹调的各个环节中。特别在熟肉制品的加工销售过程中,由于刀具、砧板、炊具、容器等生熟交叉污染或食物从业人员及带菌者污染,导致熟肉制品再次受到沙门氏菌的污染。

②家禽蛋类及其制品沙门氏菌污染比较常见,尤其是鸭、鹅等水禽蛋类。

③鲜乳及其制品沙门氏菌污染。其原因为沙门氏菌病乳牛导致牛乳带菌或健康乳牛在挤乳过程中牛乳受沙门氏菌污染,如果巴氏消毒不彻底,事后可引起沙门氏菌属食物中毒。

(2)发病率

沙门氏菌属食物中毒发病率较高,受摄入该菌属的数量、菌型和个体易感染等因素影响,一般为40%~60%,最高可达90%。摄入该菌量达10万~10亿个时,可出现中毒症状。

3. 预防措施

(1)防止污染

加强家禽家畜饲养管理,预防传染病。做好家畜、家禽宰前兽医卫生检查,发现病畜和病禽,严格按照有关卫生条例和规定处理;严禁病死家禽、家畜进入市场出售。食物从业人员要定期进行带菌检查,一经发现带菌,立即调离岗位。彻底消灭食堂、厨房、食物储藏室等处的鼠、蝇和蟑螂,防止畜禽肉类等动物性食物受到污染。

(2)控制繁殖

动物性食物应置10℃以下的低温处储存,以控制细菌的繁殖。食物企业、饮食行业、集体食堂和食物销售网点均应配备冷藏设备,并按照食物低温保藏的卫生要求储存食物。

(3)杀灭病原菌

对可能带菌的食物,在食用前采用加热灭菌法是预防食物中毒的关键措施。加热灭菌的效果与加热温度、持续时间、加热方式、食物体积、沙门氏菌的类型以及污染程度等许多因素有关。鸡蛋煮沸时间为8分钟,鸭蛋为10分钟即可杀灭沙门氏菌。生菜食用前应充分加热。

(三)副溶血性弧菌食物中毒

1.病原

副溶血性弧菌为革兰氏阴性菌,呈弧形、杆状、丝状等多种形态,菌体一端有单鞭毛,运动灵活。最适生长温度为37℃。

副溶血性弧菌抵抗力较弱,56℃时5分钟,80℃,1分钟,1%食醋5分钟均可将其杀死。在淡水中生存不超过2天,但在海水中能生存47天以上。

2.流行病学特点

引起中毒的食物及其被污染的原因

引起副溶血性弧菌食物中毒的食物主要有海产食物,如海产鱼、虾、蟹、贝、咸肉、盐渍禽肉、咸蛋、咸菜和凉拌菜等。食物被副溶血性弧菌污染的主要原因有:

①海水污染。海水及海水沉积物中副溶血性弧菌对海产食物直接污染,还可通过污染海域附近的塘、河、井水,使该区域淡水鱼、虾、贝也受到污染。

②带菌者污染。一般健康成人带菌率为0.3%,渔民为34.8%,有肠道病史者为31.6%。带菌者在食物加工、烹调等环节中可污染食物。

③生熟交叉污染。食物储存、加工、烹调等环节中,由于生熟不分,通过砧板、炊具、容器、抹布等污染熟食或凉拌菜,造成生熟交叉污染。

3.预防措施

(1)防止污染

海产品冷冻保藏前,应用淡水充分冲洗干净,去除大量细菌和污物;接触过海产品的炊具、容器、水池及食物从业人员的手等应洗刷干净,避免污染其他食物。

(2)控制繁殖

海产品及各种熟食物应进行低温储藏。

(3)杀灭病原菌

鱼、虾、蟹、贝类等海产品应烧熟煮透,蒸煮时需加热到100℃并持续适当时间。生吃海蜇等凉拌菜时应充分洗净,置食醋中浸泡10分钟或在

100℃沸水中漂烫以杀死副溶血性弧菌,然后再加料拌食。

(四)变形杆菌属食物中毒

1.病原

变形杆菌属为革兰氏阴性杆菌,有周身鞭毛,运动灵活,广泛分布于自然界及任何动物肠道中。该菌属腐败菌,需氧或兼性厌氧,营养要求不高。

2.流行病学特点

引起中毒的食物及其被污染的原因

引起变形杆菌属食物中毒的食物主要是动物性食物,以肉类、水产类较多见,蔬菜、豆制品、剩饭剩菜也可引起。食物被变形杆菌污染的原因主要有:

①外界污染。变形杆菌通过尘土、污水等污染食物。食物中变形杆菌带菌率为3.8%~10%,其中海虾类较高,食物带菌与食物鲜度、运输机保藏时的卫生情况密切相关。其带菌来源主要是外界污染。

②带菌者污染。变形杆菌带菌率健康人为1.3%~10.4%,腹泻病人为13.3%~52%,动物为0.9%~62.7%。

③生熟交叉污染。生的肉类食物,特别是动物内脏带菌率较高,夏秋季更高,在食物加工、烹调、销售中由于砧板、炊具、容器等生熟不分,或熟生拼盘交叉污染。

另外,食堂卫生条件差,食物从业人员操作不卫生均可加重食品污染的程度。变形杆菌污染熟肉制品后,由于不分解蛋白质,所以没有腐败的感官性状变化的迹象。假如该菌同其他细菌一起污染熟肉制品,则可能使食物发生感官性状的明显变化。

3.预防措施

防止污染、控制细菌繁殖和食前彻底加热杀灭病原菌。特别要高度重视厨房、餐厅卫生工作,避免各种因素对食物的污染,防止带菌者污染和生熟交叉污染,切实做好食物的冷藏保存。食物在烹调时应充分加热,达到烧熟煮透,彻底灭菌。熟食食物存放时间稍长,食前应再次彻底加热灭菌。

(五)治病性大肠杆菌食物中毒

1.病原

大肠杆菌为肠道正常菌丛,一般不致病。大肠杆菌抗原结构复杂,主要有O、H和K三类,O抗原有160种,是分群的基础,H抗原有60余种,K抗原有72种。某些菌株毒力较强,能直接引起食物中毒,主要表现为急性胃肠炎,通常将这些菌株称之为致病性大肠杆菌。

致病性大肠杆菌抵抗力强,室温下生存数周,土壤或水中生存数月,60℃20分钟或煮沸数分钟即被杀灭,一般消毒剂均易使之死亡。

2.流行病学特点

引起中毒的食物主要为动物性食物,特别是熟肉制品、凉拌菜。

致病性大肠杆菌存在于人和动物的肠道中,带菌率健康成人和儿童为2%~8%,腹泻病人为19.5%,猪牛羊一般在10%以上。受人、家畜和家禽粪便污染的土壤和水源也常带有该菌。食物受到水和带菌者污染、生熟交叉污染和熟后再污染均可引起食物中毒。

3.预防措施

(1)防止污染

致病性大肠杆菌食物中毒是由于食物带有大量活菌引起,防止食物带菌是预防关键。要加强水源卫生保护,防止水源性污染。带菌者和腹泻病人是主要传染源,一经发现带菌者,不得让其从事直接接触食物的工作。严格执行食品卫生操作规程,防止生熟交叉污染。

(2)控制繁殖

熟肉及内脏制品、酸牛乳、点心、凉拌菜等食前应在低温下短时间存放,防止细菌繁殖。

(3)杀灭病原菌

病畜病禽的体内和内脏带菌率较高,食前须经高温彻底杀灭该菌。存放时间稍长的熟食物食前应回锅彻底加热灭菌。

(六)葡萄球菌肠毒素食物中毒

1.病原

葡萄球菌为革兰氏阳性球菌,需氧或兼性厌氧,最适生长温度为37℃,最适酸碱度为7.4,耐盐性强,能在含10%~15%的氯化钠培养基上生长,葡萄球菌是无芽孢菌种抵抗力最强者,耐干燥可达数月,加热至80℃,30分钟才被杀灭。根据生化反应和色素的不同可分为金黄色葡萄球菌和表皮葡萄球菌。

2.流行病学特点

引起中毒的食物及其被污染的原因。引起葡萄球菌肠毒素食物中毒的食物有乳、肉、蛋、鱼及其制品。我国主要有乳及乳制品、含乳糕点、荷包蛋、糯米凉糕、凉粉、剩饭、米酒等。能够引起中毒的食物必须具备两个条件:一是污染了葡萄球菌;二是污染后具有细菌生长繁殖产毒素的条件。

食物被葡萄球菌污染的原因有:乳牛患化脓性乳腺炎时乳汁污染;家畜家禽患化脓性感染对其肉尸污染。化脓性皮肤病、上呼吸道感染和口腔疾病患者,经接触或空气污染食物,呈带菌者污染。

3.预防措施

(1)防止污染

面部和手部患化脓性感染或患上呼吸道感染带菌者,须暂时调离食物加工、饮食服务和营养保育等工作岗位,防止葡萄球菌带菌者污染食物。

(2)防止肠毒素的产生

低温保藏、通风良好和缩短储存时间是防止葡萄球菌产生肠毒素的重要措施。乳制品及糕点应置放低温环境及时出售。剩饭应及时置放低温(5℃以下)或阴凉通风处,不宜超过4 h。由于一般烹调温度不能破坏肠毒素,所以预防葡萄球菌肠毒素食物中毒,加热应在肠毒素形成之前,因为葡萄球菌本身对热是敏感的。一经烹调加工消毒的乳制品、糕点、米饭,要切实防止存放、销售过程中再污染葡萄球菌和产生肠毒素。

(七)肉毒梭菌毒素食物中毒

1.病原

肉毒梭菌为革兰氏阳性杆菌,具周身鞭毛,芽孢呈椭圆形,位于菌体次末端。肉毒梭菌厌氧生长,生长繁殖和产生毒素的最适温度为18~30℃。当酸碱度低于4.5或大于9.0、温度低于15℃时,该菌不繁殖,不产生毒素。该菌芽孢抵抗力强,干热180℃5~10分钟、湿热100℃5小时、高压121℃30分钟才能将其杀死。

肉毒梭菌为腐生菌,广泛分布于土壤和动物粪便中,家畜、家禽、鸟类和昆虫也能携带该菌。食物被本菌污染后,在厌氧条件下产生肉毒毒素,食后引起肉毒中毒。肉毒毒素在已知毒素中毒性最强,0.1 μg即能使人死亡。

2.流行病学特点

引起中毒的食物及其被污染的原因。引起肉毒梭菌毒素食物中毒的食物各地区因饮食习惯、膳食组成和制作工艺的不同而有差别,我国91.48%是由植物性食物引起的,绝大部分为家庭自制的发酵食物,如臭豆腐、豆豉、面酱等;8.52%由动物性食物引起,如罐头食物、腊肉、熟肉等。

被肉毒梭菌毒素污染的原因:

①加工制作过程中加热的温度和时间不够而未将肉毒芽孢杀灭;

②密闭环境中发酵或装罐;

③发酵过程温度较高;

④食物的含盐量低于8%,或酸碱度为4.7~7.6,或有合适的水分;

⑤食用前不再加热,所形成的毒素未被破坏。

3.预防措施

(1)防止污染

食物加工前应对食物原料进行清洁处理,除去泥土和污物,用清水充分清洗,防止肉毒梭菌对食物的自然污染。罐头食物生产应严格灭菌,储存过程中发生胖听或破裂时不得食用。制作发酵食物应彻底蒸煮灭菌。

(2) 控制繁殖

加工后的食物应迅速冷却并在低温环境中储存,避免储放于高温或缺氧环境,防止肉毒梭菌芽孢变成繁殖体,控制其繁殖及产生毒素。

(3) 加热破坏毒素

肉毒梭菌毒素不耐热,对可疑食物食前加热80℃30分钟或加热至100℃10分钟,彻底破坏毒素,这是防止中毒发生的可靠措施。

另外,野外创伤感染应及时清创和消毒,防止发生创伤型肉毒中毒。接触婴儿口的物品和周围物品应保持卫生清洁,避免水果、蔬菜、蜂蜜等婴儿辅助食物被肉毒梭菌污染,预防发生婴儿型肉毒中毒。

(八) 蜡样芽孢杆菌食物中毒

1. 病原

蜡样芽孢杆菌为革兰氏阳性的需氧芽孢杆菌,生长的最适温度为32~37℃,15℃以下不繁殖;最适酸碱度为6~11,酸碱度低于5时有明显的抑菌作用。该菌繁殖体不耐热,100℃20分钟杀灭,而芽孢则具有耐热性。

2. 流行病学特点

引起中毒的食物及其被污染的原因。引起蜡样芽孢杆菌食物中毒的食品种类繁多,欧美等国家主要为甜点心、肉饼、凉拌菜和乳肉类食品,我国主要为米饭、米粉,少数为肉类和豆类制品。引起蜡样芽孢杆菌食物中毒的食品,除米饭有时微黏、入口不爽或稍带异味外,大多数食品感官正常,无腐败变质现象。食品被污染的原因为蜡样芽孢杆菌广泛分布于土壤、灰土、腐草、污水及空气中。

3. 预防措施

(1) 防止污染

健全卫生制度,搞好环境卫生,在食品加工、运输、储存和销售过程中避免尘埃和空气等自然污染,防止鼠和昆虫的带菌污染和不洁容器、炊具的交叉污染,以及食品从业人员的不卫生操作污染。

(2) 控制繁殖和产生毒素

蜡样芽孢杆菌在16~50℃可生长繁殖并产生毒素。因此,各种食品必须注意在冷藏条件下短时间存放。米饭做熟后要维持在63℃以上或迅速冷却,剩饭必须充分加热后才能食用,加热一般要达到100℃并持续20分钟。

三、有毒动植物食物中毒

有毒动植物中毒是指某些动、植物食物体内含有某些有毒的天然成分,往往由于它们的外观形态与无毒的品种相似,容易混淆分辨不清而误食。也有的是食用方法、储存方法不当而引起食用者中毒。

(一)河豚中毒

河豚又名气泡鱼,产于我国沿海和长江中下游。河豚身体浑圆,头脑部大腹尾部小,背上有鲜艳的斑纹和色彩,体表无鳞,光滑而有细刺。河豚品种甚多,其中东方豚分布较为广泛,每年3~5月为生殖期,在长江中下游产卵。

1. 毒素与毒性

河豚类含毒成分是河豚毒素,其含量因鱼的品种、部位和季节不同而异。河豚的肝脏和卵巢毒性最强,其次为肾、脾、血液、眼睛、鳃和皮肤,肌肉一般无毒,但鱼死后较久,内脏毒素可渗入肌肉内,仍不可忽视。河豚含毒素量多少,常随季节的变化而有差异。每年3~5月为卵巢发育期,此时卵巢的毒性最强,肝脏亦以此时毒性最强。产卵期(6~7月)过后卵巢萎缩,毒性可减弱,但全年都有毒。同一种类的鱼,一般雌性的毒性强。

河豚毒素是一种很强的神经毒素,微溶于水,酸碱度3以下和7以上时不稳定,4%氢氧化钠处理20分钟可无毒性,对热稳定,加热至100℃经20分钟仍有毒性残存;对日晒和盐腌亦都很稳定。

河豚毒素的毒理作用表现在:毒素使神经发生麻痹,阻断神经肌肉间的传导,首先是感觉神经,其次是运动神经发生障碍,严重者脑干麻痹,并使血管运动中枢麻痹而死亡。

2. 预防措施

(1)加强宣传,使群众了解河豚有毒,并能识别,以防误食中毒。

(2)加强市场管理,禁止出售河豚。市场出售海杂鱼类时应事先经过仔细的挑拣,将拣出的河豚妥善处理,不可随便扔丢,以防发生意外。

(3)在生产过程中对捕获的河豚应分别装运,由水产部门统一收购,集中加工。加工后经鉴定合格,证明无毒方能出厂。

(二)鱼类引起的组胺中毒

1. 毒素与毒性

中毒原因除组胺外,腐败胺类(二甲胺及其氧化物)等类组胺物质可与组胺协同作用使毒性增强。

组胺可使鸡和豚鼠等动物中毒,人类组胺中毒与鱼肉中组胺含量及鱼肉食量有关。成人摄入组胺超过100 mg即有引起中毒的可能,但个体差异较大。

2. 预防措施

(1)注意鱼的保鲜,防止鱼类腐败变质

加强市场管理,不准出售、购买腐败变质的鱼类,对易产生组胺的鱼类,更应注意。

(2)采取去除组胺的措施

烹调前将鱼浸泡4~6小时使组胺下降,也可用30%食盐液浸泡1小时,然后水洗再进行烹调,可使鲭鱼组胺降低54%。烹调时可加入适量红果或先将鱼加盐、醋和水蒸30分钟后去汤再加佐料烹调,可使鱼组胺含量下降65%左右。

(3)对体弱、过敏体质和患有慢性病者(如慢性支气管炎、哮喘、心脏病、低血压和肺结核等)食用含组胺鱼类尤应注意。

(三)毒蕈中毒

蕈类通称蘑菇,属真菌食物,自古以来就是一种珍贵食品。具有较高的营养价值和食用价值。我国蕈类很多,分布广,其中食用蕈300多种,毒蕈约80种,其中9种毒蕈剧毒能使人致死。毒蕈虽然占的比例小,但因形态特征复杂及毒蕈与食用蕈不易区分而常常误食中毒。毒蕈中毒多发生在高温多雨的夏秋季节,往往因采摘野生鲜蕈又缺乏经验而误食中毒。

1.毒素与中毒症状

毒蕈的有毒成分比较复杂,因此,中毒表现复杂多变,通常为综合症状。

(1)胃肠毒型

含有胃肠毒的毒蕈很多,比较多见的有褐盖粉褶菌、毒红菇和白乳菇等,其有毒成分尚待研究。

中毒主要表现为剧烈腹泻、水样便和阵发性腹痛,一般体温不高,经适当对症处理可迅速恢复,一般无死亡发生。

(2)神经型

引起本型的中毒物质至今尚不清楚,一般可分为四类:毒蝇碱、恶唑和恶唑衍生物、色胺类化合物以及致幻素。

(3)溶血毒型

因食马鞍蕈(又称鹿花罩)类引起。内含有鹿花蕈素,是甲基联氨化合物,它可使大量红细胞破坏,有强烈的溶血作用,也是一种原浆毒,可作用于肝和肾。

中毒临床表现:潜伏期6~12小时。开始为呕吐和腹泻,1~2天后出现头痛、无力和痉挛,严重的肝、肾区疼痛,以后出现急性溶血,严重时可引起死亡。给予肾上腺素可以很快恢复。

(4)原浆毒型

原浆毒素主要有毒肽和毒伞肽两大类,通称毒伞属毒素。

中毒临床表现:此型中毒潜伏期长,病情复杂而凶险,病死率高。临床表现一般分为以下各期:潜伏期、胃肠炎期、假愈期、内脏损害期、精神症状期以及恢复期。

2. 预防措施

广泛宣传毒蕈中毒的危险性,提高广大群众对毒蕈的识别能力,对不认识和未食用过的蕈类,不要采摘和食用;提高鉴别毒蕈的能力,防止误食中毒。

目前尚无简单可靠方法鉴别食蕈和毒蕈。以下特征可供参考:颜色鲜艳,蕈盖上长疣,蕈柄上有蕈环、蕈托;多生于腐物或粪肥上,不生蛆,不长虫,有腥、辣、苦、酸、臭味;碰坏后容易变色或流乳状液以及煮时能使银器或大蒜变黑的蕈属有毒蕈,但这些都不是鉴别标准。因此,用不可靠的方法来鉴别种类繁多、形态各异和含毒成分复杂的各种毒蕈是极其危险的。只有熟悉和掌握各种毒蕈的形态特征和内部结构,再参考当地群众的经验鉴别毒蕈,才较可靠。

(四)蔬菜中毒

某些蔬菜中也含有毒性物质,若处理不当也会引起食物中毒。

1. 四季豆中毒

(1)引起中毒的物质

四季豆又名菜豆、扁豆、芸豆、龙芽豆,是饮食业常用的原料,也是居民经常食用的蔬菜。秋季霜降以后收获的四季豆,或者储藏时间过长的四季豆,或者炒得不够透熟的四季豆,都有可能引起食物中毒。临床症状表现为腹泻和出血性肠炎。引起四季豆食物中毒的物质有两种:其一是皂素(皂甙),其二是豆素(植物血球凝集素)。皂素会刺激消化黏膜,引起充血、肿胀及出血性炎症;豆素是豆类的毒蛋白,具有凝集红血球的作用。

(2)预防措施

在烹调时,宜将四季豆放在开水中烫泡数分钟,捞出后再炒煮。炒煮时要烧熟煮透,使四季豆加热至原有生绿色消失,食用时无生味和苦硬感。此时毒素已被彻底破坏。

2. 鲜黄花菜中毒

(1)引起中毒的物质

黄花菜又名金针菜。食用鲜黄花菜引起中毒的原因是由于黄花菜中含有秋水仙碱,其致死量为 2~20 mg。秋水仙碱本身无毒,但摄入人体后在胃肠中吸收缓慢,继而被氧化成二秋水仙碱便有剧毒,会引起恶心、呕吐、口渴、喉干、头昏等症状。

(2)预防措施

如果将鲜黄花菜蒸煮后晾干,成为干制品,再经水发后烹调成菜肴,就没有毒了,因此,最好食用干黄花菜。如果吃鲜黄花菜,必须经水浸泡或用开水烫泡后除去汁液,再彻底炒熟后方可食用。

3. 发芽马铃薯中毒

(1) 引起中毒物质

马铃薯是西餐中不可缺少的食品，中餐中也常用它做菜。若气温较高、空气潮湿或在光照下马铃薯会发芽和皮变绿，人食了绿皮或发芽的马铃薯即可中毒。

变绿和发芽的马铃薯含有龙葵素，此物是一种弱碱性糖苷，含生物碱"龙葵胺"，溶于水，具有腐蚀性和溶血性。一般每百克马铃薯中约有龙葵素10 mg左右。当收获时其未成熟或储藏时接触阳光引起表皮变紫、变绿或发芽，则每百克马铃薯中龙葵素含量可高达500 mg，此时大量食用即可引起急性中毒。

(2) 预防措施

采购马铃薯时应注意它有没有发芽现象，储藏马铃薯应放在干燥、阴凉处，避免日光照射。烹调前应削皮，并将芽和芽眼周围挖掉，烹制时要彻底熟透。

四、化学性食物中毒

(一) 化学性食物中毒

食入含"化学性毒物"的食品引起的食物中毒称为化学性食物中毒。化学性食物中毒发病特点是：

(1) 发病与进食时间、食用量有关；

(2) 发病快、潜伏期短，多在数分钟至数小时；

(3) 常有群体性，病人有相同的临床表现；

(4) 中毒程度严重、病程长，发病率及死亡率高；

(5) 季节性和地区性均不明显，中毒食物无特异性；

(6) 剩余食品、呕吐物、血和尿等样品中可以检测出有关化学毒物；

(7) 误食混有强毒的化学物质或食入被有毒化学物污染的食物。

(二) 亚硝酸盐食物中毒

亚硝酸盐俗称工业用盐，是一种化工产品，除应用于染料生产、有机合成等工业外，在食品工业中应用于食品添加剂中的着色剂和防腐剂，摄入亚硝酸盐 0.2~0.5 g 就可以引起食物中毒，3 g 可导致死亡。

1. 亚硝酸盐的来源

(1) 误食，多发生在建筑工地、学校，被当做食盐误用；

(2) 污染，如用盛过亚硝酸盐的盛具装食物或食物原料；

(3) 天然食物变质，蔬菜、海产品、剩菜剩饭放置时间过长，被细菌污染可产生亚硝酸盐；

(4) 新腌制的菜类。

2. 临床表现

亚硝酸盐食物中毒表现出发病急、中毒人数多、容易造成死亡、社会影响大等特点。中毒表现为口唇、舌尖、指尖青紫等缺氧症状,重者眼结膜、面部及全身皮肤青紫。自觉症状有头晕、头疼、无力、心律快,嗜睡或烦躁不安,呼吸急促,并有恶心、呕吐、腹痛,腹泻。

3. 预防措施

(1) 加强宣传教育,严格亚硝酸盐的生产、经营管理;

(2) 保持蔬菜的新鲜,勿食存放过久的变质蔬菜;

(3) 吃剩下的熟蔬菜不可在高温下长时间存放后食用;

(4) 勿食大量刚腌的菜,腌菜时盐应稍多,至少需腌制 15 天以上再食用;

(5) 肉制品中硝酸盐和亚硝酸盐的用量严格按国家卫生标准的规定,不可多加;

(6) 防止错把亚硝酸盐当成食盐或碱面食用。

(三) 有机磷食物中毒

有机磷农药系一种农业杀虫剂,在我国农村中广泛使用,对防治粮、棉、蔬菜、水果的病虫害,保证农业丰收起着重要作用。但有机磷农药具有毒性,在生产和使用过程中如不注意防护,往往可发生食物中毒。

1. 中毒原因

主要是有机磷农药污染食物。如用装过农药的空瓶子盛放酱油、酒、食用油等;误食喷洒过农药不久的瓜果或农药毒杀的家禽;或误食农药拌种。另外,有机磷农药可以经呼吸道和皮肤进入人体引起中毒。

2. 临床表现

典型的中毒症状为:肌肉震颤、痉挛,瞳孔缩小,血压升高,心跳加快、呼吸困难,肺水肿和昏迷。

3. 预防措施

(1) 有机磷农药须专人保管,单独贮存;

(2) 喷洒农药须遵守安全间隔期;

(3) 配药、拌种的操作地点应远离畜圈、饮水源和瓜菜地,以防污染;

(4) 喷洒农药必须穿工作服,戴手套、口罩,并在上风向喷洒,喷药后需将手清洗干净;

(5) 从市场上购回的蔬菜要用清水短时间浸泡、反复冲洗;

(6) 水果宜洗净后削皮食用。

(四) 砷化物食物中毒

砷和砷化合物在工业、农业、医药上用途很广,农业上作为杀虫剂使用亦很广泛,一般均有剧毒。最常见的为三氧化二砷,通常称为砒霜。

1. 中毒原因

(1)砷化物的外观与食盐、面碱、小苏打、淀粉等很相似,容易误食;

(2)误食拌过砒霜的种子、喷过砷剂的蔬菜或水果;

(3)用盛过砷化物的容器盛装粮食或其他食品;

(4)食品加工时添加了过量含砷的添加剂;

2. 临床表现

病人口腔有金属味,口、咽、食道有烧灼感,恶心、剧烈呕吐、腹泻,体温、血压下降。

3. 预防措施

(1)砷化物必须专人严格保管,单独贮存;

(2)使用含砷农药拌种的容器、用具应专用;

(3)含砷农药必须在蔬菜或水果收获前半个月停止使用;

(4)从市场上购回的蔬菜要用清水短时间浸泡、反复冲洗;

(5)水果宜洗净后削皮食用。

五、食物中毒的调查和处理

(一)食物中毒的处理原则

1994年卫生部颁布了《食物中毒诊断标准及技术处理总则》(GB14938—94),明确规定发生食物中毒后要及时报告当地卫生行政部门,并对中毒者、食品及现场做出正确的处理。

为了及时处理和控制食物中毒事故,保障人民身体健康,卫生部颁布了《食物中毒事故处理办法》,自2000年1月1日起施行。

1. 对中毒者采取紧急处理

(1)停止食用中毒食品。

(2)采取病人排泄物和可疑食品等标本,以备检验。

(3)组织卫生机构对中毒人员进行救治。

(4)及时将病人送医院进行治疗,包括急救(催吐、洗胃、洗肠)、对症治疗和特殊治疗。

(5)对可疑中毒食物及其有关工具、设备和现场采取临时控制措施。

2. 对中毒食品控制处理

(1)保护现场,封存造成食物中毒或者可能导致食物中毒的食品及其原料。

(2)为控制食物中毒事故扩散,责令食品生产经营者收回已售出的造成食物中毒的食品或者有证据证明可能导致食物中毒的食品。

(3)经检验属于被污染的食品,予以销毁或监督销毁。

3. 对中毒场所采取相应的消毒处理

(1)封存被污染的食品用工具及用具,并进行清洗消毒。

(2)对微生物性食物中毒,要彻底清洁、消毒接触过中毒食物的餐具、容器、用具以及贮存食品的冰箱、设备,加工人员的手也要进行消毒处理。对餐具、用具、抹布最简单的是采用煮沸方法,煮沸时间不应少于5分钟。对不能进行热力消毒的物品,可用75%酒精擦拭或用化学消毒剂浸泡。

(3)对化学性食物中毒,要用热碱水彻底清洁接触过中毒食品或可能接触过的容器、餐具、用具等,并对剩余的可疑食物彻底清理,杜绝中毒隐患。

4. 食物中毒的报告和紧急报告制度

(1)发生食物中毒或者疑似食物中毒事故的单位和接收食物中毒或者疑似食物中毒病人进行治疗的单位应当及时向所在地人民政府卫生行政部门报告发生食物中毒事故的单位、地址、时间、中毒人数、可疑食物等有关内容。

(2)县级以上地方人民政府卫生行政部门接到食物中毒或者疑似食物中毒事故的报告,应当及时填写《食物中毒事故报告登记表》,并报告同级人民政府和上级卫生行政部门。

(3)县级以上地方人民政府卫生行政部门对发生在管辖范围内的下列食物中毒或者疑似食物中毒事故,实施紧急报告制度。

①中毒人数超过30人的,应当于6小时内报告同级人民政府和上级人民政府卫生行政部门;

②中毒人数超过100人或者死亡1人以上的,应当于6小时内上报卫生部,并同时报告同级人民政府和上级人民政府卫生行政部门;

③中毒事故发生在学校、地区性或者全国性重要活动期间的应当于6小时内上报卫生部,并同时报告同级人民政府和上级人民政府卫生行政部门;

④其他需要实施紧急报告制度的食物中毒事故。

⑤任何单位和个人不得干涉食物中毒或者疑似食物中毒事故的报告。

⑥县级以上地方人民政府卫生行政部门接到跨辖区的食物中毒事故报告,应当通知有关辖区的卫生行政部门,并同时向共同的上级人民政府卫生行政部门报告。

(二)食物中毒的管理

食物中毒管理的依据是《中华人民共和国食品卫生法》和卫生部颁布的《食物中毒调查报告试行办法》以及地方有关的法令文件。食品卫生监督机构在食物中毒的监督管理方面,应做好以下各点:

(1)建立健全食物中毒报告制度。

(2) 做好食物中毒调查处理工作。
(3) 建立年度食物中毒档案。
(4) 建立食物中毒管理的岗位责任制。
(5) 加强食品从业人员的宣传管理工作。

✤ 食物中毒案例聚焦（我国近十年来部分食物中毒事件回顾）

1. 1996年6月27日至7月21日，云南曲靖地区会泽县发生食用散装白酒甲醇严重超标的特大食物中毒事件，192人中毒，35人死亡，6人致残。

2. 1997年6月底至7月上旬，云南思茅地区发生群众自行采食蘑菇中毒事件，255人中毒，死亡73人。

3. 1998年2月，山西朔州、忻州、大同等地区连续发生多起重大的假酒中毒事件，有200多人中毒，夺去了7人生命。

4. 1998年，江西省发生因食用装过有机锡油桶中的猪油后，近200人中毒，3人死亡。

5. 1999年1月，广东省46名学生食物中毒；同年6月，某省一医院接受了34人中毒事件，中毒原因都是食用带有甲胺磷农药残留的蔬菜。

6. 1999年，全国城运会发生51名运动员金黄色葡萄球菌毒素食物中毒事件。

7. 1999年8月，广东省肇庆市近700人因食用掺有液体石蜡的食用油中毒。

8. 2001年江西省永修县有5 000多人误食野生蘑菇中毒，至少10人死亡。

9. 2001年，广西陆川县20人食用河豚干中毒，2人死亡。

10. 2001年11月1日至11月7日，广东省河源市"瘦肉精"484人中毒。

11. 2001年9月4日，吉林市学生豆奶中毒，中毒人数达6 000多人。

12. 2002年，湖南郴州市桂阳县团结村100余人食用毒蘑菇中毒，先后有5人死亡。

13. 2002年，长春3 000多名学生食用变质豆奶中毒。

14. 2002年5月,湖南省陵水县文罗镇中心小学37名学生,因误食含有剧毒的有机磷农药甲基1605和灭无磷的香瓜集体中毒,经及时抢救转危为安。

15. 2002年6月13日,广东省中山市78人因食用有机磷农药残留的通心菜而中毒。

16. 2002年7月8日,海口市40多名游客发生副溶血性弧菌中毒。

17. 2003年3月19日,辽宁省海城市3 000多学生豆奶中毒,3人死亡。

18. 2003年6月6日,广西玉林市师范学校、环西学校、育英高中、新民小学发生食物中毒,中毒人数87人,此事件是由于食用非法添加"吊白块"的粉丝所引起。

19. 2003年7月28日,广州发现大米中黄曲霉毒素B_1超标。查处了3家劣质大米生产加工窝点,当场查封了劣质大米300吨。

20. 2004年2月,卫生部共收到重大食物中毒21起,448人中毒,14人死亡。其中,家庭食物中毒9起,40人中毒,9人死亡;集体食堂食物中毒10起,403人中毒,3人死亡;学校发生食物中毒9起,339人中毒,1人死亡。其他场所发生食物中毒2起,5人中毒,2人死亡。

21. 2008年,三聚氰胺配方奶粉引起的食物中毒导致30万名儿童患病,6名儿童死亡。

(注:1～20数据摘自周勍《民以何食为天》.北京:2007,1:115～116页。)

第三节 各类食品原料的食品卫生

食品原料从生产、储存、运输、销售等环节中,均可能发生生物性、化学性和物理性的有毒有害物质的污染,出现卫生问题,威胁人体健康。因此,了解各类食物原料及食品加工的卫生问题及要求,采取适当的措施,确保食用安全很重要。

一、植物性原料的食品卫生

(一)粮食的主要卫生问题

粮食指谷物及其加工制品。主要卫生问题包括以下几个方面:

1. 霉菌和霉菌毒素的污染

粮食在农田生长期、收获、贮存过程中的各个环节均可受到污染。当环境湿度较大,温度增高时,霉菌易在粮食中生长繁殖,并分解其营养成分,产酸产气,不仅改变了粮食的感官性状,降低和失去营养价值,而且还能产生相应的霉菌毒素,对人体健康造成危害。污染粮食常见的霉菌有曲霉、青霉、毛霉、根霉和镰刀霉等。

2. 农药残留

由于防治虫、病、除草时直接施用或者是环境中的农药通过水、空气、土壤等途径进入粮食作物都可以造成粮食中农药残留,残留的农药可转移到人体,损害机体健康。

3. 有害毒物的污染

未经处理或处理不彻底的工业"三废"和生活污水中的有害有毒物质可以通过水、空气、土壤等途径进入粮食作物,包括汞、铅、砷、镉、铬、酚和氰化物等。20世纪50年代发生在日本的痛痛病,就是由于食用了被镉污染的大米所致。我国个别城市曾因用含汞污水灌溉而使糙米中汞含量高达0.335 mg/kg,超过国家标准18倍。另外,如果在沥青路上晾晒粮食,就会被多环芳香烃物质污染。

4. 仓储害虫

我国常见的仓储害虫有甲虫、螨虫及蛾类等50余种。仓储害虫在原粮、半成品粮食上都能生长,并使其发生变质,失去或降低食用价值。

5. 无机夹杂物和有毒种子的污染

泥土、砂石和金属是粮食中主要无机夹杂物,分别来自田园、晒场、农具和加工机械,不但影响感官性状,而且损伤牙齿和胃肠道组织。麦角、毒麦、槐子、曼陀罗子等是粮食在农田生长期、收割时混杂的有毒植物种子。

6. 人为造假

不法分子为了以次充好,在粮食中掺假,或加入禁止在食品中使用的物质,如大米中掺入矿物油等。

7. 添加剂的滥用

随着生活水平的提高,人们对面粉的档次要求越来越高,生产厂家为了使面粉增白,不顾国家有关规定和消费者的利益,在面粉中超量添加过氧化苯甲酰,不仅破坏面粉的营养成分,如长期食用增白剂含量超出国家标准的面粉及制品,会加重肝脏的负担,造成苯慢性中毒。

(二)蔬菜、水果的主要卫生问题

1. 腐烂变质

蔬菜、水果可在微生物和自身酶的作用下发生腐烂变质。已腐烂的水果蔬菜含有亚硝酸盐,霉烂的苹果和梨中还含有一种展青霉素,即使将腐烂部分去掉,在果体其他部分仍有展青霉素残留。因此,已腐烂或部分腐烂的蔬菜、水果都应该丢弃,不能食用。

2. 人畜粪施肥对蔬菜、水果的污染

由于施用人畜粪便和生活污水灌溉菜地，使蔬菜被肠道致病菌和寄生虫卵污染的情况特别严重。据调查有的地区大肠杆菌在蔬菜中的阳性检出率为67%~95%，蛔虫卵检出率为89%。水生植物如红菱、茭白、荸荠、藕等都可污染姜片虫囊蚴，如生吃可导致姜片虫病，生吃蔬菜或吃未洗净的菜也可以引起钩虫病、蛔虫病。水果在运输、贮存或销售过程中，也可能受到肠道致病菌的污染，污染程度与表皮的破损有关。

3."工业三废"污染

"工业三废"中含有有害物质，如酚、镉、铬等，若不经处理或处理不彻底，造成毒物进入土壤，从而通过蔬菜进入人体产生危害。据调查我国居民平均每人每天摄入的铅有23.7%来自蔬菜，镉有23.9%来自蔬菜。

4. 农药残留

蔬菜和水果使用农药很多，造成蔬菜和水果上的农药残留非常严重。禁止在蔬菜水果中使用甲胺磷、卫生标准规定不得检出的对硫磷以及其他一些农药如敌百虫、乐果、敌敌畏等均在蔬菜水果中检出；我国蔬菜农药量超过国家标准的比例为22.15%，部分地区甚至高达80%；蔬菜中一般叶菜类的农药残留高于果菜和根菜类，污染较严重的有白菜类、韭菜、黄瓜、甘蓝、花菜、菜豆等，其中韭菜、小白菜和油菜受污染的比例最大。据我国1990年全民膳食研究表明，我国成年人的有机磷农药残留摄入水平为33.48 $\mu g/d$，其中甲胺磷为23.87 $\mu g/d$。2001年国家质检局对蔬菜抽查结果表明，47.5%的蔬菜农药残留超标。

表5.1 有机磷农药的膳食摄入量与日许量比较

农药品种	摄入量($\mu g/d$)	摄入量占日许量/%
敌百虫	2.87	0.48
敌敌畏	5.81	2.42
甲胺磷	23.87	9.95
乐果	0.63	0.53
对硫磷	0.30	0.10
总计	33.48	13.48

5. 硝酸盐和亚硝酸盐

一般情况下蔬菜水果中硝酸盐与亚硝酸盐含量很少，但在生长时遇到干旱或收获后不恰当的贮存、腌制时，硝酸盐和亚硝酸盐含量增加，对人体产生危害。

6. 某些蔬菜水果本身含有毒有害物质

鲜黄花菜、发芽马铃薯、银杏、四季豆等本身含有有毒物质。对有毒的果蔬要经过适当处理后再食用,如鲜黄花菜、银杏等应煮熟后弃汤食用,四季豆应煮透炒熟再吃,发芽马铃薯应去净芽眼,烧煮成熟再食用。

二、动物性原料的食品卫生

(一)肉类及肉制品的主要卫生问题

肉类及肉制品指鲜、冻畜禽肉及腌腊肉、火腿、酱卤肉、灌汤制品、烧烤肉、熟肉干、肉脯等肉制品。

1. 人畜共患传染病和寄生虫病

食入患病畜禽肉可患人畜共患的传染病和寄生虫病。常见的传染病为炭疽、口蹄疫、猪丹毒、结核、禽流感等;寄生虫病有囊虫病、旋毛虫病等。近几年在欧洲国家流行的疯牛病,可导致人的克-雅氏病,1987~1999年英国发现病牛17多万,造成损失300亿美元。1992年台湾的猪"口蹄疫"事件和1997年香港的"禽流感"事件等都对社会稳定和经济造成巨大的影响。

2. 腐败变质

肉类及肉制品受微生物污染,同时又存放不当,如温度过高或时间过长,而造成其腐败变质。

3. 细菌性食物中毒

肉制品在贮存、运输和销售过程中被致病菌污染可造成食物中毒,致病菌包括沙门氏菌、葡萄球菌、志贺氏菌属等。

4. 多环芳烃类物质污染

肉类食品在熏烤过程中,受到煤炭、木炭、木柴等燃烧不完全产生的多环芳烃类物质污染;另外,在烘烤含油较多的烤鸭、烤鹅等食品时,油脂经高温焦化,发生缩聚反应,也会产生苯并芘等有害物质。多环芳烃类物质对人体具有致癌作用。

5. 添加剂污染

在肉制品生产过程中,使用发色剂(如亚硝酸钠)超过国家标准的限量规定,也会危害进食者健康。

6. 兽药残留

畜禽饲养过程中加入兽药如抗生素等或者饲料被污染如二噁英,食用后对人体造成危害。

(二)鱼类食品的主要卫生问题

水产品包括食用的鱼类、甲壳类、贝类、虾类、蟹类等。主要有以下卫生问题:

(1)加工、贮藏、运输不当造成腐败变质。

(2)有的鱼、虾、蟹中含寄生虫,生食可使人感染寄生虫病。如肝吸虫病、肺吸虫病等。

(3)有的水产品中含有有毒成分,食用后可引起食物中毒。如河豚鱼的卵巢、内脏、血液、皮肤中含有河豚毒素、海洋有的贝类内脏中含有石房蛤毒素等。

(4)受到农药、工业"三废"污染的水产品的体内蓄积有毒有害化学物质,可导致进食者中毒。如日本发生的"水俣病",其原因是食用含有甲基汞的鱼类。

(5)人畜粪便及生活污水的污染,使鱼类食品受到肠道致病菌或病毒的污染。

(6)为了使鱼鲜活,人为添加化学药物如鱼浮灵等,可造成化学性污染。

(三)乳及乳制品的主要卫生问题

1.鲜乳及乳制品的腐败变质

因饲养条件或挤奶的卫生条件不好,可通过空气、乳牛体表、挤奶工人的手、工具、容器对鲜乳造成为微生物污染,引起腐败变质。乳制品贮存时间、温度不当,也会导致变质。

2.病畜乳

患结核病、布氏菌病、牛乳房炎等病的病牛也可使进食者被感染患病。患乳房炎病畜的乳,含有大量葡萄球菌,若消毒不及时或不彻底,可产生肠毒素,引起食物中毒。同时病乳畜应用的抗生素、饲料中的农药残留、有毒有害的化学物质以及霉菌和霉菌毒素也会污染乳。

3.不法分子向鲜乳中掺假、掺杂也是危害性极大的问题。

4.不符合卫生要求的原料乳制作的乳制品(如粉、酸牛奶等),其品质同样受到影响。

(四)蛋及蛋制品的主要卫生问题

1.腐败变质

鲜蛋的主要卫生问题是沙门氏菌及其他微生物污染引起腐败变质,可导致人食物中毒。

2.农药和重金属污染

当家禽饲料受到农药或蓄积性重金属污染,可造成蛋中农药或有害金属的残留。

3.添加剂

皮蛋(松花蛋)制作时,有时用氧化铅做品质改良剂,应注意铅含量是否超过限量规定(国家规定皮蛋铅含量不得大于 3 mg)。

4.其他

原料蛋已腐败变质或制作过程中有杂质混入可导致蛋制品的卫生问

题。

三、食品添加剂的食品卫生

(一)食品添加剂的概念

根据《中华人民共和国食品卫生法》的规定：食品添加剂是指为改善食品品质和色、香、味以及为防腐和加工工艺的需要而加入食品中的化学合成或天然物质。

(二)食品添加剂的分类

1. 食品添加剂按来源分类

食品添加剂按来源可分为天然食品添加剂和化学合成食品添加剂。

2. 食品添加剂按功能分类

我国将其分为酸度调节剂(01)、抗结剂(02)、消泡剂(03)、抗氧化剂(04)、漂白剂(05)、膨松剂(06)、胶姆糖基础剂(07)、着色剂(08)、护色剂(09)、乳化剂(10)、酶制剂(11)、增味剂(12)、面粉处理剂(13)、被膜剂(14)、水分保持剂(15)、营养强化剂(16)、防腐剂(17)、稳定和凝固剂(18)、甜味剂(19)、增稠剂(20)、其他(00)共 21 类。此外还有食用香料、加工助剂。我国 GB2760—1996 中规定了可以使用的种类有 1 460,包括香料 936 种。

3. FAO/WHO 食品添加剂法规委员会(CCFA)根据安全性评价资料把食品添加剂分为 A、B、C 三类,然后再按用途每类又分为两类。

A(1)类：经 FAO/WHO 联合食品添加剂专家委员会(JECFA)认为毒理学资料全面,已经制订出 ADI 值(每人每日允许摄入量,以 mg/kg 体重表示),或者认为毒性有限不需规定 ADI 值者。

A(2)类：JECFA 已制订暂定 ADI 值,但毒理学资料还不够齐全,暂许可用于食品者。

B(1)类：JECFA 曾进行过评价,由于毒理学资料不充分未制订 ADI 者。

B(2)类：JECFA 没有进行过评价者。

C(1)类：JECFA 根据毒理学资料认为在食品中使用不安全者。

C(2)类：JECFA 根据毒理学资料认为应严格控制在某些食品中做特殊使用者。

(三)食品添加剂的作用

(1)增加食品的保藏性,防止腐败变质。

(2)改善食品的感观性状。

(3)方便食品加工制作,适应机械化和连续化的生产。

(4)保持或提高食品的营养价值。

(5)满足其他特殊需求。

(四)食品添加剂的使用要求

(1)食品添加剂经过严格的毒理学安全评价,证明在一定的使用范围和最大使用量内对人体不造成危害。

(2)生产、经营及使用食品添加剂必须符合食品添加剂使用卫生标准和管理办法的规定,既原则上尽可能不用或少用,如果必须使用则严格按照食品添加剂的使用范围和使用剂量的要求执行,最好选用最小量。

(3)加入的食品添加剂应有利于保持营养成分、改善或提高食品质量。

(4)食品良好的加工工艺流程不得因使用食品添加剂被破坏,或在加工过程中降低其卫生要求。

(5)生产的婴儿食品,按要求可以加入食品营养强化剂,但不得加入人工甜味剂、色素、香精、味精及其他禁止加入的食品添加剂。

(6)禁止使用食品添加剂掩饰食品的腐败变质或作为伪造、掺杂、掺假的手段。不得使用污染、变质及其他不符合卫生要求的食品添加剂。

(五)食品添加剂的卫生管理

食品添加剂的使用关系到食品的安全性及对人体健康可能带来的潜在危害,因此,必须加强对食品添加剂的卫生管理。在我国对食品添加剂的卫生管理主要有以下三个方面:

1.制订《食品添加剂使用卫生标准》

我国1981年公布了《食品添加剂使用卫生标准》,标准中规定了食品添加剂的种类、名称、使用范围、最大使用量。

1995年10月制订的《中华人民共和国食品卫生法》中,第9、11、14、16、20、21、24、30、44、46条均是对食品添加剂的法律限制。

2.制订食品添加剂生产、使用的管理办法

1992年制订了《食品添加剂生产管理办法》,1993年颁布了《食品添加剂卫生管理办法》。生产经营食品添加剂的厂家必须向有关部门申请办理生产许可证,才可进行生产。食品添加剂的包装标识应注明食品添加剂的品名、厂名、厂址、生产日期、生产许可证号、批号、规格、使用方法、保质期限等。此外,要扩大某种食品添加剂的使用范围或提高使用量、添加新品种、有关进口食品添加剂的资料审查及批准等须符合上述管理办法的规定。

3.为了满足国际化食品贸易的需求,我国应加强食品添加剂标准、法规的国际化,对现有的标准、法规进行修改和完善,逐渐与国际标准一致,以避免因食品添加剂而引起的贸易冲突。

(六)常用的食品添加剂

1.防腐剂

防腐剂是抑制微生物生长繁殖,防止食品腐败变质,延长食品保藏期的食品添加剂。

我国目前允许使用的防腐剂有30多种,分为酸型防腐剂(苯甲酸及其钠盐、山梨酸及其钾盐、丙酸及其盐类等)、酯型防腐剂(对羟基苯甲酸酯类)、生物防腐剂(乳酸链球菌素)、其他防腐剂(双乙酸钠、仲丁胺、二氧化碳)。这些防腐剂只要按照允许范围内使用,对人体健康不会引起危害。

2. 抗氧化剂

抗氧化剂是一类为阻止油脂和高脂肪食品氧化变质的食品添加剂。

抗氧化剂按来源分天然抗氧化剂和人工合成抗氧化剂。抗氧化剂按溶解度分为油溶性抗氧化剂和水溶性抗氧化剂。常用的油溶性合成抗氧化剂有丁基羟基茴香醚(BHA)、二丁基羟基甲苯(BHT)、没食子酸丙酯(PG)、特丁基对苯二酚(TBHQ)等。油溶性天然抗氧化剂有混合生育酚浓缩物、愈创树脂等。水溶性抗氧化剂有异抗坏血酸、茶多酚、迷迭香油树脂等。不同的抗氧化剂有不同的抗氧化效果,两种或两种以上抗氧化剂混合使用,可提高抗氧化作用。

3. 着色剂

着色剂又称为食用色素,是为食品着色,改善食品色泽以提高食品感观性状的食品添加剂。

4. 发色剂

发色剂也称为护色剂、呈色剂,是指在肉及肉制品加工过程中使其呈现良好色泽的食品添加剂。

5. 甜味剂

甜味剂是指赋予食品甜味的食品添加剂。

6. 食用香料

食用香料是指用于食品增香的食品添加剂。

四、罐头食品的食品卫生

(一)罐头食品的卫生问题

1. 罐藏容器的污染

(1) 锡的污染

罐头卫生标准规定,锡含量不得超过200 mg/kg。

(2) 铅的污染

罐头食品中的铅污染主要来源于镀锡和焊锡。

(3) 封回胶中有害物质的污染

(4) 硫化物的形成

硫的来源有以下几个方面:

①原料不新鲜引起的黑变最为多见,例如赤贝罐在80℃加热40分钟后

罐内就有硫化氢产生,所以仅有新鲜的原料才适宜于罐藏。

②使用焦亚硫酸钠保护食品的颜色时,其 SO_2 的残留是罐内硫的另一来源。

③铁、铜离子促使含硫氨基酸分解产生硫化氢,故加工设备应采用不锈钢而不用铁、铜制品。

硫化物一般认为对人体没有害,并且有利于改善食品风味,但主要影响食品的感官性状。

2.添加剂的污染

肉类罐头在制作加工过程中需要添加硝酸盐或亚硝酸盐作为发色剂,以使肉品呈现鲜艳的粉红色,并有阻止肉类发生腐败变质及抑制肉毒梭菌产毒的作用,但过量添加硝酸盐或亚硝酸盐可引起食物中毒。此外,在适宜的条件下亚硝酸盐又能与胺类物质生成强致癌物亚硝胺或亚硝酸胺,因此必须严格控制在肉类罐头中硝酸盐或亚硝酸盐的使用量。

3.微生物的污染

罐头食品中微生物的主要来源是以下两个方面:

(1)加热灭菌不彻底;

(2)密封不严。

(二)罐头食品的生产卫生

罐头的生产工艺流程一般为原料加工及调配、装罐、排气、封口、灭菌、冷却、保温试验、外观检验、入库贮藏。

1.原料的卫生

用于各类罐头的原料及辅料应新鲜、质优、清洁、无污染,禁止使用次质或变质原料。

2.罐头容器的卫生

生产罐头容器的材质、助剂及罐内层用的涂料和罐头底盖用的胶圈,必须符合国家卫生要求,应有良好的密封性,无毒,耐腐蚀,热稳定性好,软罐头使用的复合塑料薄膜袋无分层现象。

3.装罐、排气和封口的卫生

经加工处理后的原料或半成品应立即装罐。装罐时应严格执行工艺规程的要求,按规定控制装罐量和留有顶隙。软罐头应保持封口区的清洁,以避免在灭菌、冷却时发生凸起、爆裂和瘪罐。

4.灭菌和冷却的卫生

为了杀死致病微生物及阻止腐败菌的繁殖,罐头密封后应及时灭菌。灭菌的温度、时间必须严格按照规定的要求进行,并做好记录。

(三)罐头食品的质量鉴定与处理

1. 漏气

将罐头放于 86±1℃ 的温水容器中,观察 1~2 分钟,若发现有小气泡不断上升,则表明漏气,如确认为漏气应销毁。

2. 胖听

胖听是指罐头的底、盖或底盖均凸起的现象,可分为物理性胖听、化学性胖听和生物性胖听。

(1) 物理性胖听

物理性胖听又称假胖。引起的原因有:装罐过多;真空度太低;外界气温与气压变化所引起。物理性胖听通常是一批罐头均发生膨胀,可通过 37℃,7 天保温试验,若胖听消失,确定为物理性胖听者可以食用。

(2) 化学性胖听

化学性胖听又称氢胖。

多见于樱桃、杨梅、草莓等酸性较低的水果罐头,主要是由于酸性内容物腐蚀金属罐壁产生大量氢气而引起胖听,也有因内容物发生羰氨反应或抗坏血酸的分解而产生大量的 CO_2 引起的化学性胖听。能确认为化学性胖听者,若罐头无裂损的可按正常罐头限期出售。

(3) 生物性胖听

由于杀菌不彻底,罐内微生物大量繁殖产气而引起的胖听。这类罐头不得食用。

如不能判定为哪类性质的胖听,均按生物性胖听处理。

3. 平酸腐败

平酸腐败是指由能分解碳水化合物的平酸菌污染罐内容物而发生的一种腐败变质,表现为产酸而不产生气体,罐内容物酸度增加,却不发生胖听现象。常见的引起低酸性罐头的平酸菌主要为嗜热脂肪芽孢杆菌,而凝结芽孢杆菌多造成酸性罐头发生平酸腐败。罐头只要出现酸败则应禁止食用。

4. 罐头食品的检验

(1) 感官检验

合格罐头外观应洁净,封口完好无损,罐底和盖稍凹陷,无锈迹、无胖听、无渗漏、无破裂,罐内容物无杂质,无变色变味现象,可允许有少量的硫化物斑存在,若硫化物斑分布较多且色深者,禁止食用。

(2) 理化检验

罐头制品中锡含量应小于 200 mg/kg,铜应小于 10 mg/kg,铅应小于 2 mg/kg。

(3) 微生物检验

不得检出致病菌。

五、调味品的食品卫生

(一)酱油的卫生

1.酱油的卫生问题

(1)微生物的污染

在生产过程中如果卫生条件差,不仅易引起腐败菌污染,还会受到大肠杆菌、沙门氏菌、痢疾杆菌等致病菌污染。

(2)食品添加剂的污染

酱油中加入的食品添加剂有防腐剂和着色剂。我国允许在酱油中使用苯甲酸(钠)或山梨酸(钾)来防腐,最大使用量按 1 mg/kg 加入。为改善酱油的色泽,常添加按传统方法生产的酱色作为着色剂,我国禁止添加加胺法生产的酱色。

2.酱油的卫生评价

具有正常酿造酱油的色泽、气味、滋味,无不良气味,不得有酸、苦、涩等异味和霉味,不浑浊,无沉淀,无浮膜。氨基酸态氮(以 N 计)<0.4%,盐含量<15%,总酸(以乳酸计)<2.5 mg/100 mL,砷(以 As 计)<0.5 mg/L,铅(以 Pb 计)<1 mg/L,黄曲霉毒素 B_1<5 g/L,细菌总数<50 000 个/mL,大肠菌群<30 个/100 mL,致病菌不得检出。

(二)酱的卫生

酱的卫生问题与酱油基本相同。

具有正常酿造酱的色泽、气味、滋味,无不良气味,不得有酸、苦、焦煳及其他异味。黄酱氨基酸态氮(以 N 计)<0.6%,甜面酱氨基酸态氮(以 N 计)<0.3%,黄酱盐含量<12%,甜面酱盐含量<7%,总酸(以乳酸计)<2.0 mg/100 mL,其他指标同酱油。

(三)食醋的卫生

食醋的卫生问题与酱油基本相同。

具有正常酿造食醋的色泽、气味、滋味,不涩,无其他不良气味和异味,不浑浊,无悬浮物和沉淀物,无浮膜,无"醋鳗"和"醋虱"。醋酸<3.5%,不得检出游离无机酸,其他化学指标同酱油,细菌总数<5 000 个/mL,大肠菌群<3 个/100 mL,致病菌不得检出。

我国不允许用冰醋酸勾兑及通过其他化学方法加工的醋作为食醋。

(四)味精的卫生

具有正常味精的色泽、滋味,不得有异味和杂质。锌(以 Zn 计)<5.0 mg/kg,砷(以 Mg 计)<0.5 mg/kg,铅(以 Pb 计)<1.0 mg/kg。

(五)食盐的卫生

具有正常食盐的白色,味咸,无杂质,无苦味、涩味、异味。海、湖、井盐氯化钠<97%,矿盐氯化钠<96%,海、湖、平锅制取井盐和矿盐水不溶物<0.4%,真空制取的井盐和矿盐水不溶物<0.1%,海、湖、井盐硫酸盐(以SO_2计)<2%,矿盐硫酸盐(以SO_2计)<4%,海、湖、井盐氟(以F计)<2.5 mg/kg,矿盐氟(以F计)<5.0 mg/kg,井盐和矿盐锌(以Zn计)<0.5 mg/kg,各种盐镁(以Mg计)<0.5 mg/kg,钡(以Ba计)<2.0 mg/kg,砷(以As计)<0.5 mg/kg,铅(以Pb计)<1.0 mg/kg。

附录

附录1 中国居民膳食营养素参考摄入量表

附表1 一般人群营养素参考摄入量

中国居民膳食营养素推荐摄入量 RNI——能量、宏量营养素、微量元素

年龄/岁	劳动强度	能量 MJ/d 男	能量 MJ/d 女	能量 kcal/d 男	能量 kcal/d 女	蛋白质 g/d 男	蛋白质 g/d 女	脂肪（占总能量%）	碳水化合物（占总能量%）	锌/(mg/d) 男	锌/(mg/d) 女	硒 男	硒 女
0~		0.4MJ/kg		95kcal/(kg·d)		1.5~3 g/(kg·d)		45~50		1.5		15(AI)	
0.5~		0.4MJ/kg		95kcal/(kg·d)				35~40		8.0		20(AI)	
1~		4.60	4.40	1100	1050	35	35	35~40	建议除2岁以下的婴儿外，应提供总能量的55%~65%	9.0		20	
2~		5.02	4.81	1200	1150	40	40	30~35		9.0		20	
3~		5.64	5.43	1350	1300	45	45	30~35					
4~		6.06	5.83	1450	1400	50	50	30~35		12.0		25	
5~		6.70	6.27	1600	1500	55	55	30~35		12.0		25	
6~		7.10	6.67	1700	1600	55	55	30~35					
7~		7.53	7.10	1800	1700	60	60	25~30		13.5		35	
8~		7.94	7.53	1900	1800	65	65	25~30		13.5		35	
9~		8.36	7.94	2000	1900	65	65	25~30					
10~		8.80	8.36	2100	2000	70	65	25~30					
11~		10.04	9.20	2400	2200	75	75	25~30		18	15	45	
12~		10.04	9.20	2400	2200	75	75	25~30		18	15	45	
14~		12.00	9.62	2900	2400	85	80	25~30		19	15.5	50	
18~	轻	10.03	8.80	2400	2100	75	65	20~30		15.0	11.5	50	
18~	中	11.29	9.62	2700	2300	80	70	20~30		15.0	11.5	50	
18~	重	13.38	11.30	3200	2700	90	80	20~30		15.0	11.5	50	
孕妇	早	+0.84		+200		+5		20~30			11.5		50
孕妇	中	+0.84		+200		+15		20~30			16.5		50
孕妇	晚	+0.84		+200		+20		20~30			16.5		50
乳母		+2.09		+500		+20					21.5		65

续附表1

中国居民膳食营养素推荐摄入量 RNI——能量、宏量营养素、微量元素

年龄/岁	劳动强度	能量 MJ/d		能量 kcal/d		蛋白质 g/d		脂肪（占总能量%）	碳水化合物（占总能量%）	锌/mg/d		硒	
		男	女	男	女	男	女			男	女	男	女
50~	轻	9.62	8.00	2300	1900	75	65	20~30		11.5		50	
	中	10.87	8.36	2600	2000	80	70						
	重	13.00	9.20	3100	2200	90	80						
60~	轻	7.94	7.53	1900	1800	75	65	20~30					
	中	9.20	8.36	2200	2000	75	65						
70~	轻	7.94	7.10	1900	1700	75	65	20~30					
	中	8.80	8.00	2100	1900	75	65						
80~		7.74	7.10	1900	1700	75	65	20~30					

注：钙、磷、钾、钠、镁、铁、铜、锰、维生素 E 等营养元素没有推荐摄入量标准。

附表2 中国居民膳食营养素推荐摄入量 RNI——维生素

年龄/岁	维生素 A		维生素 B_1（硫胺素）		维生素 B_2（核黄素）		维生素 C		烟酸（尼克酸）	
	男	女	男	女	男	女	男	女	男	女
0~	400(AI)		0.2(AI)		0.4(AI)		40		2(AI)	
0.5~	400(AI)		0.3(AI)		0.5(AI)		50		3(AI)	
1~	500		0.6		0.6		60		6	
4~	600		0.7		0.7		70		7	
7~	700		0.9		1.0		80		9	
11~	700		1.2		1.2		90		12	
14~	800	700	1.5	1.2	1.5	1.2	100		15	12
18~	800	700	1.4	1.3	1.4	1.2	100		14	13
50~	800	700	1.3		1.4					
孕妇 早		800						100		15
孕妇 中		900		1.5		1.7		130		
孕妇 晚		900						130		
乳母		1200		1.8		1.7		130		18

附表3　中国居民膳食营养素适宜摄入量AI

年龄/岁	钙	磷	钾	钠	镁	铁 男	铁 女	硒	铜	锰	维生素E 男	维生素E 女
0~	300	150	500	200	30	0.3		15	0.4		3	
0.5~	400	300	700	500	70	10		20	0.6		3	
1~	600	450	1000	650	100	12			0.8		4	
4~	800	500	1500	900	150	12				1.2	7	
7~	800	700	1500	1000	250	12				1.2	7	
11~	1000	1000	1500	1200	350	16		18		1.8	10	
14~	1000	1000	2000	1800	350	20		25		2.0	14	
18~	800	700	2000	2200	350	15		20		2.0	3.5	14
50~	1000				350	15				2.0	3.5	14
孕妇 早	800					早	15					
孕妇 中	1000	700	2500	2200	400	中	25				14	
孕妇 晚	1200					晚	35					
乳母	1200	700	2500	2200	400	25					14	

注：能量、蛋白质、脂肪、碳水化合物、膳食纤维、锌、锰、维生素A、核黄素、硫胺素、尼克酸等营养元素没有适宜摄入量标准。

附表4　中国居民膳食营养素可耐受最高量UL

年龄/岁	锰	钙	磷	镁	铁	锌 男	锌 女	硒	铜	维生素A	维生素E	维生素B_1（硫胺素）	维生素C	烟酸（尼克酸）
0~					10	55					200		400	
0.5~					30	13		80			200		500	
1~		2000	3000	200	30	23		120	1.5		200	50	600	10
4~		2000	3000	300	30	23		180	2.0	2000	300	50	700	15
7~		2000	3000	500	30	28		240	3.5	2000	300	50	800	20
11~		2000	3500	700	50	37	34	300	5.0	2000	6000	50	900	30
14~		2000	3500	700	50	42	35	360	7.0	2000	800	50	1000	30
18~	10	2000	3500	700	50	45	37	400	8.0	3000	800	50	1000	35
50~	10	2000	3500	700	50	37		400	8.0	3000		50	1000	35

续附表 4

年龄/岁	锰	钙	磷	镁	铁	锌		硒	铜	维生素A	维生素E	维生素B₁(硫胺素)	维生素C	烟酸(尼克酸)
						男	女							
60~		2000	3000	700	50	37		600	8.0	3000		50	1000	35
孕妇		2000	3500	700	60		35	400		2400			1000	
乳母		2000	3000	700	50		35	400		2400			1000	

注：能量、蛋白质、脂肪、碳水化合物、膳食纤维、钾、钠、锰、核黄素等营养元素没有可耐受最高量标准。

附表 5　中国居民膳食营养素平均需要量 EAR

年龄/岁	蛋白质	锌		硒	维生素A	维生素B₁(硫胺素)		维生素B₂(核黄素)		维生素C
		男	女			男	女	男	女	
0~	2.25~1.25	1.5			375					
0.5~	1.25~1.15	6.7			400					
1~		7.4		17	300	0.4		0.5		13
4~		8.7		20		0.5		0.6		22
7~		9.7		26	700	0.5		0.8		39
11~		13.1	10.8	36	700	0.7	0.7	1.0		
14~		13.9	11.2	40		1.0	0.9	1.3	1.0	63
18~	0.92	13.2	8.3	41		1.4	1.3	1.2	1.0	75
50	0.92									75
孕妇(早)		8.3								
中		+5		50			1.3		1.45	66
晚		+5								
乳母	+0.18	+10		65			1.3		1.4	96

附录 2　食物一般营养成分

类别	食物项目	食部/%	水分/g	蛋白质/g	脂肪/g	碳水化合物/g	热量/kJ	粗纤维/g	钙/mg	磷/mg	铁/mg	胡萝卜素/mg	硫胺素/mg	核黄素/mg	尼克酸/mg	抗坏血酸/mg
谷类	稻米	100	13	7.4	0.8	77.9	1448	0.7	13	110	2.3	0	0.11	0.05	1.9	0
	稻米(标一)	100	13.7	7.7	0.6	77.4	1435	0.6	11	121	1.1	0	0.16	0.08	1.3	0
	稻米(标二)	100	13.2	8	0.6	77.7	1452	0.4	3	99	0.4	0	0.22	0.05	2.6	0
	糯米	100	12.6	7.3	1	78.3	1456	0.8	26	113	1.4	0	0.11	0.04	2.3	0
	糯米(紫)	100	13.8	8.3	1.7	75.1	1435	1.4	13	183	3.9	0	0.31	0.12	4.2	0
	小麦粉(富强粉)	100	12.7	10.3	1.1	75.2	1464	0.6	27	114	2.7	0	0.17	0.06	2	0
	小麦粉(标准粉)	100	12.7	11.2	1.5	73.6	1439	2.1	31	188	3.5	0	0.28	0.08	2	0
	面条	100	12.3	10.3	0.6	75.6	1448	0.7	11	162	3.6	0	0.19	0.04	1.4	0
	挂面	100	29.7	8.5	1.6	59.5	1172	1.5	13	142	2.6	0	0.35	0.10	3.1	0
	馒头(富强粉)	100	47.3	6.2	1.2	44.2	870	1	58	78	1.7	0	0.02	0.02	0	0
	馒头(标准粉)	100	40.5	7.8	1	49.8	975	1.5	18	136	1.9	0	0.05	0.07	1.1	0
	烧饼	100	25.9	8	2.1	62.7	1226	2.1	51	105	1.6	0	—	0.01	1.4	0
	火烧	100	34	7.2	2.6	54.5	1134	0.4	43	171	—	0	0.22	0.03	2.2	0
	油饼、油条	100	31.2	7.8	10.4	47.7	1327.2	0.7	25	153	—	0	0.14	—	1.1	0
	水面筋	100	63.5	23.5	0.1	12.3	590	0.9	76	133	4.2	0	0.10	0.07	1.5	0
	小米	100	11.6	9	3.1	75.1	1498	1.6	41	229	5.1	0.19	0.33	0.10	2.5	0
	小米面	100	11.8	7.2	2.1	77.7	1490	0.7	40	159	6.1	—	0.13	0.08	0.9	0
	小米粥	100	89.3	1.4	0.7	8.4	192	—	10	32	1	0.19	0.02	0.07	2.3	0
	玉米面(黄)	100	12.1	8.1	3.3	75.2	1427	5.6	22	196	3.2	0.04	0.26	0.09	3	0
干豆类	玉米面(细)(白)	100	13.4	8	4.5	73.1	1423	6.2	12	187	1.3	—	0.34	0.06		

续表

类别	食物项目	食部/%	水分/g	蛋白质/g	脂肪/g	碳水化合物/g	热量/kJ	粗纤维/g	钙/mg	磷/mg	铁/mg	胡萝卜素/mg	硫胺素/mg	核黄素/mg	尼克酸/mg	抗坏血酸/mg
干豆类	高粱米	100	10.3	10.4	3.1	74.7	1469	4.3	22	329	6.3	—	0.29	0.10	1.6	0
	荞麦	100	13	9.3	2.3	73	1356	6.5	47	297	6.2	0.02	0.28	0.16	2.2	0
	薏米面	100	10.9	11.3	2.4	73.5	1431	4.8	42	134	7.4	—	0.07	0.14	2.4	0
	窝窝头	100	54	7.2	3.2	33.3	802.2	1.2	33	151	2.1	—	0.15	0.07	1	0
	芝麻	100	2.5	21.9	61.7	4.3	2772	6.2	564	368	50	—	—	—	—	0
	黄豆	100	10.2	35	16	34.2	1502	15.5	191	465	8.2	0.22	0.41	0.20	2.1	0
	黄豆粉	100	6.1	32.7	18.3	37.6	1749	7	207	395	8.1	0.38	0.31	0.22	2.5	0
	青豆(青大豆)	100	9.5	34.5	16	35.4	1561	12.6	200	395	8.4	0.79	0.41	0.18	3	0
	黑大豆	100	9.9	36	15.9	33.6	1594	10.2	224	500	7	0.03	0.20	0.33	2	0
	红小豆	100	12.6	20.2	0.6	63.4	1293	7.7	74	305	7.4	0.08	0.16	0.11	2	0
	小豆(赤崇明产)	100	9.0	21.7	0.8	60.7	1415.4	4.6	76	386	4.5	—	0.43	0.16	2.1	0
	绿豆	100	12.3	21.6	0.8	62	1322	6.4	81	337	6.5	0.13	0.25	0.11	2	0
	蚕豆(带皮)	100	13.2	23.4	1	61.5	1402	1.7	31	418	8.2	0	0.09	0.13	1.9	0
	脑豆	100	10.7	23.4	3.8	59.6	1506	1.5	327	354	7.7	—	0.35	0.28	2.9	0
	豌豆	100	10.4	20.3	1.1	65.8	1310	10.4	97	259	4.9	0.25	0.49	0.14	2.4	0
豆制品	豆浆1	100	96.4	1.8	0.7	1.1	59	1.1	10	30	0.5	—	0.02	0.02	0.1	0
	豆浆2	100	—	5.2	2.5	3.7	243.6	—	57	88	1.7	0.05	0.12	0.04	0.4	0
	豆腐脑(带卤)	100	96.7	1.9	0.8	0	63	0	18	5	0.9	—	0.04	0.02	0.1	0
	豆汁	100	97.4	0.9	0.1	1.4	42	0.1	3	25	0.8	—	0.02	0.02	1	0
	豆腐(南)	100	87.9	6.2	2.5	2.6	238	0.2	116	90	1.4	—	0.02	0.04	0.3	0
	豆腐(内脂)	100	89.2	5	1.9	3.3	205	0.4	116	90	0.8	—	0.06	0.03	0.3	0
	豆腐(北)	100	80	12.2	4.8	2	410	0.5	138	158	2.5	—	0.05	0.03	0.3	0

类别	名称													
豆制品	油豆腐	100	58.8	17	17.6	4.9	1021	0.6	147	238	5.2	—	0.05	0.04	0.3	0
	豆腐干	100	65.2	16.2	3.6	11.5	586	0.8	308	273	4.9	—	0.03	0.07	0.3	0
	豆腐干(熏)	100	67.5	15.8	6.2	8.8	640	0.3	173	109	3.9	0.01	0.03	0.01	1	0
	豆腐丝	100	58.9	21.5	10.5	6.2	841	1.1	204	220	9.1	0.03	0.04	0.12	0.5	0
	千张(百页)	100	52	24.5	16	5.5	1088	1	313	309	6.4	0.03	0.04	0.05	0.2	0
	腐竹	100	7.9	44.6	21.7	22.3	1920	1	77	284	16.5	—	0.13	0.07	0.8	0
	枝竹	100	6.9	44.4	24.7	20.8	1975	2.7	49	490	10.8	—	0.11	0.07	0.9	0
	豆腐干(臭干)	100	77.9	10.2	4.6	4.5	414	0.4	720	166	4.2	—	0.02	0.01	0.1	0
	红腐乳	100	55.5	14.6	5.7	5.8	558.6	0.6	72	200	12	0	0.04	0.16	0.5	0
	粉皮(干)	100	0.1	0.6	0.2	87.5	354	0.4	167	—	—	0	—	—	—	4
	粉条(干)	100	0.1	3.1	0.2	96	1671.6	0.3	—	—	—	—	—	—	—	6
鲜豆类	黄豆芽	100	77.0	11.5	2	7.1	386.4	1	—	102	1.8	0.03	0.17	0.11	0.8	25
	绿豆芽	100	91.9	3.2	0.1	3.7	121.8	0.7	68	51	0.9	0.04	0.07	0.06	0.7	9
	毛豆	42	69.8	13.6	5.7	7.1	54.6	2.1	23	219	6.4	0.28	0.33	0.16	1.7	13
	莱豆	94	92.2	1.5	0.2	4.7	113.4	0.8	100	39	1.1	0.24	0.08	0.12	0.6	—
	白扁豆	100	19.4	2.5	0.2	5.1	32	13.4	110	49	2.1	0.07	0.07	0.03	0.8	—
	豇豆	100	10.9	19.3	1.2	65.6	1347	7.1	40	344	7.1	0.06	0.16	0.08	1.9	26
	豌豆	100	10.4	20.3	1.1	65.8	1310	10.4	97	259	4.9	0.25	0.49	0.14	2.4	9
根茎类	甘薯	90	73.4	1.1	0.2	24.7	414	1.6	23	39	0.5	0.75	0.04	0.04	0.6	27
	甘薯(片)	100	12.1	4.7	0.8	80.5	1423	2	112	115	3.7	0.15	0.15	0.11	1.1	35
	马铃薯(白皮)	94	79.8	2	0.2	17.2	318	0.7	8	40	0.8	0.03	0.08	0.04	1.1	
	木薯	99	69	2.1	0.3	27.8	485	1.6	88	50	2.5	—	0.21	0.09	1.2	

续表

类别	食物项目	食部 %	水分 g	蛋白质 g	脂肪 g	碳水化合物/g	热量 kJ	粗纤维 g	钙 mg	磷 mg	铁 mg	胡萝卜素/mg	硫胺素 mg	核黄素 mg	尼克酸 mg	抗坏血酸/mg
根茎类	山芋	90	73.4	1.1	0.2	24.7	414	1.6	23	39	0.5	0.22	0.07	0.04	0.06	26
	马铃薯粉	100	12	7.2	0.5	77.4	1410	1.4	171	123	10.7	0.12	0.08	0.06	5.1	—
	胡萝卜(黄)	97	87.4	1.4	0.2	10.2	180	1.3	32	16	0.5	4.01	0.04	0.04	0.2	16
	胡萝卜(红)	96	89.2	1	0.2	8.8	155	1.1	32	27	1	4.13	0.04	0.03	0.6	13
	白萝卜	95	93.4	0.9	0.1	5	88	1	36	26	0.5	0.02	0.02	0.03	0.3	21
	红萝卜(大)	97	93.8	1	0.1	4.6	84	0.8	36	26	0.5	0	0.05	0.02	0.1	3
	水萝卜	93	92.9	0.8	—	5.5	84	1.4	—	—	—	0.25	0.03	0.05	—	45
	芥菜头	83	89.6	1.9	0.2	7.4	138	1.4	65	36	0.8	—	0.06	0.02	0.6	34
	苤蓝	78	90.8	1.3	0.2	7	126	1.3	25	46	0.3	0.02	0.04	0.02	0.5	41
	姜	95	87	1.3	0.6	10.3	172	2.7	27	25	1.4	0.17	0.02	0.03	0.8	4
	冬笋	39	88.1	4.1	0.1	6.5	167	0.8	22	56	0.1	0.08	0.08	0.08	0.6	1
	藕	88	80.5	1.9	0.2	16.4	293	1.2	39	58	1.4	0.02	0.09	0.03	0.3	44
	荸荠	78	83.6	1.2	0.2	14.2	247	1.1	4	44	0.6	0.02	0.02	0.02	0.7	7
	大白菜	87	94.6	1.5	0.1	3.2	71	0.8	50	31	0.7	0.12	0.04	0.05	0.6	31
	小白菜	81	94.5	1.5	0.3	2.7	63	1.1	90	36	1.9	1.68	0.02	0.09	0.7	28
	瓢儿菜	79	94.1	1.7	0.2	3.2	63	1.6	59	36	1.8	1.2	—	0.03	0.5	10
	油菜	87	92.9	1.8	0.5	3.8	96	1.1	108	39	1.2	0.62	0.04	0.11	0.7	36
叶菜类	菜花(花椰菜)	82	92.4	2.1	0.2	4.6	100	1.2	23	47	1.1	30	0.03	0.08	0.6	61
	圆白菜	86	94.4	1.1	0.2	3.4	84	0.5	32	21	0.3	0.02	0.04	0.04	0.3	38
	芥菜(盖菜)	71	94.6	1.8	0.4	2	59	1.2	28	36	1	1.7	0.02	0.11	0.5	72
	雪里红	94	91.5	2	0.4	4.7	100	1.6	230	47	3.2	0.31	0.03	0.11	0.5	31
	苋菜(绿)	74	90.2	2.8	0.3	5	105	2.2	187	59	5.4	2.11	0.03	0.12	0.08	47

类别	名称															
	菠菜	89	91.2	2.6	0.3	4.5	100	1.7	66	47	2.9	3.59	0.20	0.18	0.6	32
	冬寒菜	58	89.6	3.9	0.4	4.9	126	2.2	820	56	2.4	6.95	0.15	0.05	0.6	20
	莴苣笋	62	95.5	1	0.1	2.8	59	0.6	23	48	0.9	0.15	0.02	0.02	0.5	4
	茼蒿	82	93	1.9	0.3	3.9	88	73	36	2.5	1.51	0.04	0.09	0.06	0.6	18
	茴香菜	86	91.2	2.5	0.4	4.2	100	1.6	154	23	1.2	2.41	0.06	0.09	0.8	26
	香菜	81	90.5	1.8	0.4	4.2	130	1.2	101	49	2.9	1.16	0.04	0.14	2.2	48
	芹菜	66	94.2	0.8	0.1	3.9	59	1.4	48	50	0.8	0.06	0.01	0.08	0.4	12
	韭菜	90	91.8	2.4	0.4	4.6	109	4.6	42	38	1.6	1.41	0.02	0.09	0.8	24
	韭黄	88	93.2	2.3	0.2	3.9	92	1.2	25	48	1.7	0.26	0.03	0.05	0.7	15
叶菜类	韭菜薹	85	89.4	2.2	0.1	7.8	138	1.9	11	29	4.2	0.48	0.04	0.07	0.2	1
	青蒜	84	90.4	2.4	0.3	6.2	126	1.7	24	25	0.8	0.59	0.06	0.04	0.6	16
	蒜苗	82	88.9	2.1	0.4	8	155	1.8	29	44	1.4	0.28	0.11	0.08	0.5	35
	蒜黄	97	93	2.5	0.2	3.8	88	1.4	24	58	1.3	0.28	0.05	0.07	0.6	18
	大蒜	85	66.6	4.5	0.2	27.6	527	1.1	39	117	1.2	0.03	0.04	0.06	0.6	7
	大葱	82	91	1.7	0.3	6.5	126	1.3	29	38	0.7	0.06	0.03	0.05	0.5	17
	小葱	73	92.7	1.6	0.4	4.9	100	1.4	72	26	1.3	0.84	0.05	0.06	0.4	21
	葱头	90	89.2	1.1	0.2	9	163	0.9	24	39	0.6	0.02	0.03	0.03	0.3	8
	苄菜	88	90.6	2.9	0.4	4.7	113	1.7	294	81	5.4	2.59	0.04	0.15	0.6	43
	金花菜	100	81.8	3.9	1	10.9	251	2.1	713	78	9.7	2.46	0.10	0.73	2.2	118
	香椿	76	85.2	1.7	0.2	10.9	197	1.8	96	147	3.9	0.7	0.07	0.12	0.9	40
	茭白	74	92.2	1.2	0.2	5.9	96	1.9	4	36	0.4	0.03	0.02	0.03	0.5	5
	菜花	82	92.4	2.1	0.2	4.6	100	1.2	23	47	1.1	0.03	0.03	0.08	0.6	61

续表

类别	食物项目	食部 %	水分 g	蛋白质 g	脂肪 g	碳水化合物 g	热量 kJ	粗纤维 g	钙 mg	磷 mg	铁 mg	胡萝卜素 mg	硫胺素 mg	核黄素 mg	尼克酸 mg	抗坏血酸 mg
叶菜类	金针菜	98	40.3	19.4	1.4	34.9	833	7.7	301	216	8.1	1.84	0.05	0.21	1.1	10
	菊苣	100	93.8	1.3	0.2	3.4	70	0.9	52	28	0.8	—	0.08	0.08	0.4	7
瓜类	南瓜	85	93.5	0.7	0.1	5.3	92	0.8	16	24	0.4	0.89	0.03	0.04	0.4	8
	冬瓜	80	96.6	0.4	0.2	2.6	46	0.7	19	12	0.2	0.08	0.01	0.01	0.3	18
	西葫芦	73	94.9	0.8	0.2	3.8	75	0.6	15	17	0.3	0.03	0.01	0.03	0.2	6
	黄瓜	92	95.8	0.8	0.3	2.9	63	0.5	24	24	0.5	0.09	0.02	0.03	0.2	9
	丝瓜	83	94.3	1	0.2	4.2	84	0.6	14	29	0.4	0.09	0.02	0.04	0.4	5
	蛇瓜	89	94.1	1.5	0.1	3.9	63	2	191	14	1.2	0.02	0.10	0.03	0.1	4
	苦瓜	81	93.4	1	0.1	4.9	79	1.4	14	35	0.7	0.1	0.03	0.03	0.4	56
	西瓜	54	94.1	1.2	0	4.2	92.4	0.3	6	10	0.2	0.17	0.02	0.02	0.2	3
	甜瓜(白)	81	92.4	0.4	0.1	6.2	113.4	0.4	−29	−10	−0.2	0.03	0.02	0.02	0.3	13
茄果类	茄子(紫皮)	96	93.1	1	0.1	5.4	79	1.9	55	28	0.4	0.19	0.03	0.03	0.6	7
	番茄(红的)	97	94.4	0.9	0.2	4	79	0.5	10	23	0.4	0.55	0.03	0.03	0.6	19
	番茄(罐头)	100	93.5	2	0.6	2.6	88	0.8	31	22	0.4	1.149	0.03	0.02	0.8	5
	辣椒(干)	88	14.6	15	12	52.7	887	41.7	12	298	1.4	16.89	0.53	0.16	1.2	—
	辣椒	80	88.8	1.3	0.4	8.9	134	3.2	37	95	0.8	1.39	0.03	0.06	0.8	144
	柿子椒	82	93	1	0.2	5.4	92	1.4	14	20	7.5	0.34	0.03	0.03	0.9	72
咸菜类	大头菜	100	65.3	3.2	0.4	10.4	213	1.8	257	44	3.5	—	0.03	0.06	0.8	—
	芥菜头(酱)	100	71.6	2.8	0	9.9	214.2	1.2	109	65	2.9	—	0.02	0.07	0.8	—
	芥菜头(腌)	100	70.5	2.8	0.1	9.3	163	2.7	87	41	3.9	0.49	0.07	0.02	0.8	2
	榨菜	100	75	2.2	0.3	6.5	121	2.1	155	41	3.4	—	0.03	0.06	0.5	17
	萝卜干	100	67.7	3.3	0.2	14.6	251	3.4	53	65	3.4	—	0.04	0.09	0.9	17

类别	名称															
咸菜类	萝卜(酱)	100	76.1	3.5	0.4	4.5	126	1.3	102	60	3.8	—	0.05	0.09	0.8	—
	大蒜(糖醋)	74	66.1	2.1	0.2	27.6	477	1.7	38	44	1.3	—	0.04	0.06	0.2	—
	大头菜(酱)	100	74.8	2.4	0.3	8.4	151	2.4	77	41	6.7	—	0.03	0.08	0.8	5
	雪里红(腌)	100	77.1	2.4	0.2	5.4	105	2.1	294	36	5.5	0.05	0.05	0.07	0.7	4
	冬菜(芥菜)	100	60	9.7	0.6	11.8	382.2	2.8	300	210	12	—	—	—	—	—
	甜辣黄瓜	100	73.7	0.5	0.5	23	414	1.2	96	53	4.1	—	0.07	0.03	0.4	—
	黄瓜(酱)	100	76.2	3	0.3	3.4	100	1.2	52	73	3.7	0.18	0.06	0.01	0.9	—
	八宝菜(酱)	100	72.3	4.6	1.4	13.4	301	3.2	110	77	4.8	0	0.17	0.03	0.2	—
菌藻类	蘑菇(鲜)	99	92.4	2.7	0.1	4.1	84	2.1	6	94	1.2	0.01	0.08	0.35	4	4
	蘑菇(干)	100	13.7	21	4.6	52.7	1054	21	127	357	51.3	1.64	0.10	1.10	30.7	5
	口蘑	100	9.2	38.7	3.3	31.6	1013	17.2	169	1655	19.4	—	0.07	0.08	44.3	—
	冬菇	86	13.4	17.8	1.3	64.6	887	32.3	55	469	10.5	0.03	0.17	1.40	24.4	5
	银耳	100	96	14.6	10	1.4	67.3	837	30.4	369	4.1	0.05	0.05	0.25	5.3	1
	木耳(水发)	100	91.8	1.5	0.2	6	88	2.6	34	12	5.5	0.02	0.01	0.05	0.2	—
	海带	100	94.4	1.2	0.1	2.1	50	0.5	46	22	0.9	—	0.02	0.15	1.3	2
	紫菜	100	12.7	26.7	1.1	44.1	866	21.6	264	350	54.9	1.37	0.27	1.02	7.3	25
鲜、干果类	葡萄、圆紫	86	88.7	0.5	0.2	10.3	180	0.4	5	13	0.4	0.05	0.04	0.02	0.2	41
	柚	61	84.8	0.7	0.6	12.2	239.4	0.8	41	43	0.9	0.12	0.07	0.02	0.5	23
	柑橘	69	89	0.8	0.2	9.5	172	0.4	4	24	0.3	0.01	—	0.03	0.3	4
	苹果	76	85.9	0.2	0.2	13.5	218	1.2	4	12	0.6	0.02	0.06	0.02	0.2	20
	海棠	86	79.9	0.3	0.2	19.2	305	1.8	15	16	0.4	0.71	0.05	0.03	0.2	1
	香果	78	86.4	(0.2)	0.4	11.9	218.4	0.8	—	12	1.4	0	0.01	0.01	0.1	

续表

类别	食物项目	食部 %	水分 g	蛋白质 g	脂肪 g	碳水化合物 g	热量 kJ	粗纤维 g	钙 mg	磷 mg	铁 mg	胡萝卜素/mg	硫胺素 mg	核黄素 mg	尼克酸 mg	抗坏血酸/mg
鲜、干果类	沙果	95	81.3	0.4	0.1	17.8	276	2	5	14	1	0.05	0.03	—	0.2	3
	鸭梨	82	88.3	0.2	0.2	11.1	180	1.1	4	14	0.9	0.01	0.03	0.03	0.2	4
	雪花梨	86	88.8	0.2	0.1	10.6	172	0.8	5	6	0.3	0.01	0.01	0.01	0.3	4
	京白梨	79	85.3	0.2	0.5	13.7	230	1.4	17	6	0.3	—	0.02	0.02	0.2	3
	桃	86	86.4	0.9	0.1	12.2	201	1.3	6	20	0.8	0.02	0.01	0.03	0.7	7
	杏	91	89.4	0.9	0.1	9.1	151	1.3	14	15	0.6	0.45	0.02	0.03	0.6	4
	李	91	93	0.7	0.2	8.7	151	0.9	8	11	0.6	0.45	0.02	0.03	0.4	5
	草莓	97	91.3	1	0.2	7.1	126	1.1	18	27	5.8	0.03	0.02	0.03	0.3	47
	樱桃	80	88	1.1	0.2	10.2	192	0.3	11	27	0.4	0.21	0.02	0.02	0.6	10
	柿(盖柿)	98	79.4	0.7	0.1	19.6	318	1.5	5	14	0.2	0.1	0.01	0.01	0.2	10
	柿(高桩)	87	80.6	0.4	0.1	18.5	297	1.4	9	23	0.2	0.12	0.02	0.02	0.3	30
	石榴	57	79.1	1.4	0.2	18.7	264	4.8	9	71	0.3	—	0.05	0.03	—	9
	枣(鲜)	87	67.4	1.1	0.3	30.5	510	1.9	22	23	1.2	0.24	0.06	0.09	0.9	243
	枣(干)	80	26.9	3.2	0.5	67.8	1105	6.2	64	51	2.3	0.01	0.04	0.16	0.9	14
	酸枣	52	18.3	3.5	1.5	73.3	1163	10.6	435	95	0.68	—	0.01	0.02	0.9	900
	山楂	76	73	0.5	0.6	25.1	397	3.1	52	24	0.9	0.1	0.02	0.02	0.4	53
	红果(干)	100	11.1	4.3	2.2	78.4	636	49.7	144	440	0.4	0.06	0.02	18.00	0.7	2
	荔枝(鲜)	73	81.9	0.9	0.2	16.6	293	0.5	2	24	0.4	0.01	0.10	0.04	1.1	41
	桂圆	50	81.4	1.2	0.1	16.6	297	0.4	6	30	0.4	0.02	0.01	0.14	1.3	43
	枇杷(红)	62	89.3	0.8	0.2	9.3	163	0.8	17	8	1.1	—	0.01	0.03	0.3	8
	香蕉	59	75.8	1.4	0.2	22	381	1.2	7	28	0.4	0.06	0.02	0.04	0.7	8
	菠萝	68	88.4	0.5	0.1	10.8	172	1.3	12	9	0.6	0.02	0.04	0.02	0.2	18

类别	食物															
硬果类	花生(炒)	71	4.1	21.7	48	23.8	2464	6.3	47	326	1.5	0.06	0.13	0.12	18.9	—
	花生仁(生)	100	6.9	24.8	44.3	21.7	2356	5.5	39	324	2.1	0.03	0.72	0.13	17.9	2
	花生仁(炒)	100	1.8	23.9	44.4	25.7	2431	4.3	284	315	6.9	—	0.12	0.10	18.9	—
	南瓜子(炒)	68	4.1	36	46.1	7.9	2402	4.1	37	—	6.5	—	0.08	0.16	3.3	—
	葵花子(生)	50	2.4	23.9	49.9	19.1	2498	6.1	72	238	5.7	0.03	0.36	0.20	4.8	—
	葵花子(炒)	52	2.0	22.6	52.8	17.3	2577	4.8	72	564	6.1	0.03	0.43	0.26	4.8	1
	核桃(干)	43	5.2	14.9	58.8	19.1	2623	9.5	56	294	2.7	0.03	0.15	0.14	0.9	—
	西瓜子(炒)	43	4.3	32.7	44.8	14.2	2397	4.5	28	765	8.2	—	0.04	0.08	3.4	26
	杏仁	100	5.6	22.5	45.4	23.9	2351	8	97	27	2.2	—	0.08	0.56	—	5
	莲子(干)	100	9.5	17.2	2	67.2	1439	3	97	550	3.6	—	0.16	0.08	4.2	—
	莲子	100	49.2	2.8	0.5	46.9	841	0.7	24	133	—	—	0.04	0.09	1.5	—
	松子	32	3	12.6	62.6	19	2678	12.4	3	620	5.9	0.04	0.41	0.09	3.8	—
	白果(干)	67	9.9	13.2	1.3	72.6	1485	—	54	23	0.2	—	—	0.10	—	—
	核桃	43	49.8	12.8	29.9	6.1	1372	4.3	—	—	—	—	0.07	0.14	1.7	10
	杏仁(炒)	91	2.1	25.7	51	18.7	2510	9.1	141	202	3.9	0.1	0.15	0.71	2.5	—
	栗子(熟)	78	46.6	4.8	1.5	46	887	1.2	17	89	1.1	0.19	0.14	0.17	1.2	36
代乳类	代乳糕(5410)	100	5	18.8	13.6	51.1	1806	0.9	661	419	5.6	0.35	0.09	0.66	1.4	0
	代乳粉(鹿头)	100	6	17.1	10.2	62.9	1730.4	0.7	653	338	4.8	0.2	0.47	0.76	1.4	0
	浓味糕	100	—	8.9	1.6	73.9	1453.2	0.6	602	483	2.5	—	0.34	0.79	2.1	0
	简装奶糕	100	—	9.9	1.6	80.4	1575	—	45	263	2.6	—	0.36	0.07	2.2	0
	糕干粉	100	7.6	5.6	5.1	79	1621.2	0.2	508	540	1.7	0.12	0.15	0.06	1.2	0
	钙奶香糕	100	8.4	5.3	4.4	79.9	1596	0.2	470	141	2.7	0.04	0.20	0.65	1.1	0

续表

类别	食物项目	食部/%	水分/g	蛋白质/g	脂肪/g	碳水化合物/g	热量/kJ	粗纤维/g	钙/mg	磷/mg	铁/mg	胡萝卜素/mg	硫胺素/mg	核黄素/mg	尼克酸/mg	抗坏血酸/mg
调味类	猪油(炼)	100	0.2	—	99.6	0.2	3753	—	—	—	—	—	0.02	0.03	—	0
	豆油	100	0.1	0	99.9	0	3761	—	13	7	2	0	0.00	0.00	0	0
	黄酱	100	50.6	12.1	1.2	21.3	548	3.4	70	160	7	0.08	0.05	0.28	2.4	0
	甜面酱	100	53.9	5.5	0.6	28.5	569	1.4	29	76	3.6	0.03	0.03	0.14	2	0
	豆瓣酱	100	46.6	13.6	6.8	17.1	745	1.5	53	154	16.4	—	0.11	0.46	2.4	—
	味精	100	0.2	40.1	0.2	26.5	1121	—	100	4	1.2	—	0.08	—	0.3	—
	辣椒粉	100	9.4	15.2	9.5	57.7	849	43.5	146	374	20.7	18.74	0.01	0.82	7.6	—
	芥末	100	7.2	23.6	29.9	35.3	1992	7.2	656	530	17.2	0.19	0.17	0.38	4.8	—
	五香粉	100	12.4	1	8	73.3	1456	5.3	181	66	34.4	—	—	0.03	1.5	—
	茴香子	100	8.9	14.5	11.8	55.5	1050	33.9	751	336	0.9	0.32	0.04	0.36	7.1	—
	八角	100	11.8	3.8	5.6	75.4	816	43	41	64	6.3	0.04	0.12	0.28	0.9	—
	花椒	100	11	6.7	8.9	66.5	1079	28.7	639	69	8.4	0.14	0.12	0.43	1.6	—
	苦豆	100	13.5	4.6	2.4	72.3	887	29.4	332	97	4.5	—	0.14	0.65	1.6	0
	芝麻酱	100	0.3	19.2	52.7	22.7	2586	5.9	1170	626	50.3	0.1	0.16	0.22	5.8	0
	酱油	100	67.3	5.6	0.1	10.1	264	0.2	66	204	8.6	—	0.05	0.13	1.7	0
	酱油(一级)	100	64.8	8.3	0.6	6.9	276	—	27	173	7	0	0.03	0.25	1.7	—
	醋	100	90.6	2.1	0.3	4.9	130	—	17	96	6	—	0.03	0.05	1.4	0
	白砂糖	100	0	0	0	99	1674	0	20	8	0.6	0	—	—	—	—
	蜂蜜	100	22	0.4	1.9	75.6	1343	0	4	3	1	—	0.28	0.05	0.1	3
	面粉	100	12.7	11.2	1.5	73.6	1439	2.1	31	188	3.5	—	0.01	0.08	2	—
	茶叶	100	7.8	14.5	4	66.7	862	38.8	277	157	14.9	1.9	0.22	0.24	1.9	—
畜肉类	猪肉(肥瘦)	100	46.8	13.2	37	2.4	1653	0	6	162	1.6	—	0.22	0.16	3.5	—

类别	名称															
畜肉类	猪肉(脊背)	100	70.3	20.2	7.9	0.7	649	—	6	184	1.5	—	0.47	0.12	5.2	—
	猪肉(肥)	100	8.8	2.4	38.6	0	3376	0	3	18	1	—	0.08	0.05	0.9	—
	猪肉(瘦)	100	71	20.3	6.2	1.5	598	0	6	189	3	—	0.36	0.15	5.3	—
	火腿(熟)	100	47.9	16	27.4	4.9	1381	—	3	90	2.2	—	0.28	0.09	8.6	—
	猪蹄筋(干)	100	62.4	35.3	1.4	0.5	653	—	15	40	2.2	—	0.01	0.09	2.9	—
	排骨	68	58.8	18.3	20.4	1.7	1105	0	8	125	0.8	—	0.80	0.15	5.3	—
	猪排骨	72	58.1	16.7	23.1	0.7	1163	0	14	135	1.4	—	0.30	0.16	4.5	—
	猪肉松	100	9.4	23.4	11.5	49.7	1657	0	41	162	6.4	—	0.40	0.13	3.3	—
	猪蹄	60	58.2	22.6	18.8	0	1088	0	33	33	1.1	—	0.05	0.10	1.5	—
	猪舌	94	63.7	15.7	18.1	1.7	975	0	13	163	2.8	—	0.13	0.30	4.6	0
	猪心	97	76	16.6	5.3	1.1	498	0	12	189	4.3	—	0.19	0.48	6.8	4
	猪肝	99	70.7	19.3	3.5	5	540	0	6	310	22.6	0	0.21	2.01	15	20
	猪肺	97	83.1	12.2	3.9	0.1	351	0	6	165	5.3	—	0.04	0.18	1.8	0
	猪肾	93	78.8	15.4	3.2	1.4	402	0	12	215	6.1	0	0.31	1.14	8	13
	猪小肠	100	85.4	10	2	1.7	272	—	7	95	2	—	0.12	0.11	3.1	—
	猪头皮	100	30.6	11.8	44.6	12.7	2088	0	13	37	1.7	0	0.10	0.05	—	0
	猪肚	96	78.2	15.2	5.1	0.7	460	—	11	1.24	1.92	—	0.07	0.16	3.7	0
	猪大肠	100	73.6	6.9	18.7	0	820	0	10	56	1	—	0.06	0.11	1.9	0
	牛肉(肥瘦)	99	72.8	19.9	4.2	2	523	0	23	168	3.3	—	0.04	0.14	5.6	—
	牛肉(脊背)	100	73.2	22.2	0.9	2.4	448	0	3	241	4.4	—	0.04	0.16	7.2	0
	牛肾	89	78.3	15.6	2.4	2.6	393	0	8	214	9.4	—	0.24	0.85	7.7	0
	牛肚(胃)	100	83.4	14.5	1.6	0	301	0	40	104	1.8	0	0.03	0.13	2.5	0

续表

类别	食物项目	食部 %	水分 g	蛋白质 g	脂肪 g	碳水化合物 g	热量 kJ	粗纤维 g	钙 mg	磷 mg	铁 mg	胡萝卜素/mg	硫胺素 mg	核黄素 mg	尼克酸 mg	抗坏血酸/mg
畜肉类	牛心	100	77.2	15.4	3.5	3.1	444	0	4	178	2.41	0	0.26	0.39	6.8	5
	牛肝	100	68.7	19.8	3.9	6.2	582	0	40	104	1.8	0	0.16	1.30	11.9	9
	羊肉(肥瘦)	90	65.7	19	14.1	0	849	0	6	146	2.3	0	0.05	0.14	4.5	0
	羊舌	100	60.9	19.4	14.2	4.8	941	0	0	0	0	0	0.00	0.23	3	0
	羊心	100	77.7	13.8	5.5	2	473	0	10	172	4	0	0.28	0.40	5.6	0
	羊胃	95	78.2	16.6	2.8	1	402	0	8	233	5.8	—	0.35	2.01	8.4	0
	羊肚(胃)	100	81.7	12.2	3.4	1.8	364	0	38	133	1.4	—	0.03	0.17	1.8	—
	羊肝	100	69.7	17.9	3.6	7.4	561	0	8	200	7.5	—	0.21	1.75	22.1	0
	驴肉	100	73.8	21.5	3.2	0.4	485	0	2	178	4.3	0	0.03	0.16	2.5	0
	兔肉	100	76.2	19.7	2.2	0.9	427	0	12	165	2	0	0.11	0.10	—	0
	人乳	100	87.6	1.3	3.4	7.4	272	0	30	13	0.1	0	0.11	0.10	—	1
	牛乳	100	89.8	3	3.2	3.4	226	0	104	73	0.3	0	0.03	0.14	0.1	微量
	牛乳(浓)	100	74	7.8	7.5	9	567	0	240	195	0.2	1400	0.10	0.36	0.2	1
乳制品	牛乳(甜)	100	28	8.2	9.2	52.7	1369.2	0	290	228	0.8	400	0.15	0.36	0.2	—
	牛乳粉(全)	100	2	26.2	30.6	35.5	2192.4	0	1030	883	0.2	80	0.10	0.69	0.7	2
	甜炼乳	100	26.2	8	8.7	55.4	1389	0	242	200	1.53	0	0.03	0.16	0.3	—
	鲜羊乳	100	88.9	1.5	3.5	5.4	247	0	82	98	0.5	—	0.04	0.12	2.1	—
	黄油	100	0.5	1.4	98	0	3715	0	35	8	0.8	—	0.00	0.02	—	—
禽肉类	鸡	66	69	19.3	9.4	1.3	699	0	9	156	1.4	0	0.05	0.09	5.6	—
	鸭	68	63.9	15.5	19.7	0.2	1004	0	6	122	2.2	0	0.08	0.22	4.2	—
蛋制品	鸡蛋	88	74.1	13.3	8.8	2.8	602	0	56	130	2	0	0.11	0.27	0.2	0
	鸭蛋	87	70.3	12.6	13	3.1	753	0	62	226	2.9	0	0.17	0.35	0.2	—

类别	名称														
蛋制品	鸡蛋白	100	84.4	11.6	0.1	3.1	251	0	9	19	1.6	0	0.04	0.31	0.2	0
	鸡蛋黄	100	51.5	15.2	28.2	3.4	1372	0	112	240	6.5	0	0.33	0.29	0.1	0
	鹅蛋	87	69.3	11.1	15.6	2.8	820	0	34	130	4.1	—	0.08	0.30	0.4	0
	松花蛋	90	68.4	14.2	10.7	4.5	715	0	63	165	3.3	0	0.06	0.18	0.1	—
	鹌鹑蛋	86	73	12.8	11.1	2.1	669	—	47	180	3.2	—	0.11	0.49	0.1	—
	鹌鹑蛋（罐头）	89	74.4	11.6	11.7	0	636	—	157	209	2.6	—	0.01	0.06	0.3	—
鱼虾和其他	大黄鱼	66	77.7	17.7	2.5	0.8	406	0	53	174	0.7	—	0.03	0.10	1.9	—
	小黄鱼	63	77.9	17.9	3	0.1	414	0	78	188	0.9	—	0.04	0.04	2.3	—
	鳕鱼（大口鱼）	45	77.4	20.4	0.5	0.5	368	—	42	232	0.5	—	0.04	0.13	2.7	—
	沙梭鱼	72	73.5	20.8	4.2	0.3	510	—	117	156	0.3	—	0.04	0.05	2	—
	黄姑鱼	63	74	18.4	7	—	573	—	94	196	0.9	—	0.04	0.09	3.6	—
	白姑鱼	67	71.5	19.1	8.2	0	628	—	23	171	0.3	—	0.02	0.08	3.3	—
	带鱼	76	73.3	17.7	4.9	3.1	531	0	28	191	1.2	—	0.02	0.06	2.8	—
	鲐鱼	66	69.1	19.9	7.4	2.2	649	0	50	247	1.5	—	0.08	0.12	8.8	—
	银鲳	70	72.8	18.5	7.3	0	586	0	46	155	1.1	—	0.04	0.07	2.1	—
	鲈鱼	58	76.5	18.6	3.4	0	439	—	138	242	2	—	0.03	0.17	3.1	—
	银鱼	100	76.2	17.2	4	0	439	0	46	22	0.9	—	0.03	0.05	0.2	—
	白鲢	61	77.4	17.8	3.6	0	435	0	53	190	1.4	—	0.03	0.07	2.5	—
	青鱼	63	73.9	20.1	4.2	0	494	—	31	184	0.9	—	0.03	0.07	2.9	—
	草鱼	58	77.3	16.6	5.2	0	473	—	38	203	0.8	—	0.04	0.11	2.8	—
	鲤鱼	54	76.7	17.6	4.1	0.5	456	0	50	204	1	—	0.03	0.09	2.7	—
	黄鳝	67	78	18	1.4	1.2	372	—	42	206	2.5	—	0.06	0.98	3.7	—

续表

类别	食物项目	食部/%	水分/g	蛋白质/g	脂肪/g	碳水化合物/g	热量/kJ	粗纤维/g	钙/mg	磷/mg	铁/mg	胡萝卜素/mg	硫胺素/mg	核黄素/mg	尼克酸/mg	抗坏血酸/mg
鱼虾和其他	白条鱼	59	76.8	16.6	3.3	1.6	431	0	58	224	1.7	—	—	0.07	1.9	—
	墨鱼	69	79.2	15.2	0.9	3.4	347	0	15	165	1	—	0.02	0.04	1.8	—
	对虾	61	76.5	18.6	0.8	2.8	389	0	62	228	1.5	—	0.01	0.07	1.7	—
	海螃蟹	55	77.1	13.8	2.3	4.7	397	0	208	142	1.6	—	0.01	0.10	2.5	—
	河螃蟹	42	75.8	17.5	2.6	2.3	431	0	126	182	2.9	—	0.06	0.28	1.7	—
	蟹肉	100	84.4	11.6	1.2	1.1	259	0	231	159	1.8	—	0.03	0.09	4.3	—
	黑鲢(胖头鱼)	61	77.4	17.8	3.6	0	435	0	53	190	1.4	—	0.03	0.07	2.5	—
	鲷鱼	54	75.4	17.1	2.7	3.8	452	0	79	193	1.3	—	0.04	0.09	2.5	—
	乌鳢	57	78.7	18.5	1.2	0	356	0	152	232	0.7	—	0.02	0.14	2.5	—
	鱼翅	65	77.5	12.6	0.8	6.6	351	0	266	77	22.6	—	0.01	0.16	0.2	—
其他	干贝	100	27.4	55.6	2.4	5.1	1105	0	77	504	5.6	—	—	0.21	2.5	—
	鱿鱼	98	81.4	17.0	0.8	0	314	0	43	60	0.5	—	—	0.03	—	—
	鱿鱼(干)	98	21.8	60.0	4.6	7.8	1310	0	87	392	4.1	—	0.02	0.13	4.9	—
	墨鱼(乌贼)	97	80.4	17.4	1.6	0	351	0	44	19	0.9	—	0.02	0.06	1.6	—
	墨鱼(乌贼)(干)	82	24.8	65.3	1.9	2.1	1201	0	82	413	23.9	—	0.02	0.05	3.6	—
	海参(干)	93	18.9	50.2	4.8	4.5	1096	0	0	94	9	—	0.04	0.13	1.3	—
	海参(水浸)	100	77.1	16.5	0.2	2.5	326	0	285	28	13.2	—	0.03	0.04	0.1	—
	龙虾	46	77.6	18.9	1.1	1	377	0	21	221	1.3	—	0.01	0.04	4.3	—
	虾皮	100	42.4	30.7	2.2	2.5	640	0	991	582	6.7	—	0.02	0.14	3.1	—
其他类	蛋糕	100	18.6	8.6	5.1	67.1	1452	0.4	39	130	2.5	0.19	0.09	0.09	0.8	—
	黄蛋糕	100	27	9.5	6	57.1	1339	0.2	27	76	2.2	0.29	0.13	0.03	0.8	—
	桃酥	100	5.4	7.1	21.8	65.1	2013	1.1	48	87	3.1	—	0.02	0.05	2.3	—

其他类	开口笑	100	5.3	8.4	30	55.3	3.1	2142	39	133	4.4	0.07	0.05	0.06	5.9	—
	江米条	100	4	5.7	11.7	78.1	1837	0.4	33	56	2.5	—	0.18	0.03	2.5	—
	巧克力(散装)	100	2.1	8.2	38.4	49.7	2393	1.2	61	128	5.5	—	0.08	0.07	0.4	—
	冰淇淋	100	64	7.4	5.6	22.2	707	0	196	79	2	—	0.02	0.21	0.1	—
	冰棍	100	88.3	0.8	0.2	10.5	197	0	31	13	0.9	—	0.01	0.01	0.2	—
	冰砖	100	69.6	2.9	6.8	20	640	0	140	72	0.4	—	0.01	0.04	0.2	—
	酥糖	100	3.3	6	13.9	75.6	1824	4	186	135	6	—	0.10	0.04	3.5	—

附录3 中华人民共和国食品安全法(草案)全文

目 录

第一章 总　则
第二章 食品安全风险监测和评估
第三章 食品安全标准
第四章 食品检验
第五章 食品生产经营
第六章 食品进出口
第七章 食品安全事故预防和处置
第八章 监督管理
第九章 法律责任
第十章 附　则

第一章 总　则

第一条　为了防止、控制和消除食品污染以及食品中有害因素对人体的危害,预防和减少食源性疾病的发生,保证食品安全,保障人民群众生命安全和身体健康,增强人民群众体质,制定本法。

第二条　在中华人民共和国境内从事下列活动,应当遵守本法：

(一)食品生产和加工(以下称食品生产),食品流通和餐饮服务(以下称食品经营)；

(二)食品添加剂的生产、经营；

(三)用于食品的包装材料、容器、洗涤剂、消毒剂和用于食品生产经营的工具、设备(以下称食品相关产品)的生产、经营；

(四)食品生产经营者使用食品添加剂、食品相关产品；

(五)对食品、食品添加剂和食品相关产品的安全管理。

供食用的源于农业的初级产品(以下称食用农产品)的质量安全管理,遵守农产品质量安全法的规定。但是,制定有关食用农产品的质量安全标准、公布食用农产品安全有关信息,应当遵守本法的有关规定。

转基因食品的安全管理,还应当遵守有关行政法规的规定。

第三条　食品生产经营者应当严格依照本法和其他有关法律、法规的规定和食品安全标准从事生产经营活动,不得生产经营不安全食品;生产经营不安全食品的,依照本法必须承担法律责任。

第四条 县级以上地方人民政府对本行政区域的食品安全监督管理负总责,统一领导、协调本行政区域的食品安全监督管理工作,建立健全食品安全监督管理协调机制;统一领导、指挥食品安全突发事件应对工作;建立食品安全监督管理责任制,对食品安全监督管理部门进行评议、考核。

上级人民政府所属部门在下级行政区域设置的机构应当在所在地人民政府的统一协调下,依法做好食品安全监督管理工作。

第五条 县级以上食品生产、流通、餐饮服务监督管理部门依据本法和国务院规定的职责,对食品生产经营活动实施监督管理。

食品安全风险评估、食品安全标准制定、食品安全信息公布、食品安全事故的调查和处理,以及有关食品检验机构的资质认定条件和检验规范的制定,由国务院授权的部门负责。

国务院根据实际需要,可以对食品安全监督管理体制作出调整。

第六条 有关食品行业协会应当加强行业自律,加强食品安全知识的宣传、普及,引导消费者购买合法食品生产经营者生产经营的食品以及有符合法律要求的标签、标识的食品。

第七条 国家鼓励社会团体、基层群众性自治组织开展食品安全知识和食品安全法律、法规、标准知识的普及工作,倡导健康的饮食方式,增强消费者的食品安全意识和自我保护能力。

新闻媒体应当无偿开展食品安全知识和食品安全法律、法规、标准知识的公益宣传。

第八条 国家鼓励和支持开展与食品安全有关的基础研究和应用研究,鼓励和支持食品生产经营者为提高食品安全水平采用先进技术和先进管理规范。

地方各级人民政府应当采取措施鼓励食品规模化生产和连锁经营、配送。

第九条 食品消费者有权检举、控告侵害消费者权益的行为,有权向有关部门了解食品安全信息,对食品安全监督管理工作提出意见和建议;因食品、食品添加剂或者食品相关产品遭受人身、财产损害的,有依法获得赔偿的权利。

任何单位和个人有权举报食品生产经营中的违法犯罪行为。举报经查证属实的,有关的食品安全监督管理部门应当对举报人给予奖励。

第二章 食品安全风险监测和评估

第十条 国家建立食品安全风险监测制度,对食源性疾病、食品污染以及食品中的有害因素进行监测。

国务院授权的部门会同国务院其他有关部门制定、实施国家食品安全风险监测计划。省、自治区、直辖市人民政府确定的部门根据国家食品安全风险监测计划,结合本行政区域的具体情况,组织制定、实施本行政区域的食品安全风险监测方案。

第十一条 国家建立食品安全风险评估制度,对食品中生物性、化学性和物理性危害进行风险评估。

食品安全风险评估工作由食品安全风险评估专家委员会具体负责。食品安全风险评估专家委员会由国务院授权的部门会同国务院其他有关部门聘请卫生、农业等方面的技术专家组成。

国务院有关部门有权向国务院授权负责食品安全风险评估的部门提出风险评估的建议,并提供有关信息和资料。

国务院授权负责食品安全风险评估的部门应当及时向国务院有关部门通报食品安全风险评估的结果。

第十二条 食品安全风险评估专家委员会应当运用科学方法,根据食品安全风险监测信息、科学数据以及其他有关信息进行食品安全风险评估。

第十三条 食品安全风险评估结果应当作为制定、修订食品安全标准和对食品安全实施监督管理的科学依据。

食品安全风险评估结果证明食品不安全,需要修订、制定食品安全标准的,国务院授权负责食品安全标准制定的部门应当立即修订、制定食品安全标准;在新修订、制定的食品安全标准公布实施之前,国务院食品生产、流通、餐饮服务监督管理部门应当依据各自职责,要求食品生产经营者停止生产经营该食品。

国务院授权负责食品安全风险评估的部门应当会同国务院有关部门,根据食品安全风险评估结果、食品安全监督管理信息,对食品安全状况进行综合分析,对可能发生较高程度安全风险的食品提出食品安全风险警示,由国务院授权负责食品安全信息公布的部门予以公布。

第十四条 对农药、肥料、生长调节剂、兽药、饲料和饲料添加剂等的安全性评估,应当有食品安全风险评估专家委员会的专家参加。

屠宰畜、禽的检验规程,由国务院有关主管部门会同国务院授权负责食品安全风险评估的部门制定。

第三章 食品安全标准

第十五条 食品安全标准是强制执行的标准,分为国家标准和地方标准;没有国家标准的,可以制定地方标准。除食品安全标准外,不得制定其他有关食品的强制性标准。

第十六条 食品安全标准应当包括下列内容:
(一)食品、食品相关产品中的致病性微生物、农药残留、兽药残留、重金属、污染物质以及其他危害人体健康物质的限量规定;
(二)食品添加剂的品种、使用范围、用量;
(三)专供婴幼儿的主辅食品的营养成分要求;
(四)对与食品安全、营养有关的标签、标识、说明书的要求;
(五)食品生产经营过程的卫生要求;
(六)与食品安全有关的质量要求;
(七)食品检验方法与规程;
(八)其他需要制定为食品安全标准的内容。

第十七条 国务院授权的部门负责制定、公布食品安全国家标准。

制定、修订食品安全国家标准,应当依据食品安全风险评估结果并充分考虑食用农产品质量安全风险评估结果,参照相关的国际标准,与我国经济、社会和科学技术发展水平相适应,并广泛听取食品生产经营者和其他有关单位和个人的意见。

第十八条 食品安全国家标准应当经食品安全国家标准审评委员会审查通过。食品安全国家标准审评委员会由国务院授权负责食品安全标准制定的部门商国务院其他有关部门聘请的卫生、农业等方面的专家,以及国务院农业主管部门和国务院食品生产、流通、餐饮服务监督管理部门的代表组成。

国务院授权负责食品安全标准制定的部门应当通过新闻媒体公布食品安全国家标准。公众可以免费查阅食品安全国家标准。

第十九条 本法规定的食品安全国家标准实施前,食品生产经营者应当按照现行食品卫生标准、食品质量标准和有关行业标准生产经营食品。

食品安全国家标准以外的其他有关产品国家标准涉及本法第十六条所列内容的,应当符合食品安全国家标准。

第二十条 省、自治区、直辖市人民政府负责食品安全标准制定的部门组织制定、修订食品安全地方标准,应当参照执行本法有关食品安全国家标准制定、修订的规定,并报国务院授权负责食品安全标准制定的部门备案。

第二十一条 国家鼓励食品生产经营企业制定严于食品安全国家标

准、地方标准的标准,在企业内部适用。

第四章 食品检验

第二十二条 食品检验机构经国务院认证认可监督管理部门依法进行资质认定,方可从事食品检验活动;未经资质认定的检验机构出具的食品检验结果,不具有法律效力。本法或者其他法律另有规定的除外。

食品检验机构资质认定的条件和检验规范,由国务院授权的部门制定。

本法施行前经国务院有关主管部门批准设立或者经依法认定的食品检验机构,可以依照本法继续从事食品检验活动。

第二十三条 食品检验由食品检验机构指定的检验人独立进行。

检验人应当依照有关法律、法规的规定,并按照食品安全标准和检验规范,对食品进行检验,尊重科学,恪守职业道德,保证出具的检验数据和结论客观、公正,不得出具虚假的检验报告。

第二十四条 食品检验实行食品检验机构与检验人负责制。食品检验报告应当加盖食品检验机构公章,并有检验人的签名或者盖章。食品检验机构和检验人对出具的食品检验报告负责。

第二十五条 食品生产、流通、餐饮服务监督管理部门依法履行职责需要对食品进行检验的,应当委托符合本法规定的食品检验机构进行检验,并支付相关费用。对检验结论有异议的,食品生产经营者、食品消费者或者有关的食品安全监督管理部门应当委托符合本法规定的其他食品检验机构复检。微生物指标不得复检。

对复检结论仍有异议的,由国务院授权负责制定食品检验机构资质认定的条件和检验规范的部门确定的可以从事食品检验活动的国家实验室再次进行复检。国家实验室的检验结论为最终结论。

第二十六条 食品生产经营者、行业协会、食品消费者需要委托食品检验机构对食品进行检验的,应当委托符合本法规定的食品检验机构进行检验。

第五章 食品生产经营

第二十七条 国家对食品生产经营实行许可制度;未经许可,任何单位或者个人不得从事食品生产经营活动。但是,获得食品生产许可的食品生产者在其生产场所销售其生产的食品,不需要获得食品流通的许可;获得餐饮服务许可的餐饮服务提供者在其餐饮服务场所出售其制作加工的食品,不需要获得食品生产和流通的许可;农民个人销售其自产的食用农产品,不需要获得食品流通的许可;生产者生产在本乡(镇)行政区域内销售的食品,不需要获得食品生产的许可。

第二十八条 从事食品生产经营活动,应当具备下列条件:

(一)有与拟生产经营的食品品种、数量相适应的食品原料处理和食品包装、储存等场所,并确保该场所与有毒、有害场所以及其他污染源保持规定的距离;

(二)有与拟生产经营的食品品种、数量相适应的生产经营设备或者设施,有相应的消毒、采光、通风、防腐、防尘、防蝇、防鼠以及排放废水、废弃物的设备或者设施;

(三)有与生产经营规模相适应的食品安全专业技术人员、管理人员;

(四)有与拟生产经营的食品品种、数量相适应的符合防止食品污染要求的设备、设施布局和操作流程;

(五)有保证食品安全的规章制度;

(六)符合食品安全标准规定的其他要求。

第二十九条 国家对食品、食品添加剂和食品相关产品实行监管码制度。具体实施办法和步骤由国务院有关部门制定。

第三十条 申请从事食品生产经营活动的单位和个人,应当向所在地县级以上食品生产、流通、餐饮服务监督管理部门提交能够证明其具备本法第二十八条规定条件的相关资料。

县级以上食品生产、流通、餐饮服务监督管理部门应当依照行政许可法的规定并在各自职责范围内,对申请人提交的相关资料进行审核,必要时应当对申请人的生产经营场所进行现场核查;对符合规定条件的,决定准予许可并颁发食品生产、流通或者餐饮服务许可证,对已经实行食品安全监管码管理的食品的生产者,颁发食品生产许可证的部门还应当同时发给申请人食品安全监管码码段;对不符合规定条件的,决定不予许可并书面说明理由。

第三十一条 国家对食品添加剂、食品相关产品的生产实行许可制度;未经许可,任何单位或者个人不得从事食品添加剂、食品相关产品生产活动。

申请食品添加剂、食品相关产品生产许可的条件、程序,依照有关工业产品生产许可证管理的行政法规执行。

第三十二条 申请从事食品添加剂新品种、食品相关产品新品种生产活动的单位和个人,应当向国务院授权负责食品安全风险评估的部门提交相关产品的安全性评估材料。国务院授权负责食品安全风险评估的部门应当自收到申请之日起60日内组织对相关产品的安全性评估材料进行审查;对符合食品安全要求的,决定准予许可并予以公布;对不符合食品安全要求的,决定不予许可并书面说明理由。

第三十三条 食品生产企业应当符合良好生产规范要求。国家鼓励食品生产经营企业实施危害分析与关键控制点体系,提高食品安全管理水平。

第三十四条 食品生产经营者应当建立并执行从业人员健康管理制度。患有痢疾、伤寒、甲型病毒性肝炎等消化道传染病的人员,以及患有活动性肺结核、化脓性或者渗出性皮肤病等有碍食品安全的疾病的人员,不得从事接触直接入口食品的工作。

第三十五条 食品生产经营者不得在食品中添加药品,但是,可以添加按照传统既是食品又是中药材的物质。按照传统既是食品又是中药材的物质的目录由国务院授权的部门制定、公布。

销售的食品添加剂、食品相关产品或者生产食品所使用的食品添加剂、食品相关产品应当经检验合格。食品生产者使用食品添加剂应当符合食品安全标准并向县级食品生产监督管理部门备案。

第三十六条 食品生产经营者生产经营的食品,有食品安全标准的,应当符合食品安全标准;没有食品安全标准的,应当无毒、无害,符合应当有的营养要求和本法规定的其他要求。

第三十七条 禁止任何单位或者个人从事下列食品生产经营活动:

(一)生产经营含有国家明令禁用物质的食品或者国家为防病等特殊需要明令禁止生产经营的食品;

(二)经营病死、毒死或者死因不明的禽、畜、兽、水产动物肉类,或者生产经营病死、毒死或者死因不明的禽、畜、兽、水产动物肉类的制品;

(三)用非食品原料生产食品或者在食品中添加非食品用化学物质,或者用回收食品作为原料生产食品;

(四)生产经营营养成分不符合食品安全标准的专供婴幼儿的主辅食品;

(五)经营腐败变质、油脂酸败、霉变、生虫、污秽不洁、混有异物或者感官性状异常的食品;

(六)生产经营致病性微生物、农药残留、兽药残留、重金属、污染物质以及其他危害人体健康的物质含量超过国家标准限量的食品;

(七)生产经营未经动物卫生监督机构检疫或者检疫不合格的肉类,或者生产经营未经检验或者检验不合格的肉类制品;

(八)生产经营掺假、掺杂的食品;

(九)经营被包装材料、容器、运输工具污染的食品;

(十)生产经营无标签的预包装食品;

(十一)生产经营其他不符合食品安全要求的食品。

第三十八条 食品生产者应当建立食品原料、食品添加剂、食品相关产品查验记录制度,查验食品原料、食品添加剂、食品相关产品供货者的食品生产许可证或者食品流通许可证、营业执照、食品出厂的检验报告或者其他有关食品合格的证明文件,并如实记录食品原料、食品添加剂、食品相关产品的名称、规格、数量、供货者名称及其联系方式、进货日期等内容;对已经实行食品安全监管码管理的食品原料、食品添加剂、食品相关产品,还应当查验食品安全监管码;不得采购或者使用不符合食品安全标准的食品原料、食品添加剂、食品相关产品。

食品原料、食品添加剂、食品相关产品查验记录不得涂改、伪造,其保存期限不得少于2年。

第三十九条 预包装食品的包装上应当有标签。标签应当标明下列事项:

(一)名称、规格、净含量、生产日期;

(二)成分或者配料表;

(三)生产者的名称、地址、联系方式;

(四)保质期;

(五)产品标准代号;

(六)保存条件;

(七)所使用的食品添加剂;

(八)食品生产许可证编号;

(九)法律、法规或者食品安全标准规定必须标明的其他事项。

专供婴幼儿的主辅食品,其标签还应当标明主要营养成分及其含量;已经实行食品安全监管码管理的食品,其标签还应当标明食品安全监管码。

第四十条 获得食品安全监管码的食品生产者,应当在其生产的食品上市之前,向颁发食品生产许可证的食品生产监督管理部门报送食品的生产日期、产品检验合格信息以及实时更新的其他信息。

第四十一条 食品添加剂应当有标签、说明书和包装,其说明书或者标签应当标明本法第三十九条第(一)项至第(六)项、第(八)项、第(九)项规定的事项,以及食品添加剂的使用范围、用量、使用方法,并在标签上标明"食品添加剂"字样。

第四十二条 食品和食品添加剂的标签、说明书、包装,不得含有虚假、夸大的内容,不得涉及疾病预防、治疗、诊断功能。食品生产者对标签、说明书、包装上的声称承担法律责任。

食品和食品添加剂的标签、说明书应当清楚,容易辨识。

第四十三条 食品生产者应当建立食品出厂检验记录制度,查验出厂食品的检验合格证和安全状况,并如实记录食品的名称、规格、数量、生产日期、生产批号、检验合格证号、购货者名称及其联系方式、销售日期等内容;对不符合食品安全标准以及与食品标签、说明书、包装所标明的内容不符的食品,不得上市销售。

食品出厂检验记录不得涂改、伪造,其保存期限不得少于2年。

第四十四条 食品经营者采购食品,对已经实行食品安全监管码管理的,应当查验食品安全监管码;对尚未实行食品安全监管码管理的,应当查验下列事项:

(一)供货者有无食品生产许可证或者食品流通许可证、营业执照;

(二)有无食品出厂的检验报告或者其他有关食品合格的证明文件。

第四十五条 食品经营者应当建立食品进货查验记录制度,如实记录食品的名称、规格、数量、生产日期、生产批号、保质期、供货者名称及其联系方式、进货日期等内容。

食品进货查验记录不得涂改、伪造,其保存期限不得少于2年。

第四十六条 食品经营者应当按照保证食品安全的要求储存食品,定期检查库存食品,及时清理变质的食品。

第四十七条 食品经营者储存散装食品,应当在储存位置标明食品的名称、生产日期、保质期、生产者名称及其联系方式等内容。

食品经营者销售散装食品,应当在散装食品的容器、外包装上标明食品的名称、生产日期、保质期、生产者名称及其联系方式和经营者名称及其联系方式。

第四十八条 食品经营者应当按照食品标签或者说明书标示的警示标志、警示说明或者注意事项的要求,销售预包装食品。

食品经营者应当向消费者承诺其销售的食品符合食品安全要求,并对所作的承诺承担相应的责任。

第四十九条 在集中交易市场、柜台出租场所和展销会内从事食品经营活动的,应当具备本法第二十八条规定的条件。

集中交易市场的开办者、柜台出租者和展销会举办者,应当审查入场食品经营者的食品流通、餐饮服务许可证,明确入场食品经营者的食品安全管理责任,定期对入场食品经营者的经营环境、条件、内部食品安全管理制度是否符合法定要求和经营的食品是否安全进行检查,发现食品经营者经营不安全食品或者有其他违反本法规定的行为的,应当及时制止并立即报告所在地县级食品流通、餐饮服务监督管理部门;因本市场经营的食品造成食品安全事故的,应当承担连带责任。

第五十条 运输食品的,应当使用安全、无毒、无害、清洁的运输工具,符合保证食品安全所需的温度等特殊要求,不得将食品与有毒、有害物品一同运输。

第五十一条 国家建立食品召回制度。食品生产者发现其生产的食品不安全,应当立即停止生产,向社会公布有关信息,通知相关生产经营者停止生产经营该食品、消费者停止使用该食品,召回已经上市销售的食品,并记录召回情况。

食品经营者发现其经营的食品不安全,应当立即停止经营,通知相关生产经营者停止生产经营该食品、消费者停止使用该食品,并记录通知情况。

食品生产经营者对召回的食品应当采取销毁、无害化处理等措施,防止该食品再次流入市场。

第五十二条 食品广告的内容应当真实,不得含有虚假、夸大的内容,不得涉及疾病预防、治疗、诊断功能。

第五十三条 县级以上地方人民政府应当采取措施,鼓励食品摊贩进入集中交易市场、店铺等固定场所经营。

食品摊贩的管理办法由省、自治区、直辖市人民代表大会常务委员会根据本法制定。

第六章 食品进出口

第五十四条 进口的食品、食品添加剂以及食品相关产品应当符合我国食品安全国家标准。

对首次进口的食品添加剂新品种、食品相关产品新品种,或者首次进口的尚无食品安全国家标准且无相关国际标准、条约、协定要求的食品,其进口商应当向国务院授权负责食品安全风险评估的部门提出申请并提交相关的安全性评估材料。国务院授权负责食品安全风险评估的部门依照本法第三十二条的规定作出是否准予许可的决定。

进口食品应当经出入境检验检疫机构检验合格。海关凭出入境检验检疫机构签发的通关证明放行。

第五十五条 境外发生的食品安全事件可能对我国境内造成影响,或者在进口食品中发现严重食品安全问题的,国务院出入境检验检疫主管部门应当及时采取风险预警措施,并向国务院食品生产、流通、餐饮服务监督管理部门以及国务院授权负责食品安全风险评估的部门通报。接到通报的部门应当及时采取相应措施。

第五十六条 向我国境内出口食品的出口商或者代理商应当向国务院出入境检验检疫主管部门备案。向我国境内出口食品的境外食品生产企业应当经国务院出入境检验检疫主管部门注册。

国务院出入境检验检疫主管部门应当定期公布已经备案的出口商、代理商和已经注册的境外食品生产企业名单。

第五十七条　进口的预包装食品应当有中文标签、中文说明书。标签、说明书应当符合本法以及我国其他有关法律、行政法规的规定和食品安全国家标准的要求，标明食品的原产地以及境内代理商的名称、地址、联系方式。预包装食品没有中文标签、中文说明书或者标签、说明书不符合要求的，不得进口。

第五十八条　进口商应当建立食品进口和销售记录制度，如实记录食品的名称、规格、数量、生产日期、生产或者进口批号、保质期、出口商名称及其联系方式、购货者名称及其联系方式、交货日期等内容；食品进口和销售记录不得涂改、伪造，其保存期限不得少于2年。

发现进口食品不安全的，该食品的进口商或者境外出口商应当依照本法第五十一条的规定召回该进口食品。

第五十九条　出口的食品应当符合进口国（地区）的强制性要求，并经出入境检验检疫机构检验合格。海关凭出入境检验检疫机构签发的通关证明放行。

出口食品生产企业和出口食品原料种植、养殖场应当向国务院出入境检验检疫主管部门备案。

第六十条　国务院出入境检验检疫主管部门应当收集、汇总进出口食品安全信息，并及时通报相关部门、机构和企业。

国务院出入境检验检疫主管部门应当建立进出口食品的进口商、出口商和出口食品生产企业良好记录和不良记录，并予以公布。对有不良记录的进口商、出口商和出口食品生产企业，应当加强对其进、出口食品的检验检疫。

第六十一条　我国与食品进出口国（地区）缔结的条约、协定对食品的进出口检验检疫等有规定的，还应当遵守该条约、协定的规定。

第七章　食品安全事故预防和处置

第六十二条　国务院组织制定国家食品安全事故应急预案。

县级以上地方人民政府应当根据有关法律、法规的规定和上级人民政府的食品安全事故应急预案以及本地区的实际情况，制定本行政区域的食品安全事故应急预案，并报上一级人民政府备案。

食品生产经营企业应当制定食品安全事故处置方案，定期检查本企业各项食品安全防范措施的落实情况，及时消除食品安全事故隐患。

第六十三条　发生食品安全事故，事故单位负责人应当立即按照食品安全事故处置方案予以处置,防止事故扩大,并立即向事故发生地县级负责食品安全事故调查和处理的部门,食品生产、流通、餐饮服务监督管理部门以及疾病预防控制机构报告,不得隐瞒、谎报、缓报,不得故意破坏事故现场、毁灭有关证据。

第六十四条　县级以上疾病预防控制机构接到发生食品安全事故的报告后,应当对事故现场进行卫生处理,并对食品生产经营活动中与食品安全事故有关的因素开展流行病学调查。对由寄生虫、传染性病原微生物引发的食品安全事故,负责流行病学调查的疾病预防控制机构应当依照传染病防治法的规定报告;对由非传染性食源性疾病引发的食品安全事故,应当查明原因,并将调查结果通报食品生产、流通、餐饮服务监督管理部门;对由食用农产品引发的食品安全事故,还应当将调查结果通报农业主管部门。

食品生产、流通、餐饮服务监督管理部门应当对疾病预防控制机构的调查予以配合。疾病预防控制机构认为需要采取控制措施的,应当向食品生产、流通、餐饮服务监督管理部门提出建议。有关部门应当依照本法第六十九条的规定立即采取相应的措施,防止或者减轻社会危害;食品安全事故导致人体伤害的,县级以上人民政府卫生主管部门应当组织开展救治工作。

第六十五条　发生重大食品安全事故,设区的市级以上人民政府负责食品安全事故调查和处理的部门应当立即会同有关部门进行事故责任调查,督促有关部门履行职责,向本级人民政府提出事故责任调查处理报告;必要时,报请本级人民政府批准或者受本级人民政府指派,可以独立开展事故责任调查,并提出事故责任调查处理报告。

第六十六条　调查食品安全事故,除了查明事故单位的责任,还应当查明负有审批和监督管理职责的监督管理部门的工作人员失职、渎职情况。

第八章　监督管理

第六十七条　县级以上地方人民政府组织本级食品生产、流通、餐饮服务监督管理部门,根据本行政区域上一年度食品安全状况,制定本行政区域的食品安全年度监督管理计划。

县级以上地方食品生产、流通、餐饮服务监督管理部门应当按照本行政区域的食品安全年度监督管理计划开展工作。

第六十八条　对通过良好生产规范、危害分析与关键控制点体系认证的食品生产经营企业,认证机构应当依法实施跟踪调查;对不再符合认证要求的企业,应当依法撤销认证,并及时向相关的食品生产、流通、餐饮服务监督管理部门通报。

第六十九条　食品生产、流通、餐饮服务监督管理部门履行各自食品安

全监督管理职责,有权采取下列措施:

(一)进入生产经营场所实施现场检查;

(二)查阅、复制、查封、扣押有关合同、票据、账簿以及其他有关资料;

(三)查封、扣押有证据证明不安全的食品,违法使用的食品原料、食品添加剂、食品相关产品以及用于违法生产经营或者被污染的工具、设备;

(四)查封违法从事食品生产经营活动的场所。

第七十条 食品生产、流通、餐饮服务监督管理部门需要对食品进行抽查检验的,应当购买抽取的样品,不得收取抽查检验费和其他任何费用。

对食品生产、流通、餐饮服务监督管理部门已经抽查检验并获得合格证明文件的食品,其他食品生产、流通、餐饮服务监督管理部门不得另行抽查检验。

食品生产、流通、餐饮服务监督管理部门可以采用国务院有关部门认定的快速检测方法,对食品进行抽查检验。

第七十一条 食品生产、流通、餐饮服务监督管理部门对食品生产经营者进行监督检查,应当记录监督检查的情况和处理结果。监督检查记录经监督检查人员和食品生产经营者签字后归档。

第七十二条 食品生产、流通、餐饮服务监督管理部门应当建立食品生产经营者食品安全信用档案,记录许可证颁发、日常监督检查结果、违法行为查处等情况。

食品生产、流通、餐饮服务监督管理部门应当根据食品安全信用档案的记录,对有不良信用记录的食品生产经营者增加监督检查频次。

第七十三条 县级以上食品生产、流通、餐饮服务监督管理部门接到咨询、投诉、举报,对属于本部门职责的,应当受理,并及时进行核实、处理、答复;对不属于本部门职责的,应当书面通知并移交有权处理的部门处理。有权处理的部门应当立即处理,不得推诿。

第七十四条 县级以上食品生产、流通、餐饮服务监督管理部门实施食品安全监督管理,应当按照法定权限和程序履行职责,做到公开、公平、公正;对生产经营者同一违法行为,不得给予2次以上罚款的行政处罚,对涉嫌构成犯罪、依法需要追究刑事责任的,应当依法向公安机关移送。

第七十五条 国家建立食品安全信息统一公布制度。下列信息由国务院授权负责食品安全信息公布的部门统一公布:

(一)食品安全风险警示信息;

(二)食品安全事故信息;

(三)其他可能引起消费者恐慌的食品安全信息和国务院确定的需要统一公布的其他信息。

前款规定的信息,其影响限于特定区域的,也可以由有关省、自治区、直辖市人民政府确定的部门公布。食品生产、流通、餐饮服务监督管理部门依据各自职责公布食品安全日常监督管理信息。

国务院授权负责食品安全信息公布的部门或者省、自治区、直辖市人民政府确定的部门公布信息,应当做到及时、客观、准确,并对不安全食品可能产生的危害加以解释、说明,避免引起消费者恐慌。

第七十六条　县级以上农业和食品生产、流通、餐饮服务监督管理部门获知本法第七十五条第一款规定的需要统一公布的信息,应当立即向上级主管部门报告,由上级主管部门立即报告国务院授权负责食品安全信息公布的部门;必要时,可以直接向国务院授权负责食品安全信息公布的部门报告。

县级以上农业和食品生产、流通、餐饮服务监督管理部门应当相互通报获得的食品安全信息。

第七十七条　依照本法规定负有食品安全信息报告、通报职责的有关部门,应当按照规定的时间报告、通报食品安全信息,不得隐瞒、谎报、缓报。

第九章　法律责任

第七十八条　违反本法规定,未取得食品生产、流通或者餐饮服务许可证从事食品生产经营活动,或者未经许可生产食品添加剂、食品相关产品,构成非法经营罪的,依照刑法第二百二十五条的规定追究刑事责任;尚不构成犯罪的,由县级以上食品生产、流通、餐饮服务监督管理部门依据各自职责,没收违法所得、违法生产经营的食品和用于违法生产经营的工具、设备、食品原料等物品,货值金额不足1万元的,并处10万元罚款;货值金额1万元以上的,并处货值金额10倍以上20倍以下的罚款。

食品生产经营者依法取得食品生产、流通或者餐饮服务许可证后,不再具备本法规定的生产经营条件仍从事食品生产经营活动,构成非法经营罪,或者生产、销售不符合卫生标准的食品罪,或者生产、销售有毒、有害食品罪的,依照刑法第二百二十五条、第一百四十三条或者第一百四十四条的规定追究刑事责任;尚不构成犯罪的,由县级以上食品生产、流通、餐饮服务监督管理部门依据各自职责,没收违法所得、违法生产经营的食品和用于违法生产经营的工具、设备、食品原料等物品,货值金额不足5 000元的,并处5万元罚款;货值金额5 000元以上不足1万元的,并处10万元罚款;货值金额1万元以上的,并处货值金额10倍以上20倍以下的罚款;造成严重后果的,由原发证部门吊销其食品生产、流通或者餐饮服务许可证。

第七十九条　有下列情形之一,构成生产、销售不符合卫生标准的食品罪或者生产、销售有毒、有害食品罪的,依照刑法第一百四十三条或者第一百四十四条的规定依法追究刑事责任;尚不构成犯罪的,由县级以上食品生产、流通、餐饮服务监督管理部门依据各自职责,没收违法所得、违法生产经营的食品和用于违法生产经营的工具、设备、食品原料等物品,货值金额不足1万元的,并处10万元罚款;货值金额1万元以上的,并处货值金额10倍以上20倍以下的罚款,有食品生产、流通或者餐饮服务许可证的,还应当吊销其许可证:

(一)生产经营含有国家明令禁用物质的食品或者国家为防病等特殊需要明令禁止生产经营的食品;

(二)经营病死、毒死或者死因不明的禽、畜、兽、水产动物肉类,或者生产经营病死、毒死或者死因不明的禽、畜、兽、水产动物肉类的制品;

(三)用非食品原料生产食品或者在食品中添加非食品用化学物质,或者用回收食品作为原料生产食品;

(四)生产经营营养成分不符合食品安全标准的专供婴幼儿的主辅食品;

(五)经营腐败变质、油脂酸败、霉变、生虫、污秽不洁、混有异物或者感官性状异常的食品;

(六)生产经营致病性微生物、农药残留、兽药残留、重金属、污染物质以及其他危害人体健康的物质含量超过国家标准限量的食品;

(七)生产经营未经动物卫生监督机构检疫或者检疫不合格的肉类,或者生产经营未经检验或者检验不合格的肉类制品;

(八)生产经营掺假、掺杂的食品。

第八十条 有下列情形之一的,由县级以上食品生产、流通、餐饮服务监督管理部门依据各自职责,没收违法所得、违法生产经营的食品和用于违法生产经营的工具、设备、食品原料等物品,有违法所得的,并处货值金额5倍以上10倍以下的罚款;没有违法所得的,处5000元以上10万元以下的罚款;情节严重的,有食品生产、流通或者餐饮服务许可证的,责令停产停业整顿,直至吊销其许可证;构成生产、销售不符合卫生标准的食品罪或者生产、销售有毒、有害食品罪的,依照刑法第一百四十三条或者第一百四十四条的规定依法追究刑事责任:

(一)经营被包装材料、容器、运输工具污染的食品;

(二)生产经营无标签的预包装食品或者其他不符合本法规定的食品安全要求的食品;

(三)销售未经检验合格的食品添加剂、食品相关产品,或者食品生产者违反本法规定采购、使用不符合食品安全标准的食品原料、食品添加剂、食品相关产品，或者不按照食品安全标准使用食品添加剂；

（四）食品生产经营者未依照本法规定召回不安全食品或者采取相应措施；

（五）获得食品安全监管码的食品生产者未依照本法规定报送有关信息；

（六）食品生产经营者违反本法规定在食品中添加药品；

（七）食品生产经营者安排患有本法第三十四条所列疾病的人员从事接触直接入口食品的工作。

第八十一条　有下列情形之一的，由县级以上食品生产、流通、餐饮服务监督管理部门依据各自职责，责令立即改正，给予警告；拒不改正的，处2000元以上2万元以下的罚款；情节严重的，责令停产停业整顿，直至吊销其食品生产、流通或者餐饮服务许可证：

（一）食品生产经营者未依照本法规定建立并执行查验记录制度；

（二）食品生产者使用食品添加剂未依照本法规定备案；

（三）食品经营者未依照本法规定储存、销售食品或者清理库存食品；

（四）食品经营者进货时未依照本法规定查验食品安全监管码或者相关证明文件；

（五）食品生产者生产的食品的标签、说明书、包装涉及疾病预防、治疗、诊断功能。

第八十二条　食品生产经营者一年内实施同一违法行为累计超过3次的，由原发证部门吊销其食品生产、流通或者餐饮服务许可证。

第八十三条　发生食品安全事故，事故单位负责人未依照本法规定进行处置、报告的，由县级以上食品生产、流通、餐饮服务监督管理部门依据各自职责，责令改正，给予警告；违反本法规定破坏事故现场、毁灭证据的，责令停产停业整顿，处2万元以上10万元以下的罚款；造成严重后果的，由原发证部门吊销其食品生产、流通或者餐饮服务许可证。

第八十四条　有下列情形之一的，依照本法第七十九条的规定给予处罚：

（一）进口不符合我国食品安全国家标准的食品；

（二）首次进口食品添加剂新品种、食品相关产品新品种，或者首次进口尚无食品安全国家标准且无相关国际标准、条约、协定要求的食品，未依照本法规定履行审批手续；

（三）出口商未遵守本法的规定出口食品或者出口的食品不符合本法规定的要求。

进口商未依照本法规定召回不安全的进口食品的，依照本法第八十条的规定给予处罚。

进口商未依照本法规定建立并执行食品进口和销售记录制度的,依照本法第八十一条的规定给予处罚。

第八十五条 食品生产经营者依照本法规定履行了不安全食品召回义务,未造成严重后果的,免予处罚。

第八十六条 依照本法规定被吊销食品生产、流通或者餐饮服务许可证的单位,其直接负责的主管人员5年内不得从事食品生产经营管理工作。

食品生产经营者聘用不得从事食品生产经营管理工作的人员承担管理工作的,由原发证部门吊销其食品生产、流通或者餐饮服务许可证。

第八十七条 集中交易市场的开办者、柜台出租者、展销会的举办者违反本法规定,允许未取得食品流通、餐饮服务许可证的食品经营者进入市场销售食品,或者未履行检查、报告等义务的,由县级以上食品流通、餐饮服务监督管理部门依据各自职责处以1000元以上5万元以下的罚款;造成严重后果的,责令停业整顿,有许可证的,由原发证部门吊销其许可证。

第八十八条 违反本法规定从事食品运输活动的,由县级以上食品生产、流通、餐饮服务监督管理部门依据各自职责责令立即改正,给予警告;拒不改正的,责令停业整顿,并处2万元以上5万元以下的罚款;情节严重的,由原发证部门吊销其许可证。

第八十九条 被原发证部门依照本法规定吊销许可证的,由工商行政管理部门吊销其营业执照或者取消生产经营食品项目。

违反本法第五十二条规定的,依照广告法的规定给予处罚。

第九十条 食品生产经营者违反本法规定,给消费者造成人身、财产损害的,应当依法承担赔偿责任。

食品经营者以假充真或者销售不安全食品,除赔偿消费者的损失以外,消费者还可以要求其支付价款10倍的赔偿金。

第九十一条 违反本法规定公布食品安全信息,给食品生产经营者、消费者造成损失的,应当依法承担赔偿责任。

捏造并散布虚假事实,损害食品生产经营者的商业信誉、食品声誉,造成损失,尚未构成犯罪的,应当依法承担赔偿责任;构成损害商业信誉、商品声誉罪的,依照刑法第二百二十一条的规定追究刑事责任。

第九十二条 地方各级人民政府在食品安全监督管理中未依照本法的规定履行职责,本行政区域一年内多次出现食品安全事故、造成严重社会影响的,由监察机关或者任免机关依法对政府的主要负责人和直接负责的主管人员给予记大过、降级或者撤职的处分。

食品生产、流通、餐饮服务监督管理部门或者其他有关行政部门不履行本法规定的职责或者滥用职权、造成后果的,由监察机关或者任免机关依法对其主要负责人、直接负责的主管人员和其他直接责任人员给予记大过或者降级的处分;造成严重后果的,对其主要负责人、直接负责的主管人员和其他直接责任人员给予撤职或者开除的处分;其主要负责人、直接负责的主管人员和其他直接责任人员构成滥用职权罪、玩忽职守罪的,依照刑法第三百九十七条的规定追究刑事责任。

第九十三条 发生食品安全事故,疾病预防控制机构未依照本法规定进行卫生处理、开展流行病学调查和通报调查结果,或者需要向有关部门提出控制措施建议而未提出的,由县级以上人民政府卫生主管部门责令改正,通报批评,给予警告;情节严重的,对负有责任的主管人员和其他直接责任人员,依法给予降级、撤职、开除的处分。

第九十四条 食品检验机构违反本法规定,出具虚假检验报告的,由国务院认证认可监督管理部门或者授予其资质的国务院其他部门吊销其资质证。食品检验人员违反本法规定,出具虚假检验报告,构成提供虚假证明文件罪的,依照刑法第二百二十九条的规定追究刑事责任;尚不构成犯罪的,依法给予撤职或者开除的处分。受到刑事处罚或者开除处分的人员,10年内不得从事食品检验工作。食品检验机构聘用不得从事食品检验工作的人员的,由国务院认证认可监督管理部门或者授予其资质的国务院其他部门吊销其资质证。

食品检验机构违反本法规定出具虚假检验报告,给当事人造成损失的,依法承担赔偿责任。

第十章 附 则

第九十五条 本法下列用语的含义:

食品,指用于人食用或者饮用的经加工或者未经加工的物质,包括饮料、口香糖和已经添加、残留于食品中的物质,但不包括只作为药品使用的物质。

预包装食品,指预先包装或者制作在包装材料和容器中,可直接提供给消费者或者直接用于餐饮服务的食品。

不安全食品,指有证据证明对人体健康造成危害或者可能造成危害的食品。

食品添加剂,指为改善食品品质和色、香、味,以及为防腐、保鲜和加工工艺的需要而加入食品中的人工合成或者天然物质。

用于食品的包装材料和容器,指包装、盛放食品或者食品添加剂用的纸、竹、木、金属、搪瓷、陶瓷、塑料、橡胶、天然纤维、化学纤维、玻璃等制品和直接接触食品或者食品添加剂的涂料。

用于食品生产经营的工具、设备，指在食品或者食品添加剂生产、流通、使用过程中直接接触食品或者食品添加剂的机械、管道、传送带、容器、用具、餐具等。

用于食品的洗涤剂、消毒剂，指直接用于洗涤或者消毒食品，用于食品生产经营的工具、设备，或者食品包装材料和容器的物质。

食品流通，指食品的采购、储存、运输、供应、销售。

餐饮服务，指通过即时制作加工、商业销售、服务性劳动等手段，向消费者提供食品、消费场所及设施的食品加工、销售和消费服务活动。

食品摊贩，指在街头或者其他公共场所不定点销售食品或者提供餐饮服务的经营者。

良好生产规范，指为保证食品安全、质量而制定的贯穿食品生产全过程的一系列措施、方法和技术要求。

危害分析与关键控制点体系，指通过系统性地确定具体危害及其关键控制措施，以保证食品安全的体系，包括对食品的不同生产、流通和餐饮服务环节进行危害分析，确定关键控制点，制定控制措施和程序。该体系适用于食品生产、流通、餐饮服务中的食品安全、质量控制。

食品安全风险评估，指对食品中生物性、化学性和物理性危害对人体健康可能造成的不良影响所进行的科学评估，包括危害识别、危害特征描述、暴露评估、风险特征描述4个部分。

保质期，即最佳食用期，指预包装食品在标签指明的贮存条件下保持品质的期限。在此期限内，产品完全适于销售，并保持标签中不必说明或已经说明的特有品质。

食品安全，指食品无毒、无害、符合应当有的营养要求，对人体健康不造成任何急性、慢性和潜在性的危害。

食源性疾病，指食品中致病因素进入人体引起的感染性、中毒性疾病以及其他疾病。

食品安全事故，指食物中毒、食源性疾病、食品污染等源于食品，对人体健康有危害或者可能有危害的事故。

食物中毒，指食用了被有毒有害物质污染的食品或者食用了含有毒有害物质的食品后出现的急性、亚急性以及其他食源性疾病。

第九十六条　食品生产经营者在本法施行前已经取得相应的许可证明文件的，该许可证明文件在有效期届满前继续有效；许可证明文件有效期届满、需要办理延续手续的，有关的食品安全监督管理部门应当依照本法的规定办理。

第九十七条　生猪屠宰、酒类、食盐和清真食品的管理办法由国务院制定；按照传统工艺生产的食品的管理办法由省、自治区、直辖市人民代表大会常务委员会另行制定。

第九十八条　本法自　年　月　日起施行。1995年10月30日公布施行的《中华人民共和国食品卫生法》同时废止。

参考文献

[1] 田呈瑞,姚晓玲.现代饮食营养与健康[M].北京:中国计量出版社,2006.

[2] 中国营养学会.中国居民膳食指南[M].拉萨:西藏人民出版社,2007.

[3] 乔正康.餐旅心理学[M].大连:东北财经大学出版社,2000.

[4] 高晓红.餐旅服务心理学[M].北京:中国财政经济出版社,1996.

[5] 孙淑芝.病人的营养与饮食[M].哈尔滨:黑龙江科学技术出版社,1998.

[6] 赵霖.营养配餐员[M].北京:中国劳动社会保障出版社,2005.

[7] 骆淑波,许成.营养餐配制[M].北京:中国劳动社会保障出版社,2006.

[8] 玛丽恩 内斯特尔.食品安全[M].北京:社会科学文献出版社,2004.

[9] 周勍.民以何食为天[M].北京:中国工人出版社,2007.

[10] 葛可佑.中国营养师培训教材[M].北京:人民卫生出版社,2005.

[11] 葛可佑.公共营养师(基础知识)[M].北京:中国劳动社会保障出版社,2007.